Wolfgang J. Huschke

**Die Rosinenbomber**

Die Berliner Luftbrücke 1948/49

Wolfgang J. Huschke

# Die Rosinenbomber

Die Berliner Luftbrücke 1948/49,
ihre technischen Voraussetzungen
und deren erfolgreiche Umsetzung

2., verbesserte und erweiterte Auflage

BERLINER WISSENSCHAFTS-VERLAG

Bibliografische Information der Deutschen Bibliothek

Die Deutsche Bibliothek verzeichnet diese Publikation in der Deutschen Nationalbibliografie; detaillierte bibliografische Daten sind im Internet über http://dnb.ddb.de abrufbar.

ISBN 978-3-8305-1485-5

Titelphoto: Berlin Tempelhof 1948. Berliner beobachten ein landendes Transportflugzeug.

Quelle: Landesarchiv Berlin

© 2008 BWV · BERLINER WISSENSCHAFTS-VERLAG
Axel-Springer-Straße 54 a · 10117 Berlin
E-Mail: bwv@bwv-verlag.de
Internet: http://www.bwv-verlag.de

Printed in Germany. Alle Rechte, auch die des Nachdrucks von Auszügen, der photomechanischen Wiedergabe und der Übersetzung vorbehalten.

# Inhalt

| | |
|---|---:|
| Worte des Dankes | 11 |
| Vorwort | 13 |
| **Einleitung** | 15 |
| Was ist eine Luftbrücke? | 15 |
| Die Vorläufer der Berliner Luftbrücke | 16 |
|   Demjansk | 16 |
|     Die Transportverbände | 16 |
|     „Fritz" Morzik | 18 |
|     Das Wetter | 22 |
|     Gefährliche Einsätze | 23 |
|     Schwere Verluste an Besatzungen und Flugzeugen | 25 |
|   Stalingrad | 26 |
|     Hitler: Keine Aufgabe von Stalingrad | 27 |
|     General Richthofen | 29 |
|     Wieviel wird benötigt? | 30 |
|     Die gute alte Tante Ju | 33 |
|     Wartung der Flugzeuge | 35 |
|     Kaltstart der Triebwerke | 36 |
|     Die Flugplätze | 38 |
|     Das Wetter | 41 |
|     Gefahr von Vereisung | 44 |
|     Fazit | 47 |
|   The Hump | 49 |
|     Chennault und die Flying Tigers | 51 |
|     Chennaults Taktik | 55 |
|     Unterstützung für China | 57 |
|     General „Vinegar Joe" Stilwell | 58 |
|     Beginn der „Hump"-Luftbrücke | 60 |
|     Der Doolittle Raid | 63 |
|     Das Air Transport Command | 64 |
|     Flugplätze in China | 65 |
|     Die Transportflugzeuge | 66 |
|     Das „Hump"-Wetter | 68 |
|     Personal- und andere Probleme | 70 |
|     General William H. Tunner, der Experte für Lufttransport | 72 |

| | |
|---|---:|
| Weibliche Piloten überführen Jäger und Bomber | 73 |
| Tunners Werdegang | 74 |
| Das Überführungs-Kommando | 77 |
| Tunner wird „Hump" Kommandeur | 79 |
| Tunner und sein Stab | 80 |
| Search & Rescue | 84 |
| Tunner contra Chennault | 86 |
| Fazit | 88 |

**Die Berliner Luftbrücke 1948/49**   89

| | |
|---|---:|
| Prolog | 89 |
| Der Alliierte Kontrollrat platzt | 93 |
| Die Währungsreform | 96 |
| Der Beginn der Luftbrücke | 99 |
| General William H. Tunner und sein Stab | 110 |
| USAF + RAF = CALTF (Combined Airlift Task Force) | 113 |
| Einsatzplanung und Einsatzleitung | 117 |
| Wetterdienst | 131 |
| Die geographischen Bedingungen | 133 |
| Die Luftkorridore nach Berlin | 134 |
| Die Luftstraßen zu den Flugplätzen | 141 |

**Die Flugplätze**   143

| | |
|---|---:|
| Berlin-Tempelhof | 143 |
| Berlin-Gatow | 154 |
| Berlin-Tegel | 158 |
| Frankfurt/Main | 167 |
| Wiesbaden-Erbenheim (Y-80) | 170 |
| Wunstorf | 173 |
| Faßberg | 176 |
| Celle-Wietzenbruch | 184 |
| Lübeck-Blankensee | 188 |
| Hamburg-Fuhlsbüttel | 191 |
| Hamburg-Finkenwerder (nur Flugboote) | 193 |
| Schleswig-Land | 193 |

**Die technischen Bedingungen**   197

| | |
|---|---:|
| Die Flugzeuge: | 197 |
| Landung bei starkem Seitenwind | 199 |
| Douglas C-47 Skytrain (USAF); Douglas Dakota | 202 |
| Douglas C-54 Skymaster (USAF), R5D (US Navy) | 206 |

| | |
|---|---:|
| Avro York (RAF u. zivile brit. Charterges.) | 211 |
| Handley Page Hastings (RAF) | 212 |
| Fairchild C-82 Packet (USAF) | 213 |
| Short S.25 Sunderland Flugboote (Royal Coastal Command) | 216 |
| Douglas C-74 Globemaster I (USAF) | 216 |
| Boeing C-97 Stratofreighter (USAF) | 217 |
| Handley Page Halton (british civil charter comp.) | 219 |
| Avro 691 Lancastrian (zivile brit. Charterges.) | 219 |
| Avro 688 Tudor Freighter I und Avro 689 Tudor 2 (zivile brit. Charterges.) | 220 |
| Bristol Typ 170 Freighter/Wayfarer | 221 |
| Vickers 491 Viking (zivile britische Chartergesellschaft) | 222 |
| Consolidated B-24D Liberator | 222 |

### Wartung und Reparatur — 225

| | |
|---|---:|
| Wartung direkt auf den Flugplätzen | 226 |
| Deutsche Mechaniker in amerikanischen Wartungsteams | 227 |
| Oberpfaffenhofen („Oberhuffin´puffin´") | 233 |
| Burtonwood/England | 235 |
| USAFE contra CALTF | 237 |
| Nadelstiche | 240 |
| TDY – vorübergehender Einsatz | 242 |

### Die fliegenden Besatzungen — 247

| | |
|---|---:|
| Die Piloten | 247 |
| Altersstruktur der Piloten | 253 |
| Zwischenfälle | 253 |
| Triebwerkausfälle | 255 |
| Der „Schokoladenflieger", Col. Gail S. Halvorsen | 267 |
| Die Navigatoren | 276 |
| Die Bordingenieure/Bordmechaniker | 277 |
| Die Funker/"Jake" Schuffert | 278 |

### Ground Controlled Approach — 281

| | |
|---|---:|
| Radar-Boden-Anflugkontrolle | 281 |

### Die Osterparade 1949 — 291

### Epilog — 301

**Anhang**     **307**
    Allgemeine Statistische Angaben     307
       Statistik Berliner Luftbrücke     307
       Flüge und Tonnage, Juni 1948 – September 1949     307
    Die Todesopfer im Verlauf der Berliner Luftbrücke 1948/49     309
    Chronologie der Berliner Luftbrücke     320
    An der Berliner Luftbrücke beteiligte Verbände,
    Einheiten u. zivile Charter     **331**
    Royal Air Force und zivile britische Charter     **334**
    Hump Statistik/Hump Flugzeugverluste     **336**

**Bibliographie**     343

**Register**     363

# Vorwort für die Neuauflage 2008

Nach der Veröffentlichung der ersten Auflage 1999 hatte ich bei zahlreichen Vorträgen über die Berliner Luftbrücke vor Schülern, Lehrern und anderen gesellschaftlichen Gruppierungen die Erfahrung machen können, daß es ein immer größer werdendes Bedürfnis gibt, mehr über die Blockade von Berlin 1948/49 und besonders über die daraus resultierende Berliner Luftbrücke zu erfahren. Das gilt besonders für Menschen aus den neuen Bundesländern, die bis zur sog. Wende völlig von Informationen über diesen Zeitraum der deutschen Geschichte abgeschnitten waren.

Deshalb bin ich dem Berliner Wissenschafts-Verlag sehr dankbar, daß er diese Dokumentation über die technischen Voraussetzungen der Berliner Luftbrücke zu einer Neuauflage macht. Mein besonderer Dank gilt auch der Stiftung Luftbrückendank für die großzügige Unterstützung.

Wolfgang J. Huschke                   Berlin, Januar 2008

**Abb. 1**
Lieutenant General William Henry Tunner
14. Juli 1906 – 6. April 1983

Quelle:
Privatbesitz von Mrs. Ann Tunner

# Worte des Dankes

Hier habe ich zu allererst bei den Veteranen der Luftbrücke einen großen Dank abzustatten für ihre überwältigende Bereitschaft, Auskunft über ihre Tätigkeit im Rahmen der Berliner Luftbrücke zu geben. Viele Piloten haben mir Kopien ihrer Flugbücher überlassen, andere haben mir eine Fülle von Material der verschiedensten Art (eigene Erinnerungen, Karten, Photos u.ä.) zugeschickt, die sich oft für die Erhellung von technischen und allgemeinen Details als überaus wertvoll erwiesen haben.

Eine solche Dokumentation kann man nur verfassen, wenn dazu viele freundliche Helfer ihren Rat und ihre Hilfe in Form von Hinweisen beisteuern und gelegentlich auch tatkräftig helfen. Dazu sind – abgesehen von den beiden Letzten – in ungefährer chronologischer Reihenfolge zu nennen: Mr. Harry Gann von der Douglas Aircraft Company für die Übersendung von technischen Unterlagen, historischen Materialien und Photos zur Luftbrücke und den von Douglas produzierten Flugzeugen der Luftbrücke; Dr. Horst Boog, der (jetzt) frühere Leitende Wissenschaftliche Direktor des Militärgeschichtlichen Forschungsamtes, früher Freiburg im Breisgau heute in Potsdam und Major Lutz vom gleichen Amt für wertvolle Literaturhinweise; Dr. Manfred Kehrig, Direktor des Bundesarchivs-Militärarchiv in Freiburg im Breisgau für sachliche Hinweise und im Lesesaal des gleichen Archivs Frau Helga Waibel und besonders Herr Erhard Moritz für ihre Geduld, mit der sie mir den Zugang zu vielen Dokumenten erleichtert haben, sowie Frau Renate Scholl für die Hinweise für den richtigen Weg zu den in Frage stehenden Vorgängen; Frau Irene Zimmermann vom Bundesarchiv Zentralnachweisstelle Aachen für geduldiges Suchen nach Personendaten; den Damen und Herren des Public Record Office in London-Kew und hier besonders dem außerhalb des Archivs unabhängig tätigen wissenschaftlichen „Helfer" (Researcher) Tim Hughes; den Damen und Herren bei der Air Force Historical Research Agency auf der Maxwell AFB in Montgomery, Alabama, hier besonders Mrs. Essie Roberts, Mrs. Dixie Dysart, Dr. Robert M. Johnson, II und Mr. Mickey Russell; den Damen und Herren in den National Archives in College Park, Maryland. Dank schulde ich auch

Herrn Heinz-Gerd Reese von der Stiftung Luftbrückendank, der mich zu diesem Unternehmen ermuntert und es von Beginn an unterstützt hat und Brigadegeneral a.D. Helmut Schwarz für die Korrekturlesung des noch nicht abgeschlossenen Manuskripts im Hinblick auf korrekte militärische Ausdrücke und einige klarere Formulierungen. Besonderen Dank schulde ich meinem Sohn Walter für seine Zeit und Ärger sparende wertvolle Hilfe und Beratung bei der Arbeit mit dem heute unentbehrlichen Computer und dem Textverarbeitungsprogramm und meiner Mutter für ihre moralische Unterstützung, besonders aber für ihre gelegentlich notwendige Aufmunterung zur Weiterarbeit.

Montagnac (Hérault), Frankreich,
Frühjahr 1999 (1. Auflage)　　　　　　　　　　Wolfgang J. Huschke

# Vorwort

Als General Lucius D. Clay, seit dem 15. März 1947 amerikanischer Militärgouverneur in Deutschland und Oberkommandierender der amerikanischen Streitkräfte in Europa am Vormittag des 24. Juni 1948 von Berlin aus den Oberbefehlshaber der amerikanischen Luftstreitkräfte in Europa, General LeMay in Wiesbaden anrief, um anzuordnen, daß alle verfügbaren Transportflugzeuge für Flüge nach Berlin bereitgestellt werden sollten,[1] da konnte er noch nicht ahnen, daß er damit die bis dahin größte humanitäre Versorgungsaktion nur durch Flugzeuge, die als „Berliner Luftbrücke" zu einem festen Begriff geworden ist, in Gang gesetzt hatte. Über die politische Bedeutung seiner Entscheidung war er sich aber durchaus im klaren. Es ging darum, durch eine Luftversorgung der westlichen Sektoren von Berlin dem Versuch der Sowjets entgegenzutreten, durch eine „der brutalsten Versuche der neueren Geschichte, eine Massenhungersnot als politisches Druckmittel zu benutzen."[2] Mehr darüber im Kapitel „Prolog" weiter unten.

Mit dieser Dokumentation soll der technische Teil der Berliner Luftbrücke dargestellt werden. Sie befaßt sich nicht nur mit den fliegenden Besatzungen, die oft genug Kopf und Kragen riskiert haben, sondern auch mit allen anderen, die unauffällig im Hintergrund und oft unbeachtet ihren wichtigen Beitrag leisteten, um der Luftbrücke Berlin zu ihrem großen Erfolg zu verhelfen: den Meteorologen und Wettererkundungsfliegern, den Wartungsingenieuren und Wartungsmechanikern, den Lademeistern und den Tankwarten, dem Personal auf den Kontrolltürmen der Flugplätze und an den Radargeräten für präzise Anflüge und Landungen bei schlechtem Wetter, den Angehörigen des Bodenpersonals, die für die Flugplanung verantwortlich waren, und, und, und! Zu einer solchen Dokumentation gehört auch eine Darstellung der Luftkorridore zwischen den westlichen Besatzungszonen und Berlin und den Luftstraßen von und zu den Flugplätzen, sowie der Flugplätze selbst, soweit sich das nach 50 Jahren noch exakt eruieren läßt. Und natürlich dürfen in einer solchen technischen Dokumentation die Flugzeuge nicht fehlen, mit denen alle lebensnotwendigen Güter für die ca. 2,2 Millionen Einwohner der Westsektoren Berlins transportiert wurden.

[1] Den eigentlichen Befehl zum Beginn der Luftbrücke erhielt das HQ. von General LeMay am 25. Juni 1948, nachmittags kurz vor 17:00 Uhr, Tagebuch LeMay, AFHRA Reg.No. C-5073 (40-1); zu den AFHRA No. siehe Fußnote 86.

[2] Lucius D. Clay: Decision in Germany, New York 1950, S. 365; deutsch: Entscheidung in Deutschland, Übersetzung von Dr. A. Langens, Verlag der Frankfurter Hefte, Frankfurt/Main, S. 404.

# VORWORT

Die eigentliche Ursache, die die Luftbrücke Berlin überhaupt erst notwendig machte, nämlich die Blockade der Westsektoren Berlins durch die Sowjets 1948/49, wird in dem Kapitel „Prolog" nur kurz chronologisch dargestellt. Eine ausführliche und umfassende Aufarbeitung der politischen Hintergründe war nicht Ziel dieser Arbeit.[3]

Noch einige Bemerkungen zu den Quellen und Urkunden auf denen diese Dokumentation basiert. Zu den wichtigsten Quellen gehören bisher weitgehend unveröffentlichte Dokumente der Air Force Historical Research Agency in Montgomery, Alabama, USA für den amerikanischen Anteil an der Luftbrücke und nur teilweise veröffentlichte Dokumente aus dem Public Record Office in London-Kew für den britischen Anteil an der Luftbrücke. Eine außerordentlich wichtige Quelle für Detailfragen waren die schriftlichen und mündlichen Mitteilungen von amerikanischen, britischen, irischen, südafrikanischen und französischen Veteranen der Berliner Luftbrücke an den Verfasser. Außerdem schriftliche Erinnerungen, Originalkarten, Handbücher, Photos und Flugbücher, die dem Verfasser von den Veteranen zur Auswertung zur Verfügung gestellt wurden. Sekundärliteratur wurde nur benutzt, wenn Lücken geschlossen werden mußten in Bezug auf Details, für die Originaldokumente nicht aufzufinden waren oder nicht eingesehen werden konnten.

3   Vergl. dazu Gerhard Keiderling, „Rosinenbomber" über Berlin. Währungsreform, Blockade, Luftbrücke, Teilung, Berlin 1998. Auftrag Luftbrücke, Der Himmel über Berlin 1948-1949, hrsg. v. Deutschen Technikmuseum, Berlin 1998. Berlin-Blockade und Luftbrücke 1948/49. Mit Beiträgen von Wolfgang Benz u.a., in: Zeitschrift für Geschichtswissenschaft 46 (1998), Heft 6, S. 485-537. Udo Wetzlaugk, Berliner Blockade und Luftbrücke 1948/49, hrsg. v. der Landeszentrale für politische Bildungsarbeit, Berlin 1998. Blockade oder Luftbrücke. Legende oder Lehrstück. Die Berlin-Krise von 1948/49 und ihre Folgen, hrsg. von der Stiftung Luftbrückendank, bearb. v. Heinz-Gerd Reese, Berlin 1988.

# Einleitung

### Was ist eine Luftbrücke?

Wenn hier von der Berliner Luftbrücke die Rede sein soll, dann ist zunächst die Feststellung wichtig, daß die in ihrer Art einmalige Berliner Luftbrücke nicht die erste Luftversorgungsaktion in der Geschichte der Luftfahrt war, sondern daß sie Vorläufer hatte, die der Verlauf des Zweiten Weltkrieges erforderte. Auch wenn diese Vorläufer in einem „heißen" Krieg stattfanden, so haben die negativen und positiven Erfahrungen daraus für die Organisation und Durchführung der in einer Phase des beginnenden „kalten" Krieges notwendigen Berliner Luftbrücke eine große Rolle gespielt.

Was ist aber unter einer Luftbrücke zu verstehen? An einigen prägnanten Beispielen wollen wir den Begriff auf das für diese Dokumentation notwendige Maß einengen. Als der französische Politiker Léon Gambetta am 6. Oktober 1870[4] die von den Deutschen belagerte Hauptstadt Paris in einem Heißluftballon verließ, dann konnte man das durchaus als eine „Luftbrücke" interpretieren. Wenn die britische Royal Air Force im Jahre 1928 während des Bürgerkrieges in Afghanistan britische Staatsangehörige in der Hauptstadt Kabul versorgte bzw. sie aus Kabul evakuierte[5], dann ist das im weitesten Sinne auch als eine Luftbrücke zu verstehen. Auch der Transport von 13.000 spanischen Soldaten und Kriegsmaterial durch deutsche Ju 52 von Anfang August bis Mitte Oktober 1936 am Beginn des spanischen Bürgerkrieges von Tetuan nach Andalusien sowie die Überführung und Landung von deutschen Fallschirmjägern Ende Mai 1941 nach Kreta und der Transport der 6. (britischen) , sowie der 82. und 101. (amerikanischen) Luftlandedivisionen in der Nacht vor dem sogenannten „D-day", d.h., der Tag der Landung der Alliierten in der Normandie am 6. Juni 1944, hinter die vorgesehenen Landezonen, waren in diesem Sinne „Luftbrücken". Für diese hier vorliegende Dokumentation ist aber eine engere Abgrenzung vorgenommen worden: **Die Versorgung von Personen, die zu Wasser und zu Lande von allen Versorgungslinien abgeschnitten sind und über einen längeren Zeitraum ausschließlich durch Flugzeuge versorgt werden.** Nach diesen Kriterien gab es während des Zweiten Weltkrieges drei „Luftbrücken", die als Vorläufer der späteren Berliner Luftbrücke angesehen wer-

---

4 Die Angabe über das Datum ist nicht sicher, da in manchen Publikationen und Lexika auch der 7.10. erscheint. Welches Datum aber das absolut und historisch korrekte ist, ist für diese Dokumentation ohne Relevanz.

5 Mitteilungen von Alan F. Melvin, RAF, während der Berliner Luftbrücke GCA-Controller in Berlin-Gatow, vom 16.5.1995 und Norman Didwell, 1948 Ground Service in Berlin-Gatow am 18.5.1995 an den Verfasser. Siehe dazu Anne Baker & A.C.M. Sir Ronald Ivelaw Chapman: Wings over Kabul, London 1975

den können. Dies sind in chronologischer Reihenfolge Demjansk (Februar 1942 bis April 1942[6]), Stalingrad (November 1942 bis Anfang Februar 1943) und „The Hump", die unter diesem Namen bekannte Luftversorgung amerikanischer und chinesischer Streitkräfte in China von Indien aus über die Ausläufer des Himalaya-Gebirges (Dezember 1942 bis August 1945).

## Die Vorläufer der Berliner Luftbrücke

### Demjansk

Die Lage[7]: Im Dezember 1941 waren die deutschen Truppen trotz ungünstigster Witterung und großen Nachschubschwierigkeiten mit ihrem Angriff bis kurz vor Moskau gekommen und dann steckengeblieben. Dort wurden sie von einer sowjetischen Gegenoffensive durch frisch aus Sibirien antransportierte Divisionen der Fernost-Armee total überrascht und weit nach Westen zurückgeschlagen. Dabei ergab sich südöstlich von Leningrad (heute wieder St. Petersburg) zwischen dem Ilmensee und dem Seligersee um den Ort Demjansk eine Frontausbuchtung nach Osten. Entgegen allen Vorstellungen des Generalstabes war Hitler, der im Dezember selbst den Oberbefehl übernommen hatte, nicht bereit, diesen Frontbogen zu räumen, um durch eine Frontbegradigung dringend benötigte Reserven zu bilden. Er glaubte, daß aus diesem nach Osten weisenden Frontbogen im Frühjahr ein neuer Angriff auf Moskau gestartet werden könnte. Quasi mit dem letzten Atemzug ihrer Gegenoffensive gelang es den Sowjets Anfang Februar 1942, die bei Demjansk liegenden deutschen Verbände einzukesseln. Es handelte sich hier um das II. Armee-Korps und zusätzlich einige Verbände des X. Armee-Korps, die im Verlaufe des Rückzuges hier mit eingeschlossen wurden, insgesamt ca. 95.000 Soldaten. Am 8.2.1942 waren die Landverbindungen abgeschnitten und der Kessel von Demjansk war auf die Luftversorgung angewiesen.

In den ersten 10 Tagen konnte die Versorgung lediglich durch die zwei Transportgruppen durchgeführt werden, die der für diesen Teil der Ostfront zuständigen Luftflotte 1 für ihre Transportaufgaben zugeteilt waren.

### Die Transportverbände

Zum besseren Verständnis der weiteren Ereignisse, das betrifft auch Stalingrad, ist es notwendig, kurz die Entwicklung, Organisation

6   Im April 1942 wurde der Kessel von Demjansk zwar geöffnet, aber die Luftversorgung wurde bis in den Spätsommer fortgesetzt.

7   Zu den militärischen Ereignissen gibt es eine Fülle von Publikationen von höchst unterschiedlicher sachlicher Qualität. Hier sei lediglich verwiesen auf die umfassende und detailreiche Dokumentation des Militärgeschichtlichen Forschungsamtes , früher Freiburg/Brg. heute in Potsdam: Das Deutsche Reich und der Zweite Weltkrieg, Band 4, Der Angriff auf die Sowjetunion, Stuttgart 1983, hier: Die Winterkämpfe im Bereich der Heeresgruppe Nord bis zum Wiedergewinnen einer festen Stellung (von Ernst Klink), S. 628 ff. und Die Luftwaffe (von Horst Boog) Die Heeresunterstützung, S. 657 ff. und Die Lage der Luftwaffe um die Jahreswende 1941/42, S. 696 ff.

und Gliederung der Transportfliegerverbände der Luftwaffe darzustellen. Ab Oktober 1937 wurden die Kampfgeschwader der Luftwaffe, die bis dahin weitgehend mit dem Flugzeugtyp Ju52/3m ausgerüstet waren, u.a. auf die modernen Heinkel He111 umgerüstet.[8] Eine Gruppe des K.G. 152 Hindenburg blieb bei ihren Ju 52 und wurde in Kampfgruppe (K.Gr.) z.b.V. 1 (z.b.V. = zur besonderen Verwendung) umbenannt. Diese neue Gruppe sollte den Kern bilden für weitere K.Gr. z.b.V., die für den Transport und das Absetzen von Fallschirmtruppen bestimmt waren, die neu gebildet wurden.

Diesen Erfordernissen wurde auch die Gliederung dieser K.Gr. z.b.V. angepaßt. Eine Gruppe umfaßte danach 4 Staffeln zu je 12 Flugzeugen und zusätzlich eine Stabskette, in einigen Publikationen auch als Stabsschwarm bezeichnet, von 5 Flugzeugen, so daß eine K.Gr. z.b.V. ein vollständiges Fallschirmjägerbataillon transportieren bzw. absetzen konnte. Eine solche Verwendung dieser Kampfgruppen erfolgte aber nur in der Anfangsphase des Zweiten Weltkrieges, denn nach dem äußerst verlustreichen Einsatz der Fallschirmjäger auf Kreta Ende Mai 1941 wurden im weiteren Verlauf des Krieges von deutscher Seite von kurzen punktuellen Operationen abgesehen (so in Nordafrika) keine weiteren Luftlandeoperationen durchgeführt.

Die ersten vier K.Gr. z.b.V. waren am Beginn des Krieges zum Kampfgeschwader (K.G.) z.b.V. 1 zusammengefaßt worden. Gleichzeitig wurde aus dem Bereich der Fliegerschulen ein Stab für ein K.G. z.b.V. 2 und eine weitere K.Gr. z.b.V. gebildet, die im Bedarfsfalle auf dem Kommandowege zusammengezogen wurden. Im Frühjahr 1940 wurden ebenfalls aus dem Bereich der Schulen neun weitere Kampfgruppen gebildet. Ein Teil dieser Gruppen wurde später wieder aufgelöst oder wieder zurück an die Schulen verlegt, um die dringend erforderliche Pilotenausbildung sicherzustellen.

Bedingt durch die schnelle Aufstellung und Wiederauflösung einiger z.b.V.-Verbände hat es in Bezug auf die Kommandounterstellung gravierende Schwierigkeiten gegeben, weil diese sich teilweise überlappten. Auch als Ende Mai 1941 alle z.b.V.-Verbände geschlossen dem „Lufttransportführer (L.T.F.) bei Gen.Qu." (Generalquartiermeister) unterstellt wurden, blieben Doppelunterstellungen nicht aus. So war „der L.T.F. in Personalunion auch Kommandeur der Blindflugschulen [und] seine Unterstellung zweiseitig, weil er einmal als L.T.F. dem Stab des Gen.Qu. und außerdem als Kdr. der Bl.Flugschulen dem Chef A.W. (Ausbildungswesen) unterstand."[9] Erst ein Jahr später wurde dieses höchst unbefriedigende und mit

[8] Für dies und das Folgende siehe Fritz Morzik: Die deutschen Transportflieger im Zweiten Weltkrieg, Die Geschichte des „Fußvolkes der Luft", bearbeitet von Gerhard Hümmelchen, Frankfurt/Main 1966, von hier an nur noch zitiert: Morzik S. .... Für Demjansk stehen über das Buch Morziks hinaus nur in äußerst geringem Umfang Originaldokumente zur Verfügung, da die Luftflotte 1, zuständig für Demjansk, bei Kriegsende im Mai 1945 befehlsgemäß ihre Unterlagen fast vollständig vernichtet hat. (Angabe des Bundesarchivs-Militärarchivs in Freiburg/Brg., in Zukunft nur noch als BMA zitiert.).

[9] Morzik, S .7.

Friktionen belastete doppelte Unterstellungsverhältnis beendet und der L.T.F. war nur noch Lufttransportführer. Und wieder ein Jahr später, im Mai 1943 erfolgte die organisatorische Zusammenfassung aller Transportfliegerverbände und die längst fällige Umbenennung von Kampfgeschwader (K.G.) bzw. Kampfgruppen (K.Gr.) in Transportgeschwader (T.G.) und Transportgruppen (T.Gr.). Drei der insgesamt fünf T.G., bestehend aus je 4 Gruppen, waren in der Regel mit Ju 52/3m Flugzeugen ausgerüstet. Das 2. T.G. bestand nur aus drei Gruppen. Ein fünftes T.G. bestand aus 2 Gruppen mit Me 323, ein aus dem Großlastensegler Me 321 entwickeltes Transportflugzeug, das nur eine Notlösung war. Es hatte zwar einen großen, auch für sperrige Güter geeigneten Laderaum, aber es war sehr langsam, schwerfällig, nicht blindflugtauglich, so der damalige Ausdruck für Instrumentenflug, und erforderte von den Piloten große fliegerische Erfahrungen.[10]

### „Fritz" Morzik

Die Aufgabe der Versorgung des Kessels von Demjansk wurde also konsequenterweise dem Lufttransportführer (L.T.F.) übertragen und diese Position hatte seit dem 1.10.1941 der Oberst Friedrich-Wilhelm („Fritz") Morzik inne. 1891 in Ostpreußen geboren, war Morzik schon vor Beginn des Ersten Weltkrieges Beobachter in einer Feld-Flieger-Abteilung. Im Frühjahr 1915 wurde er zum Flugzeugführer ausgebildet und flog bis zum Kriegsende Jagdflugzeuge. Nach einem kurzen Zwischenspiel bei einer Polizei-Fliegerstaffel in Breslau, Schlesien, war er Flugzeugführer bei Deutscher Aero-Lloyd, Berlin (1921-1922), Junkers Flugzeugwerke, Dessau (1923-1928) und Fluglehrer und Flugleiter an der Deutschen Verkehrsfliegerschule Staaken (bei Berlin) und Braunschweig.[11] Am 1.5.1934 trat Morzik wieder in die Luftwaffe ein und erhielt den Rang eines Hauptmanns, am 1.Juni 1940 wurde er Oberst. Morzik war also ein Pilot mit langjähriger fliegerischer Erfahrung und besonders mit dem Standardflugzeug der Transportflieger, der Ju52/3m bestens vertraut. Alle Transportflieger, die befragt werden konnten, schildern Morzik als einen ruhigen und besonnenen Mann mit großer Sachkompetenz, der von den ihm unterstellten Piloten zwar höchsten Einsatz verlangte, aber keine undurchführbaren Einsätze verlangte. Es ist keineswegs eine Übertreibung, wenn hier festgestellt wird, daß gerade diese ausgewiesene Sachkompetenz, die eigene praktische Erfahrung mit großen Transportflugzeugen, aber auch

10   Morzik, S. 33.

11   Alle persönlichen Daten aus: Die Generale der deutschen Luftwaffe 1935-1945, hrsg. von Karl-Friedrich Hildebrand, Osnabrück o.J.

die „flexible" Handhabung des Dienstweges und der Dienstvorschriften die Luftversorgung des Kessels von Demjansk zu einem relativen Erfolg geführt hat

Die Anfangsphase der Luftversorgung von Demjansk konnte also zunächst nur von den beiden verfügbaren Gruppen, der I./K.G. z.b.v. 172 und der K.Gr. z.b.V. 9 durchgeführt werden. Am 19. Februar 1942 wurden 5 weitere Gruppen in den Bereich der Luftflotte 1, in deren Bereich der Kessel von Demjansk lag, verlegt. Bis Anfang März folgten weitere 10 Gruppen, die teilweise aus dem Bereich der Luftflotte 4 im Südabschnitt der Ostfront kamen und aus dem Bereich des Chefs A.W. (Ausbildungswesen) und aus den Flugschulen zusammengezogen worden waren. Damit standen für den vorgesehenen bzw. geforderten Transport von täglich 300 t theoretisch ca. 220 Flugzeuge zur Verfügung. Theoretisch deshalb, weil alle Verbände durch die wochenlangen schweren Einsätze im Mittelabschnitt der Ostfront reparatur- und instandsetzungsbedürftig waren und nur 30% des Flugzeugbestandes einsatzfähig war. Die von Oberst Morzik sofort über die Luftflotte 1 geforderte Zuführung von zusätzlichen 300 Transportflugzeugen wurde nur zu einem geringen Teil erfüllt.

Wie kaum anders zu erwarten, sah sich Oberst Morzik auch in vielen anderen Belangen größten Problemen gegenüber, die nur teilweise und unter großen Anstrengungen gelöst werden konnten. Das mit Abstand größte Problem stellte die Wartung und Reparatur der Flugzeuge dar. Jeder Staffel stand nur ein Oberwerkmeister und je Flugzeug ein erster Wart zur Verfügung. Jede größere Wartungsarbeit und Instandsetzung wurde im Normalfall von einer Flughafenbetriebskompanie ausgeführt, die für jeweils eine Gruppe zuständig war. Doch diese Kompanien konnten wegen ihrer umfangreichen und schweren Ausrüstung nur auf dem Landwege verlegt werden. Es gehört nicht viel Phantasie dazu, sich vorzustellen, daß in dem allgemeinen Durcheinander als Folge der russischen Offensive eine solche Verlegung einige Wochen dauerte. Es war also sehr viel Improvisation nötig, um unter der bereits erwähnten „flexiblen" Handhabung des Dienstweges dringend benötigte Ersatzteile herbeizuschaffen oder ohne Rücksicht auf bestehende Dienstvorschriften die Ju52, wenn es sein mußte, mit nur zwei intakten der drei Motoren für größere Wartungen oder Motorenwechsel in die Werften in Deutschland zu überführen. Auf dem Rückflug zur Front brachten dann diese Flugzeuge, natürlich oft unter Umgehung oder unter „flexibler" Handhabung des normalen Dienstweges, dringend

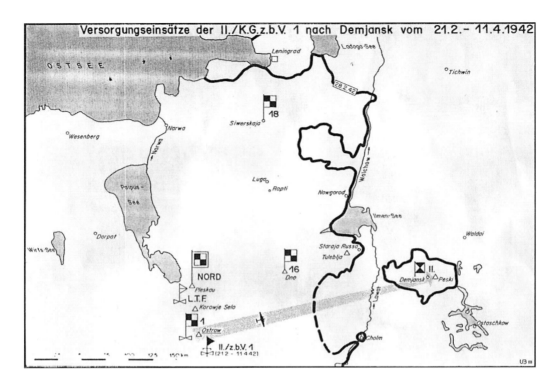

**Abb. 2**
Die Luftversorgung von Demjansk

Quelle:
Geschichte einer Transportfliegergruppe, S. 120

12   Morzik, S. 129.

benötigte Ersatzteile aber auch die anfangs überhaupt nicht oder in viel zu geringer Zahl vorhandenen Wärmewagen mit, die bei den extremen Kältegraden für das Anlassen der Motoren von größter Wichtigkeit waren.

Weniger Probleme bereiteten die geographischen Gegebenheiten. Die Offensive der Sowjets war entweder zum Stehen gebracht worden oder konnte, bedingt durch Nachschubmangel und das strenge Winterwetter, nicht weitergeführt werden. Die Fronten waren also fest und damit waren auch die teilweise nahe an der Front gelegenen Zwischenlandeplätze nicht gefährdet. Das galt natürlich noch mehr für die weiter zurück liegenden Absprunghäfen für die Versorgung des Kessels von Demjansk. Als Absprunghäfen standen in erster Linie drei Flugplätze zur Verfügung: Riga, Pleskau und Ostrow. (Siehe Abb. 2, auf der Riga nicht mehr abgebildet ist) Während es von Pleskau und Ostrow nur ca. 250 km bzw. 260 km zum Versorgungsplatz im Kessel waren, betrug die kürzeste Entfernung von Riga ca. 520 km. Riga war ein voll „ausgebauter Friedensfliegerhorst"[12], mit Hangars für eine witterungsgeschützte Wartung der Flugzeuge und Unterkünften für Besatzungen und Bodenpersonal. Ähnlich lagen die Verhältnisse für Pleskau, wo es Hallen und Werftanlagen gab, einen

**Abb. 3**
Ju52 werden in Pleskau zur Versorgung des Kessels von Demjansk beladen.

Quelle:
Bundesarchiv Koblenz,
Signatur 101-393-1440-16

Gleisanschluß, feste Unterkünfte, sowie Einrichtungen für Schlechtwetterlandungen und Nachtflugbetrieb. Wesentlich ungünstiger sah es in Ostrow aus. Die II./K.G. z.b.V. 1, die hier am 21. Februar 1942 eintraf[13], fand nur Baracken und Erdbunker für das Personal vor, aber keinerlei technische Wartungtechnik und keine Hallen, so daß man sich in den ersten Tagen mit den eigenen Werkmeistern und Warten behelfen mußte. Die Start- und Landebahn war eine Piste aus festgewalztem Schnee, und für die Räumung und Nachpräparierung der Bahn nach Schneefällen stand ausreichend Gerät zur Verfügung. Als weiterer Platz wurde noch der ungefähr in der Mitte zwischen Pleskau und Ostrow gelegene Feldflugplatz Korowje-Selo benutzt. Auch von hier betrug die Entfernung nach Demjansk ca. 250 km. Er hatte keine markierte Startbahn, aber er war hindernisfrei, verfügte über keine Hallen, nur Behelfsunterkünfte und schlechte Zufahrtsstraßen.[14]

Im Kessel standen theoretisch zwei Plätze zur Verfügung: Demjansk und Pjesti. Theoretisch deshalb, weil Pjesti nur maximal 3-6 Flugzeuge zur gleichen Zeit aufnehmen und entladen konnte. In einem einigermaßen geeigneten Gelände war behelfsmäßig eine 600 m lange und 30 m breite Landebahn im Schnee festgewalzt

[13] Dies und die Angaben zu Ostrow, siehe: Geschichte einer Transportflieger-Gruppe im II. Weltkrieg, herausgegeben von der Kameradschaft ehemaliger Transportflieger, 1989, hier S. 124 ff.

[14] Morzik, S. 129.

worden mit beschränkten Abstell- und Entlademöglichkeiten.¹⁵ Der in erster Linie zur Verfügung stehende Versorgungsflugplatz war also Demjansk, ein reiner Feldflugplatz ohne Flugplatzeinrichtungen. Der Platz war „durch Schneeräumen und Festwalzen einer 800 m langen und 50 m breiten Startbahn und einiger Rollwege, sowie Entladeplätze für die Aufnahme von etwa 20-30 Flugzeugen zu gleicher Zeit brauchbar gemacht"¹⁶ worden. Der Platz konnte aber nur am Tage angeflogen werden, da es keine Einrichtungen für Nachtbetrieb gab.¹⁷

## Das Wetter

Die Wetterverhältnisse entsprachen den Jahreszeiten: Während der Kälteperiode gab es zwar Tage mit tiefer Bewölkung und Schneefall, gelegentlich auch Nebeleinbrüche, aber meist war der Himmel wolkenlos oder es gab stark aufgelockerte Bewölkung in großen Höhen. Das entsprach dem dort vorherrschenden Kontinentalklima, das geprägt ist von arktischer Kaltluft und oft lang anhaltenden Hochdruckgebieten mit guter Sicht aber auch extremer Kälte. Die Temperaturen sanken auf bis zu −30° Celsius. Zum Vergleich: Die normale Lagertemperatur in einer modernen Tiefkühltruhe beträgt ca. −18° Celsius! Im Frühjahr gab es dagegen häufige Schlechtwetterlagen mit niedrigen Wolken, wobei gelegentlich auch Vereisungsgefahr in einigen Wolkenschichten eintrat, und oft schlechte Sicht. Trotzdem wurden Einsätze auch bei einer Sicht von nur 500 m unter Sichtflugregeln (VFR = Visual Flight Rules) geflogen. Bei geringerer Sicht und aufliegenden Wolken wurden nur Besatzungen eingesetzt, die die notwendige Instrumentenflugerfahrung bzw. -berechtigung hatten. (Instrumentenflugregeln = Instrument Flight Rules, abgekürzt IFR) Bei der deutschen Luftwaffe wurden bis zum Ende des Zweiten Weltkrieges die Bezeichnungen Blindflug, Blindflugschule etc. benutzt.¹⁸ Da die Zahl der zur Verfügung stehenden „blindflugtauglichen" Besatzungen groß genug war, konnte auch bei sehr schlechten Wetterbedingungen jede einsatzklare Transportmaschine eingesetzt werden. „Es gab während der Einsatzdauer keinen Tag, an dem nicht geflogen wurde." ¹⁹

Die Grundlage für die Wetterberatung durch die Wetterberatungszentrale in Pleskau und die Wetterberatungszentrale der Luftflotte 1 in Ostrow lieferten die Erkundungsflüge der Wettererkundungsstaffel der Luftflotte 1 in Pleskau und die dem Stab des Lufttransportführers (LTF) zur Verfügung stehende eigene He 111 sowie

---

15   Zu Pjesti und Demjansk siehe Morzik, S. 130 und Geschichte einer Transportflieger-Gruppe..., S. 126.

16   Morzik, S. 130.

17   Geschichte einer Transportflieger-Gruppe..., S. 126 und Morzik, S. 132.

18   Bei einem Blindflug, der moderne Ausdruck lautet Instrumentenflug, hat der Pilot keine visuelle Orientierungsmöglichkeit und ist nur auf die Flugkontrollinstrumente im Cockpit angewiesen. Zu den wichtigsten Instrumenten gehören der künstliche Horizont, mit dem die Lage des Flugzeuges im Luftraum erkannt werden kann, Kreiselkompaß, Höhenmesser und Fahrtmesser (= Geschwindigkeitsanzeige), sowie das Variometer, das die Geschwindigkeit von Steigen und Sinken des Flugzeuges anzeigt, und der Wendezeiger. Diese Instrumente sind üblicherweise im zentralen Blickfeld der Piloten im Instrumentenbrett (Panel) angeordnet. UKW-Sprechfunk und Radargeräte zur Unterstützung des Piloten sind erst gegen Ende des Krieges eingeführt worden.

19   Zu den Wetterverhältnissen und den Einsätzen bei IFR-Bedingungen siehe Morzik, S. 143f.

die ständig übermittelten Wettermeldungen der Einsatzplätze und natürlich auch jene des Feldflugplatzes in Demjansk. Die Auswertungen der Wettermeldungen wurden den Besatzungen jeden Morgen bei der Einsatzbesprechung bekanntgegeben. Während des Einsatzes wurden die Wettermeldungen stündlich erneuert, so daß während der gesamten Zeit der Kesselversorgung von Demjansk keine „wetterbedingten Überraschungen"[20] auftraten, die nicht von den Besatzungen gemeistert werden konnten.

Die Versorgung des Kessels von Demjansk war nach Morzik in drei unterschiedliche Zeitphasen einzuteilen: zunächst der Beginn mit starkem Frost und Schnee bis zum Einsetzen der Tau- und Schlammperiode, die Tau- und Schlammperiode selbst und zuletzt die Zeit bis zur Öffnung des Kessels und der Wiederaufnahme der Landverbindung.[21] Kritisch war besonders die zweite Phase. Die Schwierigkeiten mit den oft sehr tief aufgeweichten Rollwegen und Startbahnen betrafen neben den Abflugplätzen besonders den Platz in Demjansk. In dieser Periode war es unmöglich, feste Start- und Landezeiten einzuteilen, da sie kaum einzuhalten waren. Für den Abflug konnte man zwar auf Riga mit seiner festen Startbahn ausweichen, auch wenn damit der Weg nach Demjansk sich gegenüber Pleskau und Ostrow verdoppelte, aber entscheidend war, wie sich jeweils die Verhältnisse für die Landung und Entladung in Demjansk entwickelten.

### Gefährliche Einsätze

Für die Besatzungen der Flugzeuge erwies sich natürlich der zweimalige Überflug über die Frontlinie als besonders gefährlich. Die Transportflugzeuge, die zur Flugabwehr nur über ein einziges Maschinengewehr in einem offenen Stand oben im Rumpf verfügten, waren besonders gegenüber dem Beschuß vom Boden aber auch gegenüber dem Angriff aus der Luft ziemlich wehrlos. Es zeigte sich aber während der gesamten Zeit der Versorgung des Kessels von Demjansk eine vordergründig erstaunliche Schwäche der sowjetischen Luftwaffe. In dieser Zeit ist nicht ein einziger Abflughafen von sowjetischen Bombern angegriffen worden. Jedoch wurde der Platz in Demjansk vorwiegend während der Landungen mit Bordwaffen und Bomben angegriffen, was zu erheblichen Verlusten von Besatzungen und Flugzeugen führte. Die allgemein in dieser Zeit zu erkennende Schwäche der sowjetischen Luftwaffe war darauf zurückzuführen, daß sie sich von den enormen Verlusten aus der An-

[20] Morzik, S. 143.
[21] Morzik, S. 133f.

fangsphase des Krieges noch nicht wieder erholt hatte. Das betraf nicht nur allgemein die Zahl der verfügbaren Flugzeuge, sondern auch die jungen Besatzungen und Einheitsführer, die naturgemäß noch wenig oder gar keine Erfahrung hatten.

In der Anfangszeit wurden die Besatzungen der Transportflugzeuge angewiesen, im „Tiefstflug"[22] jede Bodensenke und jeden Baumbestand so auszunutzen, damit der Beschuß durch Bodenabwehr, so gut es ging, vermieden wurde. Die sowjetische Abwehr aber erkannte schnell die für den jeweiligen Tag befohlene Durchflugschneise und konzentrierte ihre Abwehr entsprechend, so daß die Verluste an toten und verwundeten Besatzungen und die Zahl der mehr oder weniger stark beschädigten Flugzeuge aber auch die Zahl der Totalverluste schnell stieg und eine grundsätzlich andere Einsatzführung erforderte. Die Tiefflüge waren in Rottenformation (2 Flugzeuge) oder Kettenformation (4 Flugzeuge) durchgeführt worden. Es wurde aber auch häufig einzeln geflogen.[23] Nach der neuen Taktik wurden die Einsätze in zusammengefaßten Pulks von 20-30 Flugzeugen in einer Flughöhe zwischen 2000 und 2500 m durchgeführt. Diese geänderte Taktik war zunächst sehr erfolgreich, aber nach kurzer Zeit begannen die Sowjets die langsamen und schwerfälligen Transportflugzeuge mit Jagdkräften anzugreifen. Doch die Schwäche der sowjetischen Luftwaffe in dieser Periode des Krieges wurde hier besonders deutlich. Obwohl die Abwehrmöglichkeiten der Transportflugzeuge nur äußerst gering waren, zeigte sich die sowjetische Seite, die selten mehr als 2-4 Jäger zu gleicher Zeit einsetzte, „geschlossenen Formationen gegenüber nicht sehr angriffsfreudig".[24] Bei dem selten gestellten Schutz durch eigene Jäger, genügte eine einzige Jagdrotte (2 Jagdflugzeuge) ja sogar eine einzelne Bf (Me) 110 (die sich als reines Jagdflugzeug als nicht sehr geeignet gezeigt hatte[25]), um die sowjetischen Jäger von Angriffen auf die langsamen Transportflugzeuge abzuhalten. Im Vergleich mit den starken Verlusten durch die Bodenabwehr beim Tiefflug hielten sich die Verluste durch sowjetische Jäger in Grenzen, denn die Angriffe richteten sich auf einzeln fliegende oder vom Verband getrennte Flugzeuge, die dann natürlich besonders anfällig waren. So konnte Morzik völlig zu Recht feststellen: „Die Schwäche der russischen Luftwaffe war eine der wichtigsten Voraussetzungen für den Erfolg"[26] der Versorgung des Kessels von Demjansk.

22 Morzik, S. 134; siehe auch Geschichte einer Transportflieger-Gruppe..., S. 128; bestätigt auch durch Mitteilung von Oberst a. D. (Bundesluftwaffe) Dipl.-Ing. Heinz Borsdorff vom 24.7.1995 an den Verfasser, 1942 Leutnant d. Reserve, 24 Einsätze nach Demjansk als Pilot einer Ju 52 bei K.G. z.b.V. 800 und von Dipl. Ing. Franz Lankenau† vom 30.7.1995, 1942 Leutnant und Pilot einer Ju 52 bei II./K.G. z.b.V. 1, 30 Einsätze nach Demjansk. Ein Demjansk betreffendes Tagebuch von Franz Lankenau ist abgedruckt in Geschichte einer Transportflieger-Gruppe..., S. 130 ff. zusammen mit dem Faksimile-Abdruck eines Ausschnittes seines offiziellen Flugbuches.

23 Mitteilungen an den Verfasser von Wilhelm Biereye vom 15.7.1995, 1942 Hauptmann, Pilot einer Ju 52 und Staffelkapitän bei IV./K.G.z.b.V. 1, 40-50 Einsätze nach Demjansk (Flugbuch konnte nicht eingesehen werden); Heinz Hassink† vom Juli 1995, 1942 Feldwebel, Fluglehrer und als Pilot einer Ju 52 eingesetzt beim K.G.z.b.V. 4; Angaben über die Zahl der Einsätze nicht

## Schwere Verluste an Besatzungen und Flugzeugen

Dennoch kam es zu Verlusten und sie stellten für die Transportflieger einen derart großen Aderlaß dar, daß es schwer fällt, das ganze Unternehmen der Luftversorgung von Demjansk als großen Erfolg zu bezeichnen. Die anfangs vom Heer geforderte Menge von mindestens 300 Tonnen täglich ist nur an wenigen Tagen erreicht worden. Wenn für die gesamte Dauer der Kesselversorgung ein Tagesdurchschnitt von 273 t (24.303 t in der Zeit von 19. Februar 1942 bis 18. Mai 1942)[27] erreicht wurde, dann kann man das zwar als relativen Erfolg bezeichnen, aber die geforderten 300 t stellten ja nur den absoluten Mindestbedarf mit bereits einkalkulierten Einschränkungen dar. So betrug der in der Mindestmenge enthaltene Verpflegungssatz nur 2/3 des normalen Verpflegungssatzes, der Munitionsbedarf war auf 50% und der Hafersatz für die im Kessel vorhandenen 20.000 Pferde auf 25% des Normalsatzes reduziert worden. Aus dem Kessel wurden aber auch 22.093 Verwundete ausgeflogen.

Die o.g. Zahl von 24.303 t an Versorgungsgütern ist wahrscheinlich nicht absolut zutreffend. Der Stab des L.T.F. meldete täglich an die Luftflotte 1 die transportierte Tonnage. Auf den Abflugplätzen wurde das vom Quartiermeister der 16. Armee bereitgestellte Material (Lebensmittel, Munition, Treibstoff, Ersatzmannschaften, aber auch Pferdefutter) in die Transportflugzeuge verladen. Da die Ladekapazität einer Ju52 rund zwei Tonnen betrug, wurde die täglich überführte Menge errechnet aus der Zahl der eingesetzten Flugzeuge multipliziert mit 2 Tonnen. Der Quartiermeister des II. Armeekorps aber notierte unmittelbar auf dem Platz in Demjansk nicht nur die Zahl der gelandeten Transportflugzeuge, sondern mit der für Quartiermeister üblichen buchhalterischen Akribie wurde genau festgehalten, was er geliefert erhielt. Daraus ergaben sich zwangsläufig Differenzen zu den vom Stab des L.T.F. gemeldeten Tonnageangaben. Es bedurfte erst eines klärenden Gesprächs zwischen dem Quartiermeister des II. Armeekorps und einem Angehörigen des Stabs des L.T.F. um die Differenzen zu bereinigen.[28] Das ändert nichts an der enormen Leistung der Transportflieger, aber der Preis war hoch: „Die Gesamtverluste des fliegenden Personals durch Feindeinwirkung sowie durch Abstürze auf Einsatzflügen betrugen während der Kesselversorgung: 2 Gruppenkommandeure gefallen, 383 Offiziere, Unteroffiziere und Mannschaften gefallen, vermißt oder verwundet. 262 Transportflugzeuge gingen durch Feindeinwirkung, Abstürze und Bruchlandungen total verloren."[29]

---

möglich, da die Flugbücher 1945 von englischen oder kanadischen Soldaten abgenommen wurden. Karl Heinz Lange vom 4.7.1995, 1942 Unteroffizier, Pilot einer Ju 52 bei IV./ K.G.z.b.V. 1, ca. 35 Einsätze nach Demjansk. Außerdem von Borsdorff und Lankenau, siehe Fußnote 22

24   Für dies und den eigenen Jagdschutz siehe Morzik, S. 135 ff.

25   Kenneth Munson: Die Weltkrieg II- Flugzeuge, Stuttgart 19/1995, S. 186 ff. und: Flugzeuge von A bis Z, Band 3, hrsg. von Peter Alles-Fernandez, Koblenz 1989, S. 100.

26   Morzik S. 136.

27   Morzik, S. 145, nach diesen Daten und Zahlen ergäbe sich ein Tagesschnitt von ca. 276 t in 88 Tagen.

28   BMA Registriernummer RH 24-2, Luftversorgung.

29   Morzik, S. 145.

Vergleicht man die Zahl der verlorenen Flugzeuge mit der Zahl der zur Verfügung stehenden Maschinen, dann heißt das, daß der gesamte eingesetzte Bestand einmal sozusagen „umgeschlagen" wurde. Das entsprach in etwa 50% der Jahresproduktion an Transportflugzeugen, die für 1941 502 und für 1942 573 Flugzeuge vorwiegend vom Typ Ju 52/3m betrugen! [30]

Für den erfahrenen Oberst Morzik war deshalb das Ergebnis dieser ersten Kesselversorgung ein „negativer Erfolg."[31] Aber in der obersten deutschen Führung, nicht nur im Führerhauptquartier, sondern auch in Teilen der Luftwaffenführung, verleitete dieser scheinbare Erfolg zu der gefährlichen Schlußfolgerung, daß sich eine solche Luftversorgung auch an anderen Stellen wiederholen ließe. Damit war die Katastrophe von Stalingrad bereits vorprogrammiert, jedenfalls soweit es die Luftversorgung betrifft

## Stalingrad

Die Lage[32]: Für die Sommeroffensive von 1942 waren die deutschen Kräfte in zwei Angriffsrichtungen zersplittert worden: Im Süden sollte der Kaukasus erobert werden zusammen mit den Ölquellen von Baku, während eine zweite Kräftegruppe die Wolga bei Stalingrad als wichtigen Transportweg von Süd nach Nord sperren sollte. Die Eroberung der Stadt Stalingrad war für Hitler zusätzlich mit einem psychologisch/politischen Imageeffekt verbunden. Trotz größter Anstrengungen und enormer Verluste gelang es nicht, Stalingrad vollständig zu erobern. Da die kampfstarken deutschen Verbände weitgehend in Stalingrad gebunden und durch die langwierigen und verlustreichen Kämpfe auch schon stark geschwächt waren, wobei sich schon jetzt große Nachschubschwierigkeiten auswirkten, wurden die nördlichen und südlichen Flanken der weit nach Osten vorspringenden Front von Einheiten verbündeter Armeen gehalten, denen vor allem für die Panzerabwehr geeignete schwere Waffen fehlten. Außerdem hatten sie viel zu breite Frontabschnitte zu sichern, was die 2000 km entfernte Führung aber als ausreichend ansah, da sie die sowjetische Armee als weitgehend geschlagen und geschwächt glaubte. Daran änderten auch zahlreiche Warnungen und Meldungen der deutschen Abwehr nichts, die Hitler gewöhnlich ignorierte.

Als die Sowjets am 19. November 1942 an der Nordflanke und einen Tag später auch südlich von Stalingrad angriffen, gelang es ihnen innerhalb von drei Tagen, die 6. Armee fast vollständig und

---

30  Zahlen nach: Geschichte des Zweiten Weltkrieges, Würzburg (Ploetz-Verlag) 2/1960, Teil 2: Die Kriegsmittel, hier Kriegswirtschaft und Rüstungsindustrie, Flugzeugproduktion, S. 127.

31  Morzik, S. 123.

32  Zu den militärischen Ereignissen im Zusammenhang mit Stalingrad liegt ebenfalls eine fast unübersehbare Zahl von Veröffentlichungen von sehr unterschiedlicher Qualität vor. Hier sei auch wieder verwiesen auf: Das Deutsche Reich und der Zweite Weltkrieg, herausgegeben vom Militärgeschichtlichen Forschungsamt, Potsdam, hier Band 6, Der globale Krieg, Stuttgart 1990, hier Der Krieg gegen die Sowjetunion 1942/43 von Bernd Wegner, S. 761 ff. Zu Stalingrad speziell sei ferner verwiesen auf: Manfred Kehrig: Stalingrad, Analyse und Dokumentation einer Schlacht, Stuttgart 2/1976 (Band 15 der vom Militärgeschichtlichen Forschungsamt herausgegebenen „Beiträge zur Militär- und Kriegsgeschichte").

zusätzlich Teile der 4. Panzer-Armee im Raum Stalingrad von ihren rückwärtigen Verbindungen abzuschneiden. Da sich die sowjetischen Angriffe im nördlichen Flankenabschnitt weit ausgreifend nach Süden gegen Rostow mit dem Ziel richteten, auch die gegen den Kaukasus operierenden deutschen Kräfte von ihren rückwärtigen Verbindungen abzuschneiden, mußten sich diese deutschen Kräfte eiligst zurückziehen, um einer Einkesselung und Vernichtung zu entgehen.

Obwohl alle Frontbefehlshaber ein Festhalten an Stalingrad als sinnlos ansahen und dem Oberkommando der Wehrmacht, dessen Führung ja seit Dezember 1941 bei Hitler persönlich lag, einen Ausbruch nach Westen unter Aufgabe von Stalingrad dringend empfahlen, und obwohl alle Luftwaffenbefehlshaber an der Front eine Luftversorgung einer ganzen Armee für nicht durchführbar ansahen, wobei für ihre Einschätzung die äußerst schwierigen Witterungsbedingungen eine entscheidende Rolle spielten, wollte Hitler um keinen Preis Stalingrad aufgeben. War anfangs noch daran gedacht worden, die eingeschlossenen deutschen Kräfte im Raum Stalingrad zu konzentrieren – „igeln" lautete der beschönigende Ausdruck -, um dann von Westen einen Korridor zur Versorgung freizukämpfen, so war dieser Plan durch die pausenlosen Angriffe der Sowjets und durch die begrenzten Abwehrmöglichkeiten der deutschen Seite schnell zur Makulatur geworden. Zwar wurde im Dezember ein Entsatzversuch gestartet, der aber mit viel zu schwachen Kräften den sowjetischen Ring um Stalingrad nicht sprengen konnte, und dann endgültig scheiterte, als ein neuer sowjetischer Angriff an der nördlichen Flanke die Aufgabe des Entsatzversuches erzwang.

### Hitler: Keine Aufgabe von Stalingrad

Militärisch war der Totalverlust der deutschen Kräfte bei Stalingrad aber schon viel früher entschieden worden, als am 24. November 1942 Hitler der 6. Armee das „Einigeln" befahl und gleichzeitig eine Luftversorgung der eingekesselten deutschen (und rumänischen) Kräfte anordnete.

Der Befehl Hitlers, die deutschen und verbündeten Kräfte in und um Stalingrad durch eine kurzfristige Luftbrücke bis zum Entsatz von außen mit den wichtigsten Gütern zu versorgen, hatte eine kurze aber reichlich verworrene Vorgeschichte. Die Ansicht der Luftwaffenkommandeure vor Ort, daß eine ganze Armee nicht durch die Luft versorgt werden könne, ist bereits erwähnt worden. Aber schon bei der Führung der 6. Armee war man auf Grund der mit der Versorgung des Kessels von Demjansk gemachten Erfahrungen in bezug auf eine Luftversorgung viel zu optimistisch. Als Generalleutnant Martin Fiebig, der Kommandierende General des VIII. Fliegerkorps, am 21. November 1942 abends in einem Telephonat mit Generalmajor Schmidt, Chef des Generalstabes der vor der Einschließung stehenden 6. Armee die Lage erörtert, wird ihm mitgeteilt, daß die Armee sich mit dem Gedanken zu „igeln" befasse. Auf Fiebigs Frage, wie man sich denn die Versorgung der Armee vorstelle, denn die Nachschubverbindungen seien ja bereits unterbrochen, erhielt er als Antwort: „Nun, dann wird die Armee eben aus der Luft versorgt werden müssen."[33] Eine äußerst wichtige Tatsache wurde dabei aber völlig übersehen: Im Kessel von Demjansk waren ca. 95000 Mann zu versorgen gewesen, im Kessel von Stalingrad befanden sich aber am Beginn der Einschließung „rund 300.000 Mann".[34]

Zu dieser Zeit hielt sich Hitler nicht in seinem Hauptquartier „Wolfsschanze" in Ostpreußen auf, sondern auf seinem Berghof in der Nähe von Berchtesgaden. An diesem 21. November 1942 ist Hitler von Generaloberst Hans Jeschonnek, dem Chef des Generalstabes der Luftwaffe vorsichtig die Möglichkeit einer auf kurze Zeit angelegten Luftversorgung von Stalingrad angedeutet worden, allerdings mit ganz konkreten Vorbedingungen, u.a. einer ausreichenden Zahl von Flugzeugen und einer stabilen und gut funktionierenden Bodenorganisation, besonders in bezug auf die laufende Wartung der eingesetzten Transportflugzeuge.[35] Von der Luftwaffenführung ist die Entscheidung für eine Luftversorgung von Stalingrad am 23. November 1942 gefallen. An einer Besprechung im Wildpark-Werder (bei Potsdam), die von Göring einberufen worden war und von ihm geleitet wurde, nahmen zwar mehrere hohe Luftwaffenoffiziere teil, aber weder Oberst Morzik als der für eine solche vorgesehene Aktion zuständige Lufttransportführer noch ein Vertreter des Luftwaffenführungsstabes.[36] Über die Zusage von Göring, daß die Luftwaffe die bei Stalingrad eingeschlossenen Kräfte aus der Luft versorgen könne, gibt es verschiedene Versionen. Der in aller Regel recht gut über Ereignisse auch hinter den Kulissen informierte Flugzeugindustrielle Ernst Heinkel[37] sah in Görings Zusage einen Versuch, seinen Stern wieder zum Strahlen zu bringen, als er aus Jeschonneks bedingtem „wenn" eine bedingungslose Zusage machte. Fest steht, daß am Nachmittag des 23. November 1942, nach der Bespre-

---

33  Siehe Hans-Detlef Herhudt von Rohden: Die Luftwaffe ringt um Stalingrad, Wiesbaden 1950, S. 19 f. H.-D. Herhudt von Rohden war vom 24.8.1942 bis 28.2.1943 als Oberst Chef des Stabes der Luftflotte 4, und vom 1.10.1943 im Rang eines Generalmajors bis zum Kriegsende Chef der 8. Abteilung (Kriegswissenschaftliche Abteilung) im Generalstab der Luftwaffe. .

34  Siehe Kehrig, S. 671.

35  Siehe Kehrig, Stalingrad, S. 151 und 219, sowie H.-D. Herhudt von Rohden: Die Luftwaffe ringt um Stalingrad, S. 25.

36  Siehe Kehrig, Stalingrad, S. 219 und Morzik, S. 155.

37  Siehe Ernst Heinkel: Stürmisches Leben, Stuttgart 2/1953, S. 454.

chung im Wildpark-Werder, Hitler von Göring das Versprechen erhielt, daß Stalingrad durch die Luftwaffe versorgt werden könnte. Am 24. November 1942 morgens erging dann der endgültige Befehl Hitlers zum Zusammenfassen der 6. Armee im Raum Stalingrad, Entsatz durch eine Operation aus dem Raum um Kotel´nikovskij und die Versorgung der 6. Armee bis zum Entsatz durch eine Luftbrücke.[38]

## General Richthofen

Am gleichen Tage, also am 24.11.1942 lief die Luftversorgung Stalingrads an.[39] Zu diesem Zeitpunkt standen der Luftflotte 4, die für den gesamten südlichen Raum, also Heeresgruppe A (Kaukasus) und Heeresgruppe B (Stalingrad) zuständig war, ganze 5 Transportgruppen zur Verfügung. Zusätzlich konnten noch zwei mit He 111 Bombern ausgerüstete Kampfgeschwader für die Luftversorgung eingesetzt werden, sofern sie nicht durch Kampfaufgaben gebunden waren. Anders als im Falle von Demjansk lag jetzt die Leitung und Führung nicht in einer Hand, nämlich beim Lufttransportführer Oberst Morzik, sondern bei der Luftflotte 4. Chef der Luftflotte 4, so die offizielle Bezeichnung und gleichzeitig Befehlshaber Südost war seit Juli 1942 Generaloberst Dr. Ing. Wolfram Freiherr von Richthofen, der eine ungewöhnliche Karriere durchlaufen hatte: Schon vor dem 1. Weltkrieg Offizier, Zugführer und Eskadronführer in einem Husaren-Regiment, ab September 1917 Ausbildung zum Flugzeugführer und ab März 1918 Flugzeugführer im Jagdgeschwader 1 „Richthofen", nach Kriegsende wieder bei seinem alten Reiterregiment (No. 4), Januar 1920 beurlaubt zum Maschinenbau-Studium an der TH Hannover, Abschluß mit Dipl.Ing. und Dr.Ing., nach verschiedenen Kommandierungen von April 1929 bis Ende September 1932 zur Deutschen Botschaft in Rom beurlaubt zwecks Studium der italienischen Luftstreitkräfte, nach einigen kurzen Kommandierungen und Teilnahme an technischen Lehrgängen von Oktober 1933 bis November 1936 im Reichsluftfahrtministerium, dann bis Sommer 1939 bei der Legion Condor (Chef des Stabes und dann Befehlshaber des Führungsstabes), ab Oktober 1939 Kommandierender General des VIII. Fliegerkorps und nun Chef der Luftflotte 4. Er war also neben seiner normalen Aufgabe als Befehlshaber von Bomber- und Jagdverbänden zusätzlich für die Luftversorgung von Stalingrad verantwortlich. Von den bereits erwähnten 5 Transportgruppen im Bereich der Luftflotte 4 war nur eine der Luftflotte di-

38 Siehe Kehrig, Stalingrad, S. 218 ff.

39 Siehe hierzu besonders Morzik, S. 150 ff., Kehrig, Stalingrad, S. 218 ff., 280 ff., 484 ff., 515 ff. und H.-D. Herhudt von Rohden, Die Luftwaffe ringt..., S. 26 ff.

rekt für ihre normalen Transportaufgaben unterstellt. Die übrigen unterstanden dem VIII. Fliegerkorps, das die Luftversorgung von Stalingrad ebenfalls zusätzlich zu ihren eigentlichen Kampfaufgaben durchzuführen hatte. Kommandierender General des VIII. Fliegerkorps war Generalleutnant Martin Fiebig, der zwar von 1926 bis Frühjahr 1933 Flugleiter bei der Deutschen Lufthansa gewesen war, aber schon im ersten Weltkrieg und dann ab Mai 1933 nur Bomberverbände und andere Kampfverbände geführt hatte. Und irgendwo in diesem Kompetenzgeflecht mußte der als Lufttransportexperte ausgewiesene Morzik untergeordnete Aufgaben erfüllen, denn er war ja „nur" Oberst. Mit Wirkung vom 1.10.1943 wurde Fritz Morzik dann doch zum Generalmajor befördert.

### Wieviel wird benötigt?

Die für die Versorgung des Kessels von Stalingrad für notwendig erachtete Menge an Lebensmitteln, Munition und Treibstoff war anfänglich von der 6. Armee mit 750 Tonnen täglich angegeben worden. Daß dies eine reine Illusion war, dazu machte Morzik eine einfache und einleuchtende Rechnung auf[40]: um die geforderten 750 Tonnen zu transportieren, hätten „täglich 375 Ju52 mit zwei Tonnen Material starten und auch tatsächlich im Kessel landen" müssen. Da die Einsatzbereitschaft aber nur bei 30-35 % lag, 50 % waren schon eine Ausnahme, wären 1050 Ju52 notwendig gewesen. „Die gesamte Luftwaffe verfügte zu dieser Zeit aber nur über etwa 750 Ju52." Das war natürlich auch den planenden Luftwaffenführern klar, deshalb reduzierte sich die für möglich gehaltene Menge auch schnell auf 300 Tonnen täglich. Es sollte sich schnell erweisen, daß auch dieser Ansatz nicht realistisch war. Zur Erinnerung: Auch für die Versorgung des Kessels von Demjansk waren 300 t als tägliche Transportleistung gefordert worden – für ca. 95.000 Mann. Jetzt sollten die 300 t für ca. 300.000 Mann ausreichen!

Der Generalquartiermeister der Luftwaffe war angewiesen worden, jedes verfügbare und zum Transport von Gütern auch nur halbwegs geeignete Flugzeug nach Osten zu dirigieren. Das betraf dann auch Flugzeuge von Stäben, Dienststellen, Ministerien und der Prominenz. Wie kurzatmig hierbei vorgegangen wurde, erwies sich sofort, denn alle diese Flugzeuge trafen im Einsatzraum so ein, wie sie bisher eingesetzt worden waren. Alle diese Flugzeuge mußten erst sowohl für den Einsatz als Transportflugzeug umgerüstet werden und für den Wintereinsatz ausgerüstet werden. Das Mate-

[40] Morzik, S. 154 f.

rial dafür war aber vor Ort nicht vorhanden und mußte erst herbeigeschafft werden, ehe die Umrüstung erfolgen konnte. Bis dahin standen Dutzende der wertvollen Maschinen nutzlos auf den wenigen Plätzen herum. Aus Südeuropa und Nordafrika trafen Transportgruppen ein, die noch für den Tropeneinsatz ausgerüstet waren und ebenfalls erst für den Wintereinsatz umgerüstet werden mußten. Auch sie warteten tagelang, ja wochenlang auf die Umrüstung und konnten nur in sehr begrenztem Umfang sofort eingesetzt werden. Aus dem Bereich der Schulen wurden nach und nach ca. 600 Flugzeuge „mit zum Teil besten Lehrbesatzungen herausgezogen", wodurch die so wichtige Pilotenausbildung praktisch zum Erliegen kam. So standen zumindest auf dem Papier zeitweilig bis zu 750 Flugzeuge zur Verfügung, die natürlich als imposante und beruhigende Zahl nach „oben" gemeldet werden konnte. Jedoch waren viele von diesen Flugzeugen für Transporteinsätze der vorgesehenen Art entweder nur bedingt geeignet oder überhaupt nicht geeignet, ganz zu schweigen von der bereits stark eingeschränkten Einsatzbereitschaft der vorhandenen Flugzeuge.

Dazu einige Beispiele: Der Bomber He111 konnte auch nur dann eingesetzt werden, wenn keine Kampfaufträge notwendig waren, die natürlich Priorität hatten. Aber das Flugzeug war natürlich als reiner Bomber konzipiert und hatte keinen für zu transportierende Güter geeigneten Laderaum. Für den Versorgungseinsatz nach Stalingrad wurden Spezialbehälter in die Bombenschächte gehängt, die aber durch ihre Abmessungen nur den Transport von bestimmten Gütern (z.B. Treibstoff) zuließen. Dafür verfügte die He111 aber über eine gegenüber dem Standardtransportflugzeug Ju52/3m erheblich bessere Abwehrbewaffnung. Aber sie war ein Notbehelf. Ganz anderer Art waren die Probleme, die mit der Focke-Wulf Fw200 Condor auftraten. Ende der 30er Jahre als Zivilflugzeug für die Deutsche Lufthansa entwickelt und als Nachfolger für die Junkers Ju52/3m vorgesehen, wurde dieses Flugzeug bei Ausbruch des 2. Weltkrieges wegen seiner großen Reichweite zum See-Aufklärer umgebaut. Einige Ausführungen hatten auch zusätzlich Bombenschächte für die U-Bootbekämpfung. Mit ihrem Fluggewicht von deutlich über 24 t (zum Vergleich: die Ju52 hatte bei maximaler Zuladung ein Abfluggewicht von ca.11 t) benötigte die Fw200 Condor eine entsprechend lange und möglichst befestigte Start- und Landebahn. Hinzu kam, daß die von der Atlantikküste in den eisigen Osten kommandierten Besatzungen zwar über große fliegerische Erfahrungen verfügten, aber die Bedingungen auf den unbefestigten Feldflughäfen reichten für die Anforderungen für dieses große Flugzeug nicht aus. Hinzu kamen technische Anfälligkeiten, wodurch das Flugzeug nur selten zum Einsatz kam. Ähnlich lagen die Verhältnisse bei den ebenfalls zur Versorgung von Stalingrad beorderten Ju90 und (zwei) Ju290. Eine von diesen beiden Ju290 stürzte am 13. Januar 1943 in Pitomnik ab, verursacht durch einen technischen Fehler an der Höhensteuerung, durch den schon beim Start das Flugzeug hecklastig getrimmt war. Vollbeladen mit Verwundeten, die nicht gesichert waren und beim Start nach hinten rutschten, wurde das Flugzeug noch hecklastiger und stürzte ab.

Alle diese Flugzeuge „traten nur bei den täglichen Morgenmeldungen im OKL (Oberkommando der Luftwaffe) und an höherer Stelle beruhigend in Erscheinung, aber nicht in der Stalingrad-Versorgung."[41]

Wie verzweifelt alles versucht wurde, um die Zahl der für die Versorgung von Stalingrad zur Verfügung stehenden Flugzeuge zu erhöhen, zeigt sich am Beispiel des Fernbombers Heinkel He177 Greif.[42] Da es in Deutschland am Anfang des Krieges keine auch nur annähernd genauen Bombenzielgeräte für den Horizontalflug gab, hatte man sich ganz auf die heute hinreichend bekannten Sturzkampfflugzeuge Ju87 konzentriert, der dann später noch die Ju88 folgten. Die Heinkel-Flugzeugwerke waren noch vor Beginn des Zweiten Weltkrieges mit der Entwicklung eines viermotorigen Fernbombers beauftragt worden. Ob zufällig oder nicht, jedenfalls wies dieses neue Projekt im Vergleich mit einem der beiden amerikanischen Standard-Fernbomber Boeing B-17 Flying Fortress fast identische Abmessungen auf: He177A-5/B-17G: Länge 21,90/22,66; Spannweite 31,44/31,62, alle Angaben in Metern; Fluggewicht 31.000 kg/29.710 kg.[43] Man muß sich diese Zahlen immer vor Augen halten, um den Irrsinn zu erkennen, als das Reichsluftfahrtministerium und dort vorwiegend durch Ernst Udet beeinflußte Offiziere die Forderung stellten, der neue Bomber müsse unter allen Umständen sturzflugfähig sein! Diese Forderung führte dazu, daß kein reiner viermotoriger Bomber mit normal 4 Luftschrauben entstand, sondern eine Konstruktion, bei der je zwei Triebwerke auf eine Luftschraube wirkten. Die beiden Triebwerke waren nebeneinander angeordnet, im Winkel von 60° hängend, mit der Auspuffanlage unterhalb der beiden Motoren. Es stellte sich schon nach kurzer Zeit heraus, daß diese Anordnung eine extreme Brandanfälligkeit zur Folge hatte. So gehörten auch die für die Versorgung von Stalingrad beorderten Flugzeuge zu einer Erprobungsstaffel. Da sie auch

41   Morzik, S. 156.

42   Zu der langen und von vielen Schwierigkeiten gekennzeichneten Entwicklungsgeschichte der He177 siehe Ernst Heinkel: Stürmisches Leben, Stuttgart 2/1953, S. 428 ff., siehe aber auch die beiden Erfahrungsberichte über die He177, BMA Reg.-No. RLD 6/, in denen die technischen Mängel detailliert angegeben sind.

43   Zahlenangaben aus: Peter Alles-Fernandez (Hrg.): Flugzeuge von A bis Z, Koblenz 1987, He177: Bd.2, S. 376 und B-17: Bd.1, S. 270 f.

sonst noch technisch aufwendig und anfällig waren, erwiesen sie sich bei der Versorgung als praktisch wertlos.

Die von den Schulen zusammen mit den Lehrbesatzungen kommandierten Ju86 waren ebenfalls ungeeignet für einen harten Versorgungseinsatz. Als Schulflugzeuge besaßen sie durchaus ihren Wert. Da sie außerdem nur über eine sehr geringe Reichweite verfügten, mußten sie, sofern sie nicht verloren gegangen waren, nach dem Verlust der Absprungbasis Tazinskaja (siehe unten) ganz abgezogen werden und gingen zurück in den Schulbetrieb.

### Die gute alte Tante Ju

Entsprechend groß waren natürlich auch die organisatorischen Probleme, dieses Sammelsurium von stark unterschiedlichen Flugzeugen sinnvoll einzusetzen. Und da sie, wie schon erwähnt, nur sporadisch und auch nur zeitweilig oder zeitlich begrenzt eingesetzt werden konnten, blieb die brave und zuverlässige Ju52/3m trotz ihrer Mängel (geringe Geschwindigkeit, mangelhafte oder keine Abwehrbewaffnung) das Rückgrat der Versorgung. An dieser Stelle erscheint es notwendig zu sein, dieses inzwischen fast zu einer Legende gewordene Flugzeug etwas näher vorzustellen.[44]

Das Ausgangsmodell wurde Ende der 20er Jahre als einmotorige Frachtmaschine entwickelt. Für den immer umfangreicher werden Passagierverkehr wurde die einmotorige Ju52/1m aber nicht als sicher genug angesehen. Im Frühjahr 1931 flog die erste Ju52/3m. Die ersten Versuchsmuster zeigten, daß die frei im Luftstrom liegenden Stern-Motoren und das unverkleidete starre Fahrgestell einen großen Luftwiderstand bildeten und die Höchst- und Reisegeschwindigkeit dadurch viel zu niedrig war. Von den Junkers-Werken wurden darauf um den Mittelmotor ein sog. Townsend-Ring und um die beiden Außenmotoren sog. NACA-Hauben[45] als Luftleitbleche außen um die Zylinderköpfe montiert, die der Ju52/3m nicht nur ihr charakteristisches Aussehen verliehen, sondern dadurch sowohl die Geschwindigkeitswerte bedeutend erhöhten als auch die Kühlung der Motoren verbesserten. Da zur gleichen Zeit durch umfangreiche Versuche im werkseigenen Windkanal der Fahrgestellwiderstand deutlich reduziert werden konnte, erhöhten sich die Geschwindigkeitswerte auch durch diese Maßnahme noch einmal erheblich, so daß alle Verbesserungen die Wirtschaftlichkeit der Ju 52/3m nicht nur für die Deutsche Lufthansa, sondern auch für viele andere Fluggesellschaften interessant machten. Die Ju52/3m

44   Zur Ju52 gibt es zahlreiche Veröffentlichungen, die aber technisch wenig ergiebig sind. Für an ausführlichen technischen Angaben Interessierte stehen heute wieder Nachdrucke von Original-Handbüchern zur Verfügung, z.B. vom Luftfahrtarchiv Hafner in Ludwigsburg.

45   NACA = (U.S. amerikanisches) National Advisory Committee for Aeronautics.

wurde in kurzer Zeit ein großer Verkaufserfolg für die Junkers-Werke und wurde bis zum Erscheinen der Douglas DC-3 in Europa (ca. 1937) für viele Fluggesellschaften das zuverlässige Standard-Passagierflugzeug. Die in Deutschland nach 1933 eingetretenen politischen Veränderungen machten auch vor der Ju52 nicht halt. So wurden im Reichsluftfahrtministerium mangels anderer geeigneter Flugzeugzeugtypen tatsächlich Überlegungen angestellt, die Ju52 als Bomber bauen zu lassen. Obwohl eine Kommission des Heereswaffenamtes erst kurze Zeit davor ein vernichtendes Urteil über die Ju52 gefällt und sie „als Bomber völlig ungeeignet"[46] bezeichnet hatte, wurde jetzt an einen Einsatz als Behelfsbomber gedacht. Die neue Heinkel He111 als Standardhorizontalbomber der Luftwaffe (und später die Dornier Do17) retteten die Ju52 vor einem zweifelhaften Schicksal als Bomber, denn die dann erforderlichen Umbauten zum Bombenabwurf und der Einbau von Maschinengewehrständen zur Luftabwehr hätten die Ju52 noch langsamer gemacht; sie wäre damit den Anforderungen an einen zeitgemäßen Bomber in keiner Weise gerecht geworden.

Hatte die Ju52 sich schon im Einsatz als ziviles Verkehrsflugzeug als einfach zu bedienendes und äußerst robustes und zuverlässiges Gerät erwiesen, so kamen diese Eigenschaften bei ihren Einsatz als Transportflugzeug der Luftwaffe noch deutlicher zur Geltung. Gerade durch die manchmal fast unglaubliche Robustheit und allgemeine Zuverlässigkeit wurde dieses Flugzeug für die Piloten schnell mehr als nur ein normales Flugzeug, sondern geradezu ein „braver Kamerad". Einige Beispiele aus Einsätzen zur Versorgung von Stalingrad mögen das verdeutlichen.[47] Am 4. Januar 1943 bringt eine Ju52 beim Rückflug aus dem Kessel 7 Schwerverwundete mit. Beim Durchstoßen der fast aufliegenden Wolkendecke prallt das Flugzeug sofort hart am Boden auf, die Maschine dreht sich um die Hochachse und kommt dann zum Stehen. Besatzung und alle Verwundeten haben den Aufprall heil überstanden, aber die brave Ju ging zu 90% zu Bruch: das Flugzeug stand zwar normal auf seinem unbeschädigten Fahrgestell, aber alle drei Triebwerke waren herausgebrochen und der Rumpf durch die Drehbewegung um die Hochachse an der Sollbruchstelle eingebrochen. Fazit des Piloten: „Wir haben Glück im Unglück gehabt." Noch wesentlich mehr Glück hatte eine andere Ju52. Anfang 1943 wird sie in ca. 150 m Höhe beim Abwurf von Ladung über dem Kessel von einem russischen Nachtjäger gerammt.[48] Das Flugzeug fällt durch, nimmt dabei wieder Fahrt auf, hat aber trotzdem noch mit einem Rad Bodenberührung

---

46  Heinz J. Nowarra: Ju 52, Flugzeug und Legende, Stuttgart 3/1991, S. 35.

47  Geschichte einer Transportfliegergruppe..., S. 158 ff. sowie Mitteilung von Dipl.Ing. Franz Lankenau vom 21.4.1995 an den Verfasser, Lankenau flog 6 Einsätze in den Kessel von Stalingrad.

48  Geschichte einer Transportfliegergruppe..., S. 171 ff.. Auf S. 172 f. auch einige Photos, die die Robustheit der Ju52 sehr eindrucksvoll belegen.

und kann von dem Piloten wieder hochgezogen werden. Bei dem Zusammenstoß ist die rechte Tragfläche direkt neben dem Motor fast einen Meter tief eingedrückt worden und die Tragflächenspitze sogar ganz weggebrochen. Trotz dieser Beschädigungen konnte die arg ramponierte Maschine zum Einsatzplatz zurückgeflogen werden. Nach sicherer Landung zeigte sich der Besatzung erst das ganze Ausmaß der Beschädigungen.

Zwei weitere Beispiele:[49] Beim Abwurf über dem Kessel erhält eine tieferfliegende Maschine von einer in größerer Höhe abwerfenden Maschine einen Teil der Ladung auf einen Motor, der ausbricht und an der Tragfäche baumelt. Eine andere Ju52 rammt im Tiefstflug über dem Kessel einen Mast und holt sich ein großes Loch in der Flächennase und ein abgerissenes Querruder. Beides passierte nachts und beide Ju52 kehrten zu ihren Einsatzhäfen zurück. Nach solchen Erfahrungen ist es überhaupt keine Überraschung, daß besonders für die Transportpiloten die „alte Tante Ju", wie die Ju52 schon bald liebevoll genannt wurde, mehr war als ein gewöhnliches Flugzeug.

## Wartung der Flugzeuge

Zurück zur Organisation der Versorgung. Die große Zahl von Flugzeugen, die hier in schnell aufgestellten Verbänden als Transportgruppen zusammengezogen worden waren, führte zwangsläufig auch zu gravierenden Problemen bei der laufenden Wartung und Instandsetzung. Denn alle diese Flugzeuge brachten im günstigsten Fall ihre Ersten Warte mit und vielleicht auch einen Oberwerkmeister, jedoch waren sie ansonsten auf die vor Ort vorhandenen Flughafen-Betriebskompanien angewiesen. Diese waren aber durch die große Zahl von „fremden" Maschinen restlos überfordert. Viele der neuen Ju52 Verbände waren aus Südeuropa und Nordafrika nach Rußland geschickt worden. Dementsprechend dauerte es einige Wochen, bis die dazugehörigen Betriebskompanien ihnen folgen konnten. Bis dahin mußte wieder kräftig improvisiert werden. Daß fehlende Ersatzteile, wo immer es möglich war, aus zu Bruch gegangenen oder aus nicht flugklaren Flugzeugen geholt wurden, war konsequent. Daß die Flugzeugwarte und, so sie zur Verfügung standen, die Flugzeugmechaniker unter unmöglichen Bedingungen arbeiten mußten, das war unter den gegebenen Bedingungen unvermeidlich. Aber hier gab es natürliche Grenzen. Man kann zwar durch mobile Schutzhauben über und um die Motoren herum ei-

[49] Geschichte einer Transportfliegergruppe..., S. 168.

# STALINGRAD

**Abb. 4**
Wärmegerät für Motoren

Quelle:
Bundesarchiv Koblenz,
Signatur 538/331/15

nen notdürftigen Schutz gegen eisigen Wind und Schneesturm bilden, aber die extremen Kältegrade sind dadurch nicht abzuhalten und die machten Wartungsarbeiten oft unmöglich.

## Kaltstart der Triebwerke

Da Motor-Vorwärmegeräte entweder gar nicht oder nur in geringer Zahl vorhanden waren, waren sehr oft auch einwandfrei gewartete Triebwerke nicht zum Laufen zu bringen. Unter bestimmten Bedingungen konnte man sich mit dem Kaltstartverfahren helfen. Für dieses von der Erprobungsstelle Rechlin bereits vor dem Zweiten Weltkrieg entwickelte Kaltstartverfahren gab es, wie bei der deutschen Luftwaffe nicht anders zu erwarten, eine genaue Vorschrift, nämlich „D.(Luft) T.3870, Kaltstart Ju52 mit BMW 132 A,T u. Z ausgegeben vom Reichsminister der Luftfahrt und Oberbefehlshaber der Luftwaffe, Technisches Amt, GL/C-E 3".[50] Nach dieser „Anweisung für die Schmierstoffverdünnung mittels Kraftstoff" war eine Schmierstoffverdünnung von 7,5% bei Temperaturen von +5° C bis −10°, von 15% bei −10° C bis −30° C und 20% bei −30° C und kälter vorgeschrieben. Die Temperatur bezog sich auf den Schmierstoff, das hieß: „Maßgebend ist die Temperatur, die der Schmierstoff beim Anlassen aufweist, d.h. im allgemeinen die tiefste Temperatur der

50   BMA Reg.No. RLD 6/3870/15; diese Ausgabe 15 vom 18.8.1943 unterschied sich nur unwesentlich von der vorherigen Ausgabe 3870/9 vom 1.9.1942. Zusätzlich Mitteilungen an den Verfasser von Oberst a.D. (Bundesluftwaffe) Dipl.Ing. Heinz Borsdorff vom 24.7.1995 (siehe auch Fußnote 22) und Wilhelm Müller vom 30.1.1996 (siehe auch Fußnote 52).

**Abb. 5**
Mobiler Windschutz

Quelle:
Bundesarchiv Koblenz,
Signatur 101-452-0955-29

Nacht." Das Verfahren sah auf den ersten Blick ganz einfach aus, war aber trotzdem kompliziert. Denn diese Zufüllung und Mischung von Kraftstoff zum vorhandenen Schmierstoff mußte „nach Rückehr vom Fluge" vorgenommen werden, wobei die Schmierstofftemperatur zwischen 20° und 40°C betragen sollte. Anschließend sollte der Schmierstoff und der nachgefüllte Kraftstoff „mit einer an einem Stabe befestigten durchlöcherten Scheibe" gut gemischt werden. An der Ostfront wurde dazu einfach ein genügend langer Stab benutzt. Danach „Motor anlassen und drei Minuten lang mit 800 U/min laufen lassen", abschließend sollte dann der Schmierstoffbehälter mit, der Temperatur entsprechendem, bereits verdünntem Schmierstoff auf die normale Füllmenge aufgefüllt werden. Diese Kaltstarts, die beim Anlassen auch noch ein kompliziertes Anlaßverfahren erforderten, führten keineswegs zu Schäden am Motor, wie sich in zahlreichen Versuchen auf dem Fliegerhorst Neuruppin im Winter 1939/40 gezeigt hatte.[51] Nach Erreichen der normalen Betriebstemperatur verflüchtigte sich der beigefügte Kraftstoff schnell und der vorhandene Schmierstoffvorrat stand zur Schmierung und Kühlung zur Verfügung.

Die versuchte Versorgung des Kessels von Stalingrad zerfiel zeitlich in drei Abschnitte. Der erste Zeitabschnitt, der am 24.11.1942 begonnen hatte, endete am 24.12.1942 mit dem Verlust der Versor-

[51] Mitteilung von Oberst a.D. (Bundesluftwaffe) Dipl. Ing. Heinz Borsdorff am 22.6.1996 in Lohr/Main und schriftlich vom 3.11.1996, der an diesen Versuchen in Neuruppin beteiligt war.

gungsbasis der Ju52-Verbände in Tazinskaja, als der Platz nachts im wahrsten Sinne des Wortes von sowjetischen Panzern überrollt wurde. Der zweite Zeitabschnitt endete am 15./16.1.1943, als der einzige Tag und Nacht anfliegbare Platz Pitomnik im Kessel verloren ging. Am 2.2.1943 war dann das Drama endgültig beendet.

### Die Flugplätze

Die Basis der Ju52 Verbände in Tazinskaja war ca. 230 km in direkter Luftlinie von Pitomnik entfernt. Die Basis der He111 Verbände, die zeitweilig an der Versorgung von Stalingrad beteiligt waren, lag in Morozowskaja, und war ca. 180 km Luftlinie von Pitomnik entfernt. (Siehe Kartenskizze Abb. 6) Beide Basen lagen unmittelbar an der einzigen west-östlichen Bahnlinie, über die die Versorgungsgüter für Stalingrad angeliefert wurden. Nach dem Verlust von Tazinskaja, der noch zu schildern sein wird, mußten die Ju52 Verbände zunächst nach Salsk, Luftlinie fast 400 km nach Pitomnik, und dann nach Swerewo zurückverlegen, ca. 400 km Luftlinie nach Pitomnik. Die Flugzeuge mit großer Reichweite, also Fw200 Condor, He177 und Ju90/290 starteten zu ihren wenigen Versorgungsflügen von Stalino und Saporoshje.

Im Kessel von Stalingrad gab es drei Landeplätze, von denen aber nur Pitomnik für Tag- und Nachtbetrieb geeignet und ausgerüstet war. Im südlichen Teil des Kessels gab es mit Basargino einen provisorischen Landeplatz. Er lag zwar verkehrsmäßig günstig in der Nähe eines Bahnhofs der nach Stalingrad führenden Eisenbahnlinie, aber nach der Abschnürung von Stalingrad bald in Schußweite der sowjetischen Artillerie. Dieser Platz wurde besonders in der Zeit angeflogen, als von Südwesten her ein Entsatzversuch begonnen hatte, um die hier im südwestlichen Teil des Kessels versammelten Panzertruppen mit Treibstoff zu versorgen, damit ein Angriff Richtung Südwesten zur Öffnung des Kessels möglich würde.[52] Da der Entsatzversuch aber nicht nahe genug an den Kessel herankam, ist der Ausbruchsangriff unterblieben, weil auch der allgemeine Treibstoffmangel im Kessel einen solchen Ausbruch nicht zuließ.

Östlich von Pitomnik gab es mit Gumrak einen weiteren Landeplatz, der aber zunächst nicht voll ausgebaut war und auch nur von Kurierflugzeugen benutzt wurde. Denn in der unmittelbaren Nähe des Platzes befand sich das Hauptquartier der 6. Armee und man befürchtete dort, daß ein voller Ausbau und die Inbetriebnahme des Platzes auch zwangsläufig sowjetische Luftangriffe zur Folge hätten,

52 Mitteilung an den Verfasser von Wilhelm Müller vom 23.6.1995, 1942/43 Feldwebel, 21 Einsätze nach Stalingrad, dabei 12 Landungen in Pitomnik, 3 Landungen in Basargino plus 6 Einsätze bei denen nur abgeworfen wurde, als Pilot einer Ju 52 bei K.Gr. z.b.V. 9

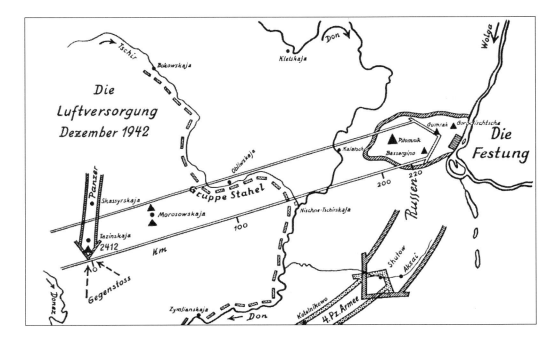

**Abb. 6**
Luftversorgung des Kessels von Stalingrad

Quelle:
H.D. Herhudt von Rohden, Die Luftwaffe ringt um Stalingrad, S. 42

die dann eine unmittelbare Gefahr für den gesamten Stab der 6. Armee gewesen wären. Erst nach dem Verlust des Flugplatzes Pitomnik am 15./16. Januar 1943 mußte der Platz Gumrak jetzt überstürzt und provisorisch für Landungen hergerichtet werden. Es gab dabei eine Kontroverse zwischen der 6. Armee und der Luftflotte 4 darüber, ob Gumrak auch nachts angeflogen werden könnte. Da der Platz, wie schon erwähnt, überstürzt ausgebaut worden war, hatte er nur eine in den Schnee gewalzte Landebahn von ca. 600 m Länge und 30 m Breite. Der Platz wurde beim Anflug von Versorgungsflugzeugen mit Artilleriefeuer belegt. Die dabei in der Landebahn entstehenden Granattrichter konnten fast nie vor der Landung eines Flugzeuges beseitigt werden und führten zu zahlreichen Bruchlandungen, die dann ebenfalls ein Hindernis für folgende Flugzeuge bildeten. Bei Landungen in der Nacht wurde die Landebefeuerung nur kurz vor der Landung eingeschaltet und war obendrein durch nicht fachgerechte Aufstellung aus der Luft nur schwer oder gar nicht zu erkennen.

Pitomnik war dagegen ein gut hergerichteter Feldflugplatz, ausgerüstet mit einer guten Nachtbefeuerung und einem starken Funkpeiler. Darüber hinaus gab es eine bis zum bitteren Ende einwandfrei arbeitende Wetterstation.

Tazinskaja war die wichtige Versorgungsbasis für die Ju52 Verbände und verfügte über alle Einrichtungen, die zu einer solchen Basis gehören. Der Verlust dieser Basis am 24. Dezember 1942 bedeutete

# STALINGRAD

den sicherlich schwersten Schlag gegen die Luftversorgung von Stalingrad, denn hier gingen nicht nur ca. 70 Ju52 von den ca. 180 auf dem Platz vorhandenen Transportern verloren, sondern darüber hinaus das schwere Gerät der Wartungskompanien, die überaus wertvollen und lebenswichtigen Wärmewagen und selbstverständlich auch das am Platz lagernde Material zur Versorgung von Stalingrad. Wie konnte es zu solch einem Verlust kommen?[53] Im Kern ist dieser katastrophale Verlust auf einen Befehl des Oberkommandos der Luftwaffe (O.d.L.), letztlich also auf Göring zurückzuführen. Der Befehl besagte, daß eine Räumung des Platzes erst erfolgen dürfe, wenn der Platz unter Artilleriebeschuß liege.[54] Im Tagebuch von Generalleutnant Fiebig heißt es im Eintrag vom 23. Dezember 1942: „erst wenn direkte Feindeinwirkung auf dem Platz, dürfe Ausweiche erfolgen." Seit dem 21. Dezember 1942 ist allen Stellen, also nicht nur dem VIII. Fliegerkorps, sondern auch der Luftflotte 4 und den höheren Armeestäben, bekannt, daß es im Norden von Tazinskaja einen sowjetischen Panzerdurchbruch gegeben hatte, der offenbar auch den Platz Tazinskaja im Visier hatte und Teil eines größeren Angriffs war, mit dem der im südlichen Teil gerade angelaufene Entsatzversuch von Stalingrad durch eine deutsche Armeegruppe zunächst zum Stehen gebracht wurde, dem dann schnell ein Rückzug dieser Gruppe folgte. (Siehe Kartenskizze Abb. 6) Am 23. Dezember 1942 morgens spitzte sich die Lage so zu, daß das VIII. Fliegerkorps (Gen. Fiebig) bei der Luftflotte 4 die vorsorgliche Räumung von Tazinskaja forderte, um Flugzeuge, schweres Gerät, Personal und möglichst viele der dort lagernden Versorgungsgüter zu erhalten. Darüber hinaus, so gab das VIII. Fliegerkorps zu bedenken, lasse die Wetterlage Nebel und Vereisungsgefahr befürchten, die einen überstürzten Start von Flugzeugen dann zumindest sehr schwer wenn nicht unmöglich machen würde. Die Luftflotte 4 teilte zwar die Ansicht von Fiebig, lehnte aber eine Genehmigung zur Räumung mit ausdrücklichem Hinweis auf den Befehl des O.d.L. ab. Fiebig trägt daraufhin resignierend in sein Tagebuch ein: „Ich sehe, wir rennen ins Unglück, aber Befehl ist Befehl!" Das Unglück brach dann in der folgenden Nacht herein. Gegen 03:30 Uhr morgens waren die ersten Schüsse aus dem Ort Tazinskaja zu hören. Wegen dichten Nebels sind aber keine Einzelheiten zu erkennen. Um 05:00 Uhr werden die Besatzungen zu den Flugzeugen geschickt. Sicht ca.100 m. Um 05:20 Uhr Granateinschläge von Artillerie und Panzern auf dem Platz und um 05:30 Uhr gibt Fiebig deshalb den Befehl zum „Ausweichen" der Flugzeuge. Im TB von Fiebig heißt es dann lapidar: „Ab 05.40 setzt

53   Siehe hierzu Kehrig, Stalingrad, S. 415 f. sowie Herhudt von Rohden, Die Luftwaffe ringt..., S. 40 ff.

54   So bei Herhudt von Rohden, Die Luftwaffe ringt..., S. 44 f.

Start bei qbi-Lage ein; auf Rollfeld durch aufgewirbelten Schnee so gut wie keine Sicht."[55]

Um 06:15 Uhr startet Fiebig selbst in einer der letzten Maschinen bei Wolkenuntergrenze von 30 m. Wenn trotz aller dieser fast aussichtslosen Umstände und der katastrophalen Witterungsbedingungen 108 von den Ju52 Transportern und 16 Ju86 gerettet werden konnten, so ist das natürlich auch mit Glück verbunden gewesen, aber diese Leistung war in erster Linie dem Können der Besatzungen der Flugzeuge zu verdanken.

Nach dem Verlust von Tazinskaja, wurde die Versorgung durch die Ju52 Transportverbände zunächst von Salsk aus und dann von Swerewo fortgesetzt. Von hier nach Pitomnik war die Flugstrecke so stark angewachsen, daß die Ju86 überhaupt nicht mehr eingesetzt werden konnte, aber auch einige Ju52, bei denen der Ölverbrauch so hoch war, daß ihre damit reduzierte Reichweite nicht mehr ausreiche. Sowohl der Platz in Salsk, besonders aber der Platz Swerewo waren nur Behelfslösungen. Beide Plätze lagen auf einer freien und ungeschützten Ebene, ohne Hallen, mit primitiven Erdbunkern als Unterkünfte für die Besatzungen und – da nur behelfsmäßig eingerichtet – ohne Verkehrsanbindungen. In der Nähe von Swerovo gab es auf einer Kolchose in sehr beschränktem Umfang einige feste Unterkünfte.

## Das Wetter

Die Versorgungsflüge von allen Plätzen waren durch zwei Umstände besonders erschwert: die außerordentlich schweren Wetterverhältnisse und die gegnerische Abwehr sowohl in der Luft als auch vom Boden. Der Wetterdienst war für den Bereich der Luftflotte 4 gut organisiert.[56] Das notwendige Personal stand bereits in der Anlaufphase zur Verfügung, ebenso die Spezialgeräte. Was noch fehlte, wurde in kürzester Zeit herangeschafft und eingesetzt. Die Entwicklung des Wetters vollzog sich sehr häufig in einem unerwartet schnellen Wechsel, der Vorhersagen und Prognosen selbst für einige Stunden schwierig oder gar unmöglich machte, von zuverlässigen Vorhersagen über mehrere Tage ganz zu schweigen. Zu der Großwetterlage schreibt die Abt. IW, also der Wetterdienst des VIII. Fliegerkorps: „Der beim Versorgungseinsatz überflogene Raum mit Absprungplätzen und [...] Stalingrad liegt im Winter in dem Bereich, in dem sich der Ausgleich der russischen Festlandskaltluft und der milden Schwarzmeerluftmassen vollzieht. Er ist gekenn-

---

[55] „qbi" ist das in der Luftfahrt übliche Standardkürzel für „Schlechtwetterbedingungen" und bedeutet in aller Regel, daß Starts und Landungen entweder außerordentlich erschwert oder ganz unmöglich sind. Oder noch einfacher ausgedrückt, der Platz ist dicht, Starts und Landungen nur auf eigenes Risiko. Diese als Q-Gruppen bekannten Kürzel waren im Morsefunkverkehr zwischen Flugzeugen und Bodenstationen und umgekehrt eine große Erleichterung. Sie verloren ihre Bedeutung mit der Einführung von UKW-Funkgeräten, die auch über größere Entfernungen einen problemlosen Sprechfunkverkehr möglich machten. Im Sprechfunkverkehr werden nur noch wenige dieser Kürzel benutzt, z.B. QNH für den Luftdruck am Platz. .

[56] Für dies und das Folgende siehe Abschlußbericht der Luftflotte 4 „Witterungsablauf während der Luftversorgung der Festung Stalingrad", erstellt Ende Februar 1943, BMA Reg. No. RL 8/54, hier besonders die vom Generalkommando VIII. Fliegerkorps, Abt.IW erstellte Übersicht; ferner Morzik, S. 163 f.

zeichnet durch sehr wechselhafte Witterung mit viel tiefer Bewölkung, raschem Wechsel von strengem Frost und mildem Wetter, schwierigen Vereisungswetterlagen und starken Stürmen. – In dem überdurchnittlich milden Winter 1942/43 (sic! d. Verf.) lag der Schwerpunkt dieser Ausgleichszone kalt und warm, der in normalen Jahren die Krim und das Kaukasusvorland überdeckt, wesentlich nördlicher und meist gerade im Gebiet Donezbogen-Wolgaknie. – Die an den Temperaturgegensätzen sich entwickelnden Störungen bewirkten bei ihrem Durchzug nach Osten Vorstöße milderer Luft, die sich zunächst in der Höhe über die aus dem inneren Festland anhaltend nachfließende kalte Bodenluft schob. Geschlossene, tiefe Bewölkung mit schwierigen Vereisungslagen war die Folge. Niederschläge fielen als Schnee, bei weiteren Erwärmungen als Regen und führten damit verbreitet zu Glatteis und Eisansatz an abgestellten Maschinen. – Die Zeiten milderen Wetters wurden beendet durch Ausbrüche sehr kalter Luft aus dem inneren Rußland. Die Temperatur sank um 20-25 Grad Celsius während eines Tages, Frostgrade bis -30 Grad waren häufig. Die begleitenden stürmischen Ostwinde ließen durch Aufwirbeln des Schnees Sichtverschlechterungen entstehen, die trotz sonst guten Flugwetters erhebliche Schwierigkeiten für Start und Landung brachten. Die aus den Kaltluftvorstößen sich meist entwickelnde Hochdruckwetterlage, gekennzeichnet durch geschlossene, in Höhen zwischen 200 – 1000 m liegende Bewölkung, brachte noch die günstigsten Flugbedingungen, obschon auch bei diesen Lagen starke Vereisung beim Durchstoßen der Wolkendecke bisweilen zum Abbrechen zwang." Dieser von Meteorologen erstellte Bericht macht die witterungsbedingte Problematik der Versorgungsflüge klar und unmißverständlich deutlich. Die Meteorologen liefern auch eine einleuchtende Erklärung für eine andere häufig in Erscheinung tretende Situation, die auf den Plätzen im Kessel zu beobachten war. Es kam häufig vor, daß von Pitomnik klare Sicht und gutes Flugwetter gemeldet wurde. Aber wenn dann nach ein bis zwei Stunden die in Tazinskaja oder Salsk gestarteten Flugzeuge im Kessel eintrafen, war der Platz zu oder es waren Bedingungen eingetreten, die eine Landung nur unter schwierigsten Umständen oder überhaupt nicht möglich machten. Die Erklärung der Meteorologen: „Die Ausladehäfen Pitomnik und Bassargino lagen [...] auf flachen Hügeln des Wolgabergufers in einer Höhenlage von 130 – 140 m. Vom Westen steigt das Gelände vom Dontal her über 100 m an, der Höhenunterschied gegen die im Osten liegende Wolganiederung beträgt bis zu 150 m. – Bei allen

Schlechtwetterlagen entstand dadurch eine weitere Verschlechterung durch Staueinflüsse. Ohnehin tiefliegende Wolkendecken kamen im (Bereich des Kessels) häufig zum Aufliegen. Mit Südostwinden hereintreibender Talnebel ließ auch in ungestörten Hochdruckwetterlagen häufig den Platz überraschend zuziehen. Bei den in diesen Fällen meist tiefliegenden Temperaturen führte der Nebel sogleich zu starkem Rauhreifansatz an den Maschinen. – Die gleichen Schwierigkeiten der hohen Lage (Stau, häufiges Aufliegen bei tiefer Bewölkung) machten sich in Tazinskaja, in noch stärkerem Maße später in Swerewo (Platzhöhe 250 m) bemerkbar. [...] Für alle verwendeten Plätze galt zusammenfassend, daß infolge der Lage im völlig kahlen Gelände kein Windschutz zu finden war. Besonders die mit unverminderter Gewalt über den Platz fegenden Oststürme machten im Verein mit der strengen Kälte das Arbeiten an den Maschinen im Freien fast unmöglich." In dem Bericht wird weiter der genaue „Wetterverlauf im Winter 1942/43" in allen Einzelheiten nachgezeichnet. Danach wurden in dem den Bericht abdeckenden Zeitraum vom 28. November 1942 bis 2. Februar 1943, gleich 67 Einsatztage, für Pitomnik nur 27 Tage „unbehindertes Flugwetter" gemeldet, aber an 23 Tagen aufliegender Nebel. Innerhalb dieser 27 Tage mit gutem Wetter in Pitomnik gab es jedoch gleichzeitig Schlechtwetterlagen auf den Absprungplätzen und/oder Einsatzschwierigkeiten durch starke Vereisung. Dies macht die Bedeutung einer guten und zuverlässigen Wetterberatung für die Einsätze deutlich. Die einer Beratung zu Grunde liegenden Daten konnten aber für das Einsatzgebiet auf der Basis von Beobachtungen und Meldungen an die Wetterstationen der Plätze nur für diesen lokalen Bereich ausgewertet werden. Die für eine einigermaßen zuverlässige Wetterberatung über mehr als einige Stunden aber notwendigen Daten aus dem Gebiet östlich der Wolga lagen aber nicht vor, denn regelmäßige und systematische Wettererkundungsflüge in dieses Gebiet konnten nicht durchgeführt werden. So waren die Meteorologen nur auf die lokalen Daten beschränkt, was nur sehr kurzfristige Wettervorhersagen möglich machte, die aber für eine geordnete und systematische Einsatzplanung nicht ausreichend waren. Genau auf diese Problematik aber hatten schon alle hier im Osten eingesetzten Luftwaffenführer, also Generaloberst von Richthofen von der Luftflotte 4 und Generalleutnant Fiebig vom VIII. Fliegerkorps warnend hingewiesen, als über die Möglichkeit einer Luftversorgung von Stalingrad kaum nachgedacht und dann gegen diese Warnungen eine Versorgung von oben befohlen wurde.

**Abb. 7**

Verschiedene einfache Landeklappensysteme in ausgefahrener Position

Quelle:
H.C. „Skip" Smith, The Illustrated Guide to Aerodynamics, S. 50

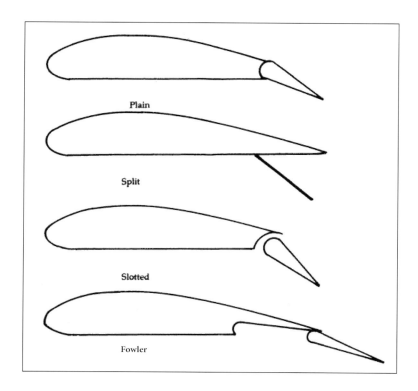

### Gefahr von Vereisung

Hier noch einige Bemerkungen zum Thema „Flugphysik und Vereisung". Betrachten wir uns zunächst die Strömungsverhältnisse der Luft an einer ganz normalen Tragfläche. (Siehe dazu Skizze Abb. 8) Man kann sich das selbst durch ein ganz einfaches Experiment sichtbar machen. Wenn man ein normales Blatt Papier, etwa ein Blatt Schreibmaschinenpapier in der Größe DIN-A-4 mit der Schmalseite zwischen Daumen und Zeigefinger an die Oberlippe hält und das Blatt gleichmäßig und gar nicht mal kräftig horizontal anbläst, also sozusagen am Blatt entlang bläst, dann wird man feststellen, daß das Blatt, das sich ja zunächst Dank seiner Schwerkraft nach unten bog, jetzt zwar angehoben wird, daß aber das Blattende sich nach unten wölbt. Je kräftiger man anbläst, aber immer schön horizontal parallel zum Blatt, desto mehr wird sich das Blattende nach unten wölben. Wenn man im zweiten Schritt das Blatt an die Unterlippe hält und wieder horizontal bläst, dann wird man die verblüffende Feststellung machen, daß das Blatt angehoben wird und sich das Blattende nach oben wölbt. Mit diesem einfachen Eigenversuch kann man die Kräfteverteilung an einer Tragfläche er-

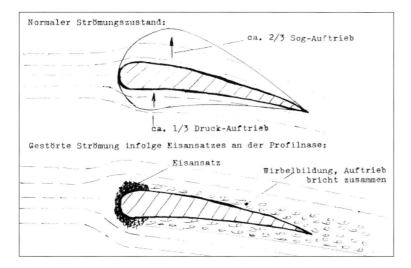

**Abb. 8**
Vereisung an Tragflächen

Quelle: Mitteilung von Erich Miethe (Unteroffizier und Pilot einer Ju 52 beim K.G.z.b.V. 172, 6 Einsätze nach Pitomnik, 1 Einsatz nach Gumrak, 1 Versorgungsabwurf über sog. Nord-Kessel von Stalingrad) vom 3. März 1996 an den Verfasser

kennen: als Faustregel für ein normales Tragflächenprofil gilt 1/3 Hubkraft von unten, aber 2/3 Sogkraft nach oben. Das gilt für den normalen Horizontal- oder Reiseflug. Für die Landung wird das Tragflächenprofil durch sog. Landeklappen (siehe Skizze Abb. 7) verändert. Dabei wollen wir moderne Großflugzeuge mit ihren komplizierten Klappensystemen nicht beachten, denn das würde nur Verwirrung stiften. Durch das Ausfahren der Landeklappen wird die Luftströmung unterhalb des Flügels verlangsamt, wobei gleichzeitig ein Bremseffekt entsteht, und die Strömung oberhalb des Flügels wird beschleunigt, wobei sich die Kräfteverhältnisse in Richtung stärkerer Sogwirkung nach oben verändern. Dieses „Abbremsen" unten und das „Beschleunigen" oben stößt aber an seine natürlichen Grenzen. Zwar wird unter der Tragfläche kein Schaden angerichtet, aber oberhalb der Fläche kann es zu einem sog. Strömungsabriß kommen. Da im gleichen Moment der Sogauftrieb entfällt, ist das Flugzeug nicht mehr flugfähig. Für den Piloten ist es deshalb äußerst wichtig, die Geschwindigkeitsanzeige sorgfältig im Auge zu behalten, damit die Geschwindigkeit des Flugzeuges immer im „grünen" Bereich bleibt. Diesen Moment des Strömungsabrisses bezeichnet man als „überziehen", und das ist ganz wörtlich zu verstehen, denn es entsteht oft dadurch, daß der Pilot zu stark am Steuerknüppel oder Steuerhorn gezogen hat oder die Geschwindigkeit des Flugzeuges auch durch zu geringe Drehzahl des Motors zu niedrig wurde. Diesen gefährlichen Moment des Überziehens kann man sowohl theoretisch berechnen als auch praktisch erfliegen. Zu letzterem gehört sehr viel Erfahrung. Jedes Flugzeug hat im Flughandbuch für jeden Flugzustand die theoretische Überziehgeschwindigkeit angegeben und jeder Pilot muß im Verlaufe seiner Ausbildung oder bei der Einweisung auf einen anderen Flugzeugtyp die wichtigsten Flugzustände mit Überziehen nachfliegen, um sich mit den Grenzen des Flugzeuges vertraut zu machen. Da in aller Regel, wie überall so gibt es auch hier Ausnahmen, sich das Überziehen durch mehr oder weniger starkes Schütteln im Steuerhorn oder im ganzen Flugzeug ankündigt, geben die Fluglehrer oder Einweiser dem Piloten als guten Rat mit, daß die Überziehmanöver „mit viel Gefühl in den Fingerspitzen und im Hosenboden" erflogen werden müßten. Manche Lehrer drücken sich auch drastischer aus. Wir wissen also jetzt, daß eine glatte anliegende Luftströmung an der Ober- und Unterseite der Tragflächen und am Leitwerk eine zwingende Voraussetzung für ein sicheres Fliegen ist.

Zurück zum Problem der Vereisung. Fliegt ein Flugzeug durch feuchte Luft mit gleichzeitig tiefen Temperaturen, so setzen sich an der Nase von Tragflächen, Seiten- und Höhenleitwerk aber auch an den Propellerblättern und am Staurohr[57] Eiskristalle an, die bei bestimmten Witterungszuständen auch sehr schnell sehr umfangreich werden können und das Profil der Tragfläche aber auch des Leitwerks so drastisch verändern können, daß die Strömung an der Fläche sich verändert. Sie wird zunächst verwirbelt, was die Handhabung des Flugzeuges bereits sehr beeinträchtigt, dann aber kommt es zu dem Strömungsabriß, dessen Folgen wir ja bereits kennen. Vereisung war und ist für die gesamte Luftfahrt ein lebensgefährliches Problem, das auch heute noch für die meisten Kleinflugzeuge gültig ist. Größere Flugzeuge, Verkehrsmaschinen der Fluglinien sowieso, haben heute entweder mechanisch/pneumatische Einrichtungen an den Nasen von Tragflächen und des Leitwerks, die den Eisansatz reduzieren helfen oder umfangreiche Enteisungseinrichtungen, die entweder mit Hilfe von Warmluft (auch einige wenige Ju 52 waren damit ausgerüstet) oder durch elektrische Erwärmung der Nasen und der Propellerblätter, eine Vereisung gar nicht entstehen lassen und diesem Problem die ursprüngliche Bedrohung weitestgehend genommen haben.

Aus den heute zur Verfügung stehenden Unterlagen ist nicht zu ersehen, wie viele Flugzeuge durch Vereisung abstürzten. Aber alle Einzelnachweise weisen darauf hin, daß neben den Verlusten durch Feindeinwirkung die Vereisung die häufigste Ursache für Flugzeugverluste war. Denn in diesen Wochen der Luftversorgung von Stalingrad wurde sehr häufig unter Witterungsbedingungen geflogen,

---

57 Mit diesem Staurohr wird die Geschwindigkeit des Flugzeuges durch die umgebende Luft gemessen und mit einem entsprechenden Instrument im Cockpit angezeigt. Im Klartext bedeutet das, daß bei einem vereisten Staurohr der Pilot keine Information über die Geschwindigkeit erhält und diese Information ist buchstäblich lebenswichtig.

unter denen normalerweise der Flugbetrieb sofort eingestellt worden wäre. Was die Flugzeugbesatzungen unter diesen äußerst widrigen Umständen geleistet haben, kann gar nicht hoch genug eingeschätzt werden und verlangt größten Respekt.

Da diese Luftversorgung von Stalingrad in einem „heißen" Krieg stattfand, waren die Flugzeuge am Boden und in der Luft zwangsläufig auch der gegnerischen Abwehr ausgesetzt. Im Gegensatz zu Demjansk, wo die Plätze für die Versorgung nicht ein einziges Mal aus der Luft angegriffen wurden, waren hier alle Plätze sehr häufig das Ziel sowjetischer Luftangriffe und die Verluste an Flugzeugen und an Personal entsprechend hoch. In den ersten Tagen der Versorgung gab es für die bei Tage in Gruppen nach Pitomnik fliegenden Transportmaschinen noch Jagdschutz. Als dieser eigene Jagdschutz aber nicht mehr möglich war, wurden die Einsätze am Tage bei klarem Wetter sehr verlustreich. Deshalb ist man bald dazu übergegangen, tagsüber nur noch zu fliegen, wenn die Bewölkung einen geringen Schutz bot. Ansonsten wurde mehr und mehr nur noch nachts geflogen. Der Flak-Gürtel, den die Sowjets aufgebaut hatten und der am Südwestrand des Kessels besonders dicht war, zwang die Piloten zu großen Umwegen nördlich und südlich, was aber nur von Tazinskaja aus möglich war. Die Umwege erhöhten die Flugstrecke so sehr, daß diese Umwege zur Vermeidung des Flak-Gürtels nach der Verlegung nach Salsk und Swerewo unterbleiben mußten.

### Fazit

Die Landungen in Pitomnik und besonders später in Gumrak fanden praktisch immer unter heftigem Artilleriebeschuß statt und waren für die Piloten eine nervliche Herausforderung. Hinzu kam der Anblick der vielen Verwundeten, die alle auf einen Platz in einem Flugzeug hofften. Es bleibt festzuhalten, daß in der Zeit vom 24. November 1942 bis Ende Januar 1943 fast 25.000 Verwundete und Kranke von den Transportflugzeugen aus dem Kessel von Stalingrad herausgebracht worden sind.[58]

Die Zahlen über die in den Kessel geflogene Tonnage weichen erheblich von einander ab. Morzik gibt sie für 70 Einsatztage mit 6591 t an.[59] Dagegen werden im Abschlußbericht des Sonderstabes Milch[60] vom 3. Februar 1943 für die Zeit vom 24. November 1942 bis zum 3. Februar 1943(!) 8251 t genannt.[61] Nach diesem Bericht ist die von der 6. Armee geforderte Tagesmenge von 500 t pro Tag an keinem einzigen Tag erreicht worden und die von der Luftwaffen-

58  Morzik, S. 160 gibt die Zahl mit „24910 Verwundete und Kranke" an, Herhudt von Rohden, Die Luftwaffe ringt..., S. 65 gibt 25000 – 30000 Verwundete an.

59  Morzik, S. 160.

60  Zum Auftreten von Generalfeldmarschall Milch siehe weiter unten.

61  Abgedruckt bei Kehrig, Stalingrad, Dokument 67, S. 633 ff.

führung zugesagten 300 t nur an drei Tagen erreicht bzw. übertroffen worden: 7.12.1942: 362,6 t; 21.12.1942: 362,3 t; 31.12.1942: 310 t. Alle diese Zahlen sind heute nicht mehr nachprüfbar. Außerdem geben sie auch keine gesicherte Auskunft darüber, ob die überflogene Menge die 6. Armee auch tatsächlich erreicht hat. So weist Morzik ausdrücklich darauf hin, daß in der Zeit vom 24. Januar 1943 bis zum 2. Februar 1943 zwar 779 t abgeworfen wurden, von denen aber „nur 50% von der eigenen Truppe geborgen" worden seien.[62] Abschließend kann nur festgestellt und ausdrücklich betont werden, daß die deutschen Transportflieger hier mehr als nur ihre Pflicht getan haben.

Denn der Preis für die unter schwierigsten Bedingungen durchgeführten Versorgungsflüge war erschreckend hoch: 488 Flugzeuge und „an fliegendem Personal [...] rund 1000 Mann, davon ein Teil fronterfahrene Besatzungen, der Stamm der Verbände. Die Flugzeugverluste kamen einem Verlust von 5 Geschwadern oder einem Fliegerkorps gleich."[63] Morzik weist auch auf die Ursachen für die Verluste hin, nämlich daß ein großer Teil nicht auf „unmittelbare Feindeinwirkung" zurückzuführen sei, sondern auf die „außergewöhnliche Wetterlage". Es muß aber auch das unsinnige und viel zu lange Festhalten an Plätzen erwähnt werden. Bei rechtzeitiger Räumung und Verlegung hätten sicher viele Flugzeuge und wertvolles Gerät gerettet werden können.

Und dann war da noch die Episode Milch. Generalfeldmarschall Erhard Milch, Generalinspekteur der Luftwaffe und Vertreter des Reichsministers der Luftfahrt und Oberbefehlshabers der Luftwaffe erhielt am 15. Januar 1943 (an diesem Tag ging der einzige im Kessel vorhandene voll einsatzfähige Flugplatz Pitomnik verloren!) von Hitler persönlich den Befehl, eine „Verbesserung der Luftversorgung der in Stalingrad eingeschlossenen 6. Armee mit allen Mitteln"[64] durchzusetzen. Milch war bekannt für seinen ausgeprägten persönlichen Ehrgeiz, der oft sehr rücksichtslos seine Ziele verfolgte. Bei Hitler hatte er sich einen Namen gemacht, als er im Herbst 1941 persönlich mit einer fliegenden Reparaturkolonne die Flugplätze der Ostfront abgraste und mit Teilen aus abgeschossenen oder zu Bruch gegangenen Flugzeugen eine beträchtliche Zahl von Flugzeugen wieder einsatzklar machte. Am 16. Januar 1942 trifft Milch in Taganrog bei der Luftflotte 4 ein und wird am folgenden Tag bei einem Unfall (Zusammenstoß seines Dienstwagens mit einer Lokomotive auf einem Bahnübergang) verletzt und ist für einige Tage nur bedingt dienstfähig. Er führt eine Reihe von Gesprächen

62  Morzik, S. 160; Nach Herhudt von Rohden, Die Luftwaffe ringt..., S. 84 wurden sogar nur 25% geborgen.

63  Morzik, S. 161, siehe auch Kehrig, Stalingrad, Fußnote auf S. 538.

64  Tagebuch Sonderstab Milch, Eintragung vom 15.1.1943, BMA Reg.No. RL 30/1.

mit verschiedenen Kommandeuren, während einige jüngere Offiziere seines persönlichen Stabes auf den verschiedenen Plätzen Erkundigungen einziehen. Am 18. Januar 1943 hat er ein Gespräch mit Oberst Morzik. Obwohl er von diesem darüber unterrichtet wird, daß am Tage vorher ein schwerer Luftangriff auf den Platz Swerewo, für den Morzik zuständig war, stattgefunden hatte, bei dem 50% der am Platz vorhandenen Flugzeuge entweder vernichtet (12 Ju52) oder beschädigt (42 Ju52) worden waren, beschwerte er sich über die niedrigen Zahlen für einsatzklare und eingesetzte Maschinen. Er machte sich dann die Meinung des Chefingenieurs der Luftflotte 4 zu eigen, nach der die Verbände „nicht genügend in der Hand der Kommandeure"[65] seien. Darauf erhielt Morzik von Milch den Befehl, die Einsatzbereitschaft unter allen Umständen zu erhöhen, sonst würde er ihn vor ein Kriegsgericht stellen. An anderer Stelle hat Milch die Behauptung aufgestellt, er, Milch, hätte den Verbänden erst das Kaltstartverfahren beibringen müssen, was natürlich barer Unsinn war. Die Kompetenzen Milchs waren so geregelt, daß er als der Dienstältere „die Führung der Luftflotte 4 so zu übernehmen habe, daß er für die Versorgungsaufgaben verantwortlich sei und Richthofen für die Kampfaufgaben."[66] Später hat Milch in einer Besprechung bei Hitler am 5. März 1943[67] den bei der Versorgung eingesetzten Luftwaffeneinheiten und ihren Kommandeuren Versagen vorgeworfen. In den rund zwei Wochen seines Wirkens bei der Luftflotte 4 wirbelte Milch zwar viel Staub auf, bewirkte aber nur sehr wenig. Deshalb war sein Auftritt nur eine Episode.

Was aber bleibt als Fazit der versuchten Luftversorgung des Kessels von Stalingrad? Neben den erfrorenen Fingern der Mechaniker die unglaubliche Leistung der Transportflieger, die noch bei Wetterlagen geflogen sind, die man bis dahin für unmöglich hielt. Viele waren von Anfang an von der Aussichtslosigkeit des Unternehmens überzeugt, aber sie sind trotzdem geflogen. Sie hatten auch gar keine Zeit, über Sinn oder Unsinn des Festhaltens an Stalingrad nachzudenken. Sie haben alles in ihrer Macht stehende versucht und sind geflogen. Diesen Transportfliegern kann man unter keinen Umständen vorwerfen, daß sie versagt hätten.

## The Hump

Hier ist zunächst eine Erklärung des Wortes „hump" notwendig. In modernen Wörterbüchern wird neben der allgemeinen Übersetzung als Höcker und Buckel für den Bereich Luftfahrt auch die Be-

---

65 Zitiert nach Kehrig, Stalingrad, S. 520; über die Auseinandersetzungen zwischen Milch und anderen Kommandeuren siehe auch Herhudt von Rohden, Die Luftwaffe ringt..., S. 101 ff.

66 Kehrig, Stalingrad, S. 519.

67 Herhudt von Rohden, Die Luftwaffe ringt..., S. 126 f.

# THE HUMP

deutung „die schwierigste Teilstrecke eines Fluges" angegeben. Diese Bedeutung hat ihren Ursprung in den Jahren Ende 1942 bis 1945, als das Transportkommando der US Luftwaffe eine Luftversorgung ihrer Verbände und der chinesischen Bodentruppen von Indien aus nach China organisierte und durchführte. Die amerikanischen Piloten begannen bald in ihrer manchmal flapsigen, nonchalanten Ausdrucksweise von „flying over the hump" (über den Buckel fliegen) zu sprechen.[68] Mit dem hump/Buckel war aber nichts anderes gemeint, als die zwischen Indien und China quer zur Flugstrecke sich erstreckenden Ausläufer des Himalaya-Gebirges, die hier durchaus noch Höhen bis zu 5000 m erreichten.

Die Lage[69]: Als am 7. Dezember 1941 die Japaner mit ihrem Überfall auf Pearl Harbor auf den Hawai-Inseln die Vereinigten Staaten von Amerika buchstäblich in den Zweiten Weltkrieg hineinbombten und hineintorpedierten, waren die militärischen Auseinandersetzungen zwischen Japan und China schon seit vier Jahren in vollem Gange. Nachdem die Japaner schon in den Jahren 1931/32 die Mandschurei und die wichtige Hafenstadt Shanghai erobert hatten, konzentrierten sie sich danach auf Zentralchina und hatten bis Ende 1937 Peking und Nanking besetzt. Bis Mai 1941 gelang es den Japanern, alle wichtigen Häfen an der chinesischen Südküste bis nach Französisch-Indochina hinein zu erobern und so die chinesischen Armeen von den Nachschubverbindungen über See abzuschneiden. Bis zum Frühjahr 1942 konnte der Nachschub noch über Rangun in Burma und dann über die Burma-Road mit großen Schwierigkeiten durchgeführt werden.

Nach dem Beginn des Krieges in Europa entstand für die USA eine schwierige Situation. Sowohl in der amerikanischen Öffentlichkeit als auch in beiden Häusern des Kongresses wurde eine direkte Einmischung in den Krieg strikt abgelehnt. Durch die Niederlagen der europäischen Kolonialmächte, die über Kolonialbesitz in Ostasien verfügten, also Frankreich und die Niederlande, entstand für Japan und als Folge davon wiederum für die USA eine ganz neue Situation. Japan hatte erkannt, daß sowohl seinen militärischen besonders aber seinen wirtschaftlichen Potentialen Grenzen gesetzt waren. Die Eroberung der Mandschurei hatte keine wirtschaftliche Erleichterung gebracht. In wichtigen Bereichen waren die Japaner nach wie vor von den Importen aus den USA abhängig: 75% des für die Stahlerzeugung so wichtigen Schrottbedarfs, über 50% des Kupferbedarfs und 80% des Öls wurden von den USA geliefert.[70] Als die Japaner im Frühsommer 1940 Interesse besonders

---

68  Mitteilung der CBI Hump Pilots Association, Inc. vom 28.5.1996 an den Verfasser.

69  Zu den militärischen Ereignissen gibt es unseres Wissens nach keine spezielle Literatur, sondern nur Darstellungen, die in einen größeren Zusammenhang eingebunden sind. Es sei verwiesen auf: Das Deutsche Reich und der Zweite Weltkrieg, Band 6, Der globale Krieg, zweiter Teil: Der Krieg im Pazifik (von Werner Rahn), S. 173 ff., Stuttgart 1990. Ferner John W. Dower: War without Mercy (Krieg ohne Gnade), Race and Power in the Pacific War, New York 1986. Zu den amerikanischen Freiwilligen in China siehe Daniel Ford: Flying Tigers, Claire Chennault and the American Volunteer Group, Washington/London 1991.

70  Siehe Das Deutsche Reich..., Band 6, S. 199 ff.

an den niederländischen Besitzungen bekundeten, reagierten die USA prompt. Denn aus Britisch-Malaya und den niederländischen Besitzungen bezogen die USA 90% ihres Kautschuk- und Zinnbedarfs. Sie erließen einschneidende Handelsbeschränkungen gegenüber Japan und verstärkten gleichzeitig die Hilfslieferungen an China, später unter Einbeziehung Chinas in das Lend-lease-Programm, das ursprünglich nur als Hilfe für das bedrängte Großbritannien aufgelegt worden war, jetzt aber auch auf China angewandt und nach dem deutschen Überfall auf die Sowjetunion auch auf Lieferungen an die Sowjets im Rahmen dieses Programms ausgedehnt wurde.[71] Präsident Roosevelt betrachtete die USA ungeachtet ihrer offiziellen Neutralität als „the great arsenal of democracy"[72], d.h., als Lieferant von Hilfsgütern aller Art für die von Deutschland und Japan bedrohten Länder.

## Chennault und die Flying Tigers

Im Rahmen dieses Lend-lease-Programms genehmigte Präsident Roosevelt gegen den Rat von militärischen Stellen die Freistellung von amerikanischen Piloten und Technikern für einen zunächst für ein Jahr begrenzten Dienst in der chinesischen Luftwaffe, um diese schlagkräftiger zu machen. Hier trat jetzt ein Mann in Erscheinung, der ohne Zweifel zu den schillerndsten Figuren der amerikanischen Luftstreitkräfte gehörte und innerhalb der Luftstreitkräfte von vielen als Außenseiter und Seiteneinsteiger vehement abgelehnt wurde: Sein Name Claire Lee Chennault (1893-1958)[73].

Chennault wurde in Texas geboren, wuchs in Lousiana auf, wo er eine einklassige Grundschule besuchte, dann eine Ausbildung zum Grundschullehrer machte und an einer kleinen ländlichen Schule unterichtete. Da er inzwischen verheiratet war und mehrere Kinder hatte, reichte das Lehrereinkommen nicht aus. So arbeitete er zusätzlich in einer Reifenfabrik. Mit dem Eintritt der USA in den ersten Weltkrieg meldete er sich im April 1917 zum Militär, durchlief eine infanteristische Ausbildung und wurde 1st/Lieutenant (Oberleutnant) im Reservecorps. Erst nach Kriegsende ging Chennaults Wunsch in Erfüllung, als ihm die Ausbildung zum Militärpiloten geboten wurde. Seine Pilotenschwinge erhielt er Anfang April 1919.[74] Er wurde aber zunächst nicht in den normalen Militärdienst übernommen und kehrte für kurze Zeit ins Zivilleben zurück. Als aber 1920 der Army Air Service als eigenständige Waffengattung der US Army gegründet wurde mit 1.500 Offizieren und 16.000 Mann-

[71] Das Lend-lease-Programm wurde im März 1941 von beiden Häusern des Kongresses beschlossen: Im Senat mit 60 zu 31 Stimmen, und im Representantenhaus mit der überwältigenden Mehrheit von 260 zu 5 Stimmen.

[72] Franklin D. Roosevelt, His Life and Times, edited by Otis l. Graham, Jr. & Meghan Robinson Wander, Reprint 1990 , S. 239.

[73] Das Geburtsdatum von Chennault wird auch in neueren Publikationen und Lexika falsch angegeben. Schuld daran ist Chennault selbst, der fast durchweg sein Geburtsdatum falsch angegeben hat. 1909 verlegte er sein Geburtsdatum nur um einige Monate vor, um alt genug für die Aufnahme auf ein College zu sein, aber als es um die Aufnahme in eine Militärakademie ging, machte er sich kurzerhand um drei(!) Jahre älter, weil er sonst nicht angenommen worden wäre. Es kam zwar nicht zur Aufnahme in die Akademie, aber die falsche Angabe seines Geburtsjahres hat Chennault praktisch bis an sein Lebensende beibehalten.

[74] Zu Chennaults Werdegang siehe u.a. Daniel Ford: Flying Tigers, Claire Chennault and the American Volunteer Group, Washington-London, 1991, S 9 ff.

schaften, bewarb Chennault sich erfolgreich um eine Offiziersstelle, durchlief ein zweites Mal die Pilotenausbildung und erhielt auch wieder die Pilotenschwinge. Auch 1st/Lieutenant wurde er wieder, jetzt aber nicht mehr als Reserveoffizier, sondern als Berufsoffizier. Über das 1. Jagdgeschwader, das von Kriegsteilnehmern in Europa kommandiert wurde, und in der Chennault eine gründliche Ausbildung erhielt, die, wie es damals üblich war, eine intensive Ausbildung und Übung in Kunstflug beinhaltete, kam er 1924 als Staffelkapitän (Squadron Leader) einer Jagdstaffel nach Hawai. Er wurde hier vertraut mit der geopolitischen Lage von Hawai und machte sich Gedanken über das Verhältnis zum japanischen Kaiserreich. Im Verlauf eines Manövers im Jahre 1925 befahl er deshalb ausgedehnte Seepatrouillien und improvisierte ein Frühwarnsystem, in dem er von Leuchttürmen aus Posten mit Ferngläsern die Umgebung der Insel beobachten ließ. 1929 wurde Chennault zum Captain (Hauptmann) befördert und ein Jahr später zur Air Corps Tactical School versetzt. Als diese Schule kurz darauf ihren festen Standort auf der Maxwell Air Force Base in Montgomery, Alabama erhielt, wurde er dort Lehrer für Jägertaktik.[75] Hier geriet Chennault in eine heftige Kontroverse mit dem damaligen Captain Clayton Bissel über die beste Angriffstaktik auf Bomber durch Jagdflugzeuge. Zu Chennaults größtem Mißvergnügen sollte ihm Bissel später wieder begegnen – wieder mit dem gleichen Rang, aber da Bissel einen Tag früher die Beförderung erhielt, war er nach den Regeln des amerikanischen Militärs der Ranghöhere.

Der Kern der Kontroverse war folgender: Auf der einen Seite gab es die Vertreter der Bomber, die den schweren Bomber Boeing B-17, der seit 1934 entwickelt worden war, mit seiner starken Abwehrbewaffnung im geschlossenen Formationsflug für genügend stark hielten, um ohne Schutz durch Jagdflugzeuge auszukommen. Weiter spielte eine Rolle, daß die bis zum Beginn des Zweiten Weltkrieges als Standardjäger beim Army Air Corps (und mit einer anderen Typenbezeichnung auch bei der US Navy) im Dienst stehende Boeing P-26 im Horizontalflug um rund 20 Mph (ca. 32 km/h[76]) langsamer war, als der Bomber B-17. Demgegenüber vertrat Chennault die Ansicht, daß selbst mit den im Horizontalflug langsameren Jägern ein effektiver Angriff auch auf geschlossene Bomberformationen möglich sei, nämlich dann, wenn sie aus größerer Höhe im Sturzflug einen Bomber in der Formation anvisierten, dann durch die Formation hindurchstürzten, um mit dem Geschwindigkeitsüberschuß schnell wieder auf eine Überhöhung für einen neuen

---

[75] Auf dieser Maxwell AFB trägt heute die große Ringstraße, an der die Gebäude der Air Force Academy und der Air Force Historical Research Agency liegen, den Namen „Chennault Circle".

[76] Alle in dieser Dokumentation in Mph oder km/h angegebenen Geschwindigkeiten, wurden mit der Formel von eine amerikanische Landmeile = 1,62 Kilometer umgerechnet.

Angriff zu steigen. Darüber hinaus bezweifelte Chennault, daß die modernen Bomber trotz ihrer außerordentlich schweren Bewaffnung ohne Jagdschutz auskämen. Er plädierte für die Produktion von Jägern, die wesentlich schneller sein und außerdem eine starke Bewaffnung haben sollten. Die Erfahrungen im Zweiten Weltkrieg zeigten schnell, daß Chennault mit seiner Ansicht richtig lag.

Mitte der dreißiger Jahre konnte sich Chennault aber nicht durchsetzen, da die Bomberfraktion auch von der höchsten Kommandoebene des Army Air Corps gestützt wurde. Denn in keiner Armee der Welt kann ein Major sich gegen Generäle durchsetzen. (Chennault trug zu dieser Zeit die Rangabzeichen eines Majors, aber Major war er nur im Reservecorps, planmäßig blieb er Captain der regulären Armee.) Unter diesen Umständen war eine weitere Karriere praktisch ausgeschlossen. Außerdem stellten sich bei Chennault zwei gravierende gesundheitliche Probleme ein. Als Folge seines ungewöhnlich hohen Konsums von starken Zigaretten erkrankte er häufig an Bronchitis, was sich bald zu einer chronischen Erkrankung entwickeln sollte. Seine Schwerhörigkeit, die sich seit seiner Zeit auf Hawai mehr und mehr bemerkbar machte, führte dazu, daß von seiten der Fliegerärzte Bedenken in bezug auf seine Flugtauglichkeit erhoben wurden. Seinen Ursprung hatten diese Hörprobleme in dem Fliegen in offenen Cockpits, in denen der Pilot dem Motorenlärm und den Windgeräuschen trotz Fliegerhaube schutzlos ausgesetzt war. Wie stark diese Schwerhörigkeit wirklich war, ist nicht ganz klar. Es scheint, als ob Chennault daraus einen persönlichen Vorteil gezogen hat. Denn viele Leute, die ihn gut kannten, waren davon überzeugt, daß Chennault durchaus alles gut verstand, was er hören wollte, daß er aber stocktaub war für alles, was er nicht hören wollte. Im Jahre 1937 nahm Chennault, mit 44 Jahren auch im finanzschwachen Army Air Corps ein zu alter Captain, seinen Abschied von der Armee.

Nun war Chennault aber nicht der Mann, der sich einfach auf seine inzwischen erworbene Farm in Louisiana zurückgezogen hätte. Stattdessen nahm er ein Angebot der chinesischen Regierung an und wurde persönlicher Berater von Generalissimo Chiang Kai-shek[77] und Ausbilder für die chinesische Luftwaffe. Um die Jahreswende 1940/41 erschien Chennault, von den Chinesen als Colonel (Oberst) tituliert, obwohl er allem Anschein nach nie ein offizielles chinesisches Offizierspatent erhalten oder akzeptiert hatte[78], in den USA, um Jägerpiloten und Techniker für die oben erwähnte bald als American Volunteer Group (AVG) bekannte Einheit anzuwerben.

[77] Zu Chiang Kai-shek und die Kuomintang siehe (das 1972 mit dem Pulitzer-Preis ausgezeichnete Buch von) Barbara Tuchman: Stilwell and the American Experience in China 1911-1945, New York 1971, S. 90 ff.; deutsch: Sand gegen den Wind, General Stilwell und die amerikanische Politik in China 1911-1945, Frankfurt/Main 1988 (Fischer TB 2680), S. 117 ff.; der ursprüngliche Untertitel der deutschen Erstausgabe (Stuttgart 1973) lautete: Amerika und China 1911-45.

[78] Während der gesamten AVG-Zeit unterschrieb Chennault alle Schreiben mit der alles und nichts sagenden Formel: „C.L. Chennault, Commanding", siehe Daniel Ford, Flying Tigers, S. 196.

Da sowohl das Army Air Corps als auch die US Navy und die US Marines gerade mitten in einer großen Expansionsphase waren, liefen die Kommandeure Sturm gegen diese Abwerbungen/Anwerbungen. Wenn sie aber an höherer Stelle dagegen protestierten, erfuhren sie zu ihrer größten Überraschung, daß diese Anwerbeaktion mit ausdrücklicher Billigung durch Präsident Roosevelt stattfand. Und weil niemand gegen die Anweisungen des Präsidenten vorgehen konnte, wurde eben Chennault bei Air Corps und Navy zum Sündenbock, der von nun an ständig mit Widerständen von dieser Seite zu kämpfen hatte.

Die Anwerbung von Jägerpiloten und Technikern durch Chennault selbst und durch einige von ihm beauftragte Mitarbeiter war durchaus erfolgreich und erbrachte allein aus den Streitkräften (Army, Navy und Marines) 287 Mann darunter 87 Piloten. Schon das finanzielle Angebot war verlockend: $ 500,- als Monatssold plus $ 1000,- für jedes abgeschossene japanische Flugzeug. Der Monatssold war im Vergleich mit dem bei der Army und Navy gezahlten Gehalt mindestens dreimal höher. Es kamen aber noch andere Gründe hinzu: Abenteuerlust, private Gründe, Disziplinprobleme. Und ein etwas bizarrer Grund: Einige hofften in China im Kampf gegen die Japaner, deren Kampfkraft leichtfertig als sehr gering angesehen wurde, dem Kampf gegen die Deutsche Luftwaffe zu entgehen, über deren Kampfkraft in den amerikanischen Zeitungen mit den üblichen Übertreibungen zahllose Berichte erschienen waren. Diese von Chennault angeworbene und in höchstem Maße heterogene Söldnertruppe enthielt also Abenteurer, Drückeberger und undisziplinierte Raufbolde. Die weit überwiegende Mehrzahl der American Volunteer Group erwies sich aber, als es Ende 1941 zu den ersten Kämpfen mit den Japanern über und bei Rangun kam, als zuverlässig und einsatzfreudig.

Als Flugzeug stand der American Volunteer Group (AVG) ein für die Anforderungen in dieser Region ausgezeichnetes Jagdflugzeug zur Verfügung: die Curtiss P-40 Tomahawk[79], von der ca.100 Exemplare in Teilen nach Burma transportiert worden waren und in der Nähe von Rangun für den Einsatz bei der AVG montiert und komplettiert wurden. Das Flugzeug war vor allem genügend robust, um der von Chennault hier für seine AVG-Piloten vorgesehenen Taktik des Angriffs im Sturzflug aus großer Überhöhung mühelos standzuhalten. Später sollte sich zeigen, daß es auch für Angriffe auf Erdziele mit gutem Erfolg eingesetzt werden konnte. Das Training der AVG hatte zunächst in China in der Nähe von Kunming mit

[79] Zur Entwicklungsgeschichte dieses Typs und seiner verschiedenen Varianten siehe: Flugzeuge von A bis Z, herausgegeben von Peter Alles-Fernandez, Koblenz 1988, Bd. 2, 34 ff.

einer kleinen Zahl von Flugzeugen begonnen. Als aber die Provinz Yünnan, in der Kunming lag, von den Japanern bedroht wurde, verlegte die AVG ihr Training nach Burma auf einen Platz ca. 100 km nördlich von Rangun.

## Chennaults Taktik

Seine taktischen Konzepte für die Abwehr der japanischen Bombenangriffe hatte Chennault in den vergangenen Jahren hier in China entwickelt, als er, statt wie alle anderen in Luftschutzräumen zu verschwinden, grundsätzlich im Freien blieb und die japanischen Bomberverbände besonders in bezug auf ihr Verhalten in der Formation studierte, um daraus seine eigenen Schlußfolgerungen für Angriffe durch Jäger zu entwickeln.

Nach dem Überfall auf Pearl Harbor konzentrierten sich die Japaner zunächst auf die Eroberung der Phillipinen und von Singapur. Gleichzeitig versuchten sie aber durch Luftangriffe auf Rangun und die nach Norden zur Burma-Road führenden Verkehrsverbindungen, die über den Hafen von Rangun fließenden Hilfslieferungen an China zu unterbinden. Bisher hatte die japanische Luftwaffe ihre Angriffe auf Ziele in China praktisch ohne Gegenwehr durchführen können. Bei ihren Luftangriffen auf Rangun und die Verkehrsverbindungen nach Norden um die Weihnachtszeit 1941 stießen sie jetzt zum ersten Mal auf massiven Widerstand durch die AVG und einige noch in Burma verbliebene britische Jagdstaffeln. Deren Brewster Buffalo Jagdflugzeuge, ursprünglich als Trägerflugzeuge für die US Navy vorgesehen, aber von der RAF und anderen Commonwealth-Luftwaffen ohne die Fangeinrichtung als Landflugzeuge verwendet[80], waren den japanischen Jägern gegenüber aber deutlich unterlegen. Trotz zahlenmäßiger Unterlegenheit erzielten die AVG-Piloten erstaunliche Erfolge. Dabei spielte das von Chennault schon während seiner Zeit auf Hawai gedanklich entwickelte und jetzt in die Praxis umgesetzte Frühwarnsystem eine wichtige, wenn nicht sogar entscheidende Rolle. Zunächst in Burma dann aber auch später in China wurden dazu in alle Himmelsrichtungen in entsprechender Entfernung von der AVG-Basis Posten stationiert, die telephonisch und/oder per Funk mit der Zentrale der AVG-Jäger verbunden waren. Die AVG-Basen lagen jeweils in der Nähe von gefährdeten Objekten (Industrieanlagen, Verkehrsknotenpunkte, große Flugplätze etc.) Auf jeder Basis war meist nur eine der insgesamt vier AVG-Staffeln stationiert, manchmal auch weni-

[80] Zur Entwicklungsgeschichte dieses Flugzeuges siehe: Flugzeuge von A bis Z, Band 1, S. 319 f.

ger. Nur sehr selten konnten zwei Staffeln gemeinsam zum Einsatz gebracht werden. Dabei hatte die AVG insgesamt nie mehr als 50 Jäger einsatzfähig zur Verfügung, die in 4 Staffeln aufgeteilt waren. Diese in alle Richtungen etablierten Beobachtungsposten meldeten jede japanische Annäherung, die optisch oder akustisch registriert wurde, an die Leitstelle. Durch dieses Frühwarnsystem waren die Flugzeuge der AVG in der Lage, früh genug zu starten, um in der gemeldeten Richtung der anfliegenden Japaner genügend Höhe zu erreichen, um aus dieser Überhöhung heraus erfolgreich ihre Angriffe zu fliegen.

Das Resultat von Chennaults Jägertaktik in Verbindung mit dem Frühwarnsystem war beeindruckend. Bis zur Auflösung und Übernahme der AVG in die reguläre US Army Air Force am 4. Juli 1942 sind nach offiziellen Angaben 298 japanische Flugzeuge von der AVG abgeschossen und ca. weitere 300 am Boden vernichtet worden, während die AVG nur 15 Piloten und 45 Flugzeuge verlor.[81] Als die Berichte über diese Erfolge der amerikanischen Freiwilligen von Reportern und Kriegsberichterstattern noch aufgebauscht mit den anscheinend unvermeidlichen Übertreibungen in der amerikanischen Presse erschienen, hatte die amerikanische Öffentlichkeit nach den bitteren Niederlagen der vergangenen Wochen zum ersten Mal in diesem für die USA noch neuen Krieg die für die allgemeine Moral so wichtigen „Helden". Chennault und seine „Flying Tigers"[82] wurden fast zu einem Mythos, und die Photos der Flugzeuge mit ihrer charakteristischen Haifisch-Bemalung[83] füllten die Seiten der auflagenstarken amerikanischen Magazine und Journale.

Die Japaner hatten zeitgleich mit dem Überfall auf Pearl Harbor auch die Amerikaner auf den Philippinen angegriffen und stürmten mit Landstreitkräften auf Singapure. Dieser für die Briten wichtige Kriegshafen war zur Verteidigung nur in Richtung See vorbereitet, da man sich einen Angriff von Land her nicht vorstellen konnte. Die Japaner machten aber genau das und hatten Erfolg. Nach der Kapitulation von Singapure am 15. Februar 1942 konnten sie sich mit den frei gewordenen Kräften Burma und Thailand zuwenden. Am 7. März 1942 eroberten sie die für den Nachschub nach China letzte wichtige Hafenstadt Rangun und konnten um die Monatswende April/Mai 1942 die Burma-Road im Norden erreichen und sperren. Damit war auch die letzte Landverbindung nach China unterbrochen. Die AVG und die letzten in Burma noch verbliebenen britischen und amerikanischen Kräfte konnten mit dürftiger chinesischer Unterstützung den Vormarsch der Japaner nicht aufhalten

---

81   Nach Daniel Ford, Flying Tigers, S. 387 f., sowie Hump Pilots Association, Vol. 1, S. 104.

82   Die Bezeichnung „Flying Tigers" erschien zum ersten Mal in einem Artikel der amerikanischen Zeitschrift „Time", das Emblem aber wurde vom Walt Disney Studio in Hollywood gezeichnet, siehe dazu Daniel Ford, Flying Tigers, S. 119 f.

83   Die Haifisch-Bemalung der Flugzeuge war keine eigene Erfindung der AVG, sondern man hatte in einem britischen Magazin Aufnahmen von deutschen Jagdflugzeugen mit dieser Bemalung gefunden und sie einfach übernommen. Diese Haifischbemalung war jedoch schon im Ersten Weltkrieg von beiden Seiten benutzt worden und erlebte jetzt nur eine Neuauflage; siehe Daniel Ford, Flying Tigers, S. 89.

und mußten sich nach Nordburma und dann über hohe Gebirge nach Indien oder China zurückziehen.

## Unterstützung für China

Mit dem Kriegseintritt der USA war es für die amerikanische militärische Planung äußerst wichtig, die chinesischen Kräfte in ihrem Kampf gegen Japan zu unterstützen, denn von den Ende 1941 einsatzbereiten 51 japanischen Infanteriedivisionen waren 25 in China gebunden und weitere 13 Divisionen in der Mandschurei als Sicherung gegenüber der Sowjetunion.[84] Von Chiang Kai-shek aus wurde in Washington die Forderung gestellt, die von Chennault geführten Luftstreitkräfte drastisch zu verstärken. Er verlangte 500 Flugzeuge (Jäger und Bomber) sowie eine monatliche Versorgungsleistung von 10.000 (Short-) t´s [85]. Da die Einjahresverträge mit den Angehörigen der AVG Mitte des Jahres 1942 ausliefen und Chiang Kai-shek darauf bestand, daß Chennault das Kommando über diese verstärkten Luftstreitkräfte behalten sollte, stellte sich für die politische Führung in Washington, aber besonders für die Führung der US Army Air Force, wie jetzt die offizielle Bezeichnung lautete, die Frage nach der weiteren Verwendung der AVG-Angehörigen, d.h., nach Möglichkeit ihre Übernahme in die USAAF, US Navy und US Marines. Einige der AVG-Angehörigen lehnten die Übernahme rundweg ab, weil ihnen nur ein Rang als Reserveoffizier angeboten wurde, sie aber mit einer planmäßigen Stelle in den regulären Streitkräften gerechnet hatten. Von wenigen Ausnahmen abgesehen, waren aber alle vor einem Jahr aus Reserveoffiziersrängen ausgeschieden, um zur AVG zu wechseln. Und sie hatten vergessen, daß viele von ihnen in der großen amerikanischen Depressionszeit zur Armee gegangen waren, um nicht arbeitslos zu sein. Die große Masse der AVG wurde trotzdem als Rerverveoffizier übernommen. Zu den wenigen, die einen regulären Offiziersrang erhielten, gehörte Chennault, der diese Übernahme nur dem Druck zu verdanken hatte, den Chiang Kai-shek auf Washington ausübte.

Aber die Führung der USAAF „rächte" sich auf recht subtile Weise: Die AVG wurde jetzt zur China Air Task Force (CATF) unter dem Kommando von Chennault, der zunächst als Colonel (Oberst) übernommen wurde, einen Tag später dann den Rang eines Brigadegenerals erhielt, jedoch zusammen mit seiner CATF der in Indien stationierten 10th US Air Force unterstellt wurde. Der Kommandeur der 10th US Air Force war jetzt aber Chennaults alter Wider-

84 Siehe Das Deutsche Reich..., Band 6, S. 222 f.

85 In Bezug auf die Tonnage-Angaben herrscht in der Literatur einige Verwirrung. Während deutsche Angaben verständlicherweise in metrischen Tonnen (= 1000 kg) angegeben sind, sind alle amerikanischen Angaben in sog. short-tons ( eine metrische Tonne = 1,102 short tons bzw eine short ton = 0,907 metric ton) angegeben. Alle amerikanischen Angaben über die Transportleistung über „the Hump" werden hier ohne Umrechnung in short tons wiedergegeben.

sacher Clayton Bissel, der einen Tag vor Chennault ebenfalls zum Brigadegeneral befördert worden war und damit nach dem Reglement automatisch der Ranghöhere war. Chennault hätte jetzt also alles über Bissel leiten müssen, scherte sich aber überhaupt nicht darum. Mit der Begründung, daß die Kommunikationswege nach Indien zu weit und zu unzuverlässig seien, leitete er seine Berichte an Chiang Kai-shek, dem er sich verpflichtet fühlte.[86] Da er am Beginn des AVG-Projektes bei einem Besuch bei Präsident Roosevelt von diesem aufgefordert worden war, sich in dringenden Fällen direkt an ihn zu wenden, tat Chennault das jetzt auch, um für seine CATF um Verstärkung zu ersuchen. Zwar wurde das Schreiben über Chiang Kai-shek nach Washington geleitet, von Präsident Roosevelt aber an das militärische Oberkommando zur Stellungnahme weitergeleitet. Dort empfand man einen solchen Schritt wegen der Rangordnung, in der Chennault sich jetzt befand, als unerhörten Vorgang, mit dem sich Chennault bei der Air Force Führung aber auch im War Department (Kriegsministerium) höchst unbeliebt machte. Wäre nicht die Unterstützung und Rückendeckung durch Chiang Kai-shek und den amerikanischen Präsidenten gewesen und die große Popularität, die Chennault in der amerikanischen Öffentlichkeit genoß, dann wären negative Konsequenzen für Chennault sicher unvermeidlich gewesen. Trotzdem erhielten Chennault und seine CATF einige zusätzliche Jagdstaffeln, eine Staffel leichter Bomber und im Frühjahr 1943 sogar eine ganze Gruppe schwerer Langstreckenbomber (B-24 Liberator).

### General „Vinegar Joe" Stilwell

Um die Auseinandersetzungen mit Bissel zu beenden, wurde die so zahlenmäßig besser ausgestattete CATF mit Wirkung vom 10. März 1943 zur 14th Air Force aufgewertet, mit Chennault als Kommandeur, seit dem 13. März 1943 im Rang eines Major Generals (Generalmajor). Natürlich war Bissel wieder vor Chennault ebenfalls zum Major General befördert worden, aber er war nicht mehr Chennaults Vorgesetzter.[87] Jetzt war der direkte Vorgesetzte General Joseph W. Stilwell, seit Mitte 1942 bis Oktober 1944 der Kommandierende General der amerikanischen Streitkräfte im Bereich China-Burma-Indien und zugleich Stabschef der chinesischen Armee. Stilwell war besonders in der Army, aber auch in der Öffentlichkeit fast noch mehr bekannt unter seinem Spitznamen „Vinegar Joe" (Essig Joe)[88]. Er war 1911 zum ersten Mal in China gewesen und war

---

86   Zu den Auseinandersetzungen zwischen Chennault und seinen Vorgesetzten und die folgenden Ereignisse siehe: CBI Theater History (Geschichte des China Burma Indien Kriegsschauplatzes) auf Microfilm No. A-8155 bei der Air Force Historical Research Agency (AFHRA) in Montgomery, Alabama. Um monatelanges Arbeiten im Archiv zu vermeiden, wurden Kopien der betreffenden Microfilme käuflich erworben und zur besseren Auswertung von einer Berliner Spezialfirma (Koebke Repro-Center) in Microfiches umgewandelt. Die von hier an zitierten Angaben werden in Kurzform angegeben, hier also AFHRA Reg.No. A-8155 (10-1 ff.), wobei die Nummer in Klammern sich auf das Microfiche-Archiv des Verfassers bezieht.

87   AFHRA Reg.No. A-8231 (10-5 ff.).

88   Dieser Spitzname hat seinen Ursprung in Fort Benning, einem Ausbildungscamp der US Army, wo Stilwell als Ausbilder bald für seine ätzenden Kommentare bekannt wurde, was auch eine entsprechende Karikatur zur Folge hatte, die aber von Stilwell selbst voll akzeptiert wurde. Siehe dazu

Ende der dreißiger Jahre als Militärattaché wieder mehrere Jahre in China. Er hatte dort die japanischen Angriffe und die damit zusammenhängenden Übergriffe und Grausamkeiten erlebt, aber auch die Zustände innerhalb der Kuomintang-Bewegung, wobei ihn besonders die verbreitete Korruption anwiderte. Der Führer der Kuomintang, Generalissimo Chiang Kai-shek war für Stilwell ein „ignoranter und sturer" Mann, dessen Macht auf Angst beruhte. In seinem Tagebuch aber auch öffentlich nannte Stilwell Chiang Kai-shek abschätzig einfach „Peanut". Das war verständlicherweise keine gute Grundlage für eine gedeihliche Zusammenarbeit. Noch dazu beschuldigte der Amerikaner den chinesischen Führer der falschen Verwendung der amerikanischen Hilfsgüter. Stilwell war – wahrscheinlich durchaus zu Recht – davon überzeugt, daß Chiang Kai-shek diese Hilfsgüter im großen Stil hortete für die erwartete interne Auseinandersetzung mit den chinesischen Kommunisten, die ja in einigen nordöstlichen Provinzen schon die Kontrolle ausübten und dort einen Guerillakampf gegen die Japaner führten.

Die grundsätzliche Auseinandersetzung ging aber jetzt um die allgemeine Strategie für den Krieg gegen die Japaner. Stilwell war ein aus der Infanterie hervorgegangener alter Troupier, dessen Denken ganz auf den Einsatz von Bodentruppen gerichtet war. Er wollte die chinesischen Bodentruppen reformieren und sie zu einer offensivfähigen Armee formen. Sein Nahziel war die Wiederherstellung einer Landverbindung über Nordburma nach Indien unter Einschluß der Burma-Road und danach eine Offensive gegen die japanischen Truppen in China. Dem stand der von Chennault stammende und über Chiang Kai-shek in Washington propagierte Vorschlag gegenüber, mit Luftstreitkräften die Japaner zu attackieren. Diese Luftangriffe sollten sich nicht nur gegen die japanischen Stützpunkte in China richten, sondern auch gegen den japanischen Nachschub über See. Als Fernziel sah diese Strategie Luftangriffe von Plätzen in China mit Langstreckenbombern gegen das japanische Mutterland vor. Diese Strategie wurde von Präsident Roosevelt favorisiert und führte zu der Bildung der 14th Air Force unter dem Kommando von Chennault und der Zuteilung einer Gruppe schwerer Langstreckenbomber im März 1943.[89] Mit dieser Entscheidung trat aber die Frage der Luftversorgung nicht nur der Chinesen, sondern auch der amerikanischen Luftstreitkräfte in China in den Vordergrund.

Barbara Tuchman, Stilwell and the American Experience, S. 123 ff. und besonders S. 125. Bestätigt auch durch die Mitteilung von Major General USAF (Ret.) John B. „Jack" Kidd vom 9.5.1996 an den Verfasser. Während der Berliner Luftbrücke war Kidd als Lt.Col. im Stab von General Tunner zuständig für Operations, dazu mehr in dem entsprechenden Kapitel.

89  Zu dem Streit über die Strategie zwischen Stilwell und Chennault siehe AFHRA Reg.No. A-8155 (10-6 ff.).

## Beginn der „Hump"-Luftbrücke

Die jetzt anlaufende Luftbrücke unterschied sich in allen wesentlichen Punkten von den bisher dargestellten Vorläufern. Waren die Luftversorgungen von Demjansk und Stalingrad nur über etwas mehr als zwei Monate durchgeführt worden, so mußte diese Hump-Luftbrücke über etwas mehr als vier Jahre aufrecht erhalten werden. In Demjansk mußte ein Armeekorps mit ca. 95.000 Mann versorgt werden, in Stalingrad eine Armee mit annähernd 300.000 Mann, hier in Asien aber mußte neben den eigenen amerikanischen Streitkräften, die nach kurzer Zeit bereits die Stärke von ca. 60.000 Mann erreicht hatten, die Armee eines ganzen Staates (ca. 19 Armeen[90]) mit militärischem Nachschub versorgt werden. Die dann tatsächlich beförderte Tonnage übertraf sogar die höchsten Forderungen für die Versorgung von Stalingrad um ein Vielfaches – mit Flügen über erheblich größere Entfernungen, über hohe Gebirge, mit anfangs völlig fehlenden Funknavigationshilfen am Boden und unter schwierigsten Wetterverhältnissen.

Nachdem den Japanern Anfang Mai 1942 die Sperrung der Burma-Road gelungen war und keine Landverbindung mehr nach China bestand, waren sofort Versorgungsflüge von Indien aus über Nordburma nach Kunming in China aufgenommen worden. Diese Luftversorgung war aus mehreren Gründen zunächst völlig unzureichend, denn es standen nur die Flugzeuge für den normalen Transportbetrieb der hier eingesetzten Streitkräfte zur Verfügung, hier also die des sog. „CBI theater" (China Burma Indien Bereich). Anfangs waren das ausschließlich Douglas C-47 Transporter[91], die sich im allgemeinen Truppendienst glänzend bewährt hatten. Diese ersten Monate der Versorgung mit Flugzeugen wurden von der in Indien stationierten 10th US Air Force durchgeführt, die in dieser Zeit von Major General Lewis H. Brereton geführt wurde. Die 10th Air Force war typisch für manche Entwicklungen am Beginn des Krieges zwischen USA und Japan. Am 12. Februar 1942 auf der Patterson AFB (heute Wright Patterson AFB), bei Dayton, Ohio zunächst nur auf dem Papier aktiviert, wurden Personal und Flugzeuge sofort nach Indien dirigiert, von wo aus sie erst Ende April 1942 ihre ersten Angriffe fliegen konnten.[92] Brereton war nach dem Ende des amerikanischen Widerstandes auf den Philippinen mit ganzen fünf Bombern B-17 über Ceylon nach Indien gekommen, um das Kommando über diesen neu aufgestellten Verband zu übernehmen. Es liegt auf der Hand, daß für einen solchen frisch akti-

---

90  Nach William H. Tunner: Over The Hump, Neudruck der Erstausgabe von 1964, Washington DC 1985.

91  Zu dem Transportflugzeug C-47 (zivile Bezeichnung Douglas DC-3) siehe die ausführliche Beschreibung im Kapitel „Die Flugzeuge"..

92  Siehe Carroll V. Glines: Chennaults Forgotten Warriors, The Saga of the 308th Bomb Group in China, Atglen 1995, S. 13 f.

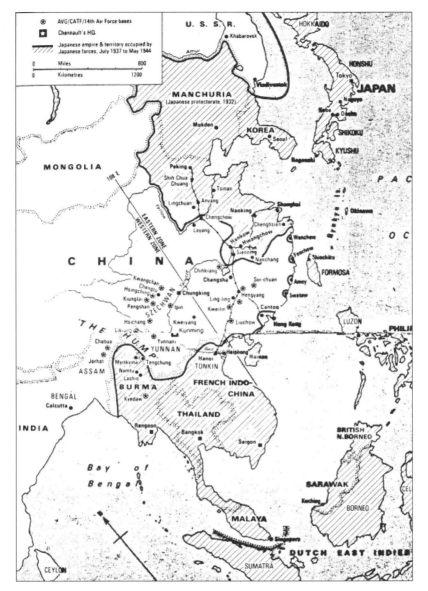

**Abb. 9**
Übersichtskarte der „Hump"-Luftbrücke

Quelle:
Hump-Pilots, Volume 1, S. 60

vierten Kampfverband der Schwerpunkt aller Aktivitäten auf den Angriffen gegen japanische Kräfte lag. Auch die wenigen vorhandenen Transportflugzeuge dienten in erster Linie diesen Zielen, und die Transportflüge nach China wurden deshalb nur nebenher durchgeführt. Daran änderte sich auch nicht viel, als Brigadier General Clayton Bissel im August 1942 das Kommando über die 10th Air Force übernahm.

Neben diesen militärischen Transportflügen versuchte auch die zivile Chinese National Aircraft Corporation (CNAC), die zur knapp der Hälfte von amerikanischem Kapital und mehrheitlich vom chinesischen Staat finanziert wurde, mit ihrer geringen Zahl von Flugzeugen die Luftversorgung zu unterstützen. Zum Flugpark der CNAC gehörte neben den vorwiegend amerikanischen Flugzeugen z.B. vom Typ C-53 Skytrooper, einer aus der Douglas DC-3 entwickelten militärischen Variante der bekannten C-47 Skytrain auch mindestens eine Heinkel He111 aus Deutschland[93] Hierbei handelte es sich um die ursprüngliche zivile Version des später nur noch als Bomber gebauten Flugzeuges, also ohne die bekannte verglaste Bugkanzel. Mehrere dieser zivilen He111 waren noch vor Beginn des Zweiten Weltkrieges nach China geliefert worden und flogen jetzt für die CNAC. Die von der CNAC beförderte Menge war aber viel zu gering, um ins Gewicht zu fallen oder gar die von Chiang Kai-shek geforderten Mengen zu befriedigen.

Die positive Wende der Luftversorgung wurde im Dezember 1942 eingeleitet, als das Air Transport Command (ATC) der USAAF die Leitung und Organisation der Luftbrücke von Indien nach China übernahm.

Es muß aber an dieser Stelle darauf hingewiesen werden, daß in der Zeit von Dezember 1942 bis August 1945, als mit der Kapitulation Japans die Luftbrücke wegen der Öffnung der südchinesischen Häfen überflüssig wurde, außer dem ATC, das für alle in China operierenden Verbände Nachschub flog[94], auch von anderen Verbänden der USAAF Versorgung über den „Hump" geflogen wurde. Hier ist in erster Linie die 308th Bomb Group der 14th Air Force zu nennen[95], von der noch die Rede sein wird. Auch die 7th Bombardment Group hat vom 1. Juni 1944 bis 1. Oktober 1944 von Tezgaon aus Flugbenzin nach China transportiert und um die Jahreswende 1944/45 noch einmal mit einer kleinen Einheit innerhalb Chinas[96]. Nur für das XX. Bomber Command, das ausschließlich schwere Langstreckenbomber vom Typ B-29 im Einsatz hatte und das nicht der 14th Air Force von Chennault unterstellt war, ist eine sog. Air Transport Squadron (Mobile) aufgestellt worden, die nur für die Versorgung des XX. Bomber Command zuständig war, aber konsequenterweise auch über den „Hump" fliegen mußte[97]. In einem Punkt ist die Leistung dieser Transportstaffel besonders bemerkenswert, denn bei über 30.000 Flugstunden über den „Hump" hat die Staffel nur ein einziges Flugzeug durch einen Flugunfall verloren. Fast alle dieser Flüge fanden auf Flugrouten statt, die vom ATC eingeführt worden waren und sie wurden dann auch konsequenterweise von der ATC-Flugkontrolle koordiniert.

93   Auf einem Photo aus dieser Zeit auf einem Flugplatz in Indien deutlich zu erkennen.

94   Siehe die Hump-Statistik des ATC von Februar 1946 in AFHRA Reg. No. A-3072 (16-1).

95   Siehe oben, Fußnote 92.

96   Siehe Carl H. Fritsche: 7th Bombardment Group, in: Hump Pilots Association, Vol. 1, 3/1988, S. 80 ff.

97   Siehe James F. „Pappy" Brewer: ATS as „Private Airline" for XX Bomber Command, in: Hump Pilots Association, Vol. 1, 3/1988, S. 63 ff.

## Der Doolittle Raid

Der möglicherweise erste Versorgungsflug über den „Hump" fand am 9. oder 10. April 1942 unter größter Geheimhaltung statt[98]. Kein Geringerer als Brigadier General William D. Old flog mit einer Douglas C-47 Skytrain eine Ladung Flugbenzin nach China, das für ein Unternehmen bestimmt war, das noch gar nicht begonnen hatte.

Denn erst am 18. April 1942 starteten vom Deck des neuesten amerikanischen Flugzeugträgers „Hornet" 16 normalerweise landgestützte Mittelstreckenbomber vom Typ North American B-25 Mitchell zum ersten überraschenden Bombenangriff auf das japanische Mutterland. Die Bomber sollten nach ihrem Angriff nach China weiterfliegen, da sie zwar vom Deck des Flugzeugträgers starten aber nicht wieder landen konnten. Da der Schiffsverband, zu dem neben der Hornet noch ein weiterer Flugzeugträger und mehrere Begleitschiffe zur Sicherung des Verbandes gehörten, bei der Annäherung an Japan auf japanische Fischerboote stieß, die man für Vorpostenboote hielt und deshalb glaubte, entdeckt worden zu sein, starteten die Bomber erheblich früher, als es ursprünglich geplant war. Alle 16 Bomber führten ihren Angriff erfolgreich aus, aber keiner von ihnen erreichte das vorgesehene Ziel in China, weil sie zwischen Japan und China auf unerwarteten Gegenwind trafen. Während ein Flugzeug es schaffte, auf einem sowjetischen Flugplatz in Sibirien zu landen, mußten alle übrigen 15 Besatzungen wegen Benzinmangels ihre Flugzeuge aufgeben und mit dem Fallschirm abspringen. Einige gerieten in japanische Gefangenschaft, die meisten aber wurden von chinesischen Partisanen zu den eigenen Linien gebracht.

Vom rein militärischen Standpunkt aus waren die Zerstörungen durch dieses Unternehmen nur ein „Mückenstich", aber die moralische und psychologische Wirkung kam einem Erdbeben gleich, denn es zeigte der japanischen Führung aber auch der japanischen Bevölkerung, daß Japan nicht mehr unverwundbar war. Hinzu kam die nicht hoch genug einzuschätzende Stärkung der Moral der amerikanischen Öffentlichkeit.

Der Mann, der das ganze Unternehmen von Beginn an führte und organisierte und am 18. April 1942 im ersten Flugzeug als Pilot saß, war James H. „Jimmy" Doolittle. Er war schon lange vor dem Krieg ein berühmter Flieger, der viele Luftrennen gewonnen hatte, Langstreckenrekorde aufgestellt und sich vor allem um die Einführung des Instrumentenfluges, damals noch Blindflug genannt, verdient gemacht hatte. Neben seinen Erfahrungen als Pilot hatte er

---

98 Siehe Theodore White: The Hump, The historic airway to China was created by U.S. heroes, Life Magazin September 1944, Nachdruck in Hump Pilots Association, Vol. 2, 2/1996, S. 22 ff. White war während der Hump-Zeit Leiter des Büros von „Time" und „Life" in China und hat General Old dazu interviewt.

auch eine abgeschlossene Ingenieurausbildung am renomierten Massachsetts Institute of Technology (MIT) zu bieten. Als er vom Deck der „Hornet" startete, war er gerade erst zum Lt.Colonel (Oberstleutnant) befördert worden, als er dann einige Wochen später in China die eigenen Linien erreichte, erfuhr er, daß er unter Überspringen des Ranges eines Colonels (Oberst) zum Brigadier General beföderte worden war.[99])

### Das Air Transport Command

Das Air Transport Command (ATC), das ab Dezember 1942 die Verantwortung für die Hump-Versorgung übernommen hatte, war aus dem Ferrying Command hervorgegangen, das im April 1941 aktiviert worden war und dann am 20. Juni 1942 in Air Transport Command umbenannt wurde, in dem die Ferrying Divisions einen wichtigen Teil darstellten. Um die Bedeutung der Hump-Luftbrücke zu unterstreichen, schickte der Kommandierende General des ATC seinen Stellvertreter Edward H. Alexander nach Asien, der, um mit der für diese Aufgabe notwendigen Autorität ausgestattet zu sein, dafür zum Brigadier General befördert wurde, so wie auch alle seine Nachfolger in diesem Kommando.

Die Schwierigkeiten, denen sich Alexander gegenüber sah, waren enorm. Da stand an vorderster Stelle die Forderung, möglichst viel Nachschub über den Hump zu transportieren. Für diesen geforderten Nachschub erhielten alle Befehlshaber der Hump-Luftbrücke Druck aus Washington, das wiederum von Chiang Kai-shek unter Druck gesetzt wurde, verbunden mit der offen oder versteckt ausgesprochenen Drohung, daß dies notwendig sei, um China im aktiven Krieg gegen Japan zu halten. Aber die technischen Voraussetzungen für eine Luftbrücke waren anfangs nur dürftig und mußten zunächst geschaffen werden. Das betraf in erster Linie die Flugplätze.

Das für den Bau neuer Flugplätze notwendige Material, das schwere Pioniergerät und die Baumaschinen mußten genau wie der über den Hump zu fliegende Nachschub erst über eine lange Versorgungslinie um den halben Erdball herangeschafft werden. Alle für Indien und China bestimmten Nachschubgüter wurden an der amerikanischen Ostküste auf Schiffe verladen, die im Konvoi über den Atlantik, durch das Mittelmeer und den Suezkanal und weiter durch den indischen Ozean nach Karatschie (engl. Karachi) im heutigen Pakistan fuhren. Einige Truppentransporte wurden auch in Bombay an der Westküste Indiens ausgeladen. Der zu den Flugplät-

---

99  Zu dem als Doolittle-Raid bekannt gewordenen Unternehmen siehe Carroll V. Glines: The Doolittle Raid, America´s daring first strike against Japan, 1991, das die Namen aller Beteiligten enthält und das Schicksal aller 16 Besatzungen nachzeichnet. Zu Doolittle selbst siehe seine Autobiographie (in Zusammenarbeit mit C.V. Glines): I could never be so lucky again, 2/1992.

zen im Nordosten am nächsten gelegene Hafen von Kalkutta wurde für die laufende Nachschubversorgung nicht benutzt, weil er als zu gefährdet durch die Japaner angesehen wurde. Von Karatschie aus wurde der ganze Nachschub per Eisenbahn, Flußschiffe/-boote und am Ende per Lastwagen zu den Flugplätzen transportiert und dort in die Flugzeuge verladen.

Deshalb standen in den ersten Monaten auf der indischen Seite nur der Platz Chabua im Assam-Tal und in China der Platz Kunming, der auch das Hauptquartier der 14th Air Force von Chennault war, zur Verfügung. (Siehe die Karte) Von 1943 bis 1945 wurden in Indien ein rundes Dutzend neuer Plätze gebaut bzw. einige bereits von der RAF angelegte Plätze erweitert, darunter besonders wichtig die Plätze Tezgaon[100]/Kurmitola , Dinjan, Sookerating, Mohanbari, Moran, Tezpur, Misamari, Rupsi und Jorhat. In China wurden sechs Plätze entweder neu gebaut oder bereits vorhandene Plätze ausgebaut. Kunming blieb aber während der ganzen Zeit der Hump-Luftbrücke der zentrale Versorgungsflugplatz in China, von dem aus der Nachschub dann normalerweise mit Transportern der 14th Air Force weitergeleitet wurde. In der zweiten Jahreshälfte 1944 wurden nach der Rückeroberung von Nordburma der Platz Myitkyina wieder aktiviert und durch zwei nahe gelegene neue Plätze zur Verbesserung der Kapazität ergänzt, sowie mit Bhamo, Tingkawk Sakan, Warazup und Chingbwiyang weitere Plätze gebaut, die entweder als Zwischenlandeplätze oder Ausweichplätze für den Hump dienten. Besonders auf den Plätzen um Myitkyina waren Kampfverbände (Bomber, Jagdbomber und Jäger) stationiert, die gegen die Japaner in Südburma, Thailand und Indochina operierten. Der Bau der neuen Flugplätze in Indien konnte, abgesehen von der Anlaufzeit, als erst die Anlieferung des Materials abgewartet werden mußte, zügig durchgeführt werden, nachdem die schweren Baugeräte in ausreichender Zahl zur Verfügung standen.

## Flugplätze in China

Ganz anders stellte sich die Situation in China dar, wo in aller Regel die fehlenden Baumaschinen durch die Handarbeit von -zigtausenden von chinesischen Kulis ersetzt werden mußten.[101] Die Steine für den Unterbau und die Befestigung der Landepisten wurden mit Handhämmern auf die notwendige Größe verkleinert, dann in Körben an die Landepiste gebracht, darauf wurde eine Sandschicht aufgebracht und durch große, wassergefüllte, primitive Walzen befes-

100  Zu dem Bau und dem laufenden Betrieb des Platzes Tezgaon siehe AFHRA Reg. No 33199 (1-7 ff.).

101  Zu dem Bau von verschiedenen Flugplätzen in China siehe AFHRA Reg. No. A-8363 (5-1 ff.).

tigt, wobei jede Walze von bis zu 200 Kulis gezogen werden mußte. Es war ein äußerst mühsames Geschäft, aber die chinesische Regierung sorgte dafür, daß Kulis in ausreichender Zahl zur Verfügung standen. Es ging schließlich nicht nur um den Kampf gegen die Japaner, sondern auch um ihre eigene Versorgung. Für die chinesischen Kulis war die Arbeit auf den Flugplätzen durchaus lohnend. Sie waren zwar in aller Regel in Massenunterkünften untergebracht, aber sie erhielten eine normale Bezahlung und die Mahlzeiten waren gesichert. Ganz anders verhielt es sich mit den amerikanischen Spezialisten, die für die Planung der Bauarbeiten und deren Durchführung verantwortlich waren und darüber hinaus die neuen Flugplätze mit allen Einrichtungen versehen mußten, die für einen normalen Betrieb nun einmal notwendig sind. Dazu gehörte der für einen Flugplatz unbedingt erforderliche Kontrollturm mit der bestmöglichen Ausrüstung, eine Funkstation mit Peilfunkgeräten[102] und mit zusätzlichen Geräten für den UKW-Sprechfunkverkehr mit landenden und startenden Flugzeugen, Wetterstation, Flugplanung, medizinische Betreuung, aber auch Unterkünfte und Küchen- und Verpflegungseinrichtungen nicht nur für das Flugplatzpersonal, sondern auch für die Besatzungen von Flugzeugen. Alle technischen Geräte und der laufende Nachschub für das Personal mußte über die Hump-Luftbrücke eingeflogen werden. Deshalb war das amerikanische Personal auf diesen Plätzen wirklich am äußersten Ende der Versorgungslinie; sie fühlten sich oft vernachlässigt, gleichsam „am Ende der Welt". Gelegentlich kam es zu recht bizarren Beschwerden. So liegt von Juli 1945 ein Bericht der Basis Kwanghau in China vor, in dem man sich bitter darüber beschwert, daß es noch nicht gelungen sei, eine normale US-Flagge für die Basis zu erhalten. Ansässige Chinesen haben dann eine Fahne mit den „stars and stripes" genäht und in einer kleinen Feier der Basis übergeben, die jetzt endlich kurz vor dem Ende des Krieges ihre Nationalflagge über der Basis aufziehen konnte.[103] Die Geschichte dieser amerikanischen Flugplätze in China wäre sicher eine eigenständige Betrachtung wert.

## Die Transportflugzeuge

Als Transportflugzeug stand dem ATC neben der bewährten Douglas C-47 Skytrain, die aber wegen der hier erforderlichen großen Flughöhe nicht die normale volle Nutzlast transportieren konnte, bald in größerer Zahl die Curtiss-Wright C-46 Commando zur Verfügung[104]. Wie fast alle Transportflugzeuge dieser Zeit war auch die

---

102 Zu den technischen Einrichtungen der einzelnen Plätze siehe AFHRA Reg. No. A-3126 (12-7, S. 0379 ff. und 12-8, S. 0406; S. 0417 ff. zeigt eine Übersicht über alle Plätze mit Datum ihrer Aktivierung aber auch ihrer Deaktivierung Ende 1945.

103 Siehe AFHRA Reg.No. A-8363 (5-3).

104 Zur Entwicklungsgeschichte und den verschiedenen Baumustern siehe Bill Holder & Scott Vadnais: The „C" Planes, U.S. Cargo Aircraft from 1925 to the present, Atglen, PA 1996, S. 39 f., aber auch Peter Alles-Fernandez: Flugzeuge von A bis Z, Bd. 2, Koblenz 1988, S. 40 f.; viele zusätzliche technische Details und Randgeschichten bei Jeffrey L. Ethell u. Don Downie: Flying the Hump, Osceola, WI 1995, S. 83 ff.

C-46 ursprünglich als ziviles Passagierflugzeug für 36 Passagiere entworfen worden. Wegen des großen und geräumigen Rumpfes erweckte das Flugzeug schnell das Interesse der USAAF, die die Maschine ohne die normalerweise längere Erprobung mit einem für den Frachttransport verstärkten Kabinenboden und größeren Türen in größeren Stückzahlen bestellte, um die ständig steigenden Transportanforderungen der US Army und US Marines decken zu können. Die fehlende Erprobungszeit sollte sich bitter rächen. Die C-46 hat sich zwar im normalen Transportbetrieb bei der US Army und den US Marines, besonders wegen der ausgezeichneten Sichtverhältnisse aus dem Cockpit heraus, durchaus bewährt, aber beim Einsatz über den Hump traten schnell Schwierigkeiten auf, die zu zahlreichen Verlusten nicht nur an Flugzeugen, sondern ganz besonders an fliegendem Personal führten. Der Spitzname „Ol' Dumbo"[105] war deshalb auch wenig schmeichelhaft.

Die C-46 war besonders für den Einsatz über den Hump mit speziellen Höhenmotoren versehen worden. Wenn aber ein voll beladenes nur zweimotoriges Flugzeug beim Start einen Triebwerksausfall hat, dann ist der fatale Absturz fast durchweg nicht zu vermeiden.[106] Wie groß und wie schwer dieses zweimotorige Flugzeug war, zeigt sich bei einem Vergleich der Spannweiten und Abfluggewichte mit den viermotorigen Bombern B-17 und B-24: Spannweite der C-46 ca. 33 m, B-17 ca. 31,6 m, B-24 ca. 33,5 m; Abfluggewicht C-46 21 (metrische) t, B-17 25 (metrische) t, B-24 26 (metrische) t. Es war also ein für zwei Motoren enorm großes Flugzeug.

Im Frühjahr 1943 standen der India China Wing, später India China Division, so die taktische Bezeichnung dieses Verbandes des ATC, auch einige C-87 Transportflugzeuge und C-109 Tanker zur Verfügung. Die C-87 Liberator Express war eine Transportervariante des viermotorigen Consolidated B-24 Liberator Bombers. Wegen ihres sehr geräumigen, fast rechteckigen Rumpfes war sie geradezu ideal für die Verwendung als Frachter und in der Variante C-109[107] auch als Tanker, der mit einer einzigen Ladung knapp 11.000 Liter Flugbenzin über den Hump nach China fliegen konnte. Wie gefährlich der Flug mit einer C-109 von den Piloten angesehen wurde, läßt sich aus dem – natürlich inoffiziellen – Beinamen ersehen:"C-one-oh-boom"[108](C-eins-oh-bumm). Ein besonders wichtiger Pluspunkt für dieses Flugzeug stellte seine für die damalige Zeit enorme Reichweite dar.[109]

Anfang 1945 erhielt die India China Division (ICD) des ATC dann zusätzlich das Flugzeug, das drei Jahre später zum wichtigsten

105 Nicht präzise übersetzbar, möglicher Ursprung „to dump" = abkippen, abstürzen; kann aber auch einem Walt Disney Zeichentrickfilm (Dumbo, der fliegende Elephant) entstammen.

106 Zu den technischen Schwierigkeiten siehe besonders AFHRA Reg.No. A-8362 (6-3); außerdem Herbert O. Fisher PhD: Operation Tech Rep, in: Hump Pilots Association, Vol. 1, 3/1988, S. 128 ff.; Fisher war bei der Firma Curtiss-Wright sog. Engineering Test Pilot gewesen. Bemerkenswert auch die Einschätzung von General Tunner, siehe William H. Tunner, Over the Hump, S. 45 und 62.

107 Siehe Bill Holder & Scott Vadnais, The C-Planes, S. 88 f.

108 Ethell u. Downie, Flying the Hump, S. 95.

109 Nähere Einzelheiten zur Entwicklungsgeschichte dieses vielseitigen Flugzeuges siehe Kenneth Munson, Die Weltkriegs II-Flugzeuge, S. 68 ff.; ferner Peter Alles-Fernandez, Flugzeuge von A bis Z, Bd. 1, S. 428 ff. und Holder & Vadnais, The C-Planes, S. 74 f. Im übrigen war ein Exemplar der C-87 eine Spezialausführung für den amerikanischen Präsidenten, der das Flugzeug aber offenbar nie benutzt hat.

Transportflugzeug der Berliner Luftbrücke werden sollte, die Douglas C-54 Skymaster.[110] Im Frühjahr 1945 verfügte die ICD über eine Flotte von 330 C-46, 167 C-47 und 132 viermotorige Transporter der Typen C-54, C-87 und C-109.[111]

### Das „Hump"-Wetter

Ein wesentlicher und völlig unkalkulierbarer Faktor während der gesamten Zeit der Hump-Luftbrücke war das Wetter.[112] Jeder Küstenbewohner und häufige Besucher dort kennt die Unterschiede von Landwind und Seewind. Diese in unseren Breiten auftretenden Winde sind weitgehend von der Tages- bzw. Nachtzeit, der Sonneneinstrahlung und damit der unterschiedlichen Erwärmung und Abkühlung von Festland und Meer abhängig. Hier in Ostasien tritt dieser Wind in jahreszeitlichen Zyklen und in kontinentalem Ausmaß auf und ist uns als Monsun allgemein bekannt. Dabei wird in den Sommermonaten, besonders im Mai und Juni warme, feuchte Meeresluft von einem festländischen Tiefdruckgebiet angesaugt. Als Folge davon treten über dem Festland teilweise lang anhaltende starke Regenfälle auf, die oft von heftigen Gewittern mit sehr hoch reichenden Wolkengebirgen begleitet sind. Im Winter fließt dann kalte, trockene Luft aus Zentralasien in die entgegengesetzte Richtung. Damit erklärt sich die witterungsbedingte Problematik des Wetters in der Monsunzeit für die Flüge über die Ausläufer des Himalaya von Indien über Nordburma hinweg nach China. Die Gewitterwolken in Asien über den Ausläufern des Himalaya-Gebirges reichen nicht wie in Europa nur bis in 5 km (= ca. 16.000 Fuß o. feet) Höhe für den normalen CB (= Cumulu Nimbus, der meteorologische Fachausdruck für eine Gewitterwolke) und ca. 8 km (= ca.26.400 feet) für den sog. Hammer, sondern leicht in Höhen bis 18 km (ca. 60.000 feet). Da die Dienstgipfelhöhen aller über den Hump operierenden Flugzeuge deutlich darunter lagen, nämlich zwischen normal 20.000 Fuß bis 25.000 Fuß (Ausnahme die B-29 mit ca. 30.000 Fuß und als einziges aller hier eingesetzten Flugzeuge mit einer beheizbaren Druckkabine ausgestattet), mußten die Flugzeuge eine Gewitterwolke, wenn sie nur lokal begrenzt war, umfliegen oder durch die Wolke fliegen, mit all den daraus resultierenden Risiken und Gefahren, denn die vertikalen Turbulenzen in einer solchen Gewitterwolke sind von ungeheurer Gewalt. Sie können auch bei großen Transportflugzeugen in Extremfällen zu schweren Beschädigungen oder gar zum Absturz führen. Für die Flugplanung

110  Zu näheren Angaben siehe unten im Kapitel: Die Flugzeuge.

111  Siehe Don Downie and Jeffrey L. Ethell, Flying the Hump, , S. 14.

112  Siehe hierzu besonders Charles C. Bates und John F. Fuller: America´s Weather Warriors, 1814-1985, Texas University Press 1986, S. 123 ff.; ferner Ethell u. Downie, Flying the Hump, S. 107 ff.; zu den Wetterbedingungen auf der Hump-Luftbrücke aber auch Tunner, Over the Hump, S. 73 ff.

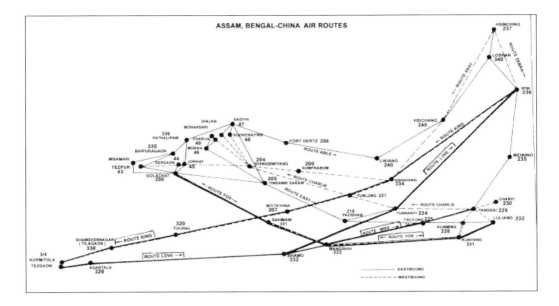

war es also von größter Wichtigkeit, zuverlässige Daten über das Wetter auf den Flugrouten zu erhalten.

Die zum Teil lang anhaltenden und oft sehr ergiebigen Monsunregen hatten aber auch Auswirkungen auf die Flugplätze in China. Zwar war beim Bau der Landebahnen dieser Plätze, so gut es möglich war, für einen ausreichend dicken Unterbau durch Steine gesorgt worden, auf dem dann eine Sandschicht festgewalzt wurde, aber in vielen Fällen hielten diese Landebahnen einem langen Monsunregen nicht stand. Durch aufgeweichte Lande-/Startbahnen waren eine Reihe von Lande- und Startunfällen zu beklagen.

Zuständig für diese lebenswichtige Wetterinformation war die 10th Air Force und deren Meteorologen, die in Delhi stationiert waren.[113] Ab Juni 1942 baute diese Wetterabteilung der 10th Air Force ein weiträumiges Netz von Stationen zur Wettermeldung auf, aus deren Meldungen dann die Wetterberatung nicht nur für die 10th Air Force resultierte, sondern auch für das ATC, und zusätzlich für die US Navy, die Royal Air Force und deren angeschlossene Commonwealth-Verbände und für die britischen und Commonwealth-Seestreitkräfte. Unterstützt wurde diese Arbeit durch das India Meteorological Department und den RAF Meteorological Service in Indien. Die Einrichtung und der Betrieb der Wettermeldestationen war ein Abenteuer für sich. Das Netz erstreckte sich in nord-südlicher Richtung von den Kokos-Inseln südlich von Sumatra (12. südlicher Breitengrad) bis in die äußere Mongolei (44. nördlicher

**Abb. 10**
Die Hump Air Routes, Stand: 21. Dezember 1944, die nach der Rückeroberung von Nord-Burma auch die neuen südlicheren Routen über Myitkyina und Bhamo enthalten.

Quelle:
Hump-Pilots, Volume 1, S. 78

113  Zu den Wetterstationen und den Nachrichtenverbindungen siehe AFHRA Reg. No. A-3126 (12-7 ff.).

Breitengrad) und in west-östlicher Richtung von Jiwani/Baluchistan (62. Meridian) bis Suichwan im Osten Chinas (115. Meridian). Obwohl hier die chinesischen Kommunisten unter Mao Tse-tung das Sagen hatten, die natürlich überhaupt kein Interesse zeigten, für Chiang Kai-shek einen Finger zu rühren, ließen sie die Einrichtung von Wetterstationen zu, da es ja um den Kampf gegen Japan ging und das hatte Vorrang. Für die Wetterberatung bei vorgesehenen Luftangriffen auf Japan wurden zusätzlich noch die Wettermeldungen von amerikanischen U-Booten eingeholt, die vor Japan operierten. Die für die Hump-Luftbrücke wichtigsten Daten aber kamen von der 2nd Weather Reconnaissance Squadron (Wettererkundungs-Staffel) der 10th Air Force, die mit ihren B-25-Bombern Wettererkundungsflüge über große Entfernungen durchführte. Kurioserweise stieß die Einrichtung von Wetterstationen in China anfangs auf den heftigen Widerstand von Chennault. Sein Argument war, daß das für diese Stationen notwendige Personal einschließlich der damit verbundenen Nachrichtenverbindungen mit Nachschub über den Hump versorgt werden müßte, der ihm dann fehlen würde. Er ließ sich aber letztlich doch davon überzeugen, daß für den reibungslosen Strom von Versorgungsflügen gute Wetterberatung unverzichtbar war.

### Personal- und andere Probleme

Sowohl Brigadier General Edward H. Alexander, der die Hump-Luftbrücke bis zum 15. Oktober 1943 kommandierte, als auch seine beiden unmittelbaren Nachfolger, Brigadier General Earl S. Hoag (15. Oktober 1943 bis 15. März 1944) und Brigadier General Thomas O. Hardin (15. März 1944 bis 31. August 1944) hatten zusätzlich zu den geschilderten Problemen auch mit einem Personalproblem zu kämpfen. Von Frühjahr 1943 bis Sommer 1944 war zwar die Zahl der zur Verfügung stehenden Flugzeuge ständig erhöht worden, jedoch hielt die Zahl der für den laufenden Einsatz notwendigen Piloten nicht in gleichem Tempo Schritt.[114] Für den laufenden Einsatz waren pro Flugzeug 3 komplette Besatzungen notwendig, das bedeutete 2 Piloten (Captain-Pilot und Co-Pilot) für jeden Flug, also 6 Piloten pro Flugzeug. Ein Bericht aus dem Jahre 1944 gibt den Fehlbestand an Piloten mit ca. gut 20% der Sollstärke an. Es wird in diesem Bericht zwar darauf hingewiesen, daß aus Nordafrika ein Kontingent an Piloten unterwegs sei, aber auch unter Einrechnung dieses Kontingents ergab sich ein Fehlbestand von ca. 15%. Alle neu

---

114 Siehe: A History of the India-China Division, Air Transport Command, Year 1944, Vol. III, S. 719 in: AFHRA Reg. No. A-3070 (18-1).

ankommenden Piloten konnten aber nicht sofort als Captain-Pilot eingesetzt werden, sondern mußten zunächst solange als Co-Pilot eines Hump-erfahrenen Captain-Pilots Flüge über den Hump absolvieren, bis man sie als ausreichend erfahren einschätzte, um zum Captain-Pilot befördert zu werden. Der Fehlbestand an Piloten und der ständige Druck, die Tonnage zu erhöhen, führten dazu, daß viele Piloten mehr Einsätze in einem bestimmten Zeitraum flogen, als es normalerweise verantwortbar war. Wieviele der Unfälle schlicht auf Übermüdung der Piloten zurückzuführen war, läßt sich zahlenmäßig nicht nachweisen. In der Zeit von Sommer 1943 bis Sommer 1944 stiegen die Unfälle jedenfalls stark an.[115]

Das ATC hatte zugesagt, monatlich 4000 short-tons nach China zu fliegen. Zwar stieg die Monatsleistung seit der Übernahme durch das ATC langsam an, aber die 4000 tons wurden erstmals im August 1943 erreicht. (Siehe die Tabelle im Anhang)

Als Ende März 1943 die 308th Bomb Group in China zur Verstärkung von Chenault´s 14 Air Force eintraf, fehlte deshalb der Nachschub für die Einsätze fast völlig. Chennault fand eine einfache Lösung: Er ließ seine B-24 Bomber leer nach Indien fliegen, damit sie ihren eigenen Nachschub selbst nach China holten. Faustformel: Für eine Tonne abzuwerfender Bomben waren ca.10 t´s Nachschub nötig, d.h., Bomben, Munition, Treibstoff, Öl, Ersatzteile und der gesamte übliche Nachschub für sein Personal.[116] Als Chennault im Herbst 1943 erfuhr, daß viele C-87 und C-109 des ATC durch japanische Jäger abgeschossen wurden, die in Nordburma stationiert waren, fand er dafür eine taktische Lösung, wie sie geradezu typisch für ihn war. Seine Lösung basierte darauf, daß eine B-24 mit ihren Maschinengewehrständen von einer unbewaffneten C-87 bzw. C-109 erst auf kürzeste Entfernung unterschieden werden konnte. Er schickte also seine Bomberstaffeln in dicht geschlossener Formation auf einer viel südlicheren Route, als die Maschinen des ATC üblicherweise flogen, und in niedriger Höhe über das von Japan besetzte Gebiet, um die Bomber als Lockvögel für die japanischen Jäger zu benutzen. Und die Japaner fielen prompt darauf herein – in drei Tagen verloren sie 18 Jäger.[117] Die 308th Bomb Group hatte einen Toten zu beklagen, 2 oder 3 Verwundete, sowie eine schwer und mehrere leichtbeschädigte Flugzeuge. Aber in den folgenden Monaten wurden die ATC-Transporter auf der Hump-Route nicht mehr von japanischen Jägern angegriffen.

---

[115] Siehe dazu u.a. Attrition Analysis vom 12.3.1944, AFHRA Reg. No. A-3072 (16-23, S. 1129 ff.; ferner Medical History 1942-1945, AFHRA Reg. No. A-3072 (16-31, S. 1535 ff.

[116] Siehe C.V. Glines: Chennaults Forgotten Warriors, The Saga of the 308th Bomb Group in China, Atglen PA 1995, S. 42 ff.

[117] Siehe Glines, Chennaults Forgotten Warriors, S. 93 ff.

## General William H. Tunner, der Experte für Lufttransport

Im Juni 1944 schickte General Harold L. George, der Kommandierende General des ATC jenen Mann auf eine Inspektionstour nach Asien, der um die Monatswende August/September 1944 dann das Kommando über die Hump-Luftbrücke übernehmen sollte und ihr mit seinen größtenteils neuen und teilweise revolutionären Methoden in zweifacher Hinsicht zu einem durchschlagenden Erfolg bringen sollte: Die Tonnagezahlen stiegen nach kurzer Zeit deutlich an, während nach einigen Monaten, auch neue Methoden benötigen Zeit, bis sie greifen, die Verlustzahlen an Flugzeugen und Personal drastisch zurückgingen. Vier Jahre später hat er dann mit seinen hier bei der Hump-Luftbrücke erstmals erfolgreich erprobten Methoden die Berliner Luftbrücke zu ihrem überragenden Erfolg geführt. Sein Name: William H. Tunner. Abb. 11

Zu diesem Zeitpunkt war Tunner Kommandeur des Ferrying Command, früher Ferrying Division, des ATC, an deren Aufbau er maßgeblichen Anteil hatte. Das Ferrying Command war gebildet worden, um die für Großbritanien bestimmten Flugzeuge von den Herstellern zu ihren Bestimmungsorten zu fliegen. Nach und nach wurde diese Organisation so groß und umfangreich, daß sie in eine Foreign Ferrying Division und eine Domestic Ferrying Division geteilt werden mußte. Die Domestic Division flog die Flugzeuge von den Herstellerfabriken zu den Stellen, die die Zusatzausrüstungen installierten und dann zu den Absprungplätzen an den Küsten der USA, wo sie von der Foreign Division übernommen wurden, um über den Atlantik nach England überführt zu werden. Nach Kriegseintritt der USA wurden die Überführungen an die eigenen Luftwaffenverbände sowohl in Europa als auch in Asien ebenfalls von der Ferrying Division durchgeführt. Um die immer stärker werdenden Transportaufgaben der USAAF an einer Stelle zu vereinigen und besser koordinieren zu können, wurde im Juni 1942 das Air Transport Command gebildet. Die bisherigen Ferrying Divisions wurden Teil dieses neuen Transport Commands, wobei der Domestic Division das immer dringender werdende Problem der Schulung und Weiterbildung aller Piloten zufiel[118]. Die Notwendigkeit und Dringlichkeit dieses zentral organisierten Trainings der Piloten läßt sich leicht erklären: Die zu Tausenden zu überführenden Flugzeuge bestanden aus Dutzenden von verschiedenen Typen, vom einfachen einmotorigen Trainer/Schulflugzeug bis zum stark motorisierten Jäger, vom kleinen Verbindungsflugzeug über zwei-

118 Zu dem Pilotentraining siehe besonders William H. Tunner: Over the Hump, Reprint der Erstausgabe von 1964 durch Office of Air Force History, Washington 1985, S. 26 ff. und 40 ff.

**Abb. 11**
Brigadier General William H. Tunner 1944 in seinem Hauptquartier in Calcutta/Indien

Quelle:
Privatbesitz von Mrs. Ann Tunner

motorige Bomber und Transporter bis zu großen viermotorigen Bombern und Transportern. Die Piloten für diese Überführungstätigkeit kamen aus den verschiedensten Bereichen der Zivilfliegerei und hatten zwangsläufig höchst unterschiedliche fliegerische Erfahrungen vorzuweisen. Es versteht sich von selbst, daß einem Piloten, der bis dahin nur Flugerfahrung mit kleinen einmotorigen Flugzeuge nachweisen konnte, auch dann wenn er viele Flugstunden absolviert hatte, nicht sofort ein großes Flugzeug zur Überführung anvertraut werden konnte, denn die Flugzeuge mußten sicher ans Ziel gebracht werden.

## Weibliche Piloten überführen Jäger und Bomber

In diesem Zusammenhang darf nicht unerwähnt bleiben, daß innerhalb der Domestic Division zahlreiche weibliche Piloten den gleichen Dienst taten wie männliche Piloten.[119] Allerdings mit einigen unverständlichen Unterschieden. So erhielten sie trotz gleicher Arbeit weniger Gehalt und wurden nicht zu Offizieren befördert.

119  Zu den WASP´s (Women´s Air Force Service Pilots) siehe neben Tunner, Over the Hump, S. 35 ff., besonders Sarah Byrn Rickman: The Originals, The Women´s Auxiliary Ferrying Squadron of World War II, Washington 2001 sowie Adela Riek Scharr: Sisters in the Sky, 2 Bde., Bd. 1 The WAFS (Women´s Auxiliary Ferrying Squadron), St. Louis 3/1991 und Band 2, The WASP, Tucson 2/1997, ferner Onas P. Matz: History of the 2nd Ferrying Group, Ferrying Division and Transport Command, Seattle und Washington 1993, besonders S. 221 ff., 248 ff., 255 ff. und S. 365 ff. Die höchste Zahl an Pilotinnen wurde im April 1944 mit 303 erreicht, von denen 134 die Musterberechtigung für schnelle Jagdflugzeuge hatten. (The Originals, S. 258f und 283). Zeitweise wurden sämtliche P-47 von Pilotinnen überführt.

Dafür unterschieden sie sich in einem wichtigen Punkt deutlich von ihren männlichen Kollegen, denn ihre Unfallrate war bedeutend niedriger als die der Männer. Als kleines Bespiel sei hier die Bell P-39 Airacobra angeführt[120], die bei den männlichen Piloten schnell den Ruf bekam, ein „fliegender Sarg" zu sein, weil die Zahl der tödlichen Unfälle mit diesem schnellen Jagdflugzeug unglaublich hoch war. Daraufhin wurden weibliche Piloten auf die P-39 eingewiesen und es gab keinen einzigen Unfall mehr mit der P-39. Der Grund wurde schnell gefunden. Während die männlichen Piloten die Flughandbücher der von ihnen zu überführenden Flugzeuge oft nur flüchtig durchlasen, hielten sich die weiblichen Piloten strikt an die Anweisungen in den Handbüchern.

Im Sommer 1944 erhielten die WASP´s für kurze Zeit auch die Aufgabe, in einer C-47 Fracht und Passagiere zwischen den einzelnen Stationen der Ferrying Division zu befördern. Der bekannten Aversion von männlichen Passagieren gegenüber weiblichen Piloten im Cockpit wich man aus, indem die Pilotinnen sich im Cockpit einschlossen und ihren Flug durchführten. Nach der Landung gab es für sie dann eine innere Genugtuung, wenn sie aus dem Cockpit kamen und die erstaunten Gesichter der Passagiere registrierten mit „manchem herunter geklappten Unterkiefer".[121] Zu dieser Zeit waren aber die Vorurteile von männlichen Passagieren gegenüber weiblichen Piloten im Cockpit noch übermächtig und ihr Einsatz bei diesen Flügen wurde beendet. Aber niemand nahm Anstoß daran, daß in dem gleichen Sommer 1944 zweidrittel aller schnellen Jagdflugzeuge (P-38, P-39, P-47, P-51) von weiblichen Piloten innerhalb der USA und bis nach Canada überführt wurden.

Die Domestic Ferrying Division und später die gesamte Ferrying Division stand unter dem Kommando von Colonel, ab Juli 1943 Brigadier General William H. Tunner. Er war also nicht nur verantwortlich für das gesamte Trainingssystem der Piloten, er hatte auch maßgeblich den Einsatz von weiblichen Piloten in die Wege geleitet und durchgesetzt.[122] Schauen wir uns zunächst den bisherigen Werdegang und seine Karriere bis hierher an.

## Tunners Werdegang

Tunner, Jahrgang 1906, war mit 17 Jahren über einen Wettbewerb, aus dem er als Bester hervorging, auf die bekannte Militärakademie West Point gekommen, die er 1928 erfolgreich abschloß. Am Ende der Ausbildung kann jeder Absolvent angeben, bei welcher Waffen-

---

[120] Siehe dazu Tunner, Over the Hump, S. 37 ff. und besonders Scharr, Bd. 1, S. 453ff: Adela Scharr erhielt als erste Pilotin am 28.6.1943 die Musterberechtigung für die P-39 Airacobra.

[121] Siehe „The Originals, …", S. 315ff.

[122] Siehe dazu neben William H. Tunner, Over the Hump (siehe oben), das für Tunners militärischen Werdegang einer Autobiographie gleichkommt, auch das mit Tunner geführte aufschlußreiche Interview: AFHRA Oral History Interview # K239.0512-911, 5-6 October 1976, Taped Interview with Lt Gen William H. Tunner, conducted by Dr. James C. Hasdorff (schriftliche Kopie im Archiv des Verfassers).

gattung er eingesetzt werden möchte. Tunner hatte während des letzten Jahres an der Akademie die Möglichkeit bekommen, eine Woche lang auf einem Fliegerhorst des US Army Air Corps sich mit dem Fliegen zu befassen und er war sofort davon fasziniert. Er machte Flüge in verschiedenen Flugzeugen mit, ohne jede Art von Kunstflug, nur einfach fliegen. Deshalb stand bei seinem Abschluß in West Point sein Weg ins Army Air Corps fest. Im Verlauf seiner Pilotenausbildung traf er eine Reihe von Männern, die in seinem späteren Leben eine mehr oder weniger große Rolle spielen sollten. So war beispielsweise sein Prüfer am Ende der Grundausbildung zum Piloten Claire L. Chennault, dem Tunner erst wieder im Zusammenhang mit der Hump-Luftbrücke begegnen sollte.

Nach verschiedenen untergeordneten Kommandos als Fluglehrer auf verschiedenen Standorten und bei einer Bombergruppe in der Kanalzone von Panama erhielt er, inzwischen zum Captain (Hauptmann) befördert, sein erstes selbständiges Kommando in Memphis, Tennessee. Der kleine Standort sollte trotzdem für Tunner prägend werden. Er war dort der einzige aktive Offizier und hatte in seiner kleinen Einheit einen Sergeanten und 15 Soldaten. Manchmal hatte er noch einen Reserveoffizier zur Verfügung, der hier seine zweiwöchige Reserveübung absolvierte. Seine Hauptaufgabe bestand darin, junge Zivilpiloten für den Dienst im Reservecorps zu interessieren und sie dann auszubilden. Am Ende der Ausbildung erhielten diese dann einen Rang als Reserveoffizier.

Seine zweite Aufgabe bestand darin, auf seinem kleinen Platz Militärflugzeuge bei einer Zwischenlandung „prompt und effizient" zu versorgen. Durch intensive Schulung seines Personals und ein immer gut versorgtes Ersatzteillager konnte er die Durchlaufzeit für jedes Flugzeug, das hier bei der Zwischenlandung versorgt werden mußte, auf bemerkenswert kurze Zeiten bringen.

Die Zeit in Memphis brachte Tunner auch die Begegnung mit zwei Menschen, die ihn, von kurzen Unterbrechungen abgesehen, in den folgenden Jahrzehnten seiner Laufbahn bei der US Air Force begleiten sollten. Da war zunächst seine Sekretärin Catherine Gibson. Tunner wollte nach seinem Dienstantritt in Memphis die Stelle so schnell wie möglich besetzen, um umgehend mit der Arbeit beginnen zu können. Er rief an einem Freitag das lokale Büro für Arbeitsvermittlung an und erhielt eine Reihe von Namen, die er nacheinander anrief, damit sie noch am gleichen Wochenende, egal ob Samstag oder Sonntag, zur Vorstellung auf den Flugplatz kommen konnten. Eine ganze Reihe der Angesprochenen lehnte es ab, am

Wochenende raus auf den Flugplatz zu fahren, aber am Sonntagnachmittag stellte sich Catherine Gibson vor und beeindruckte Tunner durch ihre berufliche Einstellung und Intelligenz und ihre Unabhängigkeit. Als Tunner sie darauf hinwies, daß der Flugplatz weit außerhalb von Memphis läge und sie sich um die Fahrt zu ihrem neuen Arbeitsplatz selbst kümmern müsse, antwortete sie trocken: „Captain, wie glauben Sie wohl, bin ich am Sonntagnachmittag hierher gekommen?"[123] Wann immer Tunner in den folgenden Jahrzehnten eine Sekretärin brauchte, dann war Catherine Gibson zur Stelle.

Der Zweite war Robert D. „Red" Forman, der in Memphis zu einem der aktivsten Teilnehmer von Tunners Reservecorps wurde. Forman wurde bald danach in den aktiven Dienst übernommen und brachte es bis zum Brigadier General. Wir werden ihm noch einige Male begegnen.

Auf solch einem kleinen Stützpunkt wäre es leicht gewesen, einen ruhigen Dienst zu verrichten. Obwohl Tunner noch nicht ahnen konnte, welche langfristigen Auswirkungen seine Arbeit in Memphis haben sollte, hatte er sich von Anfang an für harte und gründliche Arbeit entschieden. Seine Woche bestand aus sieben Arbeitstagen. Schon bei seiner vorhergehenden Tätigkeit als Chef der Operationsabteilung eines Air Corps hatte er gelernt, daß weder Flugzeuge noch Piloten permanent fliegen können. Flugzeuge benötigten in bestimmten Intervallen Wartung und Inspektionen und die Piloten Ruhepausen. Genau dafür sorgte er im Rahmen seiner Möglichkeiten nun auch in Memphis. So klein sein Flugplatz auch war, so war er in bezug auf die monatlich zu erstellenden Berichte (65!) wie ein großer Fliegerhorst (Air Force Base) zu betrachten. Das positive Ergebnis ließ nicht lange auf sich warten. Ende 1939 wurde Tunner und sein kleiner Platz von einer höheren Stelle in Washington inspiziert. Der inspizierende Offizier konnte sich schnell davon überzeugen, daß sich Wartung und Ersatzteillager in einem ausgezeichneten Betriebszustand befanden und auch der so oft vernachlässigte Papierkram eine mustergültige Ordnung aufwies.

Kurze Zeit danach fand Tunner sich in einem Büro im Air Corps Hauptquartier in Washington wieder, wo er Marschbefehle für Piloten ausstellte, die Flugzeuge im Bereich der USA von einer Stelle zu einer anderen überführen sollten. Mit der notwendigen Zustimmung durch seinen Vorgesetzten begann Tunner schon bald, seinen Namen für bestimmte Flüge in Marschbefehle einzusetzen, und zwar ausnahmslos am Wochenende. So verließ er häufig am Freitagabend

[123] Tunner, Over the Hump, S. 13. „Tell me, captain, just how do you think I got here this Sunday afternoon?".

Washington, flog mit einer zivilen Nachtmaschine an die Westküste der USA, startete dort von einem Herstellerplatz mit einem neuen Flugzeug zu einem Bestimmungsort irgendwo in den Südstaaten, wo er nach einem meistens herrlichen Flug mit den notwendigen Zwischenlandungen zum Auftanken am Sonntagabend ankam. Am Abend und in der Nacht flog er dann wieder zurück nach Washington, um pünktlich am Montagmorgen wieder an seinem Schreibtisch zu sitzen.

Bis zu diesem Zeitpunkt steckte das gesamte Lufttransportwesen nicht nur der USA noch in den Kinderschuhen. Bis dahin war noch kein Flugzeug über den Atlantik oder gar den Pazifik geliefert worden. Ab Sommer 1940 begannen die Engländer die im Rahmen des bereits beschriebenen Pacht- und Leihvertrages in den USA hergestellten für sie bestimmten Flugzeuge von Canada aus über den Nordatlantik zu überführen. Die USA waren dann im Frühsommer 1941 bereit, die von Tag zu Tag zahlreicher werdenden Überführungen der unterschiedlichsten Flugzeuge dadurch zu unterstützen, daß sie eine eigene Überführungseinheit, eben das Ferrying Command ins Leben riefen. Der erste Kommandeur dieses neuen Kommandos war Colonel Robert Olds, der als seinen Stellvertreter Major Edward H. Alexander und als dritten Offizier William H. Tunner berief, der inzwischen zum Major befördert worden war. So kam es also, daß Tunner sowohl das Ferrying Command als auch das sich daraus entwickelnde Transport Command von der allerersten Stunde an maßgeblich mitgestaltete.

## Das Überführungs-Kommando

Das neue Air Corps Ferrying Command hatte zwei Aufgaben zu bewältigen. Zunächst und mit höchster Dringlichkeit galt es, die Überführung der immer zahlreicher anfallenden Flugzeuge von den Herstellern zu den Ausrüstern und dann zu den Absprungplätzen über den Nordatlantik zu organisieren. Ausgestattet mit einem unmißverständlichen Befehl des Air Corps Headquarters konnten zahlreiche Piloten aus aktiven Verbänden gewonnen werden, die sich in aller Regel gerne für diese von ihrer täglichen Routine abweichende interessante Tätigkeit gewinnen ließen. Zusätzlich bemühte sich Tunner darum, möglichst viele Piloten der National Guard und aus dem Reservecorps zu gewinnen.

Das so mühsam aufgebaute Überführungssystem mit einer großen Zahl von Piloten aus aktiven Verbänden geriet im Dezember

1941 in eine Krise, als nach dem Überfall der Japaner auf Pearl Harbor am 7. Dezember 1941 sämtliche aktiven Piloten den in dieser Situation durchaus verständlichen Befehl erhielten, sofort zu ihren Stammeinheiten zurückzukehren. Tunner fand aber relativ schnell eine Lösung für diesen Engpaß. Er erinnerte sich an die vielen Piloten im zivilen Bereich, die er bei seiner Stationierung in Memphis kennen gelernt hatte und die natürlich auch in anderen Regionen der USA vorhanden waren. Er hatte keine Mühe, diese Zivilpiloten davon zu überzeugen, daß es interessanter sei, für das Ferrying Command Flugzeuge zu überführen, als zur Infanterie eingezogen zu werden. Darüber hinaus war natürlich auch die Bezahlung besser. Zwar mußten alle Piloten zunächst eine Probezeit von drei Monaten durchlaufen, aber sechs Monate nach Pearl Harbor hatte Tunner ca. 1500 zivile Piloten angeworben, von denen nach und nach über die Hälfte einen Rang als Reserveoffizier erhielten. Einige wenige wurden sogar in den aktiven Dienst übernommen.

Die zweite Aufgabe, deren Tragweite erst bei Kriegseintritt der USA richtig deutlich wurde, war die Suche und Entwicklung von Flugrouten sowohl über den Nordatlantik als auch den Südatlantik und den Pazifik. Diese Flugrouten wurden anfangs nur für Überführungsflüge benutzt. Auf den gleichen Routen flogen später die Flugzeuge mit besonders dringend benötigtem Personal aber auch Material der verschiedensten Art. Zu den verschiedenen von dem Ferrying Command entwickelten und eingerichteten Routen gehörten auch zwei Routen nach Indien, auf denen das ATC die dringendsten Anforderungen an Ersatzteilen für die Hump-Luftbrücke liefern konnte. Die als „Fireball Express" bekannt gewordene Route führte von Florida aus über den Südatlantik, quer durch Afrika und über Arabien nach Indien. Organisiert war die Route im Stil des aus den Tagen des sog. Wilden Westens bekannten Pony-Express. Während dort ein Postreiter auf genau festgelegten Stationen das Pferd wechselte, wurde hier auf jeder Station die Besatzung ausgetauscht, während das Flugzeug vollbeladen blieb und lediglich überprüft wurde. Statt in 60 Tagen über See konnten so dringend benötigte Ersatzteile 96 Stunden nach der Bestellung in Indien ausgeliefert werden. Tunner hatte diese Route Ende September 1943 eingerichtet, nachdem General George auf einer Inspektionsreise nach Indien den bedrohlichen Engpaß an Ersatzteilen erkannt hatte.[124] Auf dieser Route wurde vorwiegend die C-87 verwendet, deren enorme Reichweite hier besonders vorteilhaft zur Geltung kam. Eine zweite Route, die über den Nordatlantik mit Zwischenlandung auf den

---

[124] Siehe David J. Orth: The Fireball Express, in: Hump-Pilots, Vol.1, S. 68 f.; ferner Tunner, Over the Hump, S. 39 und 62.

Azoren führte, ist als „Crescent Caravan" bekannt geworden. Anfang 1944 eingerichtet, wurde hier vorwiegend die Douglas C-54 Skymaster eingesetzt. Neben den Eillieferungen an Ersatzteilen nach Indien hat dieser „Crescent Caravan", der sich nach und nach zu einer regelmäßig operierenden Fluglinie entwickelte, hochrangige Persönlichkeiten (VIP´s) nach und innerhalb Europas befördert.[125]

## Tunner wird „Hump" Kommandeur

Genau mit dieser Linie flog Tunner, inzwischen zum Brigade General befördert, Anfang Juni 1944 nach Indien und hörte unterwegs die Nachrichten von der Landung in der Normandie mit. Zwar war in Washington DC ganz geheim seine Versetzung zur Hump-Luftbrücke bereits beschlossene Sache, aber offiziell befand er sich auf einer Inspektionstour. Was er in Indien, im gerade zurückeroberten Teil von Nordburma und in China zu sehen bekam, war in jeder Hinsicht erschreckend. Es fehlte an allen Dingen: von Ersatzteilen aller Art für die Flugzeuge und Werkzeugen bis hin zu den Rasierklingen für die Soldaten, die mit mehrtägigen Bärten herumlungerten,[126] und auch in der PX (Post Exchange = Marketenderladen) gab es selbst für einfachste Lebensbedürfnisse kaum etwas. Die allgemeine Moral war unübersehbar auf einem denkbar niedrigen Niveau. Tunner war weit davon entfernt, den Kommandeuren der India China Division des ATC eine Schuld anzulasten. Sie waren ganz einfach am Ende der langen Versorgungslinie, konzentrierten sich völlig auf die Erhöhung der Tonnage über die Hump-Luftbrücke und hatten in den unteren Offiziersrängen zu viele Offiziere, die die Dinge einfach schleifen ließen. Nachdem Tunner seine Ferrying Division von Null beginnend zu einem reibungslos und höchst effizient funktionierenden Verband von 50.000 Männern und Frauen, davon alleine ca. 8.000 Piloten gemacht hatte, stand er jetzt vor der Aufgabe, einen zumindest „chaotisch" organisierten und noch schlechter versorgten Verband auf ein Niveau zu bringen, das seinen Vorstellungen entsprach.

Der Hintergrund für die Entscheidung, General Tunner mit dem Kommando über die Hump-Luftbrücke zu betrauen, war typisch für das Verhältnis in den USA zwischen der Öffentlichkeit (Bevölkerung und Presse) und der Regierung einschließlich des Präsidenten. Als die Unfallzahlen und besonders die Personalverluste auf der Hump-Luftbrücke dramatisch zunahmen, wurden das Büro des

[125] Zum „Crescent Caravan" siehe besonders Onas P. Matz, History of the 2nd Ferrying Group, S. 199 ff.

[126] So Tunner in Over the Hump, S. 57.

Präsidenten im Weißen Haus und der amerikanische Kongreß mit Briefen und bitteren Klagen und Anklagen von Angehörigen und Freunden der Toten überhäuft. Die Folge faßt Tunner 20 Jahre später in einem einzigen Satz zusammen: „Der Präsident rief General Arnold (Oberkommandierender der US Luftwaffe) zu sich, General Arnold rief General George (Kommandierender General des Air Transport Command) zu sich und General George rief mich in sein Büro."[127]

### Tunner und sein Stab

Als Tunner von seinem nur 5-tägigen Aufenthalt in Asien nach Washington DC zurückkehrte, hatte er schon ganz konkrete Vorstellungen, wie diese Aufgabe zu bewältigen sei. Nachdem er General George einen ungeschminkten Bericht über die vorgefundenen Verhältnisse in Asien gegeben hatte, erhielt er von General George die Versicherung seiner uneingeschränkten Unterstützung. In seinem Bericht hatte Tunner klar zum Ausdruck gebracht, daß er in der Lage sei, die Hump-Tonnage zu erhöhen, aber auch die dramatischen Unfallzahlen zu reduzieren. Aber es sei eine große Herausforderung, die nur gelingen könne, wenn an höchster Stelle in Washington die Bedeutung der Hump-Luftbrücke klarer erkannt würde und ihr größere Priorität in bezug auf mehr Flugzeuge, mehr Personal und eine wesentliche Verbesserung der Versorgung eingeräumt würde als bisher. Zusätzlich erhielt er die Genehmigung, sich einen kleinen Stab von Offizieren nach eigenen Vorstellungen auszusuchen und mit nach Asien zu nehmen. Einigen von diesen Offizieren werden wir 4 Jahre später bei der Berliner Luftbrücke wieder beggnen. Da war zum Beispiel Red Forman, den Tunner aus seiner Zeit in Memphis als einen der aktivsten Reservisten kennengelernt und dessen Besessenheit für technische Details ihn besonders beeindruckt hatte. Forman wurde sowohl auf der Hump-Luftbrücke als auch später bei der Berliner Luftbrücke Tunners Chefpilot. Aus seinem bisherigen Stab bei der Ferrying Division nahm er Temple Bowen mit, der zunächst wie bei der Ferrying Division als Chef der gesamten Flugzeugwartung vorgesehen war, dann in Indien aber schnell zu Tunners Stellvertreter aufrückte. Eine der revolutionären Methoden, die Tunner in Asien zum ersten Mal praktisch erproben konnte, stellte die Wartung im Fließbandverfahren (PLM – Production Line Maintenance) dar, deren Initiator Robert Bruce White war. Statt wie bisher die Wartung je Flugzeug durch ein eigenes

127   Tunner, Over the Hump, S. 63:"The President sent for General Arnold, General Arnold sent for General George, and General George sent for me.".

Wartungsteam durchführen zu lassen, was mit langer Standzeit, die natürlich gleichzeitig Ausfallzeit für den Einsatz bedeutete, verbunden war,[128] durchlief das Flugzeug Stationen, auf denen jeweils fest vorgeschriebene Abschnitte des gesamten Wartungsverfahrens durchgeführt wurden. Durch diese Wartung wie auf einem Fließband wurde nicht nur die Zeit drastisch verkürzt, und damit die Zeit, die das Flugzeug bis zum erneuten Einsatz stillstand, sondern es zeigte sich auch, daß durch die stärkere Spezialisierung der einzelnen Arbeitsabschnitte die Qualität der Wartung und Instandsetzung deutlich anstieg.

Ein anderer wichtiger Mann in Tunners Stab war Kenneth Stiles, der als junger Leutnant in den Anfangstagen des Ferrying Command eines Tages im Büro von Tunner erschien und um Einstellung in seiner Einheit nachsuchte. Als Tunner ihn fragte, was er denn anzubieten habe, sagte Stiles nur: „Statistics, Sir". Tunner zeigte ihm sein damals akutes Problem, den Aufenthalt und den Weg von Hunderten von Flugzeugen verteilt über die ganzen Vereinigten Staaten präzise zu verfolgen, damit jedes Flugzeug zu jeder Zeit lokalisierbar war und wie er, Tunner das bisher gelöst hatte. Stiles meinte, daß das wesentlich einfacher zu machen sei. Den Beweis trat er innerhalb von einer Woche an und es zeigte sich, daß mit Stile´s Methode nicht nur enorm viel Zeit gespart wurde, sondern zusätzlich auch der Personalaufwand viel geringer war. Stiles und seine statistischen Methoden waren dann auch der Ausgangspunkt für eine andere Neuerung.

Das von Tunner und seinem Stab Anfang 1942 ins Leben gerufene neue Flugsicherheitsprogramm (Flying Safety Program)[129] folgte einfach den üblichen Gepflogenheiten von amerikanischen Versicherungsgesellschaften, die eine Fabrik oder ein anderes größeres Objekt, das sie versichern sollten, zunächst durch einen Experten oder sogar eine ganze Gruppe von Experten auf mögliche Schwachpunkte untersuchen ließen. Aber auch nach Abschluß der Police wurden die Objekte laufend überprüft, um die Risiken möglichst gering zu halten. Weil diese prophylaktischen Überprüfungen sich in der privaten Wirtschaft als außerordentlich kostensparend erwiesen hatten, wurde im Ferrying Command eine feste Abteilung eingerichtet, deren einzige Aufgabe es war, Unfälle auf ihre Ursachen hin genau zu untersuchen, um dann präzise Vorschläge zu machen, wie diese Unfälle in Zukunft nach Möglichkeit zu vermeiden waren. Dazu gehörte dann natürlich auch die genaue Überprüfung der Wartung der Flugzeuge, der Verfahren und deren praktische Durchführung. Dieses

128 Siehe zu PLM Tunner, Over the Hump, S. 65 f. und Interview mit Tunner, S. 46 ff.

129 Siehe Tunner, Over the Hump, S. 41 f.

Flying Safety Program gibt es heute mit unterschiedlichen Bezeichnungen nicht nur in fast jeder nationalen Luftwaffe, sondern es wurde auch nach dem Kriege von praktisch allen zivilen Luftfahrtbehörden in der ganzen Welt übernommen.

William Henry Tunner war, als er im August 1944 zur Übernahme des Kommandos in Calcutta, Indien eintraf, gerade 38 Jahre alt. Er hatte schon immer ein mehr als gesundes Selbstvertrauen gehabt. Das zeigte sich auch jetzt, als er selbst etwas tat, wofür er wenig später jedem anderen wenigstens eine massive Verwarnung für die Personalpapiere erteilt hätte: Sein erster Weg brachte ihn nach Chabua im Assam-Tal, wo er sofort nach der Landung den örtlichen Kommandeur anwies, ihn, also Tunner, als Captain-Pilot und Red Forman als Co-Pilot auf die nächste Maschine nach China einzuteilen und das ausgerechnet mit einer als unfallträchtig bekannten C-46. Der Hintergrund dazu erscheint nachträglich geradezu haarsträubend, denn Tunner selbst hatte nach (späterem) Eingeständnis[130] noch niemals eine C-46 geflogen, und erst recht auch keine Musterberechtigung für diesen Typ, aber das wußte natürlich niemand hier in Chabua. Außerdem hatten seine Vorgänger die weise Vorschrift eingeführt, daß jeder Pilot zunächst von erfahrenen Piloten für die Flüge über den Hump eingewiesen werden mußte. Der örtliche Kommandeur erhob aber keinen Einspruch, denn gegen den Befehl des Kommandierenden Generals war er machtlos. Auch Red Forman hatte nur einen kurzen Einweisungsflug mit einer C-46 absolviert, aber auch das wußte keiner hier vor Ort. Tunner und Forman erhielten in der Flugplanung ihre Unterlagen für den vorgesehenen Flug wie alle anderen Besatzungen auch und flogen dann ohne Schwierigkeiten die Strecke über den Hump nach China und zurück. Wie nicht anders zu erwarten, sprach sich diese Geschichte in Windeseile auf allen Plätzen herum und Tunner hatte erreicht, was er wollte, nämlich zu beweisen, daß er kein Schreibtisch-General war, sondern sich nicht scheute, ein noch dazu als nicht besonders sicher geltendes Transportflugzeug selbst über den Hump zu fliegen. Es war ein höchst spektakulärer aber auch erfolgreicher Anfang.

Schon vor einigen Wochen hatte Tunner einen Mann seines Vertrauens sozusagen als Vorauskommando nach Asien geschickt mit der Aufgabe, noch vor Tunners Eintreffen die schlimmsten Versorgungsengpässe aufzuspüren, damit Tunner vielleicht noch von den USA aus die Abhilfe in die Wege leiten konnte. Der Rest wurde unmittelbar nach Tunners Kommadoübernahme bestellt und traf, bedingt durch die Unterstützung von General George, auch in kürzes-

130  Tunner, Over the Hump, S. 45.

ter Zeit ein. So erschienen in den PX-Läden plötzlich alle die kleinen Annehmlichkeiten des täglichen Lebens, auf die man oft lange und manchmal auch vergeblich gewartet hatte. Frische Uniformen konnten ausgegeben werden und die Wäschereien funktionierten, sodaß sich jeder schon äußerlich wohler fühlte. Das Rotationsprogramm, nach der jeder nach zwei Jahren Dienst in Übersee einen Anspruch hatte, wieder für einen neuen Zeitraum in die USA versetzt zu werden, wurde verbessert und für jeden sichtbar auch durchgeführt, auch wenn dabei anfangs und für kurze Zeit ein personeller Engpaß in einer Einheit entstand. Bei seinem Inspektionsbesuch vor einigen Monaten hatte Tunner nicht nur das Aussehen der Soldaten beanstandet, sondern auch ihr disziplinloses Verhalten selbst hohen Offizieren gegenüber. Er ordnete deshalb das an, was in allen Armeen der Welt zu allen Zeiten sich als bewährtes Mittel für solche Fälle erwiesen hatte: Drill und Exerzieren. Jeden Samstagvormittag mußten alle ihm unterstellten Einheiten vom örtlichen Kommandeur bis zum Rekruten sich an diesem Drill beteiligen. Natürlich stieß diese Anordnung nicht auf Begeisterung, und beliebt machte sich Tunner damit schon gar nicht, aber es wirkte. Schon nach kurzer Zeit sahen die Angehörigen seiner Einheiten wieder wie normale Soldaten aus und sie benahmen sich auch so. Tunner erhielt den Beinamen „Billy the Whip" (Peitschen-Billy). Es versteht sich von selbst, daß Tunner davon erfuhr, aber es störte ihn nicht im geringsten.

Die fliegenden Besatzungen seiner Verbände erhielten die besondere umfassende Aufmerksamkeit durch General Tunner, seinen Chef-Piloten Forman und die sonst dafür zuständigen Angehörigen des Stabes. Jeden Morgen, d.h. an 7 Tagen in der Woche, traf sich Tunner mit allen Angehörigen seines Stabes zur täglichen Konferenz. Tunners Credo lautete: „Wenn ich 20 Stunden am Tag arbeite, dann könnt Ihr 16 Stunden arbeiten." Auf diesen täglichen Stabsbesprechungen wurden alle anstehenden Probleme so gründlich wie nötig erörtert und Lösungen in aller Regel sofort gefunden und in entsprechende Anordnungen umgesetzt. Diese oft ad hoc gefundenen Lösungen waren nur möglich, weil General Tunner sich nur Offiziere in seinen Stab holte, die überzeugt waren von der Wichtigkeit von militärischem Lufttransport, kreativ dachten und permanent auf der Suche waren nach neuen Ideen und Verfahren, mit denen die gestellte Aufgabe – möglichst viele Tonnen Material sicher von A nach B zu transportieren – erleichtert und verbessert werden konnte.[131] Eine zentrale Rolle bei dieser Aufgabe kam der

131  Zu den Anforderungen an Tunners Stab siehe Tunner Over the Hump, S. 41 f.

statistischen Abteilung von Kenneth Stiles zu. Mit seinen permanent fortgeschriebenen Tabellen und Diagrammen war es möglich, zu jeder Zeit nicht nur den gegenwärtigen Standort eines Flugzeuges zu erkennen, sondern auch seinen augenblicklichen Status: die Zahl der Flugstunden seit der letzten Wartung/Inspektion, wann die nächste Inspektion fällig war, die dann sofort in die Fließbandwartung eingeplant wurde, verbunden mit der Sicherstellung, daß die notwendigen Ersatzteile auch planmäßig vorhanden waren. So wie ständig der Status jedes einzelnen Flugzeuges festgestellt wurde und jederzeit zu erkennen war, wurde auch mit den Piloten verfahren. Auf einen Blick war zu erkennen, wieviele Flugstunden ein Pilot insgesamt in seinem Logbuch verzeichnet hatte, davon wieviele Stunden in der Air Force, wieviele in Asien auf welchem Flugzeugtyp als Captain-Pilot oder Co-Pilot und wann er für eine Ruhepause fällig war. In besonders reizvollen Gegenden Indiens wurden geeignete Hotels angemietet, in denen die Besatzungen sich von den enormen Strapazen der Hump-Einsätze erholen konnten.

Anfang 1945 erhielt General Tunner das erste zugesagte große Kontingent von 100 viermotorigen Douglas C-54 Transportern zusammen mit der entsprechenden Zahl von Besatzungen und die Tonnagezahlen stiegen sprunghaft an, um im Juli 1945 auf dem Höhepunkt der Hump-Luftbrücke die Rekordzahl von 71.042 shorttons zu erreichen. Es darf aber nicht verschwiegen werden, daß die Hump-Flüge ab Ende 1944 auf einer deutlich südlicheren Route, und damit nicht mehr in den extremen Höhen wie bisher, geflogen werden konnten, weil Nordburma inzwischen von den Alliierten soweit zurückerobert worden war, daß die Bedrohung in der Luft durch die Japaner ebenfalls weiter nach Süden gerückt war.

### Search & Rescue

Eng verbunden mit dem gewaltigen Anstieg an Flügen über den Hump war die von General Tunner reorganisierte Tätigkeit der Search & Rescue Einheiten (Such- und Rettungseinheiten). Schon kurz nach der Übernahme des Kommandos hatte General Tunner seine Meinung dazu unmißverständlich klar gemacht: „Die (fliegenden) Besatzungen müssen die Versicherung haben, daß sie von hochspezialisierten Such- und Rettungseinheiten auch lebend geborgen werden, sofern sie (den Absturz/die Notlandung/den Fallschirmabsprung) überlebt haben."[132] Am Beginn der Hump-Luftbrücke existierte keine organisierte Rettungstätigkeit. Es kam

132 Siehe Donald Pricer: Search and Rescue, in Hump Pilots, Vol. 1, S. 119: "These aircrews will have the assurance that a top-rated Search and Rescue Unit will return them alive if they only survive."

höchstens vor, daß Freunde und enge Kameraden von vermißten Besatzungen in eigener Initiative mit zufällig nicht benötigten Flugzeugen Suchflüge unternahmen.[133] Es ist in dieser Periode aber auch vorgekommen, daß ein für einen Rettungsflug beladenes Flugzeug auf die Startfreigabe wartete, dann aber zurückgerufen wurde. Die für die Rettung geladenen Sachen wurden ausgeladen und Fracht für einen normalen Hump-Einsatz verladen.[134] Solche Vorfälle machten natürlich die Runde und trugen nicht zur Verbesserung der Moral der Besatzungen bei. Erst als Anfang August 1943 ein Flugzeug mit hohen Beamten des amerikanischen Außenministeriums, hochrangigen Chinesen und einem Korrespondenten des Nachrichtensenders CBS, der dann auch für die entsprechende Publicity sorgte, in Not geriet, alle zum Absprung mit dem Fallschirm zwang und sie gerettet wurden, begann sich langsam eine organisierte Such- und Rettungsorganisation zu bilden. Der offizielle Beginn von organisiertem Search & Rescue im Bereich des ATC CBI ist verbunden mit dem Namen eines Mannes, der, obwohl ihm nur 3 Monate Zeit verblieben, für die ganze Hump-Luftbrücke zu einer Legende wurde: Captain US Army Air Corps John L. „Blackie" Porter.[135] Porter stellte eine Gruppe von wenigen handverlesenen Piloten und Besatzungen zusammen, die offiziell am 25. Oktober 1943 in Dienst gestellt wurde und bald als „Blackie´s Gang" für Gesprächsstoff sorgte. Inoffiziell hatte Porter schon ab Ende August mit seinen Einsätzen zur Suche und Rettung von vermißten Besatzungen begonnen. Am 10. Dezember 1943 ist er dann in einer von ihm bevorzugten B-25 bei der Hilfe für ein in Not geratenes Flugzeug seiner eigenen Einheit von japanischen Jägern abgeschossen worden. Nach Porters tragischem Tode wurde die Search & Rescue Organisation systematisch weitergeführt und konsequent ausgebaut, aber es blieb bis zum Ende des Krieges eine zwar kleine aber sehr effiziente Einheit, die im April 1945 auch den ersten Hubschrauber zur Rettung einsetzte. Mit der Übernahme des Kommandos durch General Tunner wurden die Aktivitäten von Search & Rescue noch weiter verstärkt. Darüber hinaus gelang es ihm schon nach kurzen Verhandlungen mit allen anderen im Bereich des Hump operierenden Verbänden und Commands, daß alle S&R Aktivitäten bei einer Einheit konzentriert wurden, die für alle tätig, aber der ATC ICD unterstellt war.[136] Tunner und seine Mannschaft unternahmen alles, um jeden einzelnen Verlust eines Flugzeuges in allen Einzelheiten zu klären und vor allem, um Überlebende zu bergen.[137] Dazu gehörte auch, daß speziell dafür ausgebildete Ärzte mit dem Fallschirm an der Unfallstelle oder in

133   Siehe dazu neben dem Artikel von D. Pricer, siehe oben noch David C. Johnson: Blackie´s Gang, Search and Rescue in the CBI 1943-1945, in Hump Pilots, Vol. 3, S. 54 ff. und Tunner, Over the Hump, S. 79 ff. und 85 f.

134   Siehe Tunner, Over the Hump, S. 84.

135   Siehe dazu besonders W.R. „Bill" Blossom: Captain John L. „Blackie" Porter´s Search and Rescue Squadron at Chabua, in Hump Pilots, Vol. 3, S. 51 ff.

136   Siehe Tunner, Over the Hump, S. 97 f.

137   Siehe u.a. die detaillierten S & R Berichte in AFHRA Reg. No. A-3072 (16-30 und 16-39 ff.).

unmittelbarer Nähe absprangen, um die ärztliche Versorgung von verletzten Überlebenden bis zur endgültigen Rettung sicherzustellen. Gelegentlich wurde ein ungeheurer Aufwand betrieben, um einen Überlebenden zu bergen. Im Februar 1945 stürzte eine C-46 mit 35 Personen an Bord in den Dschungel, von denen nur ein Sergeant verletzt überlebt hatte. Nach einigen Tagen wurde der Überlebende von Eingeborenen gefunden, die ihn zunächst mühsam in ihr Dorf transportierten. Die Eingeborenen informierten den nächsten alliierten Militärposten und zwei Helfer und ein Arzt sprangen mit dem Fallschirm ab, um den Mann für eine Rettung vorzubereiten. Dann sprang ein ganzer Arbeitstrupp ab, der mit Dynamit und Handarbeit mit Hilfe der Dorfbewohner eine genügend lange und breite Schneise im Dschungel anlegte, damit eine kleine L-5 mit Sanitätstrage landen und mit dem Überlebenden wieder starten konnte. Auch der Arzt wurde ausgeflogen. Da man weitere Landungen nicht riskieren wollte, mußten die übrigen abgesprungenen Helfer den Weg aus dem Dschungel zu Fuß antreten.[138] Da auch diese Geschichte sich schnell herumsprach, trug sie sehr zur Stärkung der Moral und zur Verbesserung der allgemeinen Motivation unter den Besatzungen bei. Hier bei der Hump-Luftbrücke ist also der Grundstein gelegt worden für die weltweite Verbreitung von organisiertem Search & Rescue, der heute natürlich vorwiegend unter Einsatz von Hubschraubern erfolgt.

### Tunner contra Chennault

Während der gesamten Zeit der Hump-Luftbrücke sind Transportflugzeuge der ATC ICW bzw. ICD von den normalen Nachschubflügen über den Hump auf höheren Befehl hin für dringende Einsätze anderer Art vorübergehend abgestellt worden.[139] So zum Beispiel im Februar 1944 als 25 Transportflugzeuge einschließlich der Besatzungen, die auf verschiedenen Plätzen des Assam-Tales stationiert waren, vorübergehend der 3rd Tactical Air Force unterstellt wurden und dann eingesetzt wurden, um die von Japanern in Nordburma eingeschlossene 17. chinesische Armee durch Abwurf von Lebensmitteln, medizinischem Material und Munition zu versorgen. Dem ATC wurden aber auch von anderer Stelle Transportflugzeuge einfach „wegrequiriert", nämlich in China durch General Chennault. Chennault stand grundsätzlich auf dem Standpunkt, daß alle Flugzeuge, die in China eintrafen oder dort bewegt wurden, einzig und allein seiner Kontrolle unterstanden. Wenn also

138 Einzelheiten siehe AFHRA Reg. No. A-3072 (16-25, S. 64); ferner Tunner, Over the Hump, S. 98 f.

139 Siehe John G. Martin DVM: Diversion from the Hump Operation Puts ATC into Combat, in Hump Pilots, Vol. 3, S. 46 ff.

Transporter des ATC in China landeten, wurden sie oft auf Befehl von Chennault samt Besatzungen nach anderen Bestimmungsorten in China weitergeschickt. Prompt eingehende Proteste des ATC wurden von ihm entweder ignoriert oder mit in der Sache wenig stichhaltigen Antworten abgeschmettert.[140] Auch General Tunner sah sich bald nach seinem Eintreffen mit diesem Problem konfrontiert. Aber Tunner war von einem ganz anderen Kaliber als seine Vorgänger. Nachdem Offiziere seines Stabes keine Klärung mit Chennault erreichen konnten, ist Tunner selbst nach China geflogen, um im direkten Gespräch mit dem berühmten und mächtigen Mann in China zu einem für beide Seiten befriedigenden Arrangement zu kommen.[141] Bei dem Aufeinandertreffen von zwei so stark ausgeprägten Persönlichkeiten ist es wohl recht heftig zugegangen. Dem Standpunkt von Chennault stand Tunners Standpunkt gegenüber, der nichts mit irgendwelchen persönlichen Ambitionen zu tun hatte, daß nämlich militärischer Lufttransport Sache des ATC sei. Darüber hinaus brachten Chennaults eigenmächtige Requirierungen von Transportern samt Besatzungen die Planung des ATC in bezug auf vorgeschriebene Pausenintervalle für die Piloten und Wartung und Inspektion der Flugzeuge völlig durcheinander. Natürlich war Tunner sich darüber im Klaren, daß auch innerhalb Chinas der Weitertransport auf dem Luftwege erfolgen mußte, da der Transport über Straßen oder Eisenbahnen wegen der miserablen Zustände gar nicht in Frage kam. Aber, so Tunners Argument, das muß ordentlich und effizient organisiert und koordiniert werden und das konnte nach Tunners Meinung nur das ATC leisten. Zwar sorgten die Japaner für eine kurze Zeit der Beruhigung zwischen den beiden Generälen, denn um einen Angriff der Japaner Richtung Kunming zurückzuwerfen, mußten sehr schnell 2 chinesische Divisionen[142] aus Nordburma und zusätzlich ca. 30.000 Mann aus Nordchina in die Region von Kunming transportiert werden und das ging nur per Flugzeug. Da Chennault, dessen 14th Air Force diese Aufgabe normalerweise hätte durchführen müssen, einräumen mußte, daß er mit seinen Transportmöglichkeiten dazu nicht in der Lage war, fiel diese Aufgabe dem ATC zu. Chennault hat sich bis zu seinem freiwilligen Abgang aus China Ende Juli 1945 nicht zu einer normalen Kooperation zu aller Nutzen bereitgefunden. Die Kontroverse mit Tunner war aber mit Sicherheit nicht die Ursache für sein Ausscheiden. Das hing vielmehr damit zusammen, daß der 14th Air Force von Chennault nicht nur das 20th Bomb Command mit seinen schweren B-29 Langstreckenbombern nicht

140  Siehe u.a. Schreiben von Brigadier General Hoag vom 10.1.1944 an General Chennault und die Antwort Chennaults vom 15.1.1944 in AFHRA Reg. No. A-3072 (16-21, S. 1007 ff.).

141  Zu der Kontroverse zwischen Tunner und Chennault siehe Tunner, Over the Hump, S. 116 ff., aber auch das Tunner-Interview, S. 56 f.

142  Siehe dazu auch AFHRA Reg. No. K-1023 (2-22).

unterstellt wurde, sondern daß die 308th Bomb Group, die er im März 1943 als Verstärkung erhalten hatte, im Juni 1945 auf höheren Befehl hin nach Indien verlegt wurde und bis Kriegsende keine Einsätze mit Bomben gegen die Japaner mehr flog, sondern nur noch Versorgung über den Hump. Chennaults Träume hatten sich also nicht erfüllt und daraus zog er die Konsequenzen.

### Fazit

Wie die Tabelle über die überflogene Tonnage zeigt, erhöhte sich die Tonnage in dem Maße, wie die von General Tunner und seinem Stab eingeleiteten bzw. neu eingeführten Maßnahmen zu greifen begannen. Mit etwas Verzögerung gingen auch die Unfallzahlen und die damit verbundenen Personalverluste zur Erleichterung des Weißen Hauses auf ein vertretbares Maß zurück. Wie langfristig im Stab von General Tunner jetzt gearbeitet und geplant wurde, geht aus einem Memorandum vom April 1945 hervor.[143] Danach war von Mai 1945 bis Mai 1946 eine Steigerung der monatlichen Tonnage von 49.400 short-tons im Mai 1945 (tatsächlich waren es dann nur 46.400) auf 86.300 short-tons im Mai 1946 geplant.

    Der Erfolg der Hump-Luftbrücke ist, ohne die Leistung von Tunners Vorgängern gering bewerten zu wollen, neben der vollen Unterstützung und Rückendeckung durch die zuständigen Stellen in Washington, die ihm mehr Flugzeuge und Personal zur Verfügung stellten, den vielen neuen Methoden zu verdanken, die von General Tunner und den Angehörigen seines Stabes entwickelt worden waren und hier während der Hump-Luftbrücke zum ersten Mal erfolgreich in der Praxis erprobt werden konnten. Der Erfolg, das läßt sich ohne Übertreibung sagen, war durchschlagend und in vielen Teilen von langfristiger Bedeutung. Das betrifft das neue Flugsicherheitsprogramm, die statistischen Methoden als Lieferant von Daten für Flugplanung, Flugzeugwartung und rationellen Einsatz von Personal. Von dieser Zeit an konnte das Air Transport Command zu Recht behaupten, daß bei entsprechender Planung und Organisation praktisch jede Art von Versorgung über große Entfernungen und einen längeren Zeitraum durchgeführt werden kann. Und man hatte mit General Tunner und seinem Stab Lufttransportexperten zur Verfügung, die jeder entsprechenden Herausforderung gewachsen waren.

Statistische Angaben zur Hump-Luftbrücke siehe Anhang.

---

143  Siehe AFHRA Reg. No. A-3072 (16-4, S. 0185 ff.).

# Die Berliner Luftbrücke 1948/49

**Prolog**

Die Berliner Luftbrücke von 1948/49 war nur notwendig geworden, weil die sowjetische Regierung bzw. ihre sowjetische Militär-Administration in Deutschland (SMAD) eine Blockade der Westsektoren von Berlin verhängte, um die westlichen Alliierten zur Aufgabe Berlins zu bewegen. Am Abend des 23. Juni 1948 gab die sowjetamtliche Nachrichtenagentur ADN die Nachricht durch, daß am 24. Juni 1948, morgens 06:00 Uhr der Verkehr von sowohl Güter- als auch Personenzügen zwischen Berlin und den Westzonen auf Grund technischer Schwierigkeiten eingestellt werde. Zur gleichen Zeit wurde der Verkehr auf den Wasserstraßen nach Berlin unterbrochen und die Autobahnbrücke bei Magdeburg wegen angeblich dringender Reparaturarbeiten gesperrt. Berlin war damit zu Lande und zu Wasser von allen Verbindungen nach Westen abgeschnitten. Übrig blieb lediglich der Luftverkehr über die drei nach Berlin führenden Luftkorridore.

Die Daten des offiziellen Beginns der Blockade sind genau wie ihr offizielles Ende am 12. Mai 1949 um Mitternacht bekannt. Die lange Vorgeschichte aber bis zur Verhängung der Blockade ist bisher nur in Teilen erforscht.[144] Hier soll deshalb nur eine kurze chronologische Zusammenfassung der bekannten Fakten gegeben werden.

Im Kern ist die Möglichkeit für die sowjetische Regierung, eine Blockade über die Sektoren der westlichen Besatzungsmächte in Berlin zu verhängen, in der Naivität und Blauäugigkeit der westlichen Alliierten zu sehen. In einem am 12. September 1944 verabschiedeten und am 14. November 1944 ergänzten Abkommen zwischen den Vereinigten Staaten von Amerika, Großbritannien und der Sowjetunion war zwar das Recht auf Anwesenheit in Berlin mit festgelegten Sektoren enthalten, es war aber versäumt worden, sich auch das Recht auf freien Zugang festschreiben zu lassen.[145] Die westlichen Alliierten waren dabei von der für sie selbstverständlichen Annahme ausgegangen, daß das Recht auf Anwesenheit in Berlin natürlich auch das Recht auf freien und ungehinderten Zugang beinhalte.[146] Die Amerikaner und Briten mußten schon unmittelbar nach Kriegsende bei der Räumung von Sachsen und Thü-

---

144 Siehe Volker Koop: Kein Kampf um Berlin? Deutsche Politik zur Zeit der Berlin-Blockade 1948/1949, Bonn 1998, ferner Wolfgang Benz: Von der Besatzungsmacht zur Bundesrepublik. Stationen einer Staatsgründung 1946-1949, Frankfurt/Main 1984; Tony Sharp: The Wartime Alliance and the Zonal Division of Germany, London 1975; Daniel J. Nelson: Wartime Origins of the Berlin Dilemma, University, Alabama 1978; Avi Shlaim: The United States and the Berlin Blockade, 1948-1949, A Study in Crisis Decision-Making, Berkeley/Los Angeles 1983.

145 Siehe: Protokolle der European Advisory Commission vom 12.9.1944 und Zusätze vom 14.11.1944. Die Ausfertigung für Großbritannien im Public Record Office, London-Kew, Reg.-No. FO 1079/119 und FO 1079/122.

146 Für dies und die folgenden Angaben gibt es eine Fülle von Publikationen der unterschiedlichsten Qualität. Hier sei besonders verwiesen auf Jürgen Wetzel: Office of Military Government for Berlin Sector, in: OMGUS-Handbuch, herausgegeben von Christoph Weisz, München 1994, S. 671 ff.;

ganz wichtig: Lucius D. Clay: Decision in Germany, New York 1950, S. 343 ff., deutsch: Entscheidung in Deutschland, Frankfurt/Main o.J., S.39 ff. und S. 381 ff.; außerdem kann verwiesen werden auf die beiden gut recherchierten Bücher von Lowell Bennett: Bastion Berlin, Das Epos eines Freiheitskampfes, Frankfurt/Main 2/1952 (Lowell L. Bennett war 1948/49 in Berlin bei der Public Relations Section, Statistical and Historical Branch der amerikanischen Militärregierung beschäftigt mit Zugang zu den entsprechenden Materialien) und Richard Collier: Bridge Across the Sky, The Berlin Blockade and Airlift: 1948-1949, New York o.J.. Bis auf das OMGUS-Handbuch sind alle genannten Bücher leider vergriffen.

ringen und ihrem Einzug in Berlin die für sie ganz neue Erfahrung machen, daß für die Sowjets nur schriftliche Abmachungen bindend waren. Dabei galt für die Sowjets nur und ausschließlich die russische Fassung, wobei oft die englische Fassung wegen schlechter oder gedankenloser Übersetzung in wichtigen Details auch sinngemäß von der russischen Fassung abwich. Mündliche Abmachungen vor genügend Zeugen auch auf höchster Ebene wie die zwischen General Eisenhower und Marschall Schukow über die Zugangsrechte nach Berlin waren völlig wertlos, wenn davon kein zweiseitiges Protokoll angefertigt wurde. Als Schukow Deutschland verließ und sich die Amerikaner auf diese Abmachung mit ihm beriefen, zuckten die neuen sowjetischen Gesprächspartner bestenfalls mit den Schultern und taten, als hätte es nie irgend eine Abmachung gegeben.

Schon die manchmal geradezu entwürdigenden Umstände ihres Einzuges in Berlin gaben besonders den Amerikanern, die als erste eintreffen sollten, einen kleinen Vorgeschmack dessen, was sie und ihre anderen westlichen Alliierten besonders in Berlin erleben sollten. Die Amerikaner hatten mit den Sowjets vereinbart, daß die Räumung Sachsens und Thüringens zur gleichen Zeit mit ihrem Einzug in Berlin erfolgen sollte. Bei der Räumung gab es keine Schwierigkeiten, aber schon mit dem amerikanischen Vorauskommando nach Berlin gaben die Sowjets einige Kostproben ihres zukünftigen Verhaltens. Das Vorkommando, bestehend aus ca. 500 Offizieren und Soldaten unter dem Befehl von Colonel Frank Howley, dem späteren amerikanischen Stadtkommandanten von Berlin, wurde aufgehalten mit der Begründung, daß im Gegensatz zu einer Vereinbarung, von der aber kein einziger Amerikaner je etwas gehört hatte, die Zahl der Teilnehmer viel zu groß sei. Howley wollte aber noch an diesem Tage in Berlin eintreffen und teilte sein Kommando in einen kleinen Teil von 37 Offizieren und 175 Mannschaften, der zunächst seinen Weg nach Berlin fortsetzen durfte und schickte den Rest zurück. Auch die Weiterfahrt des kleinen Vorkommandos wurde durch willkürliche Behinderungen verlangsamt, indem man die Fahrzeuge nicht auf der kürzesten Strecke fahren ließ, sondern sie zwang, zeitraubende Umwege einzuschlagen. Ohne Erklärung wurden sie dann vor Berlin wieder angehalten und zur Übernachtung in Babelsberg am Stadtrand von Berlin gezwungen. Am folgenden Tag kamen sie nur bis zum Grunewald. Am Tage darauf drehte Colonel Howley dann den Spieß um und schlug die Sowjets mit dem von diesen so gerne praktizierten Verfahren, vollendete Tatsachen zu schaffen. Ausgehend von der bereits gemachten Erfahrung, daß die sowjetischen Verantwortlichen erst sehr spät aufzustehen pflegten, brachte Howley seine Vertreter sehr früh am Morgen in die für sie vorgesehenen Bezirksämter, informierte die deutschen Angestellten, die ausnahmslos von den Sowjets eingesetzt worden waren, daß sie jetzt seinen Anordnungen zu folgen hätten und hißte überall die amerikanische Flagge. Als die protestierenden sowjetischen Vertreter dann eintrafen, schickte Colonel Howley sie kühl in ihren sowjetischen Sektor zurück. Diese Sprache verstanden die Sowjets.

Die amerikanischen Militärs hier in Berlin und bald auch ihre britischen und französischen Kollegen hatten schnell gelernt, wie man mit den Sowjets umzugehen hatte. In Washington DC aber und dort ganz besonders im State Department (Außenministerium) brauchte man einige Jahre, um zu verstehen, was sich in dieser Zeit in Europa und bald im Brennpunkt Berlin abspielte und welche Ziele die sowjetische Regierung mit Stalin an der Spitze systematisch verfolgte und anstrebte.

Was die westlichen Alliierten bei ihrem Eintreffen in Berlin vorfanden, übertraf bei weitem auch ihre schlimmsten Befürchtungen. Das betraf natürlich äußerlich das fast unvorstellbare Ausmaß an Zerstörungen an Gebäuden durch ihre eigenen Luftangriffe aber auch die Spuren der Zerstörungen durch die Erdkämpfe bei der Eroberung Berlins durch die Rote Armee. Sie stellten aber auch schnell fest, daß die Sowjets in der Zeit zwischen der Eroberung Berlins und dem Eintreffen der westlichen Alliierten auf ihre Weise vollendete Tatsachen geschaffen hatten, indem sie in dieser Zeit vorrangig in den für die Westalliierten vorgesehenen Stadtbezirken alle nur möglichen Einrichtungen, d.h., Fabrikanlagen, Kraftwerke, Telephonzentralen und andere technische Einrichtungen, demontierten und abtransportierten. Einzige Ausnahme: der Flughafen Berlin-Tempelhof.

In den folgenden Monaten und Jahren bis 1948 setzten die Sowjets die Politik der Nadelstiche und Behinderungen fort, wobei die Situation für die Westalliierten oft völlig undurchsichtig und kein planmäßiges Vorgehen zu erkennen war und oft einfach als willkürliche Handlungen/Behinderungen erschienen. Trotzdem kamen vor allem General Clay und sein Stab schon bald zu der Überzeugung, daß alle sowjetischen Maßnahmen nur den Zweck verfolgten, den Westalliierten den Aufenthalt in Berlin so gründlich zu verleiden, daß sie vielleicht sogar freiwillig die Stadt aufgeben und verlassen würden. Als sich aber zeigte, daß die westlichen Alliierten – vom anfänglichem Zögern Frankreichs abgesehen, das so kurz nach dem Ende des Krieges nicht bereit war, für die ungeliebten Deutschen irgendwelche Opfer zu bringen – nicht gewillt waren, den Behinderungen und Drohungen von Seiten der Sowjets nachzugeben oder gar die Stadt Berlin ihrem Schicksal zu überlassen, gingen die Sowjets zu deutlich massiveren Aktionen über. Die sowjetischen Stellen polemisierten nicht nur mit allen Registern an Verdrehungen, haltlosen Beschuldigungen und Drohungen gegen die Absicht der USA, den vom amerikanischen Außenminister George C. Marshall konzipierten „Marshall-Plan" durchzusetzen, der als Aufbauhilfe für die vom Krieg zerstörten Länder gedacht war, sondern sie behinderten auch die Zugangswege nach Berlin immer massiver. Mit dem Streit über die Einführung einer neuen Währung in Deutschland erreichten die Auseinandersetzungen dann ab Anfang 1948 einen vorläufigen Höhepunkt. Es wurde immer offenkundiger, daß die sowjetische Seite sowohl im Alliierten Kontrollrat in Berlin als auch bei den verschiedenen Treffen der Außenminister kein Interesse an einer zügigen Regelung der anstehenden Fragen hatte, es sei denn, daß man bedingungslos und kompromißlos ihren Vorstellungen gefolgt wäre, sondern auf Verzögerung setzte. Stattdessen nutzten sie ihre Reden und Ausführungen zu langatmigen Erklärungen fürs Protokoll, die dann, mit den entsprechenden Kommentaren versehen, schon meistens am folgenden Tag in den von ihnen kontrollierten Zeitungen und Radiosendungen auftauchten.

Im Verlauf des Monats März 1948 eskalierten nach Meinung von General Clay die Ereignisse und er schickte einen Bericht an seinen Vorgesetzten in Washington DC, in dem er seine Befürchtung äußerte, daß ein deutlicher Wandel im sowjetischen Verhalten fühlbar sei, der seiner Meinung nach „bestimmt eine sowjetische Aktion in Deutschland ankündigte."[147]. In Washington DC begann man nervös zu werden und fragte am 17. März 1948[148] bei General Clay an, ob es nicht ratsam sei, die Familienangehörigen der in Berlin stationierten Amerikaner zu evakuieren. Die Antwort von General Clay ließ an Deutlichkeit nichts zu wünschen übrig:"[...] die Evakuierung von Familienangehörigen aus Berlin würde eine hysterische Reaktion zur Folge haben und die Deutschen in Massen in die vermeintliche kommunistische Sicherheit treiben. Abzug von Angehörigen beginnend in der (amerikanischen) Zone würde unter den Angehörigen in Berlin eine Panik auslösen. Dieser Zustand würde sich über ganz Europa ausbreiten und den politischen Einfluß der Kommu-

147 Clay Entscheidung in Deutschland, S. 393.

148 Diese und die folgenden Aussagen Clays sind abgedruckt in: The Papers of General Lucius D. Clay, Germany 1945-1949, herausgegeben von Jean Edward Smith, Indiana University Press 1974, 2 Bände, hier Band 2, S. 579 ff., von hier an zitiert als Clay Papers.

nisten verstärken. [...] Das Hereinbringen von mehr Soldaten als Zivilisten abgezogen würden, würde ein Zeichen von Stärke sein, das Abziehen von Zivilisten alleine jedoch als Zeichen von Schwäche verstanden werden."[149] Als in der gleichen Fernschreiberkonferenz General Clay um seine Meinung zu dem Vorschlag aus Washington DC gebeten wurde, wie die eigenen Leute, die Sowjets und die Deutschen reagieren würden, wenn die vorgesehene Anreise von weiteren Familienangehörigen aus den USA nach Europa „vorübergehend" gestoppt würde, war Clays Antwort genauso deutlich:"Vom (rein) militärischen Standpunkt wäre ein Anreisestop wünschenswert, aus politischen und psychologischen Gesichtspunkten aber schlecht.[...] Die Reaktion der Sowjets – sie würden das als Propaganda benutzen und behaupten, daß wir einen Krieg planen. Darüber hinaus würde es auf die Sowjets wenig Eindruck machen. Die Moral unserer Streitkräfte – wenn sie wüßten warum, würde das keinen Einfluß auf die Moral haben, aber möglicherweise die Familienangehörigen in Panik versetzen. Das deutsche Volk – überall würde sich Furcht verbreiten und in Berlin würde sich Hysterie verbreiten und ein Überlaufen in vermeintliche kommunistische Sicherheit."[150] Auch als von Washington DC die Frage aufgeworfen wurde, ob es nicht ratsam sei, wenigstens die Zivilangestellten der Militärregierung und hier besonders die weiblichen Angestellten zurückzuziehen, blieb Clay bei seiner Haltung, nichts zu unternehmen, was Panik auslösen könnte und nur als Zeichen der Schwäche angesehen würde. Washington überließ daraufhin Clay die freie Entscheidung für eventuell doch notwendig werdende Maßnahmen zur Evakuierung. Clays trockene Antwort war, man solle ihm wenigstens einige Bazookas schicken, damit seine Soldaten sich besser gegen die sowjetischen Panzer wehren könnten. Das war am 17. März 1948 und die wirklich heiklen Situationen standen noch bevor.

### Der Alliierte Kontrollrat platzt

Am 20. März 1948 fand dann in Berlin die letzte Sitzung des Alliierten Kontrollrates statt. Obwohl der Verlauf der Sitzung, die mit dem ganz offensichtlich im voraus sorgfältig geplanten Verlassen des Kontrollrates durch die sowjetische Delegation endete, weitgehend bekannt ist, soll er noch einmal kurz nachgezeichnet werden.

Dem monatlichen Wechsel des Vorsitzes folgend, hatten in diesem Monat die Sowjets den Vorsitz im Kontrollrat. Der sowjetische

149 Clay Papers, Bd. 2, S. 580.

150 Clay Papers, Bd. 2, S. 581.

Delegationsleiter Marschall Sokolowskij legte gleich am Beginn der Sitzung eine Erklärung der Außenminister Jugoslawiens, Polens und der Tschechoslowakei nach einer Konferenz in Prag vor, die nur eine sowjetisch inspirierte Propaganda gegen die Politik der Westmächte in Deutschland darstellte. Als alle drei westlichen Vertreter energisch darauf hinwiesen, daß dies eine Sache ihrer Regierungen sei, die überhaupt nicht im Kontrollrat erörtert werden könne, verlangte Sokolowskij für die Zukunft vollständige Unterrichtung über alle Abmachungen zwischen den Westmächten, die Deutschland betrafen. Die Vertreter der Westmächte äußerten zwar durchaus Verständnis für die sowjetische Forderung, legten aber dar, daß sie zunächst die Informationen ihrer Regierungen abwarten müßten. Als Antwort begann Sokolowskij dann eine lange Erklärung (natürlich besonders fürs Protokoll zur späteren propagandistischen Verwendung) zu verlesen, in der er mit scharfen Worten alle früher vorgebrachten Vorwürfe gegen die Westmächte wiederholte. Als danach der britische Vertreter zu einer Erwiderung ansetzte, erhob sich die sowjetische Delegation, „nach einem offensichtlich vorbereiteten Plan"[151], und Sokoloskij erklärte eine Fortsetzung der Sitzung für sinnlos. Er schlug eine „Vertagung" vor, ohne einen neuen Termin zu vereinbaren, wie es üblich war, und die sowjetischen Vertreter verließen den Konferenzsaal – um nie wieder zurückzukehren.

Der nächste Schritt der Sowjets war die Anordnung, daß in allen alliierten Personenzügen nach Berlin Reisende und Gepäck von sowjetischem Personal kontrolliert werden müßten. Ferner ordneten sie an, daß Güter aus Berlin auf dem Schienenweg Berlin nur mit Genehmigung der Sowjets verlassen dürften. In den zwischen Clay und Washington DC stattfindenden Fernschreiberkonferenzen[152] trat Clay wieder für eine harte Haltung ein, weil er davon überzeugt war, daß die Sowjets nur bluffen und mit Sicherheit keine kriegerischen Auseinandersetzungen riskieren würden. Den amerikanischen Armeeangehörigen in Berlin erklärte Clay, niemand würde aufgehalten, der seine Familie in die USA zurückschicken wolle, aber das gelte dann für die ganze Familie. „Ich wünschte [...] niemanden bei mir in Berlin, der seine Familie heimgeschickt hätte;"[153] Obwohl Clay mit einer Zunahme der Anträge auf Rückehr in die USA gerechnet hatte, trat das genaue Gegenteil ein – sogar fast alle bereits eingereichten Gesuche wurden zurückgezogen. Im krassen Gegensatz dazu wurden viele britische und besonders französische Familien in die jeweiligen westlichen Zonen evakuiert.

151 Clay, Entscheidung in Deutschland, S. 395.

152 Siehe Clay Papers, Bd. 2, S. 597 ff. und 600 ff.

153 Clay, Entscheidung in Deutschland, S. 399.

Washington warf jetzt auch zum ersten Mal die Frage auf, ob es nicht ratsam sei, sich ganz aus Berlin zurückzuziehen. Auch in diesem Punkt kabelte General Clay eine klare, eindeutige Botschaft nach Washington: „[...] wir sollten Berlin nicht verlassen, wenn man uns nicht gewaltsam vertreibt. [...] Wenn Berlin fällt, folgt Westdeutschland als nächstes."[154] Der Sperrung der Zugangswege nach Berlin beantwortete Clay mit der sog. Baby-Luftbrücke in den ersten Apriltagen. Mit dieser ersten nur wenige Tage dauernden Luftbrücke, über die nur die amerikanische Garnison in Berlin versorgt wurde, sammelten die Amerikaner aber auch wertvolle Erfahrungen für die spätere „große" Luftbrücke. Durchgeführt wurde die Versorgung mit wenigen alten abgeflogenen Transportflugzeugen vom Typ Douglas C-47 Skytrain. Viele dieser Transporter trugen noch ganz oder teilweise die Kennzeichnung vom D-day im Juni 1944, nämlich drei dicke weiße Streifen um beide Tragflächen außerhalb der Triebwerke und um den Rumpf hinten kurz vor dem Leitwerk.

Wie angespannt die Nerven aller Beteiligten, auch die von General Clay in diesen Tagen waren, zeigte sich, als ein britisches Passagierflugzeug, das auch amerikanische Passagiere an Bord hatte, beim Landeanflug in Berlin-Gatow von einem sowjetischen Jäger gerammt wurde und beide Flugzeuge abstürzten. Die Nachricht von dieser fatalen Kollision wurde General Clay mitten in der Nacht überbracht. Kaum richtig wach war seine spontane Reaktion: „Das bedeutet Krieg!"[155] Der mit der Untersuchung beauftragte britische Air Commodore Waite erhielt von den sowjetischen Stellen keine Erlaubnis, die Absturzstelle zu besichtigen und die Verhandlungen mit den Sowjets wurden in jeder nur möglichen Weise behindert.

So wie General Clay es vermutet hatte, normalisierten sich die Verhältnisse bald wieder ein wenig, wenn auch nur vordergründig. Denn die sowjetische Politik der kleinen Nadelstiche gegen die Westmächte wurde jetzt laufend durch immer neue und unannehmbare Forderungen fortgesetzt und intensiviert. Waren bisher nur die Militärzüge der westlichen Alliierten betroffen, so begannen die Sowjets Anfang Juni auch Güterzüge für die Zivilversorgung mit unterschiedlichen Vorwänden aufzuhalten. Wagen von Güter- und Postzügen wurden kurzerhand abgehängt und verschwanden. Proteste nahmen die Sowjets zwar höflich entgegen, aber sonst geschah nichts. Als man versuchte, im amerikanischen Sektor von Berlin Lokomotiven und Eisenbahnwagen zu requirieren, konnten die Sowjets nur durch bewaffnete amerikanische Soldaten daran gehindert werden.

154  Clay, Entscheidung in Deutschland, S. 400.

155  Interview mit Colonel US Army (Ret.) Richard R. Hallock, 1948 persönlicher Assistent von General Clay, S. 3.

## Die Währungsreform

Der eigentliche Hintergrund für diese sowjetischen Aktionen war aber die beabsichtigte Einführung einer neuen Währung in Deutschland. Für ihre Zustimmung für eine einheitliche Währung in allen vier Besatzungszonen verlangten die Sowjets einen zweiten Satz der Druckplatten, um in Leipzig ihre Noten selbst drucken zu können. Darauf wollten sich vor allem die Amerikaner unter keinen Umständen einlassen, denn mit solch einem Verfahren hatten sie schon früher teures Lehrgeld bezahlt. Mitte 1945 war den Sowjets, als Ergebnis von Verhandlungen zwischen den Regierungen, für das neu eingeführte Besatzungsgeld ein zweiter Satz Druckplatten überlassen worden gegen das Versprechen, eine genaue Aufstellung der in Umlauf gebrachten Beträge vorzulegen, was aber niemals trotz ständiger Aufforderung geschah. Eingedenk dieser Erfahrung lehnten die Amerikaner jetzt die Übergabe eines zweiten Satzes an Druckplatten für die neue Deutsche Mark an die Sowjets rundweg ab. Die Amerikaner und Briten kündigten daraufhin die Einführung der neuen Währung nicht nur für ihre beiden Zonen an, sondern auch für ihre Berliner Sektoren. Die Franzosen zögerten praktisch bis zum letzten Tag, sich an der Einführung der neuen Währung zu beteiligen, und stimmten erst im allerletzten Moment zu.[156] Die Sowjets kündigten nun die Einführung einer neuen Währung für ihre Besatzungszone an und wollten ganz Berlin dabei einschließen, mit der Begründung, daß ganz Berlin zur sowjetischen Besatzungszone gehöre. Die Westmächte blieben aber konsequent bei ihrer Linie, auch wenn sie als winzige Konzession die in Berlin ausgegebenen Noten mit einem zusätzlich aufgedruckten „B" ausgaben. So entstand dann die groteske Situation, daß in Berlin zwei Währungen zur gleichen Zeit im Umlauf waren. Im praktischen Alltag klärte sich das Verhältnis der beiden Währungen sehr rasch, und in den Westsektoren war die Ost-Mark schon bald ohne Kaufkraft.

Bleibt die besonders für Berliner aber auch für Deutsche allgemein interessante Frage, ob die deutschen Handlanger der sowjetischen Militäradministration (SMAD), also die Sozialistische Einheitspartei Deutschlands (SED) offiziell an der Vorbereitung und Durchführung der Blockade Berlins beteiligt waren. Die Antwort läßt sich mit einem Satz zusammenfassen: Sie waren nicht beteiligt, noch nicht einmal informiert, weil die Sowjets ihren deutschen Genossen offenbar nicht ganz trauten. Der damalige Parteivorsitzende

---

156  Zu der Haltung Frankreichs im Zusammenhang besonders mit Berlin siehe die bis jetzt leider nur in französischer Sprache vorliegende ausgezeichnete Arbeit von Cyril Buffet: Mourir pour Berlin, La France et l´Allemagne 1945- 1949, Paris 1991.

der SED, Wilhelm Pieck war in diesen Monaten der ständige Gesprächspartner der SMAD, der regelmäßig zum Rapport bzw. zur Entgegennahme von Anweisungen in Karlshorst antrat. Pieck hat von fast allen seinen Treffen mit dem SMAD ein zunächst handschriftliches Protokoll hinterlassen, das später in Maschinenschrift übertragen wurde.[157] Weder in dem Protokoll über das Gespräch mit dem SMAD-Vertreter Semjonow am 10. Juni 1948, 20:00 Uhr abends noch in dem Gespräch am 24. Juni 1948, 08:00 Uhr morgens, also zwei Stunden nach dem offiziellen Beginn der Blockade, ist die bevorstehende bzw. gerade in Kraft gesetzte Blockade auch nur mit einem Wort erwähnt worden. Auch danach ist während der Dauer der Blockade innerhalb der SED die Blockade und die daraus resultierende Luftbrücke einfach totgeschwiegen worden. Selbst in der Parteihochschule der SED in Kleinmachnow bei Berlin sind Blockade und Luftbrücke in Vorlesungen oder Seminaren nie erwähnt worden.[158] Auch in den Protokollen von den Sitzungen des Politbüros der SED tauchen die beiden Worte nie auf. Erst nachdem zwischen der Sowjetunion und den Westalliierten die Beendigung der Blockade beschlossen worden war, taucht im Protokoll der Sitzung des Politbüros vom 10. Mai 1949 als Punkt 2 der Tagesordnung auf: „Die neue Lage und die nächsten Aufgaben in Berlin". Und das war´s dann.

Nachdem die Sowjets für den 24. Juni 1948, 06:00 Uhr morgens zunächst die Sperrung aller Straßen- und Bahnverbindungen zwischen Berlin und dem Westen verkündet hatten, die wenige Tage später auch auf die Wasserwege ausgedehnt wurde, stellte sich folgerichtig für die Westalliierten die Frage: Berlin aufgeben oder in Berlin aushalten?

Die Briten hatten offenbar bei ihren Planungen schon die Möglichkeit einer Blockade berücksichtigt. So lag z.B. im Panzerschrank der 749 Co RASC[159] (Air Despatch) in Schleswig-Land ein versiegelter Umschlag, der nur beim Eintreffen des Codewortes „KNICKER NOW.ACK" geöffnet werden sollte. Als dann am 24. Juni 1948 von den Sowjets die Blockade bekannt gegeben worden war, traf am 25. Juni das Codewort ein. Der diensthabende Offizier öffnete den versiegelten Umschlag und fand darin Anweisungen, wie die britische Garnison in Berlin jetzt versorgt werden sollte. Inzwischen war in London von der britischen Regierung entschieden worden, nicht nur die britische Garnison in Berlin zu versorgen, sondern auch die deutsche Bevölkerung der Westsektoren. Also erhielt die Kompanie im Laufe des 25. Juni den neuen Befehl,

157  Siehe Zentrales Parteiarchiv der SED, heute Stiftung Archiv der Parteien und Massenorganisationen der DDR im Bundesarchiv, Berlin-Zehlendorf.

158  Mitteilung von Prof. Wolfgang Leonhard an den Verfasser vom 7.8.1995. Prof. Leonhard war bis März 1949 Dozent an der Historischen Fakultät der SED-Parteihochschule in Kleinmachnow.

159  RASC = Royal Army Service Corps

sofort nach Wunstorf zu verlegen, um dort den britischen Teil der Luftbrücke vorzubereiten, was „einige Tage mit wenig Schlaf verbunden war". Aber quasi als Belohnung war dann dieser Offizier an Bord der ersten im Rahmen der Luftbrücke eingesetzten RAF Dakota, die am 28. Juni 1948 um 16:00 Uhr von Wunstorf nach Berlin startete.[160]

Wie bereits eingangs geschildert, ordnete General Clay ohne Rücksprache mit seiner Regierung in Washington DC die Versorgung durch Transportflugzeuge an, die jetzt nicht nur die amerikanische Garnison in Berlin versorgen sollten, sondern auch die deutsche Bevölkerung in den Westsektoren. Auch die Briten ließen General Clay wissen, daß sie in Berlin zu bleiben gedachten und ebenfalls eine Luftbrücke mit sofort nach Deutschland beorderten Transportern beginnen würden. Bei der britischen Militärregierung hatte sich Air Commodore R.N. Waite, damals Director der Air Branch bei der britischen Kontrollkommission in Berlin schon sehr früh Gedanken über die Notwendigkeit und Möglichkeit einer Luftbrücke gemacht, schon zwei Tage vor Beginn der Blockade das britische Transport Command alarmiert und dem britischen Stadtkommandanten Major General Herbert und dem britischen Militärgouverneur General Brian Robertson einen detaillierten Vorschlag für eine Luftbrücke unterbreitet, die wiederum General Clay informierten.[161] Gegenüber seiner Regierung in Washington DC vertrat General Clay mit Nachdruck den Standpunkt, daß die USA hier unter allen Umständen einen harten Kurs steuern müßten, das hieß im Klartext, in Berlin anwesend zu bleiben und die Bevölkerung der Westsektoren über eine Luftbrücke zu versorgen. Die feste Haltung von General Clay, die die Berliner/innen bis heute nicht vergessen haben, wurde gegen den Rat vor allem des State Departments vom amerikanischen Präsidenten Harry S. Truman voll gedeckt und Clay von diesem dann auch in Bezug auf zusätzliche Flugzeuge tatkräftig unterstützt. Amerikaner **und** Briten begannen also am 26. Juni 1948, zunächst unabhängig voneinander, aber zur gleichen Zeit, eine Luftbrücke, deren Erfolg dann für die Bewohner der westlichen Sektoren von Berlin zu einem Leben in Freiheit und Demokratie führte und dem Kommunismus sowjetischer Prägung auf friedlichem Wege und ohne daß ein einziger Schuß fiel, eine erste empfindliche Niederlage einbrachte.

160   Mitteilung von John Laird Middlebanknock, damals der diensttuende Offizier der 749 Co RASC, an Heinz-Gerd Reese von der Stiftung Luftbrückendank, datiert 22. August 2007.

161   Siehe Antony Mann: Comeback Germany 1945-1952, 1980, S. 128 ff.; ergänzt durch mündliche Mitteilung von Mrs. Jessamy Waite, der Witwe von Air Commodore Reginald N. Waite und zusätzliche schriftliche Materialien erhalten am 12.4.1997 in Telford, England.

## Der Beginn der Luftbrücke

Die jetzt in Gang gekommene Luftbrücke war verständlicherweise anfangs mehr improvisiert als organisiert. Von den anfänglich den Amerikanern zur Verfügung stehenden ca.100 Douglas C-47 Skytrain Transportern, die von allen Verbänden der amerikanischen Luftstreitkräfte in Europa zu zwei Transportgruppen in Wiesbaden und Rhein-Main zusammengezogen wurden, konnten tatsächlich nur ca.70 täglich eingesetzt werden, da die übrigen wegen anstehender Wartung bzw. Reparatur nicht einsatzklar waren. Mit der niedrigen Ladekapazität der C-47 konnte von einer ausreichenden täglichen Transportmenge keine Rede sein. Deshalb ersuchte General LeMay auch sofort General Clay, sich in den USA für die Überlassung von mindestens 50 viermotorigen Douglas C-54 Skymaster Transportern einschließlich zwei Besatzungen je Flugzeug für die Luftbrücke einzusetzen, von denen die ersten bereits am 30. Juni 1948 in Deutschland eintrafen.

Wie sehr die Organisation noch improvisiert war, davon konnte sich General LeMay am 29. Juni 1948[162] selbst überzeugen, als er eine C-47 von Wiesbaden-Erbenheim, – bei der US Air Force mehr unter der offiziellen Code-Bezeichnung Y-80 bekannt – nach Berlin-Tempelhof flog, dort ein kurzes Telephongespräch mit General Clay führte und wieder nach Wiesbaden zurückflog. Obwohl das Flugzeug um 10:45 Uhr, beladen und mit den notwendigen Unterlagen versehen, fertig zum Start von Y-80 war, mußte der General erleben, daß er erst um 12:00 Uhr die Startfreigabe erhielt, weil es so lange gedauert hatte, bis die Streckenfreigabe nach Tempelhof geklärt war. Der Flug nach Berlin verlief reibungslos. Das Ausladen der C-47 in Tempelhof dauerte nur 20 Minuten. Dem Kontrollturm und der Anflugkontrolle gab LeMay die Anweisung, bei gutem Wetter auf den zeitraubenden Instrumentenanflug zu verzichten und die ankommenden Flugzeuge auf einen direkten Endanflug zu leiten. Er hoffte dadurch die Zahl der täglichen Landungen zu erhöhen bei gleichzeitiger Einsparung von Treibstoff. Nach seiner Rückkehr ordnete LeMay ferner an, daß die C-47 Transporter für den vergleichsweise kurzen Flug nach Berlin und zurück mit 200 Gallonen (=757.4 Liter) weniger Treibstoff betankt werden sollten, wodurch sich die Ladekapazität um 1500 US pounds (= ca.560 kg) erhöhen würde. Und LeMay übertrug ebenfalls am 29. Juni 1948 dem Kommandeur des Wiesbadener Standortes, Brigadier General Joseph Smith das Kommando über die Berliner Luftbrücke, zumin-

162  Tagebuch Gen. LeMay, Eintragung vom 29.6.1948, AFHRA Reg. No. C-5073 (40-1).

163  Zu der „Designation as Project Commander" für Brig.Gen. Smith siehe AFHRA Reg.No. C-5113 (37-2), dort auch eine Organisational Chart von Smith´s H.Q.

dest soweit es den amerikanischen Teil betraf.[163] Obwohl Smith über praktisch keine Erfahrungen mit Lufttransport verfügte, hat er in den wenigen Wochen, in denen die Berliner Luftbrücke unter seiner Leitung stand, Beachtliches geleistet. Er führte auch den Code-Namen „Operation Vittles" für den amerikanischen Teil der Luftbrücke ein.[164]

Die Briten[165] verlegten bereits am 25. Juni 1948 die ersten Transporteinheiten von England nach Wunstorf bei Hannover. Ihre Aktion lief zunächst an unter dem Code-Namen „Knicker", der ursprünglich am 17. Juni 1948 als Code-Name für einen Plan ausgegeben worden war, um die eigene britische Garnison in Berlin zu versorgen, da natürlich auch die britischen Militärzüge nach Berlin von den Sowjets behindert wurden. Am 26. Juni 1948 begann die RAF unter diesem Code-Namen ihre Luftbrücke nach Berlin. Am 30. Juni 1948 wurde der Code-Name dann in „Carter Paterson" geändert. Als aber die sowjetische Propaganda wegen dieses Namens den Briten die Absicht unterstellte, aus Berlin möglichst bald abzuziehen, weil dies der Name einer bekannten Londoner Umzugs-Spedition war, deren Name noch heute auf den Gelben Seiten des Londoner Telephonbuches zu finden ist, wurde die Operation am 19. Juli 1948 in den dann endgültigen Namen „Plainfare" umbenannt.[166]

Nachdem die britische Regierung sofort nach Bekanntmachung der Blockade[167] sich für eine Luftversorgung nicht nur ihrer eigenen Garnison in Berlin, sondern auch zur Versorgung der deutschen Bevölkerung in den Westsektoren entschlossen hatte, wurde in Wunstorf neben der „H.Q. Army Air Transport Organisation" ein RAF-Kommando unter Group Captain A.J. Biggar eingerichtet. Daraus wurde dann die 46 Group (advanced) unter dem Kommando von Air Commodore Merer. Durch anfangs unklare und sich überschneidende Kommandoeinteilungen gab es einige Schwierigkeiten, die erst im September 1948 endgültig bereinigt waren. Am 10. Juli 1948 verlegte dann das Headquarter in das Schloß Bückeburg, behielt aber Verbindungsstäbe in Wunstorf und Berlin-Gatow, dem britischen Flugplatz in Berlin. Den ersten 17 Dakotas, so die RAF-Bezeichnung des bei der USAF als C-47 Skytrain geführten Transportflugzeuges, die bereits am 25. Juni 1948 eingetroffen waren, folgten bis zum Ende des Monats Juni weitere 31 Dakotas, die sich auf sechs Staffeln verteilten.[168] Am 1. Juli 1948 trafen aus England die ersten viermotorigen Avro York Transporter ein, die sich ab 3. Juli 1948 an der Luftbrücke beteiligten. Die zweimotorigen Da-

164 Zu „Vittles" siehe: Interim Report „Operation Vittles" from 30 June to 30 July 1948, von Brig. Gen Joseph Smith for Maj. Gen. William H. Tunner, AFHRA Reg. No. C-5113 (37-2) und: Airlift – Berlin Mission, A Report of the Activities of the Combined Airlift Task Force, AFHRA Reg.No. 5113 (37-3 ff.); ferner: The Berlin Airlift, aus der Reihe Special Studies der Historical Division, Hq. European Command, der zunächst in zwei Teilen erarbeitet worden war. Teil 1: 21 June – 31 December 1948 und Teil 2: 1 January – 30 September 1949. Der Teil 1 war ursprünglich 1949 und Teil 2 1952 für den internen Gebrauch der US Army fertiggestellt worden. Zur besseren Benutzung wurden die beiden Teile von Elisabeth S. Lay vom Stab der Historical Division des European Command zusammengefaßt und besonders für Teil 1 mit Korrekturen versehen. Der Bericht betrifft weniger die USAF als die Aktivitäten der US Army in Bezug auf alle Transportangelegenheiten von Gütern bis auf die Flugplätze.Von hier an wird der Bericht zitiert als US Army History of Berlin Airlift (BA). AFHRA Reg. No. C-5121 (33-36 ff.).

165 Zum britischen Beitrag der Berliner Luftbrücke siehe den Abschlußbericht der RAF: A Report on Operation Plainfare (The Berlin Airlift), 25th June 1948 – 6th October 1949, by Air Marshal T.M. Williams, C.B., O.B.E.,

**Abb. 12**

Short Sunderland Flugboote auf dem Berliner Wannsee

Quelle: Bundesarchiv Koblenz, Signatur 175-0507A

kotas der RAF wurden am 29. Juli 1948 nach Faßberg verlegt, um Wunstorf nur für die viermotorigen RAF-Transporter und ab Monatsende auch für die zivilen Chartergesellschaften mit viermotorigen Flugzeugen freizuhalten. In der zweiten Augusthälfte mußte man dann die Dakotas erneut verlegen und zwar nach Lübeck, weil Faßberg jetzt der USAF für den ausschließlichen Transport von Kohle überlassen wurde.

Am 5. Juli 1948 begannen Short Sunderland Flugboote ihren Einsatz im Rahmen der Berliner Luftbrücke. Die meisten dieser Flugboote kamen vom britischen Küstenkommando (Coastal Command) und waren kurzfristig nach Deutschland beordert worden.[169] Sie flogen ihre Einsätze von der Elbe bei Hamburg-Finkenwerder und landeten in Berlin auf den Havel-Seen. Jede Landung und jeder Start dieser großen viermotorigen Flugboote war für die Berliner ein besonderes Ereignis. Es stellte sich sehr schnell heraus, daß diese Flugboote sich für ein ganz besonderes Gut hervorragend eigneten, nämlich für – Salz! Für die 2,2 Millionen Berliner waren pro Tag ca. 19 t Salz im allgemeinen Versorgungsplan vorgesehen.[170] Während alle anderen Flugzeuge, die zu dieser Zeit im Einsatz waren, gegen das aggressive Salz nicht geschützt werden konnten, weil es nicht nur die Bodenplatten zerfraß, sondern auch die darunter liegenden Kabelstränge, Bowdenzüge und Gestänge, waren die Flugboote schon von ihrer ganzen Konstruktion her für den Einsatz im Salzwasser der Meere bestens geschützt, wobei ihre Kabelstränge und sonstigen anfälligen Gestänge an der Kabinendecke verlegt waren. Zwar mußten die Flugboote ihre Einsätze Mitte Dezember wegen Eis auf den Havel-Seen einstellen und konnten sie auch 1949

M.C., D.F.C., Commander-in-Chief, British Air Forces of Occupation (Germany), April 1950; Public Record Office, (PRO), London-Kew, Reg. No. AIR10/5067, von hier zitiert als Final RAF Report, S. ... .

166  Zu den Code-Namen siehe Final RAF-Report, S. 146.

167  Siehe britische Kabinettsprotokolle vom 25.6.1948 und 28.6.1948, PRO Reg.No. CAB128/13.

168  Siehe Operations Record Book, Page 1, PRO Reg. No. AIR 28/1163.

169  Mitteilung von Wing Commander Edmund Donovan, O.B.E., D.F.C., RAF (Ret.) vom 12.5.1995 an den Verfasser, 1948 im Stab des Commander-in-Chief of RAF Coastal Command.

170  Siehe: A Special Study of Operation „Vittles", in: Aviation Operations, April 1949, S. 16.

**Abb. 13**

Die „Lebensader"
für Berlin

Quelle: Final RAF Report,
PRO Reg. No. Air 10/5067

nicht wieder aufnehmen, weil sie im dann sehr dichten Flugverkehr der Korridore ein zu großes Sicherheitsrisiko dargestellt hätten, aber sie haben in dem knappen halben Jahr Überragendes geleistet. Es kam für die Flugboote erschwerend hinzu, daß ihre Start- bzw. Landebahn auf der Elbe zwar gut markiert war, aber jedes Abweichen davon stellte wegen der vielen noch vorhandenen Schiffstrümmer in der Elbe ein großes Risiko dar.[171]

In den allerersten Wochen der Luftbrücke flogen auch französische Militärflugzeuge nach Berlin, sie transportierten aber nur Nachschub für die eigene französische Garnison in Berlin. Bis Ende September 1948 transportierten französische C-47 Transporter Nachschub für ihre Berliner Garnison nach Berlin und lieferten so indirekt einen Beitrag für die zivile Luftbrücke zur Versorgung der Westberliner Bevölkerung. Als aber die amerikanischen C-47 Transporter Ende September 1948 vollständig von der Luftbrücke abgezogen wurden, damit über die dann nur noch eingesetzten C-54 Skymaster ein gleichmäßiger Verkehr im südlichen Korridor möglich gemacht werden konnte, zogen die Franzosen ihre C-47, die sie bei Kriegsende von den Amerkanern als erste notwendige Ausstattung ihrer Nachkriegsluftwaffe erhalten hatten, ebenfalls ab. Der Nachschub für die fransösische Garnison in Berlin wurde jetzt von der US Luftwaffe mittransportiert, die ja auch den Nachschub für die amerikanische Garnison in Berlin befördern mußte. Die RAF übernahm den Nachschub für die britische Garnison in Berlin zusätzlich zu den Versorgungsgütern für die Zivilbevölkerung der Westsektoren von Berlin. Siehe dazu die graphische Darstellung „The Life Line to Berlin".

Es gab zwei wichtige Gründe dafür, daß sich Frankreich im Gegensatz zu den USA und Großbritannien nicht an der Versorgung Westberlins durch die Luftbrücke beteiligte. Der erste Grund war materieller Art: Frankreich verfügte nach dem Ende des Krieges nur über eine sehr limitierte Kapazität an Lufttransport. Die meisten C-47 Transporter, die sie gegen oder nach Kriegsende als neue Erstausstattung von den USA erhalten hatten, waren zu dieser Zeit in Indochina eingesetzt. Im französischen Mutterland verfügte die französische Luftwaffe nur über ganze zwei Transportstaffeln. Eine war mit einem Sammelsurium von Transportern ausgestattet, unter denen sich auch einige Junkers Ju 52/3m befanden. Die zweite Staffel bestand aus C-47 Transportern und nur diese wäre für einen Einsatz bei der Luftbrücke in Frage gekommen. Diese beiden Staffeln wurden für den eigenen normalen Transportbetrieb der fran-

[171] Siehe: Berlin Airlift, An Account of the British Contribution, prepared by the Air Ministry and the Central Office of Information, text by Dudley Barker, London 1949, S. 20; ferner Mitteilungen von Leo Hatcher vom 30.5.1995 und 20.6.1995 an den Verfasser. Er war 1948 als AC I (Flight Mechanic Airframe) bei der Staffel 235 OCU in Finkenwerder stationiert.

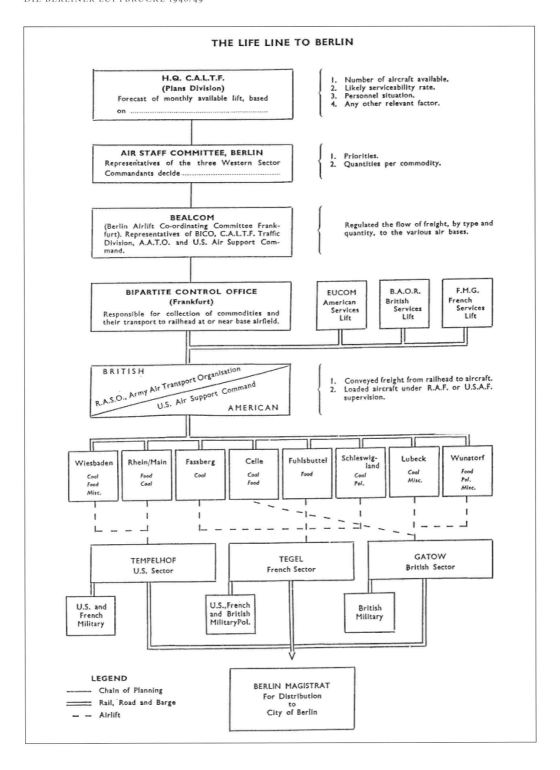

zösischen Luftwaffe gebraucht. Der Hauptgrund war aber politischer Art: Drei Jahre nach dem Ende des Krieges war die öffentliche Bereitschaft für eine französische Beteiligung an der Luftbrücke gleich null. Es kam erschwerend hinzu, daß am Beginn der Blockade und der daraus resultierenden Luftbrücke an der Spitze der Regierung ein Mann stand, der in Frankreich sehr umstritten war. Der Ministerpräsident Robert Schumann war zwar als Fachmann allgemein anerkannt, aber als Politiker war er höchst unbeliebt, teilweise sogar verhaßt. Seine Ausführungen im Kabinett und im Parlament waren immer sehr langatmig und ermüdend, und seine Sprache war mit einem für normale französische Ohren geradezu lächerlichen Dialekt behaftet. Außerdem wies seine persönliche Biographie für die Franzosen einen entscheidenden Makel auf: In Luxemburg geboren, hatte er bis 1914 auf der „falschen" Rheinseite gelebt. Deshalb konnte ein führender kommunistischer Abgeordneter den amtierenden Ministerpräsidenten in öffentlicher Sitzung der Nationalversammlung ungerügt als „boche" beschimpfen.[172] Hinzu kam, daß das öffentliche Leben und die Wirtschaft Frankreichs 1947 und 1948 von häufigen Streiks lahmgelegt war, die von der kommunistischen Gewerkschaft CGT[173] angezettelt wurden. (Es würde zu weit führen, hier auch die Hintergründe dafür zu erläutern.) Wenn Schumann es also gewagt hätte, die Anweisung zu geben, daß sich die französische Luftwaffe an der Luftbrücke beteiligen solle, dann wäre er mit größter Wahrscheinlichkeit in wenigen Tagen aus dem Amt gefegt worden, und/oder er wäre dem Druck eines für diese unpopuläre Entscheidung extra ausgerufenen Streiks erlegen.

Für die Versorgung der westlichen Sektoren von Berlin war neben Lebensmitteln und Medikamenten der wichtigste Faktor – Kohle! In den Sommermonaten wurde zwar keine Kohle zur Heizung von Wohnungen benötigt, aber zur Erzeugung von Elekrizität in den Kraftwerken. Schon in den ersten Wochen der Luftbrücke und bis ins Jahr 1949 hinein gab es zum Teil abenteuerliche Überlegungen und Vorschläge, wie man möglichst viele Kohle nach Berlin transportieren könnte. So wurde der Vorschlag gemacht, dazu Lastensegler, ja sogar Luftschiffe einzusetzen. Alle diese Vorschläge wurden sofort verworfen, weil die langsamen Lastensegler und Luftschiffe in dem sowieso schon dichten Verkehr in den Luftkorridoren nach Berlin eine viel zu große Gefahr dargestellt hätten. Der Vorschlag, Kohle in Säcken aus B-29 Bombern über einem geeigneten Gelände in Berlin abzuwerfen, scheiterte sofort, nachdem in der Nähe von Offenbach am Main versuchsweise Kohle in Säcken

172 Siehe Jacques Fauvet: Von de Gaulle bis de Gaulle, Frankreichs Vierte Republik, Tübingen 1959/60, S.128ff und S. 132f.

173 CGT = Confédération générale du travail = Französischer Gewerkschaftsverband.

**Abb. 14**
Berlin-Tempelhof in den ersten Tagen der Luftbrücke; hier werden Douglas C-47 Skytrain entladen.

Quelle: Landesarchiv Berlin

abgeworfen wurde. Die Säcke zerplatzten und das Einsammeln der Kohle war mühsam und zeitraubend.[174]

Als die Zahl der zur Verfügung stehenden Transportflugzeuge sowohl bei der USAF als auch bei der RAF ständig anstieg und Ende Juli/Anfang August 1948 noch eine Anzahl Flugzeuge von britischen zivilen Chartergesellschaften hinzukamen, wurde der Verkehr in den Luftkorridoren nach Berlin immer dichter. Als besonders erschwerend erwies sich die Tatsache, daß in den westdeutschen Besatzungszonen in diesen ersten Monaten schon von fünf Plätzen gestartet werden konnte, in Berlin aber nur zwei Landeplätze zur Verfügung standen, nämlich Tempelhof und Gatow. Diesen Schwierigkeiten versuchten sowohl die amerikanischen Planer in Wiesbaden als auch die britischen Kollegen in Bückeburg mit einer Höhenstaffelung in den Korridoren und zusätzlich mit einem Blocksystem zu begegnen. Die Höhenstaffelung war schon deshalb notwendig, weil die verschiedenen im Einsatz befindlichen Flugzeugtypen sich mit ihren Reisegeschwindigkeiten zum Teil beträchtlich voneinander unterschieden. Außerdem mußte die Höhenstaffelung im südlichen Korridor, der von Frankfurt über Fulda nach Berlin führte, wegen der Berge des Thüringer Waldes und des südlichen Harzes erheblich höher angesetzt werden, als im nörd-

[174] Siehe dazu drei Memoranden des US Air Force HQ in National Archives, College Park, Maryland, von hier an zitiert als NAM, hier Reg.No. RB4-64046.

lichen Korridor, der ohne wesentliche Erhebungen durch die norddeutsche Tiefebene führte.

Mit dem Blocksystem sollte ein Stau auf den Ausladeplätzen vermieden werden. Am Beginn wurde versucht, einen 4-Stunden Blockintervall einzuhalten. Das erwies sich aber sehr schnell als nicht durchführbar und obendrein uneffizient. Bei einem 4-Stunden-Block zeigte es sich, daß 20 ja sogar bis zu 30 Flugzeuge mit laufenden Motoren aufgereiht vor der Startposition warteten, bis sie ihre Startfreigabe erhielten. Das ergab zwar für die Pressephotographen höchst eindrucksvolle Photos, aber ansonsten nur verlorene Zeit und viel vergeudeten Treibstoff. Deshalb entschied man sich schon nach wenigen Tagen für Intervalle von einer Stunde pro Block.

Bis Ende Juli 1948 war die Zahl der verfügbaren amerikanischen Transportflugzeuge auf gut 100 C-47 und etwas über 50 C-54 Transporter angestiegen, die vom Rhein-Main Flughafen und von Wiesbaden-Erbenheim, von hier an der Einfachheit halber als Y-80 bezeichnet, über den südlichen Korridor operierten. Die großen amerikanischen C-54 Transportflugzeuge kamen aus teilweise sehr entfernten Ecken des Globus, u.a. aus Texas, Alaska, der Karibik, Hawai, Guam und Japan. Jedes Flugzeug hatte nicht nur sein Wartungspersonal und die allernotwendigsten Ersatzteile an Bord, sondern auch mindestens drei komplette Besatzungen, die sich bei jeder zum Auftanken notwendigen Zwischenlandung abwechselten, sodaß praktisch non-stop geflogen werden konnte. Alle jetzt eintreffenden Besatzungen und das Wartungspersonal waren auf Grund des Befehls von Präsident Truman auf TDY-Basis (TDY = Temporary Duty = vorübergehender Einsatz) nach Deutschland befohlen worden, denn man ging zu diesem Zeitpunkt noch davon aus, daß die Sowjets ihre Blockade bald aufheben würden.

Zur gleichen Zeit hatten die Briten die Zahl der Transporter auf 48 Dakotas und 40 Avro Yorks gesteigert. Die York war das eigentlich für lange Strecken von der RAF eingesetzte Flugzeug, das hier aber wegen seiner gegenüber der Dakota erheblich größeren Ladekapazität auch für die vergleichsweise kurze Entfernung nach Berlin zum Einsatz kam. Dazu kamen noch die Flugboote des Coastal Command der RAF und die ersten eintreffenden und eingesetzten Transportflugzeuge von zivilen britischen Chartergesellschaften, die überwiegend flüssigen Treibstoff nach Berlin transportierten, weil zu dieser Zeit weder die USAF noch die RAF über Tankflugzeuge verfügten.

DIE BERLINER LUFTBRÜCKE 1948/49

**Abb. 15**

Die von General Tunner Ende Juli 1948 eingeführte „Mobile Snack Bar" in Berlin-Tempelhof

Quelle: Privatbesitz von Lt. Col. USAFR (Ret.) Eugene W. Wiedle

Die Berliner Luftbrücke begann sich jetzt zu einer veritablen multinationalen Angelegenheit zu entwickeln. Nicht nur, daß das amerikanische Personal für „Vittles" aus allen Teilen der Vereinigten Staaten kam und bei der RAF und den zivilen Gesellschaften Engländer, Waliser und Schotten ihren Dienst taten, sondern bald waren auch Iren (darunter ein Ire aus der Republik Irland, der sich schon während des Krieges freiwillig zur RAF gemeldet hatte), Kanadier, Südafrikaner, Australier und Neuseeländer an der Luftbrücke beteiligt. Keinem der befragten Veteranen ist schon aus Gründen des Taktes eine Frage in dieser Richtung gestellt worden, aber viele haben von sich aus mitgeteilt, daß sie während des Krieges auch Bombenangriffe auf Berlin geflogen hatten. „Es war schon ein merkwürdiges Gefühl, vor 5 Jahren Tod und Verderben nach Berlin gebracht zu haben und jetzt die gleiche Bevölkerung am Leben und in Freiheit zu erhalten."[175]

Als absolute Untergrenze für die Versorgung der deutschen Bevölkerung der drei Westsektoren war in Übereinstimmung zwischen den alliierten und deutschen Stellen in Berlin 4500 t Güter ermittelt worden, davon ca. 1500 t Lebensmittel und der Rest in er-

175 So ein 1944 24 Jahre alter Lt.Colonel (Oberstleutnant), damals im Stab der 8th US Air Force, der selbst Angriffe auch auf Berlin, im ersten Bomber sitzend, geführt hatte, am 29.4.1996 in einem Gespräch mit dem Verfasser. Anfang April 1949 war er im Stab der CALTF tätig und als Pilot an der „Easter Parade" (siehe weiter unten) beteiligt.

ster Linie Brennstoff (Kohle, Benzin und Dieseltreibstoff). Am 20. Juli 1948 hatten Amerikaner und Briten gemeinsam innerhalb von 24 Stunden 2.250 t nach Berlin geflogen. Zwar stiegen auch danach die täglichen Tonnagezahlen beständig an, aber – bildlich gesprochen – der Motor stotterte noch zu häufig. Während bei gutem Wetter der Verkehr in den Korridoren Dank der guten Ausbildung und Disziplin der Piloten weitgehend reibungslos ablief, kam es bei schlechtem Wetter sehr schnell zu Problemen. So wurde in dieser Anfangsphase der Luftbücke der Verkehr von Wunstorf nach Gatow durch den mittleren Korridor noch im Gegenverkehr abgewickelt. Da alle Korridore aber nur 20 Meilen = ca. 32 km breit waren, war die Gefahr von Kollisionen sehr groß. Es grenzt fast an ein Wunder, daß kein Unglück geschehen ist. Schon nach kurzer Zeit erreichte General Smith in Abstimmung mit seinen RAF- Kollegen, daß in allen Korridoren nur noch Einbahn-Verkehr geflogen wurde. Dabei wurde der südliche und der nördliche Korridor nur für die Flüge nach Berlin benutzt und der mittlere für den aus Berlin herausführenden Verkehr. Ein weiterer kritischer Punkt war das allen Luftbrückenpiloten bekannte Frohnau-Beacon, das Anflugfunkfeuer für den nördlichen Luftkorridor in den Luftkontrollraum Berlin. Bei guter Sicht war es kein Problem für das Personal in den Kontrollräumen bzw. auf den Kontrolltürmen, die Piloten auf den direkten Anflug zu dem für sie vorgesehenen Platz – Tempelhof oder Gatow – zu leiten. Wenn die Piloten dann auch noch Sichtkontakt zum vorderen Flugzeug hatten, konnten die Abstände auf ein Minimum verkürzt werden. Bei schlechtem Wetter und niedriger Wolkenuntergrenze mußten die Piloten aber mit ihren Maschinen einzeln „runtergesprochen" werden, so der allgemein gebräuchliche Fachausdruck. Bis sie aber sozusagen am Frohnau-Beacon abgerufen werden konnten, mußten sie dort in einer Warteschleife, die immer höher wurde, auf den Abruf zur Landung warten. Es konnten zwar immer mehr Flugzeuge gestartet werden, aber entscheidend war die Landekapazität der beiden Berliner Plätze.

Die erste Annahme der Westalliierten, daß die Sowjets ihre Blockade Berlins schon nach wenigen Wochen wieder aufheben würden, erwies sich als falsch. Und auch die Annahme von General Clay, besonders aber von General LeMay, daß man das Problem der Versorgung Berlins mit dem vorhandenen Stabspersonal lösen könnte, trog, obwohl LeMay versichert hatte, die Air Force könne alles anliefern. Angehörige des US Air Force Headquarters in Washington DC, die Mitte Juli 1948 die Situation in Europa und in

Berlin erkundeten, sahen und registrierten sehr wohl, daß die bisherigen Maßnahmen völlig unzureichend seien. Und jetzt endlich erinnerte man sich daran, daß während des Krieges das Air Transport Command (ATC) eine sehr erfolgreiche Luftbrücke über den Hump durchgeführt hatte.

Das ATC war inzwischen in Military Air Transport Service (MATS) umbenannt worden, und die entscheidenden Spezialisten für Lufttransport waren dort nach wie vor tätig. General Tunner war jetzt Deputy Commander (Stellvertreter) des Kommandierenden Generals, Maj.General Laurence S. Kuter. Der Beginn der Berliner Luftbrücke hatte Tunner sofort aktiv werden lassen.[176] Wie schon während der Hump-Luftbrücke gegenüber General Chennault so argumentierte er auch jetzt in einem Memorandum für seinen Chef, daß Lufttransportaktionen der US Air Force Aufgabe des MATS sei, denn dafür sei diese Organisation ja geschaffen worden.[177] Kuter las das Memo und erklärte Tunner, daß MATS nicht von sich aus aktiv werden könnte, es müsse auf eine politische Entscheidung und einen militärischen Befehl gewartet werden. Kuter begann danach eine Dienstreise zur Inspektion der MATS-Aktivitäten in der pazifischen Region und ließ einen ungeduldig wartenden Tunner zurück. Mit verständlichem Interesse verfolgte Tunner alle aus Europa über die Luftbrücke eingehenden Berichte; er war davon überzeugt, daß dort noch viel an Verbesserung möglich und vor allem nötig war. Sowohl General LeMay als auch der von LeMay eingesetzte Kommandeur der Luftbrücke Joseph Smith waren Tunner persönlich bekannt. Er respektierte beide als ausgewiesene und erfolgreiche Bomberkommandeure, aber eine Luftbrücke war nach Tunners Ansicht etwas völlig anderes, „eine Aufgabe für professionelle Lufttransportexperten".[178] Die enthusiastischen Presseberichte über Piloten, die pro Woche die doppelte Zahl an Stunden flogen, als normalerweise üblich war, über Offiziere in der Administration, die, wann immer es möglich war, eine fertig beladene Maschine, die ohne Besatzung auf dem Vorfeld stand, nach Berlin flogen, zeigten Tunner nur überdeutlich, daß hier nicht nur organisatorisch ein heilloses Chaos herrschte.

Nach 2 Wochen kam Bewegung in die Angelegenheit, als Tunner von General Hoyt S. Vandenberg, dem obersten Chef der US Air Force, einen versiegelten Umschlag mit einem in der höchsten Geheimhaltung eingestuften Bericht von General Albert C. Wedemeyer an Vandenberg über den gegenwärtigen Ablauf der Berliner Luftbrücke erhielt.[179] Wedemeyer war zu dieser Zeit Chef der Planungs-

176 Siehe hierzu Tunner, Over the Hump, S. 159 ff.

177 Siehe hierzu sowohl Tunner, Over the Hump, S. 159 f. als auch das Tunner-Interview, S. 81 ff.

178 Tunner, Over the Hump, S. 160: „...the operation was a job for professional airlifters.".

179 Diesen Bericht konnten wir noch nicht finden.

und Operationsabteilung des Stabes der US Army und 1944/45 Nachfolger von General Stilwell in China gewesen. Mitte Juli 1948 war er gerade von einer Inspektionsreise nach Europa und Berlin zurückgekehrt und in seinem Bericht an den Chef der US Air Force empfahl er dringend, Tunner nach Europa zu schicken, weil er dessen Fähigkeiten noch bestens in Erinnerung hatte. Vandenberg selbst hatte bereits mit dem selben Gedanken gespielt, so daß der Bericht von Wedemeyer die grundsätzliche Entscheidung Vandenbergs nicht ursächlich beeinflußte, sondern lediglich die Entscheidung für Tunner verstärkt und beschleunigt hat.

Wenige Tage nachdem der Bericht Wedemeyers via Vandenberg zu Tunner gelangt war, wurde Tunner in das Büro von General Vandenberg bestellt und erhielt über die Köpfe von General Clay und General LeMay hinweg den Auftrag, das Kommando über die Berliner Luftbrücke zu übernehmen. Und Tunner, gewohnt ein Eisen zu schmieden, solange es heiß war, erbat und erhielt die Genehmigung, sich einen Stab von Experten zusammenzustellen, mit dem er glaubte, in kürzester Zeit die Organisation der Berliner Luftbrücke verbessern zu können.

### General William H. Tunner und sein Stab

Die Entscheidung von General Vandenberg, also von der obersten Luftwaffenführung wurde sowohl von General Clay als auch von General LeMay mit Befremden aufgenommen, vor allem deshalb, weil es über ihre Köpfe hinweg geschah. General Clay kannte zwar Tunner und dessen Leistung im Rahmen der Hump-Luftbrücke, aber er glaubte, mit dem ihm zur Verfügung stehenden Personal die Luftbrücke nach Berlin meistern zu können. General LeMay soll zwar gesagt haben, wenn Tunner glaube, es besser zu können, könne er es ja beweisen.[180] Wie seine Einstellung zu dieser Entscheidung anfangs aber wirklich war, das bekam Tunner sofort bei seinem Eintreffen in Wiesbaden zu spüren. LeMay, der über ein möglicherweise noch ausgeprägteres Ego als Tunner verfügte, erkannte aber sehr schnell die Fähigkeiten Tunners und arbeitete dann zu beider Nutzen gut mit ihm zusammen.

Von den elf Offizieren, die Tunner sich sofort in seinen engsten Stab holte, waren alleine sechs bereits an der Hump-Luftbrücke beteiligt gewesen.[181] Colonel Red Forman, Chefpilot bei der Hump-Luftbrücke, übte diese Funktion jetzt auch für die Berliner Luftbrücke aus. Verantwortlich für Beladen und Entladen der Flugzeuge

180 Eine schriftliche Form dieser Aussage LeMay´s liegt nicht vor.

181 Mehr zu den folgenden Namen bei Tunner, Over the Hump, S. 163 ff.

sollte Major Edward A. Guilbert werden, der schon in Indien jede noch so angespannte Situation durch einen Witz entkrampfen konnte. Zusätzlich zu seinen sonstigen fachlichen Qualitäten zeichnete er sich auch durch einen ausgeprägten gesunden Menschenverstand aus.

Schon aus seiner Zeit in Memphis kannte Tunner die Fähigkeiten von Orval O. McMahon in allen Angelegenheiten der Materialversorgung (Supply). In Memphis war McMahon noch Staff Sergeant gewesen. Tunner hatte ihn dann ins Ferrying Command geholt und jetzt war er Lt. Colonel.

Zwei weitere Hump-Oldtimer waren Lt. Colonel Kenneth E. Swallwell, der sein überragendes Können beim Bau und der Einrichtung von Flugplätzen in Indien unter Beweis gestellt hatte, sowie Lt. Colonel Manuel „Pete" Fernandez, dessen Eltern aus Cuba stammten. Zwei Dinge zeichneten Fernandez besonders aus: Im Ferrying Command hatte er die einzige dort betriebene Schule für Funker und Wartungsmechaniker für Funkgeräte (radio mechanics and operators) geleitet und war in Indien Stellvertreter des für den gesamten Kommunikationsbereich zuständigen Offiziers gewesen. Für die Berliner Luftbrücke war er als Leiter des gesamten Kommunikationswesens vorgesehen. Seine zweite Eigenschaft beschrieb Tunner so:"Lt.Colonel Fernandez, United States Air Force, war der weltbeste Organisierer. (durchaus im übertragenen Sinne als Schnorrer und Dieb gemeint! – der Verf.) Sag´ was du brauchst und Pete wird es nicht nur finden, sondern auch damit zurückkommen und es einwandfrei in Betrieb setzen."[182] Schon unmittelbar nach der Ankunft von General Tunner in Wiesbaden erwies sich besonders dieses letzte „Talent" von Fernandez als überaus wertvoll.

Als letzten der Hump erprobten Experten holte sich Tunner den jungen Captain Jules A. Prevost in sein Team. In Indien hatte sich gezeigt, daß Prevost die neuen, von Bob White eingeführten Methoden der Fließbandwartung (Production Line Maintenance – PLM) in seinem damals noch kleinen Verantwortungsbereich hervorragend umgesetzt hatte. Und Tunner war davon überzeugt, daß Prevost bei den mit Sicherheit anstehenden Wartungsproblemen in Deutschland sehr wertvoll sein würde. Zwar nicht Hump-erprobt, aber von Memphis und dem Ferrying Command her bekannt und geschätzt, war Miss Katie Gibson als Sekretärin mit im Team.

Die restlichen fünf Offiziere hatte Tunner erst nach dem Kriege kennengelernt. Da war zunächst Colonel Theodore R. „Ross" Milton, ein großgewachsener und gut aussehender Mann von 31 Jahren.

[182] Tunner, Over the Hump, S. 164: „...I can flatly state that Lieutenant Colonel Fernandez, United States Air Force, was the world´s premier scrounger. You name it, and Pete could not only find it, but come back with it and put it to good use."

Sein letzter „Besuch" in Deutschland lag 4 Jahre zurück, als er einen Verband in dem schweren und für die 8th Air Force sehr verlustreichen Angriff auf ein Industriegebiet in Süddeutschland geführt hatte. Seine Aufgaben als Chef des Stabes hat er hervorragend erfüllt und er hat es dann in den Jahren danach bis zum (4-Sterne) General gebracht.[183]

Für die Public Relation Abteilung, die Tunner von vornherein als wichtiges psychologisches Instrument nach innen und außen schon vorgesehen hatte, waren Captain Raymond Towne und 1st/Lt. William G. Thompson im Team. Kurze Zeit nach der Ankunft in Deutschland erwies es sich als notwendig, den vielseitig talentierten Towne in der Operations- und Planungsabteilung einzusetzen und Thompson wurde Public Information Officer.

Blieben noch Captain Robert Hogg, hochintelligent mit einer ausgezeichneten Ausbildung – ein hervorragender Administrator. Er legte großen Wert darauf, daß sein Name wegen seiner schottischen Abstammung „Hoag" auszusprechen sei, ein schottisch/gälisches Wort mit der Bedeutung „ungeschorenes Lamm". Und Captain Harold H. Sims, der als Navigator bei der alten Foreign Ferrying Division Dutzende von Bombern sicher über den Südatlantik navigiert hatte. Er sollte sich um die Routenplanung durch die Luftkorridore nach Berlin kümmern. Wir werden ihm noch begegnen.

Schon während des Fluges nach Wiesbaden über den Nordatlantik via die Azoren begann das neue Airlift Team intensiv zu arbeiten. In individuellen Gesprächen instruierte Tunner, inzwischen zum Major General befördert, jeden einzelnen über seine zukünftigen Aufgaben. Dabei stand ein Grundgedanke im Vordergrund: Für die Berliner Luftbrücke waren so schnell wie möglich die gleichen Arbeitsmethoden wie bei der Hump-Luftbrücke einzuführen, von Flugregeln über Wartungsmethoden bis zur Unterbringung des Personals etc., um den gleichen hohen Grad an Effizienz und Produktivität zu erzielen. Diejenigen, die schon während der Hump-Luftbrücke mit General Tunner zusammengearbeitet hatten, verfügten durchaus schon über eine Vorstellung, was sie antreffen würden und was von ihnen erwartet wurde. Am Ende des Fluges hatte sich bei Miss Gibson eine ganzer Stoß von in Kurzschrift aufgenommenen Notizen angesammelt, die teilweise bereits fertige Anordnungen enthielten, die nur noch in Reinschrift übertragen werden mußten.

Allen im Team war klar, daß die Voraussetzungen grundlegend anders und vor allem besser waren als in Indien. So hatte ein be-

[183] Laut einer Quelle, die namentlich nicht genannt werden möchte, hat der spätere General Milton ziemlich harsche Kritik an General Tunner geäußert. Das erklärt möglicherweise auch, warum er zwei Anfragen des Verfassers für diese Dokumentation einfach nicht beantwortet hat.

trächtlicher Prozentsatz der fliegenden Besatzungen sich auf der Hump-Luftbrücke bereits bewährt. Statt der anfälligen C-46 bildeten die als zuverlässig bekannten Douglas C-54 Skymaster den Kernteil des fliegenden Geräts. Probleme in bezug auf Disziplin und äußere Erscheinung von Soldaten wie in Indien waren ebenfalls nicht zu erwarten. In einem Punkt irrten sich aber alle gründlich. Tunner selbst rechnete mit einer Abwesenheit von zu Hause von 90 Tagen. Tatsächlich mußte die Berliner Luftbrücke dann 15 Monate aufrechterhalten werden. Die Probleme, die sich dadurch einstellten, werden noch zu schildern sein.

## USAF + RAF = CALTF (Combined Airlift Task Force)

Am späten Nachmittag des 28. Juli 1948 trafen General Tunner und sein Team in Y-80, also Wiesbaden-Erbenheim ein. Tunner suchte sofort General LeMay auf, denn auch als Kommandierender General der Berliner Luftbrücke war er LeMay als dem Oberkommandierenden aller amerikanischen Luftstreitkräfte in Europa unterstellt und hatte sich bei ihm zu melden. Da die normale Dienstzeit bereits beendet war, traf Tunner seinen neuen direkten Vorgesetzten in dessen Quartier und das konnte sich sehen lassen.[184] Denn es handelte sich um die große Villa der Familie Henkel, der Inhaber der gleichnamigen bekannten Sektkellerei, die, wie es in dieser Zeit üblich war, von der amerikanischen Besatzungsmacht für ihre Zwecke beschlagnahmt worden war. Der Empfang war sachlich, denn LeMay hatte von höchster Stelle einen Mann geschickt bekommen, den er nicht einfach abweisen konnte. In der für LeMay typischen Art, Fragen, Kommentare oder Befehle in äußerst knapper Form von sich zu geben, war auch die Begrüßung für Tunner denkbar kurz und knapp: „Ich erwarte, daß Sie etwas leisten."[185]

Wie wenig willkommen Tunner mitsamt seinem Stab bei LeMay tatsächlich war, zeigte sich, als man die eigenen Quartiere in Augenschein nahm. Daß Tunner als Kommandierendem General der Berliner Luftbrücke ein winziges Einzelzimmer im Hotel „Schwarzer Bock" in Wiesbaden als Quartier zugewiesen wurde, störte ihn nur wenig. Aber es zeigte ihm überdeutlich, daß er eben nicht auf Wunsch und Anforderung durch LeMay, sondern auf Befehl von General Vandenberg nach Deutschland gekommen war. Die Angehörigen seines Stabes waren sicher noch miserabler untergebracht, obwohl es im durch den Krieg so gut wie gar nicht in Mitleidenschaft gezogenen Kurort Wiesbaden mit Sicherheit bessere Quar-

184  Im TB LeMay ist das erste Treffen zwischen LeMay und Tunner erst für den 29.7.1948 morgens 08:25 Uhr verzeichnet. AFHRA Reg.No. C-5073 (40-1).

185  Tunner, Over the Hump, S. 166:"I expect you to produce.".

tiere gegeben hätte. Der eigentliche Schock kam am nächsten Morgen, als das Team das Gebäude zu Gesicht bekam, das man ihnen als Hauptquartier für die Organisation, Leitung und Durchführung der Luftbrücke zugeteilt hatte: ein vollkommen leeres Appartmenthaus in der Taunus-Straße 11 in Wiesbaden, das sich in einem erbärmlichen Zustand befand. Alle Räume und Flure waren voll von Schutt und Trümmern und die Wände schmutzig. Es gab weder Tische und Stühle noch Telephone – nichts!

Als erste Maßnahme holte Tunner sich einige deutsche Arbeiter, die das Gebäude säubern sollten, und dann schickte er McMahon und Fernandez los, um Möbel sowie Telephone und Fernschreiber zu „organisieren". Als dann aber kurz darauf ein junger Luftwaffensoldat mit der Nachricht des Adjutanten von LeMay erschien, daß sie alle am Nachmittag vorbeikommen sollten, um die Ausweise zum Einkauf in der PX und für die Lebensmittelausgabe in Empfang zu nehmen, da platzte General Tunner doch der Kragen. Er holte seine Leute zu einer Konferenz zusammen und teilte ihnen kurz und bündig mit: „Wir sind hier, um zu arbeiten und nicht, um in der PX einzukaufen. Also können wir uns den Auftritt heute Nachmittag schenken. [...] Da wir jetzt sowieso weder Stühle noch Tische zum Arbeiten haben, erwarte ich von euch, daß ihr sofort die Flugplätze aufsucht und inspiziert, von denen wir zu operieren haben. Sobald ein Stuhl, ein Tisch und ein Telephon vorhanden ist, erwarte ich euch hier wieder zurück und an der Arbeit."[186] Auch General Tunner machte sich auf den Weg, um sich selbst einen Eindruck zu verschaffen. Was er vorfand, entsprach durchaus dem, was er auf Grund der Berichte erwartet hatte. Und Tunner, ebenfalls begabt mit dem Talent, komplexe Umstände kurz und knapp auf den Punkt zu bringen, urteilte ganz und gar nicht schmeichelhaft: „ein richtiges Cowboy-Unternehmen."[187]

Noch an diesem Tage abends um 21:00 Uhr versammelte General Tunner die Angehörigen seines Stabes zur nächsten Konferenz und jeder lieferte seinen ersten Bericht. Es zeigte sich Übereinstimmung darin, daß überall heillose Verwirrung und Unordnung herrschte. Für die allerersten Maßnahmen, die dringend in Angriff genommen werden mußten, kristallisierten sich schnell drei Schwerpunke heraus. Das Wartungssystem der Flugzeuge mußte völlig neu organisiert werden, in Berlin-Tempelhof mußte umgehend mit dem Bau von einer zusätzlichen Startbahn begonnen (eine neue Landebahn war schon im Bau) und das heillose Durcheinander bei der Abfertigung der Flugzeuge abgestellt werden. Der letzte Punkt wurde in

186  Tunner, Over the Hump, S. 167: „Now look, we came here to work. [...] We didn´t come to Germany to go shopping at the PX or the commissary, so I think we can just skip that little ceremony this afternoon. Inasmuch as we don´t have chairs, desks, or telephones, I´ll expect everyone of you to go to the air bases we will operate from and start learning this business. As soon as you have a desk and a chair and a telephone, I expect you right back here, working.".

187  Tunner, Over the Hump, S. 167: „...- a real cowboy operation.".

Abb. 16

Die „Mobile Snack Bar", hier wahrscheinlich in Berlin-Tegel.

Quelle: Privatbesitz von Col. USAF (ret.) William L. Brinson

wenigen Tagen gründlich verbessert. Bei seinem Besuch in Tempelhof an jenem ersten Tag der Inspektion hatte General Tunner den Raum der Flugleitung voll mit Piloten und Co-Piloten gefunden, die den Tisch des Flugleiters belagerten, um ihre Abfertigungspapiere für den Rückflug zu bekommen. Im Raum nebenan, einer Art Snackbar, warteten noch mehr Piloten rauchend und sich unterhaltend, bis sie an der Reihe waren. Nach entsprechenden Vorbereitungen erließ General Tunner am 31. Juli 1948, also drei Tage nach Übernahme des Kommandos über die Berliner Luftbrücke, einen Befehl, der bei allen Piloten zunächst Unmut und Unverständnis hervorrief, als sie ihn lasen. Danach hatten alle Piloten in Tempelhof während der gesamten Dauer des Aufenthaltes sich bei ihrem Flugzeug aufzuhalten.

Der Unmut legte sich aber schnell, als die Piloten die neuen Maßnahmen in Tempelhof erlebten. Zwar rollte wie bisher sofort nach dem Abstellen der Motoren ein LKW rückwärts an die Ladeluke und unter Aufsicht eines amerikanischen Soldaten luden deutsche Arbeiter das Flugzeug aus. Die Aufsicht lag bei den Amerikanern, aber die Organisation bei den Deutschen, und Tunner hatte schon bei seinem ersten Besuch festgestellt, daß das Entladen schnell und reibungslos funktionierte. Jetzt aber kam sofort nach der Landung auch ein Jeep der Flugleitung direkt zum Flugzeug und händigte den Piloten die Papiere für den Rückflug aus. Der nächste Jeep kam von der Wetterstation und übergab den Piloten die allerletzten Wetterinformationen. Aber der dann folgende Wagen sorgte für die eigentliche Überraschung bei den Piloten: eine mobile Snackbar, von der junge Berlinerinnen mit einem freundlichen Lächeln an die Piloten Kaffee, belegte Brötchen und Doughnuts ausgaben. Jetzt blieben die Piloten sogar gerne bei ihren Maschinen, und die Zeit des Aufenthaltes in Tempelhof reduzierte sich schlagartig auf ganze 30 Minuten. Schon bald wurde diese Mobile Snackbar auch in Gatow eingeführt und später dann auch in Tegel. Das Problem der verbesserten Wartung der Flugzeuge, und hier besonders die Durchführung der 200-Stunden-Kontrollen, konnte zunächst nur provisorisch gelöst werden. Das für die 200-Stunden-Kontrollen am besten geeignete Depot in Burtonwood, England mußte erst für die vorgesehene notwendige Kapazität reaktiviert und vorbereitet werden. Bis dahin wurden ab dem 5. August 1948 die 200-Stunden-Kontrollen im Depot Oberpfaffenhofen bei München durchgeführt. Bei den Amerikanern, die mit der Aussprache des Namens Oberpfaffenhofen offensichtlich erhebliche Schwierigkeiten hatten, war dieses Depot nur als „Oberhuffin´puffin" bekannt.

Als nächstes nahm Tunner die Erhöhung der Zahl der Flüge nach Berlin in Angriff. Der Flugweg über den südlichen Korridor, den die USAF von Rhein-Main und Y-80 benutzte, war bedeutend länger als der mittlere und nördliche Korridor. Der südliche Korridor erstreckte sich auf 216 Meilen (ca. 350 km), der mittlere nach Hannover auf 117 Meilen (ca. 189,5 km) und der nördliche Korridor nur auf 95 Meilen (ca. 154 km). Eine einfache Kalkulation zeigte, daß zwei C-54 Skymaster, die von einem Platz in der britischen Zone und in der Nähe des mittleren und nördlichen Korridor operierten, genausoviel nach Berlin transportieren konnten, wie drei C-54 von Rhein-Main und Y-80. Um zu erreichen, daß von Plätzen in der britischen Zone gestartet werden konnte, waren aber zwei Voraussetzungen zu klären. Es galt mit den britischen Partnern zu klären, ob und welche Plätze der USAF von der RAF überlassen werden konnten. Zusätzlich strebte Tunner eine Regelung an, nach der ein einheitliches Kommando für alle Aktivitäten der Berliner Luftbrücke verantwortlich sein sollte. Und da die USAF mehr als 2/3 der gesamten Transportkapazität lieferte, sollte sie auch den Kommandeur dieses gemeinsamen Kommandos stellen, mit einem britischen Offizier als Stellvertreter. Beides konnte Tunner aber nur mit Unterstützung von General LeMay erreichen. Die Maßnahmen, mit denen Tunner innerhalb von wenigen Tagen eine deutlich registrierbare Verbesserung bei der Luftbrücke erreicht hatte, wurden auch von LeMay erkannt. Es ist zwischen den beiden Generälen nie zu einem uneingeschränkt guten Verhältnis gekommen ist, dazu waren sie im Charakter und Werdegang viel zu verschieden, denn LeMay war der weithin berühmte Bomberkommandeur und Tunner „nur" ein Experte für militärischen Lufttransport. Da die Vorschläge von General Tunner, ein zentrales Kommando für alle amerikanischen und britischen Aktivitäten der Berliner Luftbrücke unter einem Kommandeur zu bilden, für General LeMay überzeugend waren, hat er entsprechende Verhandlungen mit der britischen Seite sofort aufgenommen.

Am 5. August 1948 morgens um 10:20 Uhr fand das Gespräch zwischen LeMay und Tunner statt, in dem Tunner seine Vorstellungen von einem einheitlichen Kommando für die Berliner Luftbrücke vortrug, und noch am gleichen Tage mittags flog LeMay zu einem Treffen mit Air Marshal Sir Arthur P.M. Sanders als Vertreter von BAFO (British Air Forces of Occupation), um das angestrebte vereinigte Kommando in die Wege zu leiten.[188] Es dauerte aber noch bis zum 15. Oktober 1948, bis es zu einer Einigung zwischen USAFE (United States Airforces in Europe) und BAFO kam, zur Bildung der Combined Airlift Task Force (CALTF) mit Major General Tunner (USAF) als Kommandierenden General und Air Commodore J.W.F. Merer (RAF) als Stellvertreter.[189] Der andere Teil von Tunners Bestrebungen, nämlich in der britischen Zone Plätze für amerikanische Transporter für den Einsatz nach Berlin zu bekommen, ging relativ schnell in Erfüllung, denn bereits am 21. August 1948 verlegten die ersten drei amerikanischen Transportstaffeln nach Faßberg. Von diesem Platz aus wurde dann ausschließlich Kohle nach Berlin geflogen.

### Einsatzplanung und Einsatzleitung

Bevor auf irgendeinem Flugplatz ein Transportflugzeug starten kann, sind vielfältige Vorbereitungen notwendig. Dabei spielt es keine Rolle, wie groß und umfangreich ein einzelnes Unternehmen ist. Angefangen auf Staffelebene über eine Gruppe und ein Ge-

188  Eintragung Tagebuch LeMay vom 5.8.1948; AFHRA Reg.No.C-5073 (40-1).

189  Da es in der Folge häufig nötig ist, britische und amerikanische Rangbezeichnungen anzugeben, sei zum besseren Verständnis auf den Vergleich von Offiziersrängen in der USAF, RAF und der deutschen Luftwaffe im Anhang verwiesen. Das Schreiben von der USAFE und BAFO an Tunner: „Letter Directive for a Combined Airlift Task Force" ist enthalten im CALTF-Abschlußbericht, S. 18 f., aber auch an anderen Stellen abgedruckt.

Ort von der Wirksamkeit dieser für 1948/49 neuen und teilweise geradezu revolutionären Einrichtungen für Flugplanung und Flugsicherheit einen Eindruck zu verschaffen, mit dem Ergebnis, daß sie danach von den großen amerikanischen Flughäfen und Fluglinien so bald wie möglich übernommen wurden.

Wie lief aber die Planung für einen gleichmäßigen Strom von Transportflugzeugen von den Plätzen in Westdeutschland durch die Luftkorridore nach Berlin ab? Das Ziel war, rund um die Uhr in genau festgelegten Intervallen ein Flugzeug in Berlin landen zu lassen. Im Prinzip lautete die Rechnung: Ein Tag hat 24 Stunden, multipliziert mit 60 Minuten je Stunde ergibt das 1440 Minuten pro Tag. Bei einer Takt-Frequenz von fünf Minuten bedeutete das 288 mögliche Flüge. Da aber zwei Einflugkorridore und in Berlin zwei Zielflughäfen zur Verfügung standen, war es möglich, bei dieser Frequenz von fünf Minuten 576 Flugzeuge die Luftkorridore nach Berlin passieren zu lassen und in Berlin auf einem der beiden bis dahin vorhandenen Plätze landen und ausladen zu lassen. Bei einer entsprechenden Höhenstaffelung in dem mittleren Korridor, der den gesamten Berlin verlassenden Strom von Flugzeugen aufnehmen mußte, war es ohne Probleme möglich, die 576 Flugzeuge auch sicher zu ihren Basen zurückzuleiten. Die Takt-Frequenz konnte natürlich auch verringert werden, und damit die Zahl der Flüge erhöht werden, wenn genügend Transporter von in etwa gleicher Reisegeschwindigkeit zur Verfügung standen und eingesetzt werden konnten. Bei einer Takt-Frequenz von vier Minuten waren dann 720 Flüge pro Tag möglich und bei einer Frequenz von drei Minuten sogar 960 Flüge. Und in der Tat wurden nach der offiziellen Statistik der CALTF[194] nach 436 Flügen im Juli 1948, im August 1948 578 und im September 1948 658 Flüge nach Berlin registriert. Im Oktober und November 1948 ging die Zahl der Flüge bedingt durch ungewöhnlich schlechtes Wetter leicht zurück, stieg dann aber wieder kontinuierlich an, um im April 1949 867 Flüge pro Tag zu erreichen. Da aber, wie bereits kurz geschildert, sich die Transportkapazität der eingesetzten Flugzeuge erheblich erhöhte, weil die C-47 abgezogen und durch C-54 Transporter ersetzt wurden, hat sich die Menge der nach Berlin überflogenen Güter nur im November 1948 trotz weniger Flüge nur leicht verringert. Ab Dezember 1948 stand dann mit dem völlig neu gebauten Flugplatz Tegel ein dritter und, wie sich schnell zeigen sollte, sehr leistungsfähiger Flugplatz in Berlin zur Verfügung. Der absolute Höhepunkt der Berliner Luftbrücke war dann Ostern 1949 – von Ostersamstag, 12:00 mittags bis Oster-

194 Siehe Airlift Berlin Mission (Abschlußbericht der CALTF), S, 89, aber auch Berlin Airlift, An Account of the British Contribution, S. 37 mit identischen Angaben.

gesamten Transportkapazität lieferte, sollte sie auch den Kommandeur dieses gemeinsamen Kommandos stellen, mit einem britischen Offizier als Stellvertreter. Beides konnte Tunner aber nur mit Unterstützung von General LeMay erreichen. Die Maßnahmen, mit denen Tunner innerhalb von wenigen Tagen eine deutlich registrierbare Verbesserung bei der Luftbrücke erreicht hatte, wurden auch von LeMay erkannt. Es ist zwischen den beiden Generälen nie zu einem uneingeschränkt guten Verhältnis gekommen ist, dazu waren sie im Charakter und Werdegang viel zu verschieden, denn LeMay war der weithin berühmte Bomberkommandeur und Tunner „nur" ein Experte für militärischen Lufttransport. Da die Vorschläge von General Tunner, ein zentrales Kommando für alle amerikanischen und britischen Aktivitäten der Berliner Luftbrücke unter einem Kommandeur zu bilden, für General LeMay überzeugend waren, hat er entsprechende Verhandlungen mit der britischen Seite sofort aufgenommen.

Am 5. August 1948 morgens um 10:20 Uhr fand das Gespräch zwischen LeMay und Tunner statt, in dem Tunner seine Vorstellungen von einem einheitlichen Kommando für die Berliner Luftbrücke vortrug, und noch am gleichen Tage mittags flog LeMay zu einem Treffen mit Air Marshal Sir Arthur P.M. Sanders als Vertreter von BAFO (British Air Forces of Occupation), um das angestrebte vereinigte Kommando in die Wege zu leiten.[188] Es dauerte aber noch bis zum 15. Oktober 1948, bis es zu einer Einigung zwischen USAFE (United States Airforces in Europe) und BAFO kam, zur Bildung der Combined Airlift Task Force (CALTF) mit Major General Tunner (USAF) als Kommandierenden General und Air Commodore J.W.F. Merer (RAF) als Stellvertreter.[189] Der andere Teil von Tunners Bestrebungen, nämlich in der britischen Zone Plätze für amerikanische Transporter für den Einsatz nach Berlin zu bekommen, ging relativ schnell in Erfüllung, denn bereits am 21. August 1948 verlegten die ersten drei amerikanischen Transportstaffeln nach Faßberg. Von diesem Platz aus wurde dann ausschließlich Kohle nach Berlin geflogen.

## Einsatzplanung und Einsatzleitung

Bevor auf irgendeinem Flugplatz ein Transportflugzeug starten kann, sind vielfältige Vorbereitungen notwendig. Dabei spielt es keine Rolle, wie groß und umfangreich ein einzelnes Unternehmen ist. Angefangen auf Staffelebene über eine Gruppe und ein Ge-

188  Eintragung Tagebuch LeMay vom 5.8.1948; AFHRA Reg.No.C-5073 (40-1).

189  Da es in der Folge häufig nötig ist, britische und amerikanische Rangbezeichnungen anzugeben, sei zum besseren Verständnis auf den Vergleich von Offiziersrängen in der USAF, RAF und der deutschen Luftwaffe im Anhang verwiesen. Das Schreiben von der USAFE und BAFO an Tunner: „Letter Directive for a Combined Airlift Task Force" ist enthalten im CALTF-Abschlußbericht, S. 18 f., aber auch an anderen Stellen abgedruckt.

schwader bis zu einem größeren Unternehmen, wie es eine Luftbrücke nun einmal ist, gibt es die Abteilung „Planing and Operations", in der in aller Regel nur hochqualifizierte Fachoffiziere Dienst tun. Es versteht sich von selbst, daß alle diese Offiziere auch erfahrene Piloten sind. General Smith hatte in den vier Wochen, in denen er die Organisation der Luftbrücke leitete, eine Reihe von Maßnahmen angeordnet oder wenigstens in die Wege geleitet, um die Routenführung und die Anflugverfahren zu verbessern. Wie sehr diese Verfahren noch unausgereift waren, davon bekam General Tunner am 13. August 1948, also zwei Wochen nach Übernahme des Kommandos über die Berliner Luftbrücke, eine unmittelbare und sehr eindrucksvolle Vorstellung.[190] Dieser Freitag, der 13. August 1948, sollte in die Geschichte der Berliner Luftbrücke als „Black Friday" (Schwarzer Freitag) eingehen, obwohl es nur einigen Sachaber zum Glück keinen Personenschaden zu beklagen gab. Tunner war auf dem Weg nach Berlin, um eine sehr wertvolle Uhr, die ein Berliner für die Luftbrückenpiloten gestiftet hatte, an den Piloten mit den bis dahin meisten Einsätzen nach Berlin zu übergeben. Pilot von Tunners C-54 war Captain Bettinger, schon seit Ende 1941 beim Ferrying Command und bei MATS als Tunner ihn nach Deutschland holte; Co-Pilot war der Chefpilot der Luftbrücke Lt. Col. Red Forman, während Tunner in der Mitte hinter beiden auf dem sog. Jump-Seat saß. Kurz bevor Tunners Flugzeug im Luftraum über Berlin eintraf, war am Flughafen Tempelhof die Wolkenuntergrenze bis auf die Dächer der umliegenden Wohnhäuser abgesunken. Gleichzeitig ging ein wolkenbruchartiger Regenschauer nieder, und die Radarlotsen konnten keine Flugzeuge mehr auf ihren Radarschirmen erkennen. Der Pilot einer C-54 glaubte eine Landebahn durch die regennasse Windschutzscheibe zu erkennen und landete. Er hatte aber die Hauptlandebahn verfehlt und setzte auf der gerade im Bau befindlichen zweiten Landebahn auf, die aber zu diesem Zeitpunkt nur aus aufgeschüttetem Trümmerschutt aus den umliegenden Häusern als Unterbau für die neue Bahn bestand. Die Maschine kam nach einer Drehung um die Hochachse zum Stehen, die Besatzung blieb unverletzt, aber das Flugzeug war stark beschädigt. Als dann die nächste C-54 nicht vor dem Ende der Landebahn zum Stehen gebracht werden konnte, sondern in den Graben vor dem Tempelhofer Damm rutschte und dort in Flammen aufging, die Besatzung sich aber rechtzeitig in Sicherheit bringen konnte, verloren sowohl die Radarlotsen als auch die Leute auf dem Kontrollturm die Übersicht.[191] Alle nachfolgenden Maschinen, die in

---

190  Zu den folgenden Ereignissen siehe Tunner, Over the Hump, S. 152 ff.; ferner Richard Collier: Bridge Across the Sky, New York o.J., S. 98 ff., der die meisten Beteiligten interviewen konnte. Dazu Mitteilung von Brigadier General USAF (Ret.) Sterling P. Bettinger vom 20.5.1996 an den Verfasser. Tunner bezeichnet Bettinger am 13.8.1948 als Lt. Col., aber zu dieser Zeit war Bettinger noch Captain, Major ab Oktober 1948.

191  Über eine weitere C-54, die in einigen Publikationen erwähnt wird und die bei einer Vollbremsung alle Reifen angeblich zerfetzt haben soll, liegt kein offizieller Unfallbericht vor. Mitteilung der AFHRA vom 16.1.1998 zusammen mit den Unfallberichten des „Black Friday".

Abb. 17
„Schwarzer Freitag" (Black Friday) 13. August 1948 in Berlin-Tempelhof. Die brennende Douglas C-54 Skymaster kurz vor dem Tempelhofer Damm.

Quelle: Landesarchiv Berlin

Abständen von wenigen Minuten im Luftraum über Berlin eintrafen, wurden jetzt in Warteschleifen geschickt, die in einer 500-Fuß-Staffelung von 3.000 Fuß bis in 11.000 Fuß Höhe reichten. Die Maschine von General Tunner wartete in 8.000 Fuß Höhe. Im Sprechfunk herrschte totales Chaos, weil alle wissen wollten, was los war. Am Boden stauten sich die ausgeladenen Flugzeuge, die keine Starterlaubnis erhielten, weil das Kontrollpersonal Kollisionen mit den über Berlin kreisenden Flugzeugen befürchtete. Oben über Berlin war sich General Tunner sehr wohl bewußt, wie kritisch diese Situation schnell werden konnte. Wenn auch nur eines der kreisenden Flugzeuge, aus welchen Gründen auch immer, außerhalb des genau begrenzten Luftraums über Berlin geriet, konnte es leicht passieren, daß es von sowjetischen Jägern attackiert oder von Flak beschossen würde. Hinzu kam die Kollisionsgefahr zwischen den in dem engen Luftraum über Berlin kreisenden Flugzeugen. Es blieb nur eine Lösung. Tunner nahm selbst das Sprechfunkmikrophon und rief den Kontrollturm Tempelhof: „Hier spricht Tunner und ihr hört zu. Schickt alle Flugzeuge zurück zu ihren Basen."[192] Der verblüffte Kontroller bat um Wiederholung dieser Anweisung. Alle Flugzeuge über und unter ihm sollten wieder zurückgeschickt werden und Tunner wollte dann in Tempelhof landen. So geschah es dann. Als

192 Tunner, Over the Hump, S. 154: „This is 5549 (die Nummer und gleichzeitig das Rufzeichen von Tunners Flugzeug, der Verf.), Tunner talking, and you listen. Send every plane back to the home base".

Tunner dann unten angekommen war, gab er Lt.Col. Forman und Capt. Bettinger den Befehl, solange in Berlin zu bleiben, bis sie ihm eine einwandfreie Lösung vorlegen könnten, daß solch ein Durcheinander nie, und er betonte **nie mehr,** wieder vorkommen könnte. Er gab ihnen auch noch einige Ideen mit, wie er sich das vorstellte. Und Forman machte sich mit Bettinger und Captain Harold H. Sims an die Arbeit. Es war eine typische Aufgabe und Arbeit für „Planning and Operations". Nach wenigen Tagen legten sie Tunner die geforderte Lösung vor, die Tunner akzeptierte und in ihren wesentlichen Bestandteilen einschneidende Änderungen brachten, die bis zum Ende der Luftbrücke in Kraft blieben.[193]

Die erste Maßnahme war die Anordnung, daß Flugzeuge, die den Landeanflug egal aus welchen Gründen abbrechen mußten, nicht mehr wie bisher nach einer Platzrunde einen neuen Anflug beginnen konnten, sondern beim Durchstarten nach mißglückter Landung wie ein startendes Flugzeug zu behandeln waren und mit der ganzen Ladung zu ihrer Basis zurückfliegen mußten. Dies war bis dahin der Hauptgrund für die Warteschleifen gewesen. Denn wenn ein Flugzeug nach mißglückter erster Landung eine Platzrunde flog, um wieder zur Landung ansetzen zu können, mußten alle nachfolgenden Flugzeuge in der Warteschleife über Berlin verharren. Diese erste Anordnung hatte zwei Auswirkungen. Es gab keine gefährlichen Staus mehr im Luftraum über Berlin und die Zahl der mißglückten und abgebrochenen Landungen ging drastisch zurück. Der Grund für letzteres war einfach zu erklären, denn jetzt setzte jeder Pilot seinen Ehrgeiz und sein ganzes Können ein, um seine Maschine im ersten Anflug sicher auf die Landebahn zu bringen. Denn auch Piloten sind nicht frei von Eitelkeit.

Die zweite Maßnahme bestand darin, daß die Flugzeuge schon vor dem Ende des Luftkorridors ihre Reiseflughöhe verließen und im Luftraum über Berlin in einer Flughöhe eintrafen, die es den Radarlotsen erleichterte, sie innerhalb des Berliner Luftraums zum vorgesehenen Platz und zum Landeanflug zu leiten. Dazu wurde die Höhenstaffelung im südlichen Luftkorridor von bisher fünf gestaffelten Höhen auf zwei verschiedene Flughöhen reduziert. Es hatte sich nämlich gezeigt, daß in den jeweiligen Flughöhen die Windgeschwindigkeiten oft sehr unterschiedlich waren und ein Einhalten von präzisen Intervallen äußerst schwierig machten, was dann zu Problemen beim Sinken aus dem Reiseflug bis zur Übernahme durch den Radarlotsen führte. Die Einführung dieses neuen Verfahrens wurde erheblich durch die Installierung eines neuen Radar-

193 Für das Folgende Mitteilungen von Brig.Gen. USAF (Ret.) Bettinger vom 20.5.1996 und Major USAF (ret.) Harold H. Sims vom 6.4.1998 an den Verfasser.

systems mit größerer Reichweite (CPS-5) erleichtert, das in der Luftkontrollzentrale (Air Trafic Control Center) am Flughafen Tempelhof installiert war und die ankommenden Flugzeuge schon in größerer Entfernung im Luftkorridor erfassen und leiten konnte.

Die dritte Maßnahme war die wohl einschneidenste aber auch wirkungsvollste aller Änderungen der Flugverfahren. Ab sofort wurden alle Flugbewegungen durch die Luftkorridore nach Berlin und vor allem die Landungen auf den Flugplätzen in Berlin nur und ausschließlich nach Instrumentenflugregeln (IFR) durchgeführt. Das galt auch bei gutem Wetter und klarer Sicht. Mit dieser Maßnahme wurde es möglich, einen gleichmäßigen Strom von Transportflugzeugen durch die Korridore bis zur Landung auf einem der Berliner Plätze zu organisieren. Tunners Vorstellung von einer im gleichen Takt klingenden „Rhythmustrommel" begann Realität zu werden. Um dieses Ziel zu erreichen, mußte noch eine andere Änderung vorgenommen werden. Es zeigte sich nämlich sehr schnell, daß die stark unterschiedlichen Geschwindigkeiten der guten alten Douglas C-47 bzw. Dakotas im Vergleich mit den modernen viermotorigen amerikanischen Douglas C-54 und britischen ebenfalls viermotorigen AVRO Yorks und Lancastrians und der Handley Page Hastings und Haltons zu große Hindernisse für einen gleichmäßig fließenden Strom von Flugzeugen waren. Deshalb wurden Ende September 1948, als der USAF eine ausreichende Zahl an C-54 Transportern in Deutschland zur Verfügung stand, alle C-47 Transporter von der Luftbrücke nach Berlin abgezogen, aber natürlich noch weiterhin für andere Transportaufgaben in Europa eingesetzt.

Damit alle diese Maßnahmen, die ja eine bedeutende Steigerung der Anzahl der Flüge nach Berlin möglich machten, auch mit der entsprechenden Sicherheit bei der Flugkontrolle verbunden waren, forderte und erhielt General Tunner aus den USA eine größere Anzahl von (militärisch) gut ausgebildeten Radarlotsen, die auf allen mit der Luftbrücke befaßten Flugplätzen eingesetzt wurden, besonders aber am neuralgischsten Platz, nämlich Berlin-Tempelhof. Schon nach kurzer Zeit konnte man ohne jede Übertreibung sagen, daß Berlin-Tempelhof mit seinen modernen Radaranlagen für Strecken- und Endanflugkontrolle der mit weitem Abstand am modernsten ausgerüstete Flugplatz der ganzen Welt war, die USA eingeschlossen. Als sich diese Tatsache in Fachkreisen herumsprach, kamen aus den USA die zivilen Vertreter von großen Flughäfen und von zivilen Luftlinien nach Deutschland und Berlin, um sich vor

Ort von der Wirksamkeit dieser für 1948/49 neuen und teilweise geradezu revolutionären Einrichtungen für Flugplanung und Flugsicherheit einen Eindruck zu verschaffen, mit dem Ergebnis, daß sie danach von den großen amerikanischen Flughäfen und Fluglinien so bald wie möglich übernommen wurden.

Wie lief aber die Planung für einen gleichmäßigen Strom von Transportflugzeugen von den Plätzen in Westdeutschland durch die Luftkorridore nach Berlin ab? Das Ziel war, rund um die Uhr in genau festgelegten Intervallen ein Flugzeug in Berlin landen zu lassen. Im Prinzip lautete die Rechnung: Ein Tag hat 24 Stunden, multipliziert mit 60 Minuten je Stunde ergibt das 1440 Minuten pro Tag. Bei einer Takt-Frequenz von fünf Minuten bedeutete das 288 mögliche Flüge. Da aber zwei Einflugkorridore und in Berlin zwei Zielflughäfen zur Verfügung standen, war es möglich, bei dieser Frequenz von fünf Minuten 576 Flugzeuge die Luftkorridore nach Berlin passieren zu lassen und in Berlin auf einem der beiden bis dahin vorhandenen Plätze landen und ausladen zu lassen. Bei einer entsprechenden Höhenstaffelung in dem mittleren Korridor, der den gesamten Berlin verlassenden Strom von Flugzeugen aufnehmen mußte, war es ohne Probleme möglich, die 576 Flugzeuge auch sicher zu ihren Basen zurückzuleiten. Die Takt-Frequenz konnte natürlich auch verringert werden, und damit die Zahl der Flüge erhöht werden, wenn genügend Transporter von in etwa gleicher Reisegeschwindigkeit zur Verfügung standen und eingesetzt werden konnten. Bei einer Takt-Frequenz von vier Minuten waren dann 720 Flüge pro Tag möglich und bei einer Frequenz von drei Minuten sogar 960 Flüge. Und in der Tat wurden nach der offiziellen Statistik der CALTF[194] nach 436 Flügen im Juli 1948, im August 1948 578 und im September 1948 658 Flüge nach Berlin registriert. Im Oktober und November 1948 ging die Zahl der Flüge bedingt durch ungewöhnlich schlechtes Wetter leicht zurück, stieg dann aber wieder kontinuierlich an, um im April 1949 867 Flüge pro Tag zu erreichen. Da aber, wie bereits kurz geschildert, sich die Transportkapazität der eingesetzten Flugzeuge erheblich erhöhte, weil die C-47 abgezogen und durch C-54 Transporter ersetzt wurden, hat sich die Menge der nach Berlin überflogenen Güter nur im November 1948 trotz weniger Flüge nur leicht verringert. Ab Dezember 1948 stand dann mit dem völlig neu gebauten Flugplatz Tegel ein dritter und, wie sich schnell zeigen sollte, sehr leistungsfähiger Flugplatz in Berlin zur Verfügung. Der absolute Höhepunkt der Berliner Luftbrücke war dann Ostern 1949 – von Ostersamstag, 12:00 mittags bis Oster-

194   Siehe Airlift Berlin Mission (Abschlußbericht der CALTF), S, 89, aber auch Berlin Airlift, An Account of the British Contribution, S. 37 mit identischen Angaben.

DIE BERLINER LUFTBRÜCKE 1948/49

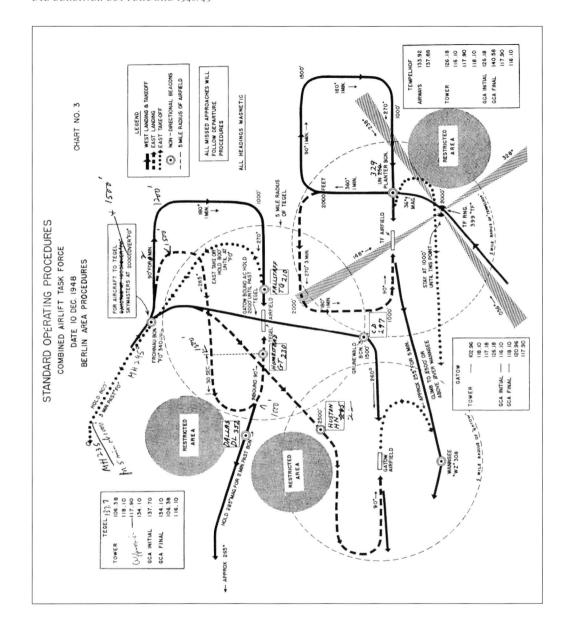

Abb. 18
Anflugverfahren für die Flugplätze in Berlin; das Original hat etwa das Format DIN A3.

Quelle: Privatbesitz von Airline Capt. (Ret.) Gerald L. Munn

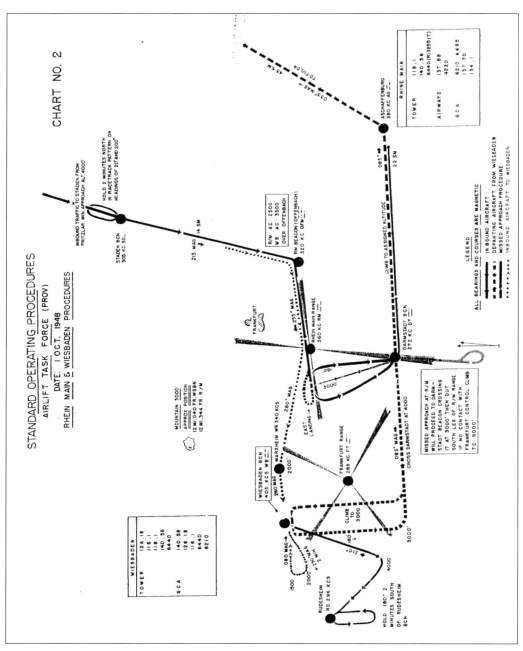

Abb. 19
Flugverfahren von Wiesbaden-Erbenheim (Y-80) und Rhein-Main zum südlichen Luftkorridor; die Karte im Original entspricht in etwa dem Format DIN A3.

Quelle: Privatbesitz von Airline Capt. (Ret.) Gerald L. Munn

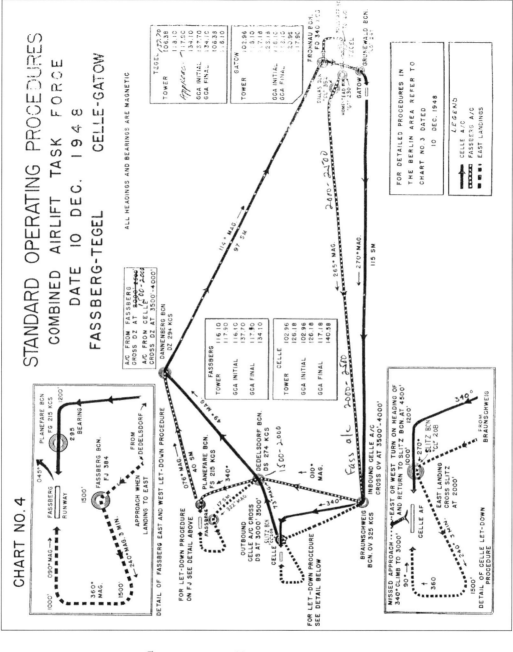

**Abb. 20**

Flugverfahren von Faßberg und Celle-Wietzenbruch nach Berlin-Tegel durch den nördlichen Luftkorridor und zurück durch den mittleren Korridor: Die Originalkarten entsprechen in etwa dem Format DIN A3.

Quelle: Privatbesitz von Airline Capt (Ret.) Gerald L. Munn

sonntag, 12:00 mittags – zu verzeichnen, als in der sog. Oster-Parade (Easter Parade) in diesen 24 Stunden 1398 Flugzeuge 12.940 (short) t´s Güter nach Berlin flogen. Das bedeutete, daß beinahe alle 60 Sekunden(!) in Berlin ein Flugzeug landete.

Damit kennen wir die Kapazität der Luftbrücke Berlin. Wie aber wurde dieser Strom von Flugzeugen von zwei Plätzen in den südlichen Korridor und von fünf Plätzen in den nördlichen Luftkorridor eingefädelt?[195] Im CALTF H.Q. in Wiesbaden gingen die Meldungen aus Berlin ein über die dortigen lokalen Wetterverhältnisse und eventuelle Staus am Boden beim Ausladen der Transportflugzeuge. Von der zentralen Wetterstation der USAF auf Rhein-Main liefen die Wettervorhersagen ein, die besonders in der Anfangszeit nicht sehr zuverlässig waren. Von allen Flugplätzen meldeten die jeweiligen Verbände der USAF und der RAF, die auch die Flugleitung für die zivilen Flugzeuge besorgte, die Zahl der in den folgenden Stunden startfertigen Flugzeuge. Startfertig bedeutete, daß ein Transporter beladen war und eine vollständige Besatzung bereitstand. Von Wiesbaden aus wurde dann den einzelnen Plätzen mitgeteilt, wann sie ihre Flugzeuge zu starten hatten, damit diese dann in dem für diese Zeit festgesetzten Minutenabstand (3,4,5 Minuten) das am Eingang der Korridore am Boden stationierte Funkfeuer zu genau festgelegter Zeit passieren konnten. Für den südlichen Korridor stand anfangs ein sog. radio beacon, ein ungerichtetes Funkfeuer mit starker Leistung in der Nähe von Fulda, das später durch ein mit sehr hoher Leistung arbeitendes UKW-Funkfeuer ersetzt wurde und für den nördlichen Korridor ein etwas schwächeres Funkfeuer in der Nähe von Dannenberg und dort zusätzlich für die RAF-Flugzeuge ein sog. Eureka-Beacon. Jedes Flugzeug, das in Richtung Berlin eines dieser am Korridoreingang postierten Funkfeuer passierte, meldete über Sprechfunk auf die Sekunde genau den Überflug des Funkfeuers, und besonders die vorausfliegende und die nachfolgende Maschine konnte sofort erkennen, ob der festgelegte Zeitabstand korrekt war, oder ob es notwendig war, durch Verringerung oder Erhöhung der Fluggeschwindigkeit den vorgesehenen Zeitabstand herzustellen. Da alle Starts und die Streckenführung mit Steigen auf die vorgesehene Flughöhe jetzt nach Instrumenten-Flugregeln abliefen, konnte die benötigte Zeit vom Beginn des Starts auf dem Platz bis zum Eintreffen über dem Funkfeuer ziemlich präzise errechnet werden. Das klingt alles sehr kompliziert, war aber in der Praxis für die erfahrenen Besatzungen bald Routine.

195  Zum Folgenden neben den Angaben von Brig.Gen. Bettinger auch Mitteilungen von Colonel USAF (Ret.) William L. Brinson vom 4.11.1996 und 19.12.1996 an den Verfasser. 1948 war Brinson als Major der Operations Officer der 313th Troup Carrier Group in Faßberg.

Lassen wir jetzt den Flug einer C-54 Skymaster der USAF von Frankfurt Rhein-Main aus durch den südlichen Korridor nach Berlin-Tempelhof und zurück, sozusagen im Cockpit mitfliegend, ablaufen..[196] Es muß, so entspricht es den gültigen Vorschriften, trotz guten Wetters und ausgezeichneter Sicht ein normaler Flug nach Instrumenten-Flugregeln sein, der in Frankfurt auf der Bahn 25 in westlicher Richtung startet und in Berlin ebenfalls auf der Bahn 27 in westlicher Richtung landet. Die C-54 Skymaster steigt nach dem Abheben mit der vorgeschriebenen Geschwindigkeit von 155 MPH (miles per hour) und mit einer Steigrate von 400-500 Fuß/Minute bis in eine Höhe von 900 Fuß MSL[197], geht dann in eine Linkskurve, um weiter Höhe gewinnend in südlicher Richtung das Darmstadt Beacon anzusteuern. Der Sprechfunkkontakt mit dem Kontrollturm von Rhein-Main bleibt bis 10 Meilen südlich von Rhein-Main erhalten und dann wird umgeschaltet auf eine Funkfrequenz, auf der alle Transporter die Meldungen der vor oder hinter ihnen fliegenden Transporter mithören können. Die C-54 passiert das Darmstadt Beacon in einer Höhe von maximal 3000 Fuß, denn die aus Wiesbaden-Erbenheim kommenden Transporter passieren dieses Beacon in 4500 Fuß. Wieder macht die C-54 eine Kurve nach links und steuert mit ca. 085° Kompaßkurs das östlich liegende Funkfeuer Aschaffenburg an und steigt auf dieser Strecke immer noch mit einer Geschwindigkeit von 155 MPH auf die im Flugplan vorgesehene Reiseflughöhe, die normalerweise entweder 5000 Fuß oder 6000 Fuß beträgt. Über dem Funkfeuer Aschaffenburg dreht die C-54 nochmals nach links und steuert schon in der vorgesehenen Reiseflughöhe und jetzt mit der normalen Reisegeschwindigkeit von 170 MPH das nordöstlich liegende Fulda VOR an. Die Überflugzeit von Fulda VOR wird auf die Sekunde genau über Sprechfunk durchgegeben, damit alle davor und dahinter fliegenden Maschinen informiert sind. Der Kurs wegweisend vom Fulda VOR wird mindestens 10 Minuten beibehalten, bevor auf das Tempelhof VOR umgeschaltet wird. Bei guter Sicht sind dann alle Piloten besonders beeindruckt von der Wartburg bei Eisenach[198], die direkt überflogen wird. Der Flug führt dann weiter über Langensalza und Dessau nach Berlin.

Über dem Kontrollpunkt Könnern (in den amerikanischen Anweisungen mit o statt ö geschrieben) noch vor Dessau nehmen die Piloten Funkkontakt mit dem Streckenradar im Gebäude des Flughafens Tempelhof auf und melden sich mit ihrer Rufnummer, die aus einem Codewort plus vier Zahlen bestand, von denen die letz-

196 Nach „Standard Operating Procedures" vom 20.12.1948, enthalten in CALTF Manual 60-1, Sect. II, Seite 1 ff., PRO Reg. No. AIR 38/378. Mit den graphischen Plänen Abb. 18 und 19 auf den Seiten 123 und 124 kann man den Flug ebenfalls nachvollziehen.

197 MSL = mean sea level = Höhe über dem Meer.

198 Kaum einer von ihnen hat gewußt , daß hier Martin Luther 1521-1522 das Neue Testament vom Griechischen ins Deutsche übersetzt hat.

ten drei Zahlen von der Kennzeichnungsnummer des Flugzeuges stammen. Für die ostwärts nach Berlin fliegende C-54 war das Codewort „Big Easy". Diese Codewörter waren schon in der Periode eingeführt worden, als Brigadier General Smith verantwortlich für die Leitung des amerikanischen Teils der Luftbrückenorganisation war. Für alle ostwärts fliegenden Transporter galt das Codewort „Easy" und für die aus Berlin westwärts fliegenden Maschinen „Willy". Alle nach Berlin fliegenden C-47 meldeten sich mit „Little Easy" und alle C-54 mit „Big Easy", westwärts fliegende C-47 waren dann „Little Willy und die C-54 „Big Willy". Diese Codebezeichnungen erwiesen sich als ein wichtiger Beitrag für die Sicherheit des gesamten Flugverkehrs in den Korridoren und in der Umgebung der Flugplätze und waren eine große Erleichterung im Funksprechverkehr, weil schon beim ersten Anruf einer Maschine sofort zu erkennen war, ob es sich um einen an- oder abfliegenden Transporter handelte.

Zurück zu unserer C-54 Skymaster auf dem Weg nach Tempelhof. Die Piloten geben ihren Standort durch und erhalten Anweisungen für das Sinken von der Reiseflughöhe auf die Höhe von 2000 Fuß oder etwas höher bis zum Erreichen des Berliner Luftraums über Tempelhof VOR und für den Anflug zum Flughafen Tempelhof zusammen mit der für Tempelhof gültigen Kalibrierung für den Höhenmesser. Wegen des guten Wetters entfällt der GCA-Anflug und die C-54 folgt den normalen Regeln für einen Anflug nach Instrumentenflugregeln. Nachdem Tempelhof VOR, das etwas südöstlich des Flughafens Tempelhof positioniert ist, in einer Flughöhe von 2000 Fuß passiert wurde, wird jetzt mit der auf 140 MPH reduzierten Geschwindigkeit das Planter Beacon angesteuert, das genau östlich vom Flughafen Tempelhof positioniert ist. Ab dem Planter Beacon fliegt die C-54 ein Karree, um zur Landebahn 27 zu gelangen: Zunächst mit 2000 Fuß Höhe genau eine Minute lang nördlich mit Kurs 360°, dann eine Rechtskurve auf den Gegenanflug mit Kurs 90° wieder genau für eine Minute, dabei auf diesem Gegenanflug von 2000 Fuß auf 1500 Fuß sinkend. Es folgt der dritte Teil des Karrees, der Queranflug mit Kurs 180°, ebenfalls für eine Minute und dabei auf 1000 Fuß sinkend. Auf diesem Queranflugteil werden auch die Vorbereitungen zur Landung getroffen, also Geschwindigkeit noch weiter reduzieren, Fahrgestell ausfahren und Landeklappen auf die erste Stufe stellen. Dann endlich dreht die C-54 nach rechts auf Kurs 270° für den Endanflug ein, steuert zunächst mit der Höhe von 1000 Fuß wieder das Planter Beacon an,

DIE BERLINER LUFTBRÜCKE 1948/49

jetzt aber genau von Osten kommend und macht von dort aus eine normale Landung auf der Bahn 27 unter Sichtflugbedingungen. Dabei wird die Geschwindigkeit weiter verringert sowohl mit Hilfe der nächsten Stufen der Landeklappen als auch mit niedriger Drehzahl der Triebwerke und mit ca. 100 MPH setzt die C-54 auf der Landebahn auf. Vom Kontrollturm aus wird der C-54 eine Parkposition auf der Rampe zugewiesen, die Entladung beginnt sofort und die Piloten erhalten schon hier ihre Unterlagen für den Rückflug.

Nach höchstens 30 Minuten steht die C-54 wieder am Haltepunkt der Bahn 27 und trifft die letzten Startvorbereitungen. Vom Kontrollturm erhalten die Piloten dann die Freigabe, um auf die Bahn in die Startposition zu rollen, und, nachdem die letzte landende Maschine von der Bahn in Richtung Rampe abgeschwenkt ist, auch die endgültige Startfreigabe. Nach dem Abheben steigt die C-54 zunächst mit einer Steigrate von 800 Fuß/Minute (deutlich schneller als mit der beladenen Maschine von Rhein-Main!) auf eine Höhe von 700 Fuß MSL und steuert dann weiter steigend mit Kurs 255°

**Abb. 21**
Hier „Jake" Schufferts Interpretation von „Big Willie" und „Little Willie"

Quelle: T/Sgt. John H. Schuffert, Sr.: Airlift Laffs, Operation Vittles in Cartoon

das Wannsee Beacon an. Nachdem dieses Beacon mit mindestens 3500 Fuß Höhe überflogen wurde, steigt die C-54 auf die zugewiesene Reisehöhe, die sich zwischen 6500 und 7500 Fuß bewegen kann und steuert mit der jetzt ebenfalls höheren Reisegeschwindigkeit von 180 MPH das Braunschweig Beacon an. Dort dreht die C-54 nach Süden und fliegt über die Beacons Fritzlar und Staden das Hauptanflugfunkfeuer für die Westlandung von Rhein-Main, das Offenbach Beacon an. Mit dem Überfliegen des Staden Beacons wird die Geschwindigkeit auf 140 MPH und die Flughöhe bis zum Erreichen des Offenbach Beacons auf 2500 Fuß verringert, und von da mit einem Kurs von ca. 255° der Anflug auf die Bahn 25 auf Rhein-Main eingeleitet, um nach einer Gesamtflugzeit von ca. 3 ½ Stunden wieder am „Heimatstandort" zu landen.

Für das Hauptquartier der CALTF begann aber die Luftbrücke Berlin nicht auf den Startplätzen in Westdeutschland, sondern im Fall der USAF begann die Luftbrücke bereits auf der anderen Seite des Atlantik in den USA und für die RAF in England. Von dort mußten alle Ersatzteile für die Flugzeuge rechtzeitig zu den Reparatur- und Wartungsdepots herantransportiert werden. Vollständige Austauschtriebwerke für die C-54 Skymaster wurden in großen Transportern vom Typ Douglas C-74 Globemaster I in regelmäßigen Flügen über den Atlantik nach Rhein-Main geflogen.[199] Jede dieser großen C-74 Globemaster konnte 16 Triebwerke für die C-54 transportieren. Dazu war auf Rhein-Main extra ein Wartungsteam für diese C-74 Transporter stationiert.[200] Für die 1000-Stunden-Grundüberholung wurden alle C-54 Skymaster zurück in die USA geflogen und dann wieder in die Flotte der CALTF eingereiht. Die RAF und die zivilen britischen Chartergesellschaften flogen natürlich ihre Flugzeuge sowohl für die 200-Stunden-Kontrollen als auch für die Grundüberholungen der Einfachheit halber nach England. Wenn eine Maschine aus dem laufenden Einsatz ausschied bzw. wieder eingereiht wurde, mußte dies nicht nur bei dem jeweiligen Verband, sondern ganz besonders bei der CALTF registriert und in die laufende Einsatzplanung einbezogen werden. Da praktisch jeden Tag Flugzeuge zur Wartung der einen oder der anderen Art ausschieden bzw. von dort zurückkehrten, war eine sorgfältige tägliche Erfassung für die Einsatzplanung zwingend notwendig. Alle diese technischen Details waren erfaßbar und planbar, es gab für die CALTF nur einen unberechenbaren Punkt – das Wetter.

[199] Zu der C-74 Globemaster I siehe Bill Holder & Scott Vadnais, The „C" Planes, S. 63 ff., ferner P.-A. Fernandez, Flugzeuge von A bis Z, Bd. 2, S. 126 f.

[200] Mitteilung von L.W. „Corky" Colgrove vom 24.3.1996 an den Verfasser. 1948 war er als 19-jähriger Sergeant in diesem Wartungsteam auf Rhein-Main stationiert.

## Wetterdienst

Der gesamte amerikanische militärische Wetterdienst war genau wie alle anderen Teile der US Army, US Navy und US Air Force nach Beendigung des Zweiten Weltkrieges drastisch reduziert worden.[201] Jeder wollte so schnell wie möglich die Uniform ausziehen. Waren im August 1945 noch 17.800 Offiziere und Soldaten im Dienst, die 312 Wetterstationen in den USA und weitere 546 Stationen in den verschiedensten Teilen der Welt betrieben, so hatte sich Mitte 1946 der Personalbestand auf nur noch 4.209 Offiziere und Soldaten verringert, aufgeteilt auf nur noch 279 Wetterstationen. Die verantwortlichen Leute im Air Weather Service (AWS) waren sich durchaus darüber im klaren, daß dies eine äußerst unerquickliche Situation war, und daß damit die Schwierigkeiten im Bereich der Wettervorhersage bei einer zukünftigen größeren Operation der US Forces quasi vorprogrammiert waren. Sie versuchten deshalb, besonders qualifizierte Wetterleute dadurch an den AWS zu binden, daß sie ihnen Offiziersränge im aktiven Dienst anboten mit der zusätzlichen Möglichkeit, zeitweilig vom Dienst beurlaubt zu werden, um an renomierten amerikanischen Universitäten ein Studium mit Magisterabschluß und Promotion in ihrer Fachrichtung zu absolvieren. Der AWS war inzwischen dem ATC bzw. MATS unterstellt worden und Mitte 1948 standen 860 Offiziere und 4.186 Soldaten des AWS bei den verschiedenen Geschwadern, Gruppen oder Staffeln der USAF im täglichen Einsatz. Die Zahl der Wetterflugzeuge des AWS war von einem Tiefststand im Jahre 1946 mit 47 Flugzeugen bis 1950 auf 64 Flugzeuge gestiegen, die für Flüge zur Wettererkundung eingesetzt werden konnten. Dabei handelte es sich um 60 B-29 und 4 B-17, die mit den entsprechenden Spezialeinrichtungen für die Erkundung von Wetterentwicklungen ausgerüstet waren. Während der Berliner Luftbrücke[202] richteten sowohl die USAF als auch die RAF einen jeweils unabhängigen Wetterdienst ein. Eine enge Zusammenarbeit ist zwar angestrebt worden, ist aber bis zum Ende der Luftbrücke nicht zustande gekommen, obgleich es Erfahrungs- und Informationsaustausch ohne feste Regeln durchaus gegeben hat.

Die Amerikaner ließen in den ersten Wochen B-17 Wetterflugzeuge die Luftkorridore in beiden Richtungen regelmäßig in unterschiedlichen Flughöhen patrouillieren, um die Wetterstationen auf den Plätzen mit aktuellen Informationen über die Wetterverhältnisse in den Korridoren zu versorgen. Diese Wetterpatrouillien wurden aber bald eingestellt, weil die regelmäßige Befragung der

201  Siehe dazu C.C. Bates u. J.F.Fuller, America´s Weather Warriors, S. 133 ff., besonders S. 145 ff.

202  Siehe dazu Tunner, Over the Hump, S. 173 ff.; Abschlußbericht CALTF, S. 37 ff. und Final RAF Report, S. 31 ff. und Appendix „L" des Final Reports, S. 389 ff.; ferner Mitteilungen an den Verfasser von Lt.Col. USAF (Ret.) Paul J. Bodenhofer vom 28.3.1996 und 18.9.1996. Er war 1948-1951 als Captain beim Wetterdienst auf Rhein-Main und später in Ramstein stationiert.

landenden Besatzungen nach den im Korridor angetroffenen Wetterbedingungen ausreichende Erkenntnisse brachten, um die startenden Besatzungen mit den aktuellen Wetterinformationen zu versorgen. Für die Vorhersagen über mehrere Tage stand die weiträumige Wettererkundung über der Wetterküche Nordatlantik zur Verfügung. Den Nordatlantik überfliegende Flugzeuge und Wetterschiffe auf festen Positionen, sowie Wetterstationen auf Grönland, Island und Schottland lieferten in regelmäßigen Zeitabständen die aktuellen Wetterdaten, mit denen dann die Amerikaner in Frankfurt/Main und die Briten in Bückeburg ihre Wetterkarten zeichneten, um daraus wiederum zu einer Vorhersage über die Entwicklung des Wetters in den nächsten Stunden oder Tagen zu kommen. Wie wichtig diese längerfristigen Prognosen waren, läßt sich an einem einfachen und einleuchtenden Tatbestand erläutern: Unter den Gütern, die nach Berlin transportiert wurden, gab es neben unproblematischer Ladung auch leichtverderbliche Lebensmittel, z.B. Frischfleisch. Die Anlieferung solcher Waren zu den Flugplätzen mußte unter allen Umständen so koordiniert werden, daß diese leichtverderblichen Waren dann auch sofort nach Berlin geflogen werden konnten. Nur so konnte vermieden werden, daß bei sehr schlechtem Wetter und nur geringer Zahl von durchführbaren Flügen, solche Lebensmittel in Gefahr gerieten, auf den Plätzen unnötig zu verderben.

Sowohl die Amerikaner als auch die Briten waren praktisch während der ganzen Zeit der Luftbrücke durch Personalknappheit, deren Gründe weiter oben schon angeführt wurden, stark gehandicapt. Deshalb haben USAF und RAF von Anfang an gut ausgebildete deutsche Fachleute, die in ausreichender Zahl sowohl in der britischen als auch in der amerikanischen Besatzungszone schnell gefunden werden konnten, zu ihrer vollen Zufriedenheit in ihren jeweiligen Wetterstationen eingesetzt. Anfangs gab es zwar Sprachprobleme, weil keineswegs alle deutschen Meteorologen über genügende englische Sprachkenntnisse verfügten. Aber das besserte sich von Monat zu Monat und besonders die Amerikaner haben sich sehr lobend über die gute Zusammenarbeit mit ihren deutschen Kollegen geäußert.[203]

Neben der allgemeinen Vorhersage über die Entwicklung der Großwetterlage war die lokale Prognose für das Wetter an den verschiedenen Flugplätzen eine wichtige Aufgabe für den Wetterdienst. Dabei stellten die sogenannten Wetterminima ein entscheidendes Kriterium dar. Diese Wetterminima waren keineswegs für alle Plätze

203 Mitteilungen an den Verfasser von Lt.Col. Bodenhofer (siehe oben) und von Colonel USAF (Ret.) James B. Jones vom 17.5.1996, 1948/49 als 1st/Lt. in Frankfurt/Main stationiert; von Major USAF (Ret.) Kenneth K. Kincannon vom 14.5.1996, 1948–1950 als 1st/Lt. auf Rhein-Main stationiert; von Maximilian C. Kozak vom 30.5.1996, während der Luftbrücke als Master Sergeant auf Rhein-Main stationiert; von Lt.Col. USAF (Ret.) William C. Perkins vom 16.5.1996, während der Dauer der Luftbrücke beim Wetterdienst auf Rhein-Main, in Faßberg, Tempelhof und Tegel eingesetzt; von Colonel USAF (Ret.) Ottis L. Rhoney vom 17.7.1996, während der Luftbrücke als 1st/Lt. in der Wetterzentrale auf Rhein-Main eingesetzt. Der Verfasser konnte leider noch keinen britischen Meteorologen finden und zu diesem Themenkomplex befragen

einheitlich. Für die meisten Plätze galt eine Wolkenuntergrenze von 200 Fuß (60 m) und eine Sicht von einer halben Meile (ca. 800 m) als Kriterium für noch normale Landungen. Dagegen waren diese Minima für Berlin-Tempelhof doppelt so hoch, weil der Endanflug vor allem in der Westrichtung kurz vor dem Platz schon unterhalb der Hausdächer der zu beiden Seiten des Anfluges befindlichen Wohnblocks führte. Für die Planung der Starts von den westdeutschen Plätzen war es also äußerst wichtig, früh genug zu wissen, ob die startenden Maschinen auch in Berlin landen konnten. Voraussetzung für einen reibungslosen und effizienten Ablauf bei kritischen Wetterlagen war deshalb eine permanente Kommunikationsschiene zwischen der Wetterzentrale in Frankfurt/Main, der Flugleitzentrale im CALTF Hauptquartier in Wiesbaden und den verschiedenen Plätzen. Gelegentlich traten aber Veränderungen an einem Platz so überraschend ein, daß kurzfristig umdirigiert werden mußte, damit es nicht, wie bereits geschildert, zu einer Katastrophe kommen konnte. Für die Rückflüge aus Berlin nach Westen waren besonders bei kritischen Wetterlagen alle Besatzungen mit Unterlagen über Routenführung, Funkfrequenzen und Anflugverfahren für Ausweichplätze in ganz Westeuropa versorgt worden. Und es ist tatsächlich vorgekommen, daß Besatzungen statt in Frankfurt/Main oder Wiesbaden sich plötzlich in Brüssel oder Marseille um eine Übernachtungsmöglichkeit kümmern mußten.

Nachdem besonders die amerikanischen Meteorologen sich mit den für sie neuen Wetterverhältnissen in Mitteleuropa vertraut gemacht hatten, wobei die Unterstützung durch deutsche Meteorologen besonders wertvoll war, verbesserte sich die anfangs mehr schlechte als rechte Wettervorhersage so, daß zutreffende Vorhersagen über mehrere Tage immer häufiger wurden und zu einem reibungslosen Ablauf der Luftbrücke führten. Die Briten waren verständlicherweise besser mit den Verhältnissen in Europa vertraut. Abgesehen von ihrer permanenten Knappheit an qualifiziertem Personal, das durch deutsche Meteorologen dann zu aller Zufriedenheit kompensiert wurde, konnten die britischen Wetterdienste ihre Plätze mit guten Vorhersagen über das Wetter versorgen.

### Die geographischen Bedingungen

War das Wetter das mit Abstand unberechenbarste Element bei der Planung und Durchführung der Berliner Luftbrücke, so stellten die geographischen Voraussetzungen eine feste Größe dar. Lediglich die

Luftstraßen änderten sich, wenn ein neuer Flugplatz in die Organisation der Luftbrücke integriert wurde.

### Die Luftkorridore nach Berlin

Die Luftkorridore nach Berlin waren von Juni 1948 bis Mai 1949 die einzigen und deshalb für das Überleben von ca. 2,2 Millionen Berlinern in den Westsektoren der geteilten deutschen Hauptstadt wichtigsten Lebensadern.

Im Gegensatz zu den Landverbindungen über Straße, Schiene und Wasserwege nach Berlin, für die die Westalliierten eine feste vertragliche Vereinbarung bei den Verhandlungen über die Aufteilung Deutschlands in Besatzungszonen im Herbst 1944 versäumt hatten, waren im November 1945, also ein Jahr später und einige Monate nach Kriegsende, die Regelungen über den Luftverkehr zwischen Berlin und den Westzonen schriftlich fixiert worden.[204] Im November 1945, als diese später so wichtigen Abmachungen verhandelt und vereinbart wurden, dachte natürlich noch niemand an Versorgungswege für Berlin. Den Hintergrund für die Abmachungen bildeten nur die Regelungen für die allgemeine Sicherheit des Flugverkehrs im eroberten und geteilten Deutschland und hier eben zwischen der unter den ursprünglich drei Alliierten, zu denen bald Frankreich als vierte Macht hinzukam, aufgeteilten deutschen Hauptstadt Berlin und den westlichen Besatzungszonen. Da die Zahl der Flüge zwischen Berlin und den Westzonen ständig zunahm und auch bei schlechter Sicht und bei Nacht erfolgen mußten, war die Gefahr von Kollisionen groß und deshalb aus Gründen der Sicherheit eine Regelung dringend erforderlich. Diese Regelung der Flugsicherheit war auch deshalb notwendig, weil hier drei Sprachen bei der Flugkontrolle aufeinander trafen: Englisch, Französisch und Russisch. Zwar war und ist die internationale Sprache im weltweiten Flugverkehr Englisch, aber damit hatten sowohl die Russen als auch die Franzosen erhebliche Schwierigkeiten. Unter Russen als auch Franzosen gab es zwar eine ausreichende Anzahl an englisch sprechendem Kontrollpersonal, aber russische Piloten verfügten selten über englische Sprachkenntnisse und bei den französischen Piloten war der Akzent meist so stark, daß amerikanische und britische Kontroller oft große Mühe bei der Verständigung zwischen den Flugzeugen und den Bodenstellen hatten.[205]

Die vertragliche Vereinbarung vom 30. November 1945 zwischen der Sowjetunion, den Vereinigten von Amerika, Großbritannien und

204 Zu den Verhandlungen siehe PRO Reg.No. FO 1012/572, zur Vereinbarung selbst PRO Reg.No. FO 371/50330.

205 So die völlig übereinstimmende Aussage von allen befragten amerikanischen und britischen Kontrollern, sowohl auf den Kontrolltürmen als auch an den GCA-Geräten, die während ihrer Tätigkeit im Rahmen der Luftbrücke mit französischen Flugzeugbesatzungen Kontakt hatten.

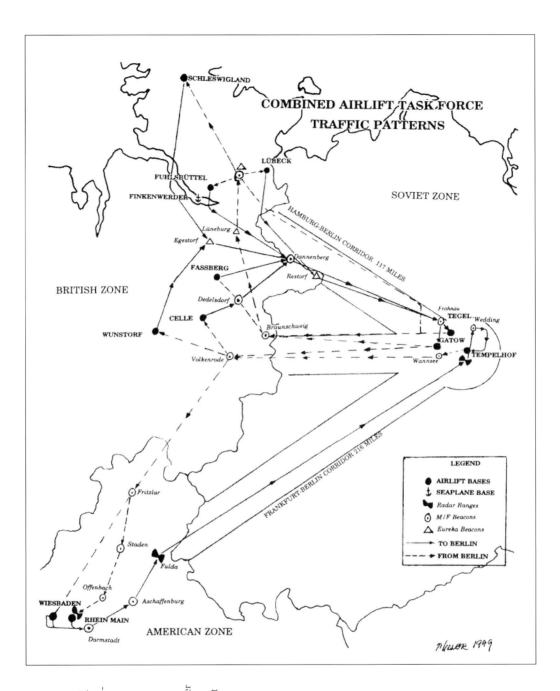

Abb. 22 Luftstraßen von und zu den Korridoren während der Berliner Luftbrücke

Quelle: Mit freundlicher Genehmigung der Texas A&M University Press; aus Roger G. Miller: To Save a City, The Berlin Airlift 1948-1949, S. 37

Frankreich war dementsprechend auch überschrieben: „[...] betreffend die Bildung eines Systems von Luftkorridoren zur Benutzung für Flüge in der jeweiligen Besatzungszone in Deutschland."[206] Diese Vereinbarung war nicht auf Regierungsebene erfolgt, sondern durch militärische Vertreter der vier Mächte im Rahmen des Koordinierungs-Komitees (Coordinating Committee) der Allied Control Authority verhandelt und dann vom (Alliierten) Kontrollrat beschlossen und unterschrieben worden.

Das Luftfahrt-Komitee (Aviation Committee) hatte insgesamt sechs Luftkorridore in einem Vorschlag für die Allied Control Authority aufgeführt:

Berlin-Hamburg
Berlin- Hannover (Bückeburg)[207]
Berlin-Frankfurt/Main[208]
Berlin-Warsaw
Berlin-Prague
Berlin-Copenhagen.

Die sowjetischen Vertreter stellten sich aber auf den Standpunkt, daß drei Korridore nach Hamburg, Hannover und Frankfurt/Main für die westlichen Besatzungsmächte völlig ausreichend seien, um ihre Belange in „Groß-Berlin" („Greater Berlin") erfüllen zu können. Am Ende wurden dann auch nur diese drei Korridore in die endgültige Vereinbarung aufgenommen. Für alle Flüge in diesen drei Korridoren war völlige Aktionsfreiheit ((„full freedom of action") vereinbart worden. Außerdem, und das sollte sich später als außerordentlich wichtiger Bestandteil der Vereinbarung erweisen, konnte jede Besatzungsmacht Flüge bei Tag und Nacht ohne ausdrückliche vorherige Ankündigung in oder durch diese Korridore durchführen. Die Flüge hatten sich lediglich nach den noch zu vereinbarenden Flugsicherheitsregeln („rules of flying safety") zu richten. Auffallend ist auch, daß weder in den Verhandlungen noch in den Vorschlägen für die endgültige Entscheidung durch den Kontrollrat noch in der Vereinbarung selbst, eine Unterscheidung zwischen militärischen und zivilen Flugzeugen auch nur mit einem Wort erwähnt worden ist. Es hieß lediglich: „Flugzeuge der Deutschland regierenden Mächte" („aircraft of the nations governing Germany").

Dieser grundsätzlichen Vereinbarung folgten dann in den nächsten Wochen weitere Verhandlungen mit dem Ziel, in Berlin eine Flugsicherheitszentrale zu etablieren und die Flugregeln für die Flü-

206 „[...] concerning the creation of a system of air corridors to be used for flights in the respective Zones of occupation in Germany."

207 Im Originalpapier „Buckeburg" geschrieben.

208 Im Originalpapier „Frankfurt on Main".

ge in den Korridoren festzulegen.[209] In den Verhandlungen erscheint zum ersten Mal neben dem Begriff „Luftkorridor" („air corridor") der ganz neue Begriff „Berliner Kontrollzone" („Berlin Control Zone – B.C.Z."). In der endgültigen Vereinbarung vom 31. Dezember 1945 über „Flugregeln für Flüge von Flugzeugen in Luftkorridoren in Deutschland und in der Berliner Kontrollzone" („Flight rules for aircraft flying in air corridors in Germany and Berlin Control Zone") sind dann alle Definitionen und die Angaben über die Ausdehnung der Korridore und der Berliner Kontrollzone enthalten. Die Berliner Kontrollzone war danach definiert als „der Luftraum vom Boden bis in eine Höhe von 10.000 Fuß (3000 Meter) innerhalb eines Radius von 20 Meilen (32 Kilometer) vom Gebäude des Alliierten Kontrollrats (im Gebäudekomplex des früheren Kammergerichts am Kleist-Park in Bezirk Schöneberg, das auch heute wieder Kammergericht ist, der Verf.), in welchem auch die Berliner Luftsicherheitszentrale eingerichtet ist."[210] Wenn man mit einem Zirkel einen so bemessenen Kreis schlägt, dann zeigt es sich, daß sich im Osten die Berliner Kontrollzone bis hinter Rüdersdorf erstreckte, im Südosten bis hinter Königs-Wusterhausen, im Süden bis Zossen, im Südwesten bis Werder und Potsdam einschloß, im Westen bis hinter den Berliner Ring und fast bis Nauen reichte, und im Norden Oranienburg einbezog. Was auf einer Straßenkarte mit einem Durchmesser von 64 km recht groß erscheinen mag, ist für vollbeladene Transportflugzeuge, die sich auch in der Warteschleife noch mit einer Geschwindigkeit von ca. 250 km/h bewegen, ein äußerst kleiner Luftraum, der den Piloten allergrößte Aufmerksamkeit und Flugdisziplin abverlangt.

Für die drei Luftkorridore von Berlin in die Westzonen war die für alle Korridore geltende Breite angegeben und darüber hinaus nur die Mindestflughöhe, also „20 Meilen (32 Kilometer) breit, d.h., 10 Meilen (16 Kilometer) nach jeder Seite von der Mittellinie aus" und „500 Fuß (150 m)" Höhe über unbebautem Gelände bzw. „1000 Fuß (300 m)" über Städten und Ansiedlungen. Von einer Maximalflughöhe in den Luftkorridoren nach Berlin ist nirgendwo etwas erwähnt worden! Die Maximalflughöhe von 10.000 Fuß (3000 m) betraf nur und ausschließlich die Berliner Kontrollzone. Während der Berliner Luftbrücke wäre eine solche, auch für die Korridore geltende Beschränkung der Maximalflughöhe ohne Bedeutung gewesen, weil keiner der bei der Luftbrücke eingesetzten Flugzeugtypen über eine Druckkabine verfügte. Und bei den amerikanischen Flugzeugen war die komplette Einrichtung für die Versorgung mit

209 Zu den Verhandlungen siehe PRO Reg.No. FO 1005/450 und für die Vereinbarung über die Flugregeln innerhalb der Korridore siehe PRO Reg. No.AIR 55/257.

210 „The Berlin Control Zone is defined as the air space between ground level and 10,000 feet (3000 meters) within a radius of 20 miles (32 Kilometers) from the Allied Control Authority Building, in which is established the Berlin Air Safety Center (B.A.S.C.)".

Sauerstoff über Sauerstoffmasken ausgebaut worden, um Gewicht zu sparen, und dadurch die Ladekapazität zu erhöhen. Den Westmächten ist dies zwar schon bald aufgefallen, aber die Sowjets erklärten kühl, daß sie für Flüge oberhalb von 3000 m keine Sicherheitsgarantie übernehmen könnten. Man hat dann stillschweigend die maximale Flughöhe von 3000 m auch in den Korridoren eingehalten. Die angebliche Beschränkung der maximalen Flughöhe auf 3000 m in den Luftkorridoren nach Berlin, von der später so oft die Rede gewesen ist, hat erst nach dem Ende der Berliner Luftbrücke und mit dem verstärkten Aufkommen von zivilem Luftverkehr nach Berlin eine größere Bedeutung bekommen. Die zivilen Passagierflugzeuge verfügten dann durchweg über Druckkabinen und eine Reiseflughöhe oberhalb von 3000 m wäre nicht nur wirtschaftlicher gewesen, sondern auch komfortabler für die Passagiere. Die Maschinen hätten auftretende Gewitter in aller Regel überfliegen können, während sie ihnen bei einer maximalen Flughöhe von 3000 m nicht ausweichen konnten, sondern sie durchfliegen mußten. Es hat dabei nicht nur verschütteten Kaffee gegeben. Passagiere, die nicht angeschnallt waren, konnten sich dabei durchaus Prellungen, Blutergüsse oder gar Knochenbrüche zuziehen.

Innerhalb der Luftkorridore nach Berlin gab es keinerlei Navigationshilfen. Wegen der geringen Entfernungen waren solche Funkfeuer auf der Strecke auch nicht erforderlich. An den jeweiligen Endpunkten der drei Korridore waren genügend starke Funkfeuer aufgestellt, die den Piloten bzw. Navigatoren zur Orientierung dienten. Wegen der unterschiedlichen technischen Ausrüstungen der amerikanischen und britischen Flugzeuge standen an den Endpunkten des nördlichen und des mittleren Korridors Eureka-Beacons für die britischen Flugzeuge und zusätzlich M/F-Beacons für die amerikanischen Flugzeuge. Die Eureka-Beacons waren spezielle Geräte für die Funknavigation, die aber entsprechende bordseitige Instrumente notwendig machten, über die nur die britischen Flugzeuge verfügten. Die M/F-Beacons waren ungerichtete Funkfeuer, bald als NDB (Non Directional Beacon) auf den Fliegerkarten eingetragen. Ein NDB arbeitet wie ein normaler Radiosender auf der Mittelwelle. Im Flugzeug ist als Bordgerät lediglich ein Funkkompaß, ein sog. ADF (Automatic Direction Finder) notwendig, auf dem die Frequenz des sendenden Beacons eingerastet wird und das dann automatisch auf einer Art von Kompaßrosette die Richtung zum Beacon/Sender anzeigt. Wenn die genaue Position eines normalen Radiosenders bekannt ist, läßt er sich problemlos für die

Funknavigation verwenden. Am 7. Dezember 1941 bedienten sich die von Flugzeugträgern nördlich von Hawai zu ihrem Überfall auf Pearl Harbor gestarteten japanischen Flugzeuge einfach des normalen Radiosenders Honolulu als „Anflugfunkfeuer". An den Endpunkten des südlichen Korridors, der ausschließlich von amerikanischen Flugzeugen benutzt wurde, waren die neu entwickelten und weniger störanfälligen VHF/UKW-Drehfunkfeuer (Very High Frequency Omnidirectional Radio Range – VOR) installiert, die im Flugzeug ähnlich wie beim ADF einen von einem VOR-Empfänger gesteuerten Radiokompaß (Radio Magnetic Indicator) als Anzeigeinstrument notwendig machten.

Die Flüge durch diese Berliner Luftkorridore verliefen in aller Regel ohne Probleme. Es ist zwar in den ersten Wochen der Luftbrücke vorgekommen, daß Flugzeuge mit weniger erfahrenen Besatzungen durch extremen Seitenwind über die seitlichen Grenzen der Korridore hinausgeraten sind, aber das waren Ausnahmen. Proteste der sowjetischen Stellen über angeblich absichtliches Verlassen der Korridore entsprangen in aller Regel dem üblichen Propagandabedarf oder sie entbehrten überhaupt einer tatsächlichen Grundlage. Während der ganzen Zeit der Luftbrücke ist deshalb kein einziges Flugzeug direkt aus der Luft oder vom Boden aus attackiert worden.

Ganz anders verhielt es sich mit den scheinbaren und tatsächlichen Behinderungen in den Korridoren durch sowjetische Flugzeuge, durch Flakübungen im Bereich der Korridore, durch nächtliche Scheinwerferübungen mit denen die Besatzungen der Transporter geblendet wurden, bis zu Fallschirmabsprüngen im Gebiet der Korridore. Zu den scheinbaren Behinderungen gehören mit großer Wahrscheinlichkeit viele Annäherungen von sowjetischen Jägern an die den Korridor passierenden westalliierten Transportflugzeuge. Wenn diese sowjetischen Jäger sich auf gleicher Höhe und parallel zum Kurs näherten, dann bedeutete das noch keine unmittelbare Gefahr für das Transportflugzeug. Viele amerikanische und britische Piloten hatten manchmal den Eindruck, als ob sich die Piloten der sowjetischen Jäger die für sie neuen und unbekannten großen Transportflugzeuge der Kapitalisten nur etwas näher betrachten wollten. Es wird sogar davon berichtet, daß die Piloten zu den alliierten Flugzeugen hinübergewunken haben oder sogar, militärischen Gepflogenheiten entsprechend, salutiert haben.[211]

Wirklich gefährlich wurde es erst, wenn die sowjetischen Jäger die Transporter wie Zielobjekte für ihre Übungen anflogen. Sowohl

211 Eric Robinson: Personal Memories of the Berlin Airlift 1948-1949, in: Flugzeug 3/88. Das English Supplement dieses Artikels erhielt der Verfasser von Sqn.Ldr. RAF (Ret.) Eric Robinson O.B.E., M.R.A.eS zusammen mit anderen Mitteilungen vom 1.6.1995 zugeschickt.

die amerikanischen als auch die britischen Piloten hatten für diese Fälle die ausdrückliche Anweisung, unter allen Umständen den Kurs zu halten, und sich vor allem nicht durch Ausweichmanöver zum Verlassen des Korridors provozieren zu lassen. Ganz besonders hier machte es sich positiv bemerkbar, daß eine Reihe von Piloten der USAF und der RAF während des Weltkrieges als Bomberpiloten gelernt hatte, Position im Verband zu halten. Solche Annäherungen konnten die Piloten der Transporter normalerweise früh genug erkennen, und dann war es nur eine reine Nervenfrage. Wenn aber sowjetische Jäger im Steig- oder Sturzflug völlig überraschend vor oder neben den Transportern auftauchten, dann gab es schon eine Schrecksekunde und zum Abreagieren die hier nicht zitierbaren Flüche und Verwünschungen.

Völlig unverständlich waren die im Bereich der Korridore durchgeführten Flakübungen, nächtlichen Scheinwerferübungen und in der Nähe des Flugzeugstromes durchgeführten Fallschirmabsprünge, gegen die die Westalliierten bei den Sowjets massiv Protest einlegten, da dies eindeutig gegen die Abmachungen über die Sicherheit des Flugverkehrs in den Luftkorridoren verstieß. Die Sowjets nahmen diese Proteste bestenfalls höflich zur Kenntnis, aber es änderte sich nichts.[212] Bis heute liegt unseres Wissens im Westen kein schriftlicher Beweis dafür vor, daß es sich bei diesen Behinderungen um befohlene Aktionen handelte und von wem sie befohlen worden waren. Da aber im sowjetischen Machtbereich und besonders in dieser zeitlichen Periode nichts ohne Grund und schon gar nicht ohne Befehl passierte, kann davon ausgegangen werden, daß es sich, abgesehen von den anfangs erwähnten harmlosen Annäherungen, in den meisten Fällen um gewollte, befohlene und gezielte Störmanöver gegen die Luftbrücke gehandelt hat. Alle diese Störmanöver wurden besonders häufig in den ersten Monaten der Luftbrücke registriert und kamen mit immer häufiger auftretendem schlechtem Wetter in den Herbst- und Wintermonaten kaum noch vor. Es ist unklar, ob es den sowjetischen Piloten einfach an fliegerischer Erfahrung bei schlechtem Wetter mangelte, wie viele westliche Fachleute vermuteten, oder ob die höheren sowjetischen Stellen, die für die Anordnung dieser Störungen zuständig waren, ganz einfach die Zwecklosigkeit solcher Manöver erkannten und sie deshalb einstellten. Auf jeden Fall kann festgehalten werden, daß die sowjetischen Störaktionen den Strom der Flugzeuge durch die Luftkorridore nach Berlin nie unterbrochen haben.

212 Ein Memorandum der USAFE führt 733 Behinderungen nach 15 unterschiedlichen Kriterien an in der Zeit vom 10.8.1948 bis 15.8.1949; nach: Roger D. Launius and Coy F. Cross II: MAC and the Legacy of the Berlin Airlift, Scott AFB Illinois, April 1989, S. 52; AFHRA Reg.No. 42586 (25-11). Die Zahl von 733 Behinderungen ist höchstwahrscheinlich stark übertrieben. Siehe dazu die neuesten Berechnungen von Daniel F. Harrington: „The Air Force Can Deliver Anything!", A History of the Berlin Airlift, USAFE Office of History, Ramstein May 1998, Fußnote 30 auf Seite 98.

### Die Luftstraßen zu den Flugplätzen

Die Bezeichnung Luftstraßen ist durchaus zutreffend, wobei hier die Straßenschilder, Wegweiser und Abzweigungen durch Funkfeuer markiert werden. Solche Luftstraßen gab es nur in den Westzonen, weil sich innerhalb des Luftraums von Berlin alle Flugzeuge beim Passieren der Anflugfunkfeuer Frohnau und Tempelhof bereits im Anflugverfahren für einen der Berliner Flugplätze befanden und von den Radarlotsen geleitet wurden. Die schematische Übersicht (siehe Abb. 22, S. 135) gibt einen Eindruck über das ganze System der Luftstraßen. Wann immer ein neuer Flugplatz in die Aktivitäten der Berliner Luftbrücke neu einbezogen wurde, wie es bis Ende des Jahres 1948 vorkam (Celle, Lübeck und Schleswig-Land kamen neu hinzu), dann wurden diese neuen Plätze mit neu eingerichteten Luftstraßen mit dem bisherigen System verbunden. In der schematischen Darstellung sind die neuen Plätze bereits berücksichtigt.

Die Bestückung der Luftstraßen mit Funkfeuern ist ständig verbessert worden. Wie bei den Korridorendpunkten gab es auch hier an den verschiedenen Wende- oder Pflichtmeldepunkten Eureka-Beacons für die britischen Flugzeuge und NDB´s für die amerikanischen Flugzeuge. Die Sendeleistung einzelner Beacons/NDB´s ist nach und nach erheblich verstärkt worden, wenn sich die Notwendigkeit dafür erwies.

Der Flugverkehr in allen Korridoren und innerhalb der Luftstraßen wurde von den drei Kontrollzentren (Air Traffic Control Center) geführt und kontrolliert, nämlich dem Berlin Air Safety Center, dem Air Traffic Control Center in Frankfurt/Main, zuständig für die amerikanische Besatzungszone und dem Air Traffic Control Center in Bad Eilsen, zuständig für die britische Besatzungszone. Von diesen Kontrollzentren wurden den Flugzeugen in den Luftstraßen die einzuhaltenden Flughöhen und, sofern erforderlich, auch die Fluggeschwindigkeit zugewiesen. In allen Kontrollzentren wurden alle Flugbewegungen auf einer Übersichtstafel von Hand mit einer kleinen Tafel für jedes Flugzeug genau verfolgt und überwacht. Auch im heutigen Computerzeitalter hat sich daran im Prinzip nichts geändert.

Auf den einzelnen Flugplätzen war das Personal auf den Kontrolltürmen für die Abwicklung der Starts und der Landungen zuständig. In den ersten Tagen der Luftbrücke wickelte ein einziger Kontroller diese Aufgaben ab. Bald aber ging man dazu über, je einen Kontroller für Starts und Landungen einzuteilen, dem dann auch eine eigene Funkfrequenz zur Verfügung stand. So konnten also die Besatzungen von landenden und startenden Flugzeugen mit dem Kontrollturm Kontakt halten, ohne sich gegenseitig im Sprechfunkverkehr zu stören. Nach und nach wurden fast alle Plätze, vorrangig aber die Plätze in Berlin, mit GCA-Anlagen (Ground Controlled Approach) ausgestattet.

# Die Flugplätze

### Berlin-Tempelhof

Unter allen Flugplätzen, die in die Aktivitäten und die Organisation der Berliner Luftbrücke einbezogen waren, löst der Zentralflughafen Berlin-Tempelhof die verschiedensten Emotionen aus. Das Hauptgebäude des Flughafens gehört auch heute noch, was den Rauminhalt und die interne Nutzfläche betrifft, zu den vier oder fünf größten Gebäuden der ganzen Welt. Weniger wegen der Teile oberhalb, sondern wegen der vier Stockwerke unterhalb der Erdoberfläche.

Das Gelände, das heute voll in das Stadtbild einbezogen ist und nur wenige Kilometer entfernt vom Kurfürstendamm liegt, war zunächst der Exerzierplatz der Berliner Garnison und noch am Anfang des 20. Jahrhunderts der Paradeplatz für die Frühjahrs- und Herbstmanöver. Im Jahre 1909 fand auf dem Gelände ein 19-Minuten-Motorflug der amerikanischen Gebrüder Wright statt. Nach dem Ersten Weltkrieg entstand hier der Berliner Flughafen, der offiziell 1923 in Betrieb genommen und bis 1927 ständig erweitert wurde. Zwischen 1934 und 1939 baute man dann das Hauptgebäude in seiner heutigen Form. Der Flughafen Tempelhof war von Anfang an ausschließlich für zivilen Flugverkehr geplant und wurde so auch bis weit in den Zweiten Weltkrieg hinein genutzt. (Die Luftwaffe benutzte Berlin-Staaken für ihren Personalverkehr.) Im Zweiten Weltkrieg wurden die oberirdigen Teile des Gebäudes zwar beschädigt, aber in den Tiefgeschossen befand sich ein großes Lazarett der Luftwaffe, auch die Montage kompletter Jagdflugzeuge konnte bis zum Kriegsende aufrechterhalten werden. Im Juli 1945 gehörte der Flughafen Tempelhof zum amerikanischen Sektor der geteilten Stadt und wurde damit der einzige für die Amerikaner zur Verfügung stehende Flugplatz in Berlin. Das war auch der Grund für die zentrale Rolle von Berlin-Tempelhof bei der Versorgung der Bevölkerung Westberlins durch die amerikanische Luftwaffe während der Blockade Berlins von Juni 1948 bis Mai 1949 und der Berliner Luftbrücke, die bis Ende September 1949 fortgesetzt wurde.

Bei der Übernahme 1945 fanden die Amerikaner nur einen Trümmerhaufen vor, da die Sowjets nur die zahlreichen Materiallager ausgeräumt, aber nichts instandgesetzt hatten. Es sind aber (möglicherweise auf Grund eines Abkommens zwischen den USA und der UdSSR) keine technischen Anlagen entfernt worden, so daß schon im Juli 1948 das Wasserwerk und das Heizwerk wieder in Betrieb genommen werden konnten.[213] Die Amerikaner waren vom Hauptgebäude mit dem riesigen Vordach vor der Abfertigungshalle geradezu begeistert. Als dann die Abstellfächer und sog. Taxistraßen wieder hergestellt waren, hatten sie einen für ihre Belange vollwertigen Flugplatz zu ihrer Verfügung. Zwei Dinge bereiteten ihnen aber zunächst Sorgen. Das ganze Gelände war praktisch ringsum von mehrstöckigen Wohnblocks umgeben, und der Flugplatz selbst verfügte über keine feste Startbahn. Für die Vorkriegsverhältnisse war eine Grasbahn mit ausgezeichnetem Unterbau inklusive einer vorbildlichen Drainage zur Ableitung von Regenwasser völlig ausreichend gewesen. Aber die bis zum Kriege hier landenden Flugzeuge waren wesentlich leichter als die von den Amerikanern eingesetzten Maschinen, die auch stärkere Bremsen hatten. Selbst die beste und sorgfältigst gepflegte Grasbahn wird durch Bremsmanöver schwerer Flugzeuge in kürzester Frist vollkommen ruiniert. Deshalb legten die Amerikaner schon nach kurzer Zeit eine ca. 1636 m lange und ca. 40 m breite PSP-Bahn an, die für die Anforderungen vor Beginn der Luftbrücke auch durchaus befriedigend war.

PSP[214] ist die Abkürzung für Pierced Steel Planking und war nicht nur während des Zweiten Weltkrieges, sondern auch am Beginn der Luftbrücke ein wichtiges Mittel, um besonders Standplätze zum Beladen der Flugzeuge zu befestigen. Wie so viele andere Dinge auch, so waren diese Platten eine Entwicklung des modernen Krieges. Seit Beginn des Zweiten Weltkrieges in Europa konnten die für Flugplätze zuständigen Angehörigen des US Army Air Corps die Erfahrungen nutzen, die die britische und die französische Luftwaffe mit schnell angelegten Feldflugplätzen machten. Diese waren in aller Regel Grasplätze, die notdürftig und schnell für Starts und Landungen speziell für Jagdflugzeuge hergerichtet worden waren. Bei trockenem Wetter war das auch eine durchaus befriedigende Lösung, jedoch zeigten sich bei Regen schnell die Grenzen solcher Plätze. Man konnte nicht mehr von den Erfahrungen des Ersten Weltkrieges ausgehen, denn schon allein die Gewichte der Flugzeuge hatten sich gewaltig verändert. Betrug das Startgewicht der Jagdflugzeuge des Ersten Weltkrieges beispielsweise nur ca. 885 kg Startgewicht für die von den Deutschen geflogene Fokker D.VII und sogar nur ca. 660 kg Startgewicht für die britische Sopwith Ca-

213 Mitteilung von Peter Hörmann vom 11.11.1997 an den Verfasser. Hörmann war 1945 und während der Luftbrücke 1948/49 Betriebsingenieur in Tempelhof.

214 Zu den PSP-Matten siehe den detailreichen Artikel von Richard K. Smith: Marston Mat, in: Air Force Magazine, April 1989, S. 84 ff.

DIE FLUGPLÄTZE

mel, so erreichte jetzt die britische Hawker Hurricane von 1939 ca. 3300 kg. Und die Flugzeuge von 1939 hatten Bremsen, deren häufige Betätigung jeden Rasenplatz schnell in einen zerfurchten Acker verwandelten. Wenn dann noch Regenwetter hinzu kam, wurde ein Feldflugplatz schnell zu einem knöcheltiefen Sumpf. Die RAF versuchte dem Problem mit Matten aus starkem Maschendraht beizukommen, die in großen schweren Rollen geliefert wurden. Sie waren schwer zu verlegen und einmal plaziert, nur sehr schwierig zu reparieren. Die Franzosen verwendeten schwere Eisengitter, deren Einzelteile ca. 45 kg wogen und entsprechend diffizil zu handhaben waren. Da sie in einem geschlossenen Verbund ausgelegt wurden, war es schwierig, eine einzelne Stelle oder Partie zu reparieren. In der Ausschreibung für die amerikanische Industrie wurden deshalb vom US Army Air Corps folgende Lösungen gefordert: vielseitige Verwendbarkeit, leichte Verlegbarkeit und geringes Gewicht. Das Ergebnis waren die Marston mats, die im November 1941 erstmals in der Praxis bei einem Manöver in der Nähe von Marston, North Carolina ihre ausgezeichneten Eigenschaften unter Beweis stellen konnten. Der Name dieses Manöverplatzes blieb dann für die Marston mats während des ganzen Zweiten Weltkrieges erhalten.

**Abb. 23**
Im Juli 1948 werden in Frankfurt/Main PSP-Platten für Berlin-Tempelhof verladen.

Quelle:
Bundesarchiv Koblenz,
Signatur 146-1985-064-13A

DIE FLUGPLÄTZE

**Abb. 24**
Die PSP-Platten ließen sich nach der Verlegung leicht zusammenrollen, an einen anderen Ort transportieren, um dort wieder zu neuer Verwendung ausgerollt zu werden.

Quelle: Erinnerungsstätte Faßberg

Erst nach Kriegsende führte dann eine Verwaltungsstelle die Bezeichnung PSP – Pierced Steel Planking ein. Diese Bezeichnung entsprach auch tatsächlich dem Produkt. Ein Einzelteil dieser Platten ist 3,05 m (10 Fuß) lang, 0,38 cm (15 inches) breit und wiegt 30 kg (66,2 pounds). Über die ganze Länge waren drei Vertiefungen gepreßt, in die 29 Löcher gestanzt waren, also 87 Löcher für jedes Teil, die für die Drainage sorgten. Die einzelnen Elemente können unmittelbar miteinander verhakt werden oder durch einfach konstruierte Klammern zusammengehalten werden. Mit 60.000 Platten konnte so eine komplette Landebahn von ca. 1524 m (5000 Fuß) Länge und 45,7 m (150 Fuß) Breite innerhalb von 72 Stunden auch bei Dunkelheit in einen betriebsfertigen Zustand verlegt werden, einschließlich eventueller Planierungen der Erdoberfläche vor dem Verlegen. Das Gewicht für eine solche Landebahn betrug ca. 1800 t, der Raumbedarf 1170m$^3$. Bis Ende 1944 waren Matten für ungefähr 240 solcher Landebahnen in den pazifischen Raum und nach Europa verschifft worden. Aus solchen Platten bestand dann auch die erste befestigte Landebahn des Flughafens Tempelhof, die die Amerikaner schon lange vor Beginn der Luftbrücke gebaut hatten.

DIE FLUGPLÄTZE

**Abb. 25**
Berlin-Tempelhof, eine Douglas C-54 Skymaster landet auf der PSP-Bahn. Gut zu erkennen die Teer-Makadam-Auflage zur Verstärkung.

Quelle: Landesarchiv Berlin

Bis zum Beginn der Luftbrücke reichte die eine Landebahn in Tempelhof für den Flugbetrieb der amerikanischen Garnison in Berlin aus, jedoch stellte sich schon in der Anfangszeit der Luftbrücke die Notwendigkeit heraus, mindestens eine zweite Bahn fast parallel zur ersten zu bauen. Die Gründe waren der Dauerbetrieb von C-47 Transportern, die vollbeladen landeten und der Einsatz der wesentlich schwereren C-54 Skymaster, die schon nach wenigen Tagen die Luftbrücke verstärkten. Diesen Strapazen war die PSP-Bahn nicht gewachsen; sie mußte ständig repariert und geflickt werden. Die dringendsten Reparaturarbeiten mußten während des laufenden Betriebes vorgenommen werden. Diese Aufgabe übernahmen deutsche Arbeitskräfte, unter ihnen auch viele Frauen. Sie war für die Arbeiter sehr gefährlich und für die anfliegenden Piloten eine Nervenprobe. Sofort nach einer landenden Maschine sprangen die Arbeiter/innen auf die Landebahn, um Platten auszuwechseln oder die Verbindungen zwischen den Platten wieder zu sichern, um dann vor der nächsten landenden Maschine rechtzeitig zur Seite zu sprinten. Es passierte nie etwas Ernsthaftes. Größere Reparaturen wurden in den Stunden durchgeführt, in denen wegen schlechten Wetters kein Flugbetrieb möglich war. Nach und nach wurde praktisch auf die ganze

DIE FLUGPLÄTZE

**Abb. 26**
Berlin-Tempelhof, Trümmerschutt als Unterbau für eine neue Startbahn.

Quelle:
Landesarchiv Berlin

Landebahn eine Mischung aus grobem Sand, Kies, Teer und Asphalt aufgetragen, die der Piste eine bessere Haltbarkeit verlieh und sie auch gegen starken Regen unempfindlich machte. Siehe auch den Lageplan von Tempelhof, der den Stand von Ende 1948 darstellt.

Die zweite Landebahn wurde südlich aber nicht völlig parallel zur ersten gebaut. Baubeginn war am 8. Juli 1948[215], bereits Anfang September 1948 konnte sie in Betrieb genommen werden. Alle Bahnen in Tempelhof verliefen in allgemeiner Ost-West-Richtung, wobei, wegen der umliegenden Gebäude, die neue sich in einem spitzen Winkel im Westen der ersten näherte. Der Bau einer dritten Landebahn, nördlich der beiden anderen und parallel zur ersten, begann am 23 August 1948; sie konnte am 30. November 1948 in den Flugbetrieb einbezogen werden. Benutzt wurden aber immer nur zwei der drei Bahnen, damit an der jeweils dritten dringende Ausbesserungen oder Reparaturen vorgenommen werden konnten. Als Unterbau dieser beiden neuen Bahnen wurde Trümmerschutt aus den umliegenden Wohngebieten verwendet, der in einer Dicke von ca. 50 cm aufgeschüttet und festgewalzt wurde. Darauf wurde dann eine Asphaltschicht aufgetragen. Der Asphalt wurde über die Luftbrücke eingeflogen.

215  US Army History of Berlin Airlift, S. 37, AFH-RA Reg.No. C-5121 (33-37).

DIE FLUGPLÄTZE

In der Verlängerung aller Bahnen in beiden Richtungen wurde im Oktober 1948 eine Anflugbefeuerung aufgebaut, die mit starken Lampen ausgestattet war, um den anfliegenden Piloten, besonders bei schlechten Sichtverhältnissen, möglichst früh eine präzise Orientierung bis zur eigentlichen Landebahn zu geben. Vom Startplatz in Richtung Neukölln führt der An-/Abflug über mehrere Friedhöfe, auf denen auch Masten für die Anflugbefeuerung errichtet werden mußten; für den sowjetisch beherrschten Teil der Presse ein Anlaß, viel Druckerschwärze für gehässige Polemik zu verspritzen.

Den meisten Leuten, die den Betrieb auf dem Flughafen Tempelhof beobachten konnten, war ein Fahrzeug mit einer Antenne auf dem Dach in der Nähe der Landebahnen kaum aufgefallen. Hier befand sich die GCA-Besatzung, die nach dem bereits geschilderten „Schwarzen Freitag", dem 13. August 1948, alle landenden Flugzeuge an einem bestimmten Punkt des Landeverfahrens erfaßte und sicher bis zum Aufsetzpunkt der Landebahn leitete. Über diese Radar-Anflug-Kontrolle (GCA – Ground Controlled Approach) mehr und ausführlich in dem speziellen Kapitel weiter unten. Durch die ab September 1948 zur Verfügung stehenden zwei, später dann sogar drei Bahnen, sowie die ausgezeichnet arbeitende Radar-Anflug-

Abb. 27
Berlin-Tempelhof, Anflugbefeuerung auf dem St. Thomas Friedhof an der Ostseite des Platzes.

Quelle:
Landesarchiv Berlin

DIE FLUGPLÄTZE

**Abb. 28**
Berlin-Tempelhof, mit Douglas C-54 Skymaster Transportern auf dem Vorfeld, ca. Mitte Juli 1948, mit nur einer Startbahn. Der Bau einer zweiten Bahn hatte, auf dem Photo kaum zu erkennen, gerade erst begonnen.

Quelle: Landesarchiv Berlin

Kontrolle konnte die Kapazität Tempelhofs enorm gesteigert werden. Jetzt hing viel davon ab, wieviele Flugzeuge zur gleichen Zeit auf dem Vorfeld parken konnten, um entladen und für den Rückflug vorbereitet zu werden. Für das Ausladen war das entscheidende Kriterium die Art der Fracht. Die Entladetrupps waren bald so eingespielt, daß sich ein natürlicher Wettbewerb entwickelte, in kürzester Zeit ein Flugzeug zu entladen. Da es sich um sehr unterschiedliche Ladungen handelte, sind „Rekorde" beim Entladen nur sehr bedingt aussagekräftig. Im allgemeinen betrug die Dauer für das Ausladen eines Flugzeuges je nach Art der Ladung zwischen 12 bis 20 Minuten. Diese Zeiten konnten sich sehen lassen, denn sie wurden dauernd erbracht.

Da der Flughafen Tempelhof ja mitten in der Stadt gelegen und ringsum von Wohngebieten umgeben ist, war bei einigermaßen gutem Wetter der Strom der landenden und startenden Flugzeuge eine Attraktion für die Berliner, besonders für die Kinder und Jugendlichen. In ganzen Trauben standen oder hockten sie auf den Trümmerbergen in der Nähe der Anflugschneisen und an den Enden der Landebahnen. Unter diesen Kindern war auch der damals 10-jährige Rolf Korth, der wie alle anderen die Flugzeuge am Him-

**Abb. 29**
Berlin-Tempelhof, 1. Stadium mit nur einer PSP-Landebahn. Links oben sind die Reste der alten Flughafengebäude (in Betrieb bis ca. 1935) zu erkennen.

Quelle:
Privatbesitz von William Sproul

**Abb. 30**
Berlin-Tempelhof mit drei Landebahnen. Die erste, nur aus PSP-Platten mit Makadam-Auflage bestehende Bahn, ist zwischen den beiden neuen Bahnen gut zu erkennen.

Quelle:
Privatbesitz von
Louis Wagner

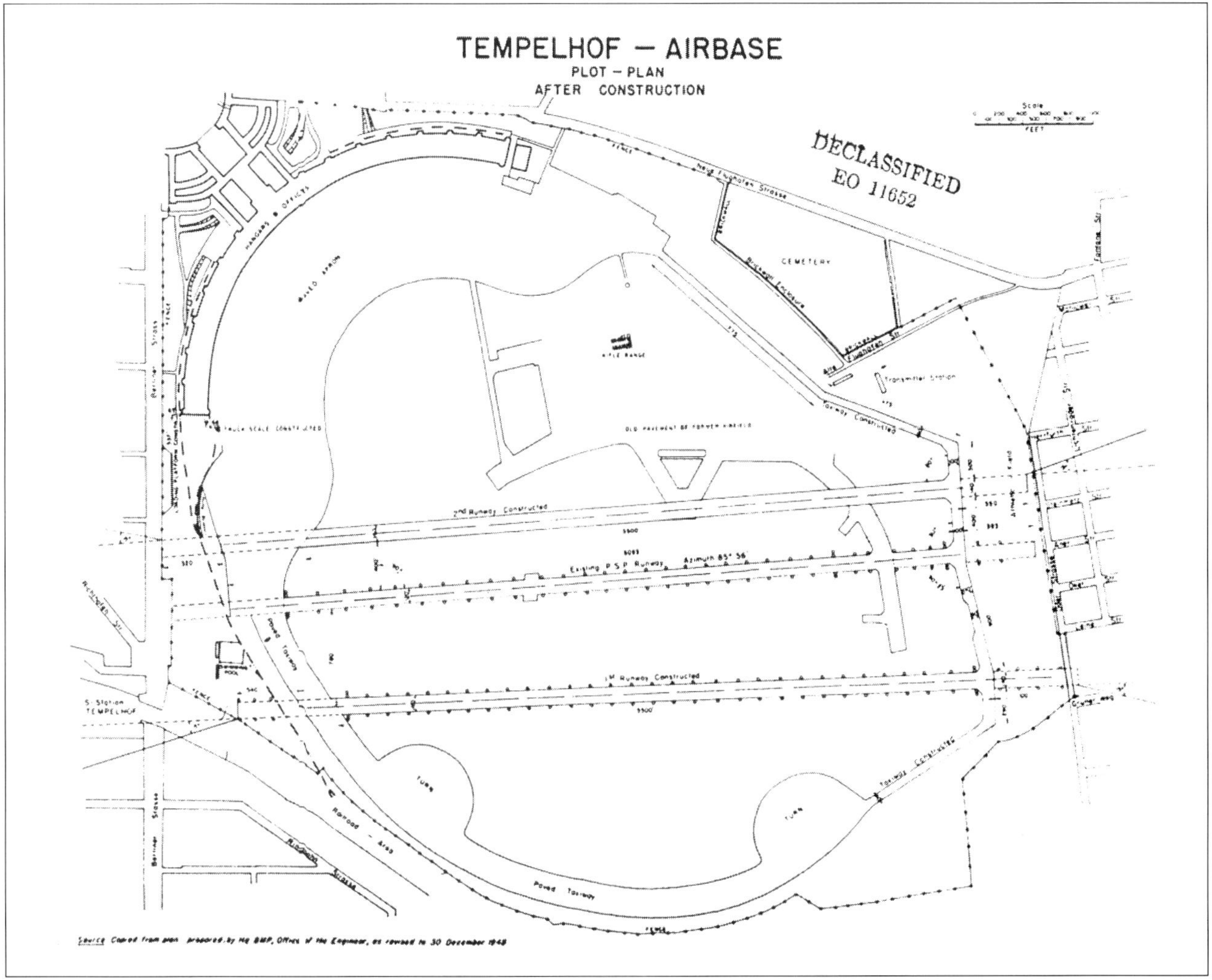

Abb. 31
Lageplan Berlin-Tempelhof, Stand Ende Dezember 1948. Die südliche Bahn (auf dem Plan unten) war wegen der Häuser am Westrand (links), und um etwas an Bahnlänge zu gewinnen, nicht genau parallel zu der ersten Bahn (mittlere) gebaut worden.

Quelle:
US Army History of Berlin Airlift, AFHRA Reg.-No. C-5121 (33-38)

mel bestaunte. Er ging so oft wie möglich dorthin und bald stand für ihn sein Berufswunsch fest: Pilot. Und er hatte noch einen zusätzlichen Traum: er wollte dann selbst mit solch einem großen Transportflugzeug in Tempelhof landen. Rolf Korth wurde tatsächlich Pilot, auch sein zusätzlicher Traum ging in Erfüllung. Denn nachdem 1989 die Mauer in Berlin gefallen war, erhielt irgendwann Anfang 1990 das Lufttransport-Geschwader (LTG) 61 der Bundesluftwaffe, das in Landsberg am Lech stationiert ist, den Befehl mit einigen ihrer C-160 Transall Transportern nach Tempelhof zu fliegen. Und für den Kommodore des Geschwaders Oberst Rolf Korth war es jetzt leicht, sich als Piloten für die erste Maschine einzuteilen.[216] „Im Anflug auf Tempelhof habe ich meinen Co-Piloten angewiesen, die Hände vom Steuerhorn zu nehmen und die Füße von den Pedalen. Und dann habe ich jeden Zentimeter der Landung voll genossen!" Der kleine Junge von 1948 hatte seinen Traum wahrgemacht.

## Berlin-Gatow

Vor dem Kriege von der deutschen Luftwaffe als eine von vielen Fliegerschulen eingerichtet, wurde Gatow im Kriege ein mit Jagdflugzeugen belegter Fliegerhorst zum Schutz von Berlin. Der Platz hatte auch bei Kriegsende keine befestigte Landebahn, sondern war ein normaler Grasplatz. Als die Royal Air Force ihn 1945 übernahm, wurde zunächst, ähnlich wie in Tempelhof, eine PSP-Bahn mit einer Länge von ca. 1372 m (4500 Fuß) angelegt.[217] Das reichte zunächst aus für eine von der RAF stationierte Jagdstaffel und den normalen Verkehr mit mittelschweren Transport- und Passagierflugzeugen. Es zeigte sich aber schon bald, daß bedingt durch den sandigen Untergrund, auf der die PSP-Bahn verlegt war, die Piste größeren Belastungen nicht gewachsen war. Deshalb begann schon 1947 der Bau einer ganz neuen Betonbahn, die aber am Beginn der Luftbrücke noch nicht ganz fertiggestellt war, sondern erst nach einigen Wochen in Betrieb genommen werden konnte. Sofort nach Beginn der Luftbrücke traf die RAF die Entscheidung, die Kapazität von Gatow in bezug auf die Zahl der Landungen und den Umfang des Güterumschlags auf den höchstmöglichen Stand zu bringen. Dazu waren folgende Arbeiten notwendig:

– Die beschleunigte Fertigstellung der Betonbahn mit gleichzeitiger Verlängerung auf ca. 1830 m (6000 Fuß) Länge und ca. 46 m (150 Fuß) Breite. Zusätzlich noch die für einen reibungs-

216 Für dies und das Folgende Mitteilungen von (inzwischen) Oberst a.D. Rolf Korth im Gespräch mit dem Verfasser am 17.6.1995 in Lohr am Main und spätere schriftliche Mitteilungen.

217 Abschlußbericht CALTF, S. 81 f.

DIE FLUGPLÄTZE

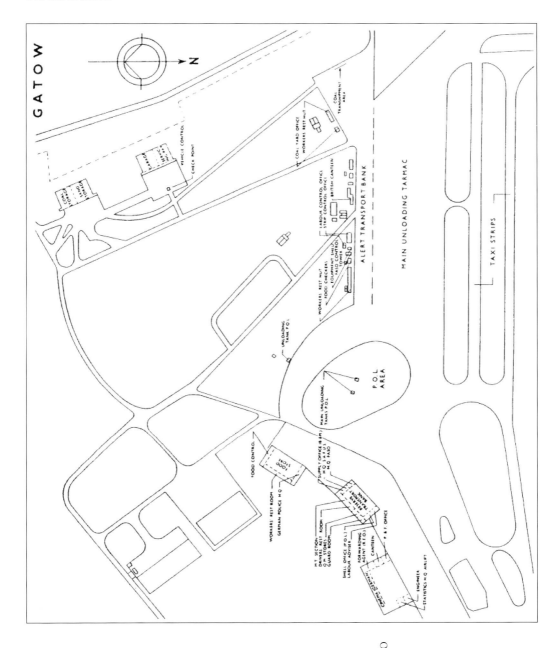

**Abb. 32**
Lageplan Flugplatz Berlin-Gatow

Quelle:
Final RAF Report, PRO
Reg. No. Air 10/5067

## DIE FLUGPLÄTZE

losen Betrieb notwendigen Taxiwege (Rollwege für Flugzeuge) zu den Bahnenden.
– Den Bau ausgedehnter Flächen/Standplätze zum Entladen der Flugzeuge, dazu die erforderlichen Straßen für die Lastkraftwagen.
– Die Anlage von 8 großen unterirdischen Lagertanks für Benzin und Dieseltreibstoff an einem Ende der Entladestraße, wo die eintreffenden Tankflugzeuge ihre Ladung löschen konnten. Hierdurch wurde die Tankkapazität auf 500.000 Liter verdoppelt. (Siehe dazu den Lageplan von Gatow.)
– Den Bau von zwei unterirdischen Treibstoffleitungen von diesen Tanks zu einem Schiffsanleger an der Havel, von wo der Treibstoff mit Tankschiffen in die Innenstadt von Berlin transportiert wurde.
– Der Bau ausgedehnter Befeuerungen für den Landeanflug, und zwar sowohl für die neue Betonbahn als auch für die alte PSP-Bahn. Beide wurden mehrfach verbessert.
– Vollständige Renovierung und Befestigung der alten PSP-Bahn mit zusätzlicher Verlängerung auf die gleiche Länge wie die Betonbahn.[218]

Die RAF plante, durch all diese Verbesserungen den Flugbetrieb auf 480 Flugzeuge innerhalb von 24 Stunden zu intensivieren. Die Bilanz nach Beendigung der Luftbrücke registrierte für die Dauer der Luftbrücke mehr als 110.000 Landungen[219] auf diesem Flugplatz. Das bedeutete – auch unter Einschluß von Tagen, an denen nicht geflogen werden konnte, sowie der Anfangsphase mit noch wenigen Flugbewegungen (Ende Juni 1948 bis Ende September 1949) – einen Tagesschnitt von ca. 240 landenden Flugzeugen. Tatsächlich war dieser höher anzusetzen, denn die Royal Air Force verzeichnete schon ab August 1949 deutlich weniger Flüge nach Berlin.[220] Dort ist, allein für die RAF, von Juli 1948 (für Juni ist überhaupt keine Zahl angegeben) bis Juli 1949 einschließlich eine durchschnittliche Zahl von 333,5 Flügen nach Berlin pro Tag angegeben, die – von wenigen Ausnahmen abgesehen – alle in Berlin-Gatow landeten. Da alle Flugzeuge zwangsläufig nicht nur in Berlin-Gatow landeten und ausgeladen wurden, sondern auch wieder zu ihren Ausgangsbasen zurückkehrten, ist danach im Schnitt alle zwei Minuten in Gatow ein Flugzeug gestartet oder gelandet. Unter Berücksichtigung der technischen Bedingungen und Möglichkeiten der Jahre 1948/49 war das eine glänzende organisatorische Leistung der Kontroller der britischen Royal Air Force auf dem Kontrollturm, an den

218 Alle Zahlenangaben nach CALTF-Abschlußbericht, S. 81 f., ferner Final RAF Report, S. 151 f. und S. 261 ff.

219 Abschlußbericht CALTF, S. 81.

220 Final RAF-Report, S. 539, PRO Reg.No. AIR 10/5067.

**Abb. 33** Luftbild von Berlin-Gatow

Quelle: Privatbesitz von Jack D. Fellman

GCA-Geräten und in der Flugleitungszentrale in Gatow. In Gatow landeten aber nicht nur die RAF-Flugzeuge und die Maschinen der britischen zivilen Chartergesellschaften, sondern auch viele Transporter der USAF. Darunter befanden sich nicht nur die vergleichsweise kleinen C-47 Skytrain sowie die wesentlich größeren C-54 Skymaster, sondern auch die C-74 Globemaster mit ihrer Transportkapazität von 20 (short) t's.

## Berlin-Tegel

Die Kapazitäten der beiden einzigen am Beginn der Luftbrücke vorhandenen Plätze Tempelhof und Gatow waren zu gering für eine längerfristige Luftbrücke nach Berlin. Daß der neue Flugplatz schließlich im französischen Sektor von Berlin gebaut wurde, kam auch dem französischen Prestigedenken entgegen, die ja seit 1945 ohne einen eigenen Flugplatz auskommen mußten. Jetzt kam zu dem amerikanischen Platz Tempelhof und dem britischen Platz Gatow noch Tegel unter französischer Oberhoheit hinzu.[221]

Diesen neuen Berliner Flugplatz Tegel, der für das Überleben der Bevölkerung in den Westsektoren von Berlin so wichtig war, bauten die Berlinerinnen und Berliner buchstäblich mit ihren eigenen Händen. Die Frauen sind hier aus gutem Grund an erster Stelle genannt, denn sie stellten in allen Bauphasen bis zu 50% der am Bau von Tegel beteiligten Arbeitskräfte.[222]

Alle Zahlen des Bauvorhabens sind imponierend:[223] Die Planung begann Ende Juli 1948, nachdem man sich in wenigen Tagen für den ehemaligen Schießplatz Tegel als geeignetes Gelände entschieden hatte. Baubeginn war der 5. August 1948, Fertigstellung der Landebahn am 5. November 1948 mit der Landung der ersten C-54 Skymaster mit einer kleinen Feier, offizielle Einweihung des Platzes war am 5. Dezember 1948 im großen Rahmen.[224]

Gebaut wurden eine Landebahn von ca. 1676 m (5500 Fuß) Länge und ca. 46 m (150 Fuß) Breite, Taxiwegen mit einer Länge von ca. 1524 m (5000 Fuß) Länge und ca. 18 m (60 Fuß) Breite, eine Parkfläche zum Entladen der Flugzeuge von 670 m (2200 Fuß) Länge und ca. 122 m (400 Fuß) Breite, Zufahrtsstraßen von knapp 2,5 km mit einer Straßenbreite von ca. 6 m, ein Gebäude für die Flugplatzfeuerwehr, ein Kontrollturm und ein Gebäude für die Flugleitung und die Verwaltung. Betriebsfertig installiert wurde auch ein 150 kw Generator, der im Falle eines Stromausfalls die Weiterführung des normalen Flugbetriebes möglich machen sollte. Außerdem waren auch

---

221   Zu dem Bau von Tegel siehe u.a. Abschlußbericht CALTF, S. 83 f., ferner die vom Bezirksamt Reinickendorf von Berlin herausge-gebene Broschüre: „Die Franzosen in Berlin, Besatzungsmacht– Schutzmacht – Partner für Europa", Berlin 1996, S. 82 ff., mit einigen eindrucksvollen Photos aus der Bauphase, die vor allem einen Eindruck von der Höhe der Sanddünen geben, die zunächst abgetragen werden mußten.

222   Die Broschüre des Bezirksamtes Reinickendorf „Die Franzosen in Berlin", S. 84 nennt für die letzte Bauphase mit dann 19.000 Arbeitskräften einen Anteil von 40% Frauen.

223   Zu den technischen Details der Bauarbeiten siehe auch US Army History of Berlin Airlift, S.38 ff., AFHRA Reg.No. C-5121 (33-37).

224   Hier weichen die Angaben zum Teil voneinander ab: Das Datum 5.12.1948 für die offizielle Einweihung entstammt einer Mitteilung von Colonel (Ret.) Hubert Colle von der französischen Armee am 6.3.1997 an den Verfasser und seinem schriftlichen Bericht vom 7.1.1997. Colle war während der Blockade als 25-jähriger Lieutenant (entspricht dem deutschen Oberleutnant) der Adjutant von Général de Brigade Jean Ganeval, der ab 1946 der französische Stadtkommandant in Berlin war.

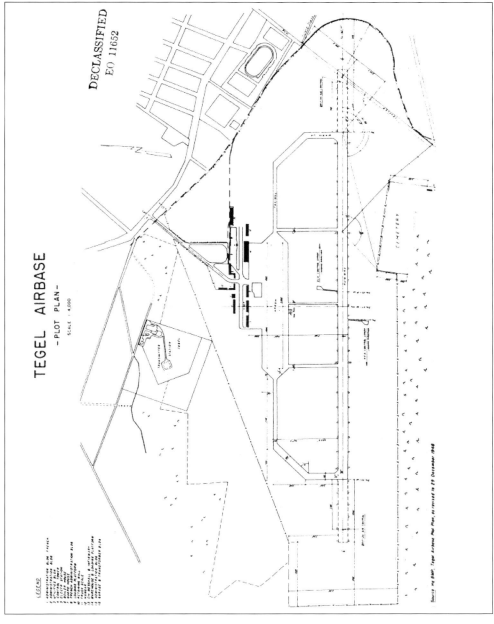

Abb. 34
Lageplan Flugplatz Berlin-Tegel, Stand Dezember 1948. Der von den Sowjets kontrollierte Sender befand sich in dem kleinen Viereck unterhalb des Wortes „Tegel". Die Nähe zur Landebahn und damit die Gefährlichkeit für den Flugbetrieb wird hier sehr deutlich. Der 120 m hohe Rohrmast stand 450 m und der 80 m hohe Gittermast 280 m vom Tower entfernt (Mitteilung von Günter Erler vom 23. Februar 1998 an den Verfasser).

Quelle:
US Army History of Berlin Airlift, AFHRA Reg. No. C-5121 (33-38)

**Abb. 35**
Luftbild Berlin-Tegel aus südlicher Richtung mit der während der Berliner Luftbrücke benutzten Landebahn und den Anbindungen. Der Bau der zweiten Landebahn, die erst nach Ende der Luftbrücke fertiggestellt wurde, hatte noch nicht begonnen. Die nördlich der Bahn gelegenen Gebäude gehörten weiterhin zum französischen Militärflugplatz Tegel. Die zweite Landebahn und der heutige zivile Flughafen Tegel wurden südlich der ersten (außerhalb des unteren Bildrandes) gebaut.

Quelle:
Privatbesitz von Jack D. Fellman

Abb. 36
Bau des Flugplatzes Berlin-Tegel, Abbau und Einebnen von Sanddünen, die an einigen Stellen eine beachtliche Höhe hatten.

Quelle: Landesarchiv Berlin

sofort Anflugbefeuerungen in die Bauplanung einbezogen worden.[225]

Für die gesamte Planung mit ihren flugtechnischen Anforderungen und deren Details waren die US Luftwaffe, für den Bau das Engineer Corps der US Army verantwortlich. Auch nach der Fertigstellung des Flugplatzes Tegel blieb die gesamte Flugkontrolle während der Zeit der Luftbrücke bei der USAFE, die zugleich das notwendige Personal stellte. Die hoheitliche Verantwortung lag bei Frankreich. Die französischen Militärbehörden waren in Zusammenarbeit mit deutschen Verwaltungsstellen für die Organisation und Anwerbung der Arbeitskräfte verantwortlich. Die Franzosen stellten an technischem Gerät in erster Linie die ca. 400 Lastwagen, die auf der Baustelle gebraucht wurden. Die Zahl der deutschen Arbeitskräfte stieg schnell an, denn es wurde in drei Schichten rund um die Uhr einschließlich Sonn- und Feiertagen gearbeitet. Die Zahlen[226] sind eindrucksvoll und benötigen keines weiteren Kommentars: am 10. August 1948 wurden 1800 deutsche Arbeitskräfte registriert, am 18. August bereits 5000, am 1. September 1948 dann 15.000, um am 15. September 1948 die Rekordzahl von ca. 19.000 Arbeitskräften zu erreichen. Die Anwerbung von deut-

225  Alle Zahlenangaben nach CALTF-Abschlußbericht, S. 83 f.

226  Mitteilung von Colonel Colle und „Die Franzosen in Berlin", S. 84

DIE FLUGPLÄTZE

**Abb. 37**
Bis zur Fertigstellung des neuen Kontrollturms in Berlin-Tegel wurde der Flugbetrieb aus diesem improvisierten „hot dog tower" (so der treffende Ausdruck der Amerikaner) geleitet. Daneben die Strom- und Heizaggregate.

Quelle: Privatbesitz von Jack D. Fellman

227 „Die Franzosen in Berlin", S. 84.

schen Arbeitskräften war problemlos, denn es lockte der für die damalige Situation auf dem Arbeitsmarkt in Berlin vergleichsweise hohe Stundenlohn von 1,20 Mark (West) und eine warme Mahlzeit.

Das vorgesehene Gelände mußte zunächst planiert werden. Der ehemalige Schießplatz war auch von der französischen Besatzungsmacht seit 1945 als Schießplatz benutzt worden und wies deshalb zahlreiche Trichter auf. Zusätzlich mußten noch einige Bombenblindgänger aus der Kriegszeit beseitigt werden. Die Hauptarbeit bestand im Abtragen von vier sich in Nord-Süd-Richtung hinziehenden Sanddünen, die bis zu 12 m hoch waren. Wie schon in Tempelhof, so wurde auch hier für den Unterbau der Landebahn, Taxiwege und Straßen der in Berlin in Unmengen vorhandene Trümmerschutt verwendet. „Insgesamt wurden 800.000 Kubikmeter Erde, 420.000 Kubikmeter Steine, Ziegel und Schutt, 30.000 Tonnen Teer und Beton, 4.000 Kubikmeter Mörtel und 3.500 Meter Eisenträger aus den Trümmerruinen Berlins mit Schippen, Lastkraftwagen und Treckern auf das Baugelände gekarrt. Zudem wurden noch 10.000 Fässer Asphalt von den Amerikanern über den Luftweg eingeflogen."[227]

DIE FLUGPLÄTZE

**Abb. 38**
Bau des Flugplatzes Berlin-Tegel, im Hintergrund rechts die störenden Sendetürme. Die Gebäude des Flugplatzes, der später französischer Militärflugplatz Tegel wurde, befanden sich unmittelbar davor (siehe Lageplan Tegel). Das heutige moderne zivile Abfertigungsgebäude des Flughafens Berlin-Tegel wurde südlich der Bahn (im Bild weiter links) gebaut.

Quelle:
Landesarchiv Berlin

Schweres Spezialbaugerät war in Berlin weder in ausreichender Menge noch in erforderlicher Qualität vorhanden und mußte über die Luftbrücke eingeflogen werden. Die großen und sperrigen Maschinen paßten aber weder in die C-54 Skymaster noch in den durchaus geräumigen Laderaum der wenigen vorhandenen Fairchild C-82 Packet Transporter.[228] Auch die Einzelteile von zerlegten Maschinen waren noch zu groß. Deshalb erinnerte man sich in der CALTF-Zentrale an einen Mann, der schon während des Baues von Flugplätzen in Brasilien zu sperrige Teile von Baugeräten mit einem Schneidbrenner fein säuberlich in passende Teile zerschnitten hatte, diese wurden dann mit dem Flugzeug ans Ziel gebracht und dort wieder exakt zusammengeschweißt. Der Mann hieß H.P. Lacomb[229], er wurde in einer völlig unwichtigen Position auf einem Flugplatz in den USA gefunden und sofort nach Deutschland in Marsch gesetzt. Auch hier erwies er sich als ein Meister in der Handhabung von Azetylen-Schneid- und Schweißbrennern. Er zerteilte Planiermaschinen, Planierwalzen, Bagger und andere schwere Geräte so, daß sie in die Flugzeuge paßten, nach Berlin geflogen werden konnten, um dort wieder von ihm funktionsfertig zusammengeschweißt zu werden.

228  Zur C-82 siehe Bill Holder & Scott Vadnais, The C-Planes, S. 70 f., ferner P. Allez-Fernandez, Flugzeuge von A bis Z, Bd. 2, S.178 f.

229  Nach Lowell Bennett: Bastion Berlin, Das Epos eines Freiheitskampfes, (deutsche Übersetzung) Frankfurt/Main 2/1952, S.133 ff.

Spätestens, als dann der Flugbetrieb in Berlin-Tegel aufgenommen wurde, bestätigte sich, daß ein viel zu dicht nördlich der Landebahn im französischen Sektor stehender Sendeturm eines sowjetisch kontrollierten Radiosenders nicht nur allgemein störend, sondern auch als ein viel zu großes Risiko für die Flugsicherheit war.[230] Da der neue Flugplatz Tegel unter der Oberhoheit Frankreichs stehen sollte, war der französische Stadtkommandant Général de Brigade Jean Ganeval für die Beseitigung dieses Risikos verantwortlich. Im November 1948 richtete Ganeval deshalb ein Schreiben an seinen sowjetischen „Kollegen", in dem er um eine Beseitigung der zwei 120 m bzw. 80 m hohen Sendemasten und eines 75 m hohen Antennenturmfragments[231] bat und gleichzeitig anbot, die Anlage an einer anderen sicheren Stelle wieder aufzubauen. Das Schreiben wurde überhaupt nicht beantwortet, genau so wenig wie ein zweites. Am 20. November 1948 richtete Ganeval dann einen Brief an den Direktor des sowjetisch kontrollierten Berliner Rundfunks, der diese Sendemasten für die Ausstrahlung seines Programms benutzte und teilte ihm mit, daß er, falls auch dieses Schreiben unbeantwortet bliebe, die Anlagen selbst beseitigen lassen werde. Am 15. Dezember 1948 führte General Ganeval ein Gespräch mit General Clay in dessen Hauptquartier[232]. Am Ende des Gespräches, in dem es um allgemeine Dinge ging, teilte Ganeval dann bei der Verabschiedung Clay mit, daß er sich ab morgen keine Sorgen mehr um die Radiosender machen müsse.[233] Am folgenden Tag, dem 16. Dezember 1948 vormittags, lief dann die von den Franzosen sorgfältig geplante Beseitigung der Radiotürme ohne Schwierigkeiten ab. Französische Gendarmerie riegelte gegen 09:00 Uhr das Gelände des Senders ab und kappte die Telephone, so daß das anwesende sowjetische und deutsche Personal die Sowjets nicht alarmieren konnte. Die sowjetischen und deutschen Sendetechniker wurden in bereitgestellte Busse verladen und in den sowjetischen Sektor Berlins transportiert – natürlich ohne große Eile. Auf dem Kontrollturm des Flugplatzes Tegel erschien ein französischer Pionier, der die anwesenden Amerikaner in sehr gebrochenem Englisch über die beabsichtigte Sprengung der Radiotürme informierte und ihnen empfahl, eine sichere Deckung aufzusuchen.[234] Die amerikanischen Kontroller hatten gerade noch genug Zeit, um den laufenden Sprechfunkverkehr und die sich nähernden Transporter nach Tempelhof umzuleiten, sowie die auf dem Vorfeld zur Entladung stehenden Transporter in eine sichere Entfernung zu dirigieren. „Als der Zeitpunkt der Sprengung nahe war, hat jeder auf und in dem

230  Für das Folgende die bereits angeführte Mitteilung von Colonel Colle (Ret.), von der französischen Armee, der 1948 Adjutant des französischen Stadtkommandanten General Jean Ganeval war und Augen- bzw. Ohrenzeuge der Ereignisse war und den ganzen Vorgang in seiner Mitteilung an den Verfasser detailliert geschildert hat.

231  Die genauen Maße entstammen einer Mitteilung von Günter Erler vom 23.2.1998, der 1961 bis 1981 bei diesem Sender als Funkmeßtechniker tätig war und sich später um die Geschichte der Sendetürme in Tegel bemüht hat.

232  Interview des Verfassers mit Colonel US Army (Ret.) Richard R. Hallock am 24.4.1996 in Washington DC. Hallock war während der ganzen Zeit der Blockade als junger hochdekorierter Captain der persönliche Assistent von General Clay.

233  Es ist wahrscheinlich, daß neben Clay auch der amerikanische und britische Stadtkommandant vorab von Ganeval informiert worden sind, siehe „Die Franzosen in Berlin", S. 87 ff.

234  Mitteilung von Donald L. Stensrud vom 18.2.1996 an den Verfasser. Stensrud machte als Kontroller gerade Dienst auf dem Kontrollturm.

DIE FLUGPLÄTZE

**Abb. 39**

Die Beseitigung der Sendetürme am Flugplatz Berlin-Tegel am 16. Dezember 1948 ca. 11:00 Uhr.

Quelle: Privatbesitz von Louis Wagner, ursprünglich ein AP Wire-photo

Kontrollturm einen sicheren Platz am Boden aufgesucht, von wo wir die Explosion sehen konnten. Es war eine sehr denkwürdige Erfahrung und wir waren richtig stolz auf die Franzosen."[235] Nachdem das Personal des Senders das Gelände verlassen hatte, legten die französischen Pioniere die „Sprengladungen an die empfindlichsten Stellen am Fuß der Antennen und der umliegenden Gestelle. Dieser äußerst sorgfältige Vorgang dauert(e) fast zwei Stunden. Gegen 11:00 Uhr (wurde) gezündet."[236] Vom Stabsgebäude der französischen Garnison im sog. Quartier Napoléon, das unmittelbar an das Flugplatzgelände angrenzte, konnte die Sprengung gut beobachtet werden.

[235] Mitteilung von Donald L. Stensrud, siehe oben: „When the time drew near, everyone in the tower evacuated to a safe place on the ground where we were able to see the explosion. It was a very memorable experience and made us very proud of the French."

[236] Mitteilung Colonel Colle, siehe oben.

## DIE FLUGPLÄTZE

„Gegen 14:30 Uhr nachmittags rief General Kotikov, Kommandant des russischen Sektors, an und wollte von General Ganeval in seinem Hauptquartier empfangen werden. Das Treffen wurde auf 16:00 Uhr festgelegt. Ich (Adjutant Colle, der Verf.) wurde beauftragt, General Kotikov am Gebäudeeingang in Empfang zu nehmen und ihn zusammen mit seinem Dolmetscher in das Büro des Generals zu bringen. – Das Gespräch dauerte ca. 20 Minuten.(...) Tatsächlich war General Kotikov im Namen seiner Regierung gekommen, um offiziellen Protest gegen eine willkürliche Aktion anzumelden, die sie als illegal ansahen. – General Ganeval bemerkte in bestimmtem Ton, daß diese von ihm zuvor angekündigte Maßnahme erforderlich geworden war, um die Sicherheit der Piloten der Luftbrücke, die durch die Blockade zwingend geworden war, zu gewährleisten. Auf die Frage des Generals Kotikov, wie die Masten demontiert wurden, antwortete General Ganeval ´von unten´. Der Kommandant des russischen Sektors von Berlin bat um eine Besichtigung und die Genehmigung, in den nächsten Tagen das noch verwendbare technische Material abzuholen. Diese Genehmigung wurde ihm erteilt."[237]

Die Nachricht von der Sprengung der sowjetischen Sendetürme durch die Franzosen lief wie ein Lauffeuer durch Berlin. Im Westteil der Stadt löste sie bei der Zivilbevölkerung unverhohlene Freude, ja Begeisterung aus, im Ostteil konnte man dagegen nur klammheimliche Freude empfinden, sie aber nicht offen zeigen. Es war ein sehr wichtiger Beitrag der Franzosen zur sicheren Durchführung der Berliner Luftbrücke. Es zeigte sich auch an diesem Ereignis, daß die Sowjets Festigkeit, und wenn nötig ein *fait accompli* gut verstanden. Das übliche wütende Propagandagetöse der sowjetischen Presseorgane (Rundfunk und Zeitungen) war lediglich normales Beiwerk.

Obwohl der Flugplatz Tegel als einziger der drei Berliner Flugplätze auch am Ende der Luftbrücke nur über eine Landebahn verfügte, hat er mit seiner Kapazität zu deren großem Erfolg beigetragen. Eine zweite Landebahn wurde erst nach September 1949 gebaut, als der Flugplatz neben dem französischen militärischen Flugbetrieb auch den immer stärker aufkommenden zivilen Flugbetrieb von und nach Berlin bewältigen mußte.[238] Für viele ältere Berlinerinnen und Berliner aber ist und bleibt der Name „Flugplatz Tegel" durch die Tage und Nächte der Bauzeit mit unvergeßlichen Erinnerungen verbunden.

237  Mitteilung von Colonel Colle, siehe oben.

238  Mitteilung von Colonel (Ret.) Roger Degen, französische Luftwaffe, vom 9.10.1996 an den Verfasser. Col. Degen war von 1967 bis 1969 Kommandant des militärischen Teils des Flugplatzes Tegel.

## Frankfurt/Main

Der heutige Rhein-Main-Flughafen war 1948/49 der vielleicht wichtigste Flugplatz für die US Air Force bei der Versorgung von Westberlin über eine Luftbrücke. Das Gelände, auf dem sich damals und heute der Flugbetrieb mit Flächenflugzeugen abspielt, hat für die Luftfahrt eine lange Tradition. Denn schon vor dem Ersten Weltkrieg existierte hier eine Luftschiffhalle und ein reger Betrieb mit Luftschiffen unterschiedlichster Konstruktionen. An diese Luftschiffszeit erinnert noch immer der Name des Ortes Zeppelinheim, heute ein Stadtteil von Neu-Isenburg. Die Zeit der Zeppeline war mit dem Ende des Ersten Weltkrieges praktisch beendet, obwohl diese Luftfahrzeuge bis in die 30er Jahre noch eine gewisse Rolle spielten und erst mit der Katastrophe des Luftschiffes „Hindenburg" ihre Bedeutung für den Transport von Passagieren auf langen Strecken für sehr viele Jahre verloren.

Während des Zweiten Weltkrieges waren hier Jagdflugzeuge stationiert, deren Platz von den Alliierten ab 1943 oft bombardiert wurde und bei Kriegsende sich in einem entsprechenden Zustand befand. Sofort nach der Übernahme durch die amerikanische Besatzung wurde Rhein-Main zum zentralen Flugplatz der Amerikaner in Europa ausgebaut und als „Gateway to Europe" für alle in Frankfurt/Main eintreffenden US-Bürger (Militär und Zivil) ein fester Begriff. Eine ca. 1830 m (6000 Fuß) lange und ca. 46 m (150 Fuß) breite Landebahn aus Beton wurde gebaut, über die dann auch der gesamte Flugbetrieb der Berliner Luftbrücke abgewickelt wurde. Zwar begann man im Frühjahr 1949 mit dem Bau einer zweiten und längeren Landebahn, aber zum Zeitpunkt der Beendigung der Luftbrücke im September 1949 war diese erst zu ca. 20% fertiggestellt.[239]

Als die Berliner Luftbrücke für den amerikanischen Teil hier von der Rhein-Main Air Base und von der Air Base in Wiesbaden-Erbenheim offiziell am 26. Juni 1948 begann, bestanden für einen normalen Flugbetrieb alle notwendigen Einrichtungen. Für den jetzt aber einsetzenden außerordentlich starken Flugbetrieb mußte zunächst improvisiert oder im Rekordtempo eine annehmbare Lösung gefunden werden. Als feste Park- und Beladeplätze wurden im Juli 1948 in aller Eile PSP-Platten verlegt, die nach und nach festen Betonstandplätzen wichen. Für die aus allen Teilen der Welt mit ihren Transportflugzeugen eintreffenden Besatzungen mußte für Unterkunft, Verpflegung und die wichtigen Ruhezeiten die notwendige

[239] Alle Zahlenangaben nach CALTF-Abschlußbericht, S. 82 f.

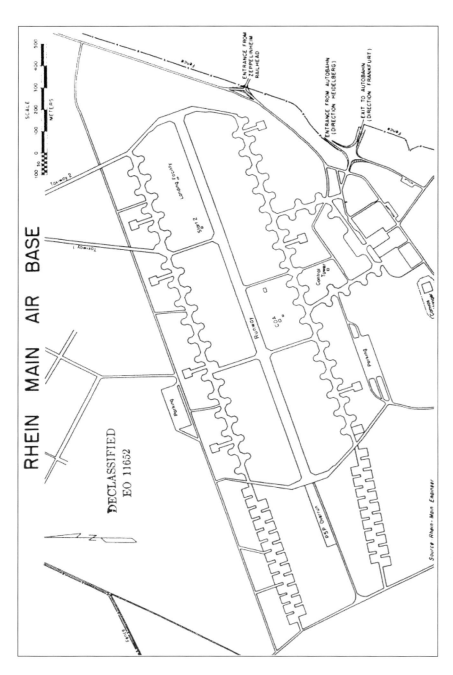

**Abb. 40**
Lageplan Rhein-Main Air Base. Der heutige moderne zivile deutsche Rhein-Main Flughafen ist in nördlicher Richtung (auf dem Plan oben) entstanden.

Quelle:
US Army History of Berlin Airlift, AFHRA Reg. No. C-5121 (33-38)

DIE FLUGPLÄTZE

Abb. 41
Frankfurt/Main, Rhein-Main Air Base am 26. Juli 1949

Quelle:
Bundesarchiv Koblenz

Vorsorge getroffen werden. In den ersten Wochen der Luftbrücke traten gerade in diesem wichtigen und sensiblen Bereich gravierende Probleme auf. Die US Army, die für die Anlieferung der zu überfliegenden Güter bis an die Flugzeuge verantwortlich war, mußte ihren Fuhrpark und das Personal von Grund auf neu organisieren. Für die DP´s (Displaced Persons) und die deutschen Arbeitskräfte für die Beladung der Flugzeuge mußten Unterkunft – in aller Regel in sog. Nissen-Hütten (kleine Wellblechbaracken) – und ausreichende Verpflegung für die kraftraubende Arbeit sichergestellt werden. Der Nachschub an Flugbenzin mußte errechnet und zum richtigen Zeitpunkt bereitgestellt werden.

Zusätzlich zu den Aktivitäten im Rahmen der Berliner Luftbrücke mußte auf der Rhein-Main Air Base auch der gesamte zivile Flugverkehr abgewickelt werden. Dazu gehörten nicht nur die Flugzeuge der USAF. Diese flog ihr Personal bei Ablösungen oder ankommendes neues Personal über Rhein-Main ein und aus, um es dann auf die Standorte innerhalb Deutschlands weiterzuleiten. Zusätzlich gab es auch einige amerikanische zivile Fluglinien, die ihre planmäßigen Flüge von und nach Übersee und innerhalb Europas über Rhein-Main leiteten. Bis zum Beginn der Berliner Luftbrücke flogen diese amerikanischen Linien auch im Passagierverkehr nach Berlin. Dann jedoch wurde dieser nicht mehr von diesen zivilen amerikanischen Linien abgewickelt, sondern erfolgte vollständig durch Militärmaschinen, also hier von Frankfurt/Main aus mit Flugzeugen der USAF. Obwohl von der britischen Zone aus auch einige zivile britische Charterflugzeuge im Rahmen der Berliner Luftbrücke operierten, so war sie doch ein reines militärisches Unternehmen der US Luftwaffe und der britischen Royal Air Force.

Auf der Rhein-Main Air Base waren am Beginn der Luftbrücke ca. 50 C-47 Skytrain stationiert, die bald durch ca. 100 Douglas C-54 Skymaster abgelöst wurden. Am Stichtag 1. Januar 1949 waren auf Rhein-Main 95 Skymaster registriert.[240] Die C-47 wurden nach Kaufbeuren verlegt.

### Wiesbaden-Erbenheim (Y-80)

Wie praktisch alle im Rahmen der Berliner Luftbrücke benutzten Flugplätze (Berlin-Tegel war der einzige völlig neu gebaute) war auch Wiesbaden-Erbenheim von und für die deutsche Luftwaffe gebaut worden und wurde nach dem Kriege von der US Luftwaffe für ihre Anforderungen stark erweitert und ausgebaut. Wiesbaden war der Sitz des Hauptquartiers der amerikanischen Luftstreitkräfte in Europa (USAFE) mit entsprechendem Flugbetrieb. Dies erforderte vor allem den Bau einer 1676 m (5500 Fuß) langen festen Start- und Landebahn.

Die Code-Bezeichnung „Y-80" stammt aus dem zweiten Weltkrieg. Nach der Landung in der Normandie im Juni 1944 wurden diese Codes eingeführt, um den Flugzeugbesatzungen die Orientierung über Deutschland zu erleichtern. Außerdem sollten Mißverständnisse und Irrtümer bei der Rechtschreibung der nun im Schriftverkehr vermehrt auftauchenden deutschen Ortsnamen vermieden werden.[241]

Sofort nach Beginn der Luftbrücke wurden beschleunigt weitere umfangreiche Verbesserungen und Erweiterungen begonnen. Die feste Landebahn wurde nicht nur auf 2124 m (7000 Fuß) Länge verlängert, sondern es wurden außerdem an beiden Enden zusammen 610 m (2000 Fuß) PSP-Platten mit einer Breite von ca. 37 m (120 Fuß) zur größeren Sicherheit als Überrollzone angelegt. Wie auf allen anderen Plätzen, so wurde auch hier, zusätzlich zur Landebahnbefeuerung eine weiträumige Befeuerung für den Landeanflug aufgebaut. Diese bestand in aller Regel aus mehreren Querbaken, die

240  Briefing for Mr. Symington vom 26.12.1948, AFHRA Reg.No. C-5113 (37-7).

241  Karl Ries, Wolfgang Dierich: Fliegerhorste und Einsatzhäfen der Luftwaffe, Stuttgart ²/1996, S. 16.

DIE FLUGPLÄTZE

in genau festgelegten Abständen die Entfernung bis zum Beginn der Landebahn markierten, und aus einer genau auf die Mitte der Landebahn zuführenden Lichterkette, die hier später aus einer in Serie geschalteten Reihe von Blitzlichtern bestand, die in schneller Folge nacheinander aufleuchteten und wie ein Pfad aus Lichtblitzen wirkte.

Zu den Verlängerungen der Landebahn kamen natürlich noch die Taxistraßen, die in einer Länge von ca. 742 m (2435 Fuß) in Betonausführung angelegt wurden und zusätzlich noch ca. 483 m (1586 Fuß) Taxistraßen aus PSP-Platten. Das Vorfeld für die Beladung der Flugzeuge wurde durch weiträumige PSP-Flächen erweitert und 37 feste Parkplätze für die Flugzeuge angelegt. Hinzu kamen fast 1,5 km (4760 Fuß) feste Zufahrtsstraßen in einer Breite von 7,6 m (25 Fuß). Damit die zu überfliegenden Güter sicher gelagert werden konnten, wurde die vorhandene Lagerhalle auf das Doppelte vergrößert, ebenso das Gebäude der Flugplatzfeuerwehr. Für die am Platz auszuführenden Wartungsarbeiten wurde ein neuer Hangar von ca. 51 x 27 m (166 x 88 Fuß), eine leistungsfähige Waschanlage für die C-54 Transporter und ein Tanklager mit einem Fassungsvermögen von 662.725 Litern (175.000 US gallons) gebaut. Die übrigen

**Abb. 42**
„Y-80", Wiesbaden-Erbenheim Air Force Base im Winter 1948/49.

Quelle:
Archiv des LTG 62 auf dem Fliegerhorst Wunstorf

**Abb. 43**
Luftbild der Wiesbaden AFB (Y-80). Diese Aufnahme stammt aus der Zeit vor der Berliner Luftbrücke, vom 8. September 1946. Zu Beginn der Luftbrücke wurden das Vorfeld befestigt, sowie Landebahn und Zubringer (Taxi-ways) verlängert bzw. hinzugefügt.

Quelle: History Office der USAFE in Ramstein

Einrichtungen des Platzes mußten ebenfalls, den neuen Anforderungen entsprechend, erweitert werden. Dazu gehörten sowohl die Generatorstation als auch ein Kino, eine Sporthalle, die unvermeidliche Snack Bar, eine Bowlingbahn und die Poststelle.[242]

Am Beginn der Luftbrücke waren in Y-80 ca. 50 C-47 Skytrain Transporter stationiert. Die meisten davon wurden später nach Süddeutschland verlegt, bis auf die für das H.Q. USAFE notwendigen Kuriermaschinen. In erster Linie waren dann hier 25 Douglas C-54 Skymaster (Stichtag 1.1.1949) stationiert.

Als die Berliner Luftbrücke Ende September 1949 beendet wurde, verfügte das Hauptquartier der amerikanischen Luftstreitkräfte in Europa dann über einen mit modernsten technischen Einrichtungen versehenen Flugplatz.

## Wunstorf

Vom Flugplatz Wunstorf begann die britische Royal Air Force mit ihrem Beitrag zur zivilen Berliner Luftbrücke am 28. Juni 1948. Wunstorf blieb während der Dauer der Luftbrücke der wichtigste Platz für die RAF.

Die Geschichte des Fliegerhorstes Wunstorf reicht zurück bis in das Jahr 1934, als hier für die deutsche Luftwaffe ein Flugplatz gebaut wurde, der nacheinander mit Bomber- und Jägerverbänden belegt war. Ab Mai 1945 war hier eine britische Jagdbomber-Gruppe (123 RAF Fighter Bomber Wing) stationiert, die im Sommer 1948 verlegt wurde, um Platz zu machen für die Aktivitäten im Rahmen der Berliner Luftbrücke.

Am 25. Juni 1948 kamen die ersten RAF Dakotas (RAF Bezeichnung der C-47, zivil Douglas DC-3) aus England in Wunstorf an, die offiziell am 28. Juni 1948, 16.00 h, mit der zivilen Luftbrücke begannen. Ab dem 2. Juli 1948 trafen in kurzen Abständen weitere Transportstaffeln ein, die mit viermotorigen Avro Yorks ausgerüstet waren. Weil aber die vorhandenen Parkplätze für eine so große Zahl von Flugzeugen nicht ausreichten und diese auf den Grasflächen abgestellt werden mußten, wo die schweren Flugzeuge besonders bei Regen tief einsanken, wurden die Dakotas nach Faßberg verlegt. In Wunstorf blieben die Avro Yorks, von denen hier bis Sommer 1949 im Durchschnitt 35 Maschinen[243] stationiert waren, und zusätzlich die Flugzeuge einiger ziviler britischer Chartergesellschaften, von denen viele als Tanker Treibstoff (Benzin, Diesel, Öl) nach Berlin flogen.

242 Alle Zahlenangaben und übrigen Details nach CALTF-Abschlußbericht, S. 84 f. und Final RAF Report, S. 151.

243 Final RAF Report, S. 14.

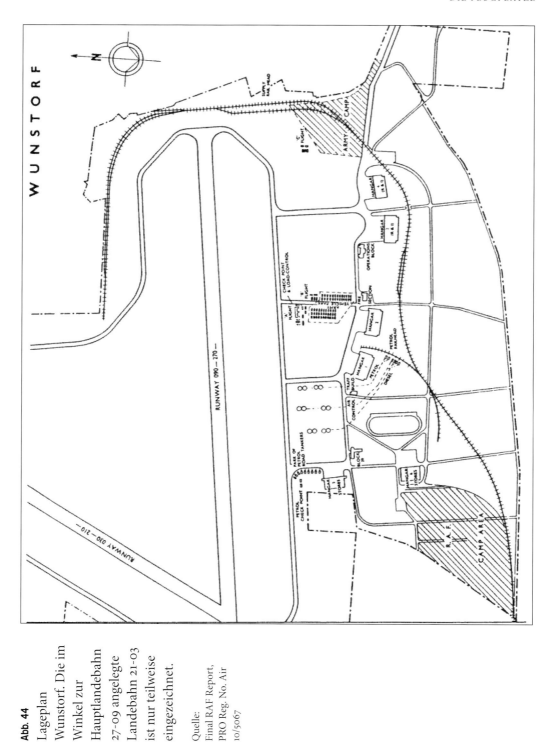

**Abb. 44**
Lageplan Wunstorf. Die im Winkel zur Hauptlandebahn 27-09 angelegte Landebahn 21-03 ist nur teilweise eingezeichnet.

Quelle:
Final RAF Report, PRO Reg. No. Air 10/5067

## DIE FLUGPLÄTZE

Abb. 45
Luftbild von Wunstorf aus südwestlicher Richtung. Dieses Photo stammt nicht aus der Zeit der Luftbrücke, sondern ist jüngeren Datums. An der grundsätzlichen Anlage hat sich aber nur wenig verändert.

Quelle:
Heiner Wittrock, Wunstorf

Der Platz in Wunstorf gehörte zu den wenigen, die bereits am Beginn der Berliner Luftbrücke über zwei feste Landebahnen verfügten, die 1946 bzw. 1947/48 von der RAF gebaut worden waren. Wegen der oft wechselnden Windrichtungen waren die beiden Bahnen nicht parallel angelegt, sondern die Hauptbahn verlief genau in West-Ost-Richtung (270 – 090) und die zweite mehr Südwest zu Nordost (210 – 030). Auf diese Weise konnten die Starts und Landungen mit starkem Seitenwind weitgehend vermieden werden. Um die gravierenden Probleme mit den Parkplätzen am Beginn der Luftbrücke zu beseitigen, wurde sofort mit der Anlage von neuen Stellplätzen (337.335 m2) und dazugehörigen Taxistraßen mit PSP-Platten begonnen, die später durch Betonkonstruktionen abgelöst wurden. Am Ende der Luftbrücke konnten bis zu 75 Flugzeuge auf festen Parkplätzen mit beleuchteten Nummern abgestellt werden.

Zwei neue Gleisanschlüsse wurden gebaut, auf denen nicht nur die allgemeinen Güter für Berlin, von Wunstorf aus in erster Linie Lebensmittel, angeliefert wurden, sondern auch besonders große Mengen Treibstoff. Diese waren nicht nur für den laufenden Bedarf der Flugzeuge nötig, sondern auch zur Überführung mit den bereits erwähnten Tankern, um Berlin zu versorgen. Eine große Tankanlage mit sechs Tanks von je 45.444 l (12.000 US Gallonen) Fassungsvermögen wurde als Zwischenlager gebaut, das mit der Pumpanlage und den Rohrleitungen im Tagesschnitt knapp 265.100 l (70.000 US Gallonen) umschlagen konnte.[244]

Wie auf allen anderen Plätzen so wurde auch in Wunstorf für alle Landebahnen und in alle Richtungen eine Befeuerung für den Landeanflug aufgebaut, die auch hier aus Querbaken und einer Lichterkette zur Mitte der betreffenden Landebahn bestand. Diese Anflugbefeuerung stellte einen außerordentlichen Beitrag zur Sicherheit dar und war eine enorme Erleichterung für die Piloten beim Endanflug kurz vor der Landung.

### Faßberg

Der Flugplatz Faßberg spielt unter allen mit der Berliner Luftbrücke befaßten Plätzen insofern eine Sonderrolle, weil von hier aus ausschließlich Kohle nach Berlin geflogen wurde. Eine weitere Besonderheit lag darin, daß Faßberg vor und während der Berliner Luftbrücke offiziell eine Air Base der britischen Royal Air Force war, die aber (ab 2/49) für deren Dauer einen amerikanischen Standortkommandanten hatte.[245] Es hat aber nur in der Anfangszeit geringfügige Friktionen und unbedeutende Zwischenfälle gegeben. Oft war die Ursache nur ein sprachliches Mißverständnis – denn zwischen Cockney-English und amerikanischem Südstaaten-Dialekt liegen ganze Welten!

Die Geschichte des Fliegerhorstes Faßberg weist für die Vorkriegszeit neben einigen bemerkenswerten Details auch bekannte Namen auf. Ab Frühjahr 1933 wurden für den Aufbau der deutschen Luftwaffe nicht nur Flugplätze und Flugzeuge gebaut, sondern auch zahlreiche Ausbildungszentren geschaffen, die vor allem in den ersten Jahren, aus Rücksicht auf die Bestimmungen des Versailler Vertrages, unter Tarnbezeichnungen auftraten. Im August 1934 wurde in Faßberg eine sog. „Deutsche Verkehrsfliegerschule" gegründet, die aber in Wahrheit eine Bomber-Flieger-Schule war.[246] Die amtliche Tarnbezeichnung, unter der das notwendige Gelände aufgekauft wurde, lautete „Hanseatische Fliegerschule e.V. Faßberg". Im November 1933 begannen die Bauarbeiten für den Flugplatz und die für den Ausbildungsbetrieb notwendigen Gebäude. Ein extra gelegter Gleisanschluß bis auf das Gelände erleichterte die Anlieferung des Baumaterials, aber auch die tägliche Anfahrt der Bauarbeiter, die hier aus der ganzen Umgebung zusammenkamen. Im

244 Alle übrigen Zahlenangaben nach CALTF-Abschlußbericht, S. 85, ferner Final RAF Report, S. 263 f.

245 Zu Faßberg siehe CALTF-Abschlußbericht, S. 81, Final RAF Report, S. 151 und S. 264 f. ferner Hans Stärk: Faßberg, Geschichte des Fliegerhorstes und des gemeindefreien Bezirks Faßberg in der Lüneburger Heide, 1971, S. 115 ff. (zur Luftbrücke), zur Vorkriegsgeschichte S. 41 ff.; von hier an zitiert als Stärk, Faßberg, S. ...

246 Für dies und das Folgende Stärk, Faßberg, S. 43 ff.

DIE FLUGPLÄTZE

**Abb. 46**
Faßberg RAF Base, belegt mit Douglas Dakotas der RAF, ca. Juli 1948. Roll- und Startfreigabe wird hier noch mit einer Handlampe an die Piloten der Flugzeuge gegeben. Kurze Zeit später wurden alle diese Anweisungen über UKW-Sprechfunk abgewickelt.

Quelle: Erinnerungsstätte Luftbrücke, Faßberg

**Abb. 47**
Faßberg in der Anfangszeit nach Eintreffen der ersten Transportstaffeln der USAF Ende August 1948.

Quelle: Archiv des LTG 62 auf dem Fliegerhorst Wunstorf

ersten Bauabschnitt wurden 3 Hallen und zunächst Baracken für die Verwaltung, den Schulbetrieb, die Küche und Unterbringung des Lehrpersonals und der Schüler errichtet. Die Baracken wurden dann nach und nach durch feste Gebäude ersetzt. Neben dem eigentlichen Flugplatz wurde noch ein 420 ha großes Gelände für Bombenübungen für jeden Verkehr gesperrt. Noch während die

**Abb. 48**

So können sprachliche Mißverständnisse entstehen:
„... Ihr eßt sie und wir spielen damit Poker."

Quelle:
T/Sgt. John H. Schuffert, Sr.: Airlift Laffs, Operation Vittles in Cartoon.

Bauarbeiten im vollen Gange waren, begann am 1. April 1934 die inoffizielle Geschichte des Fliegerhorstes mit der Aufstellung des Kampfgeschwaders (K.G.) 154 mit drei Bomberstaffeln, deren erster Kommandeur Oberst Alfred Keller war. Keller war schon aus der Zeit des Ersten Weltkrieges als „Bomben-Keller" ein bekannter Bomberkommandeur, und war dann im Zweiten Weltkrieg als Generaloberst Chef der Luftflotte 1. Offiziell wurde Faßberg erst am 1. März 1935 Fliegerhorst Faßberg, da mit diesem Datum alle bis dahin geltenden Tarnungen aufgehoben wurden. Im zweiten Bauabschnitt ab 1936 wurden dann die Hallen 4 bis 12 gebaut, dazu weitere Wohngebäude – aus Tarnungsgründen im Heidestil gebaut – und ein unterirdisches Tanklager, für das Kupferkessel mit einem Fassungsvermögen von je 200.000 l im Boden versenkt wurden. Ein weiterer bekannter Standortkommandant in Faßberg war der damalige Oberst Martin Fiebig, den wir schon als Kommandierenden General des VIII. Fliegerkorps im Zusammenhang mit der versuchten Versorgung des Kessels von Stalingrad vorgestellt haben. Er war 1937/38 in Faßberg.

Während des Zweiten Weltkrieges war Faßberg weiterhin eine Ausbildungs- und Umschulungseinrichtung und darüber hinaus

DIE FLUGPLÄTZE

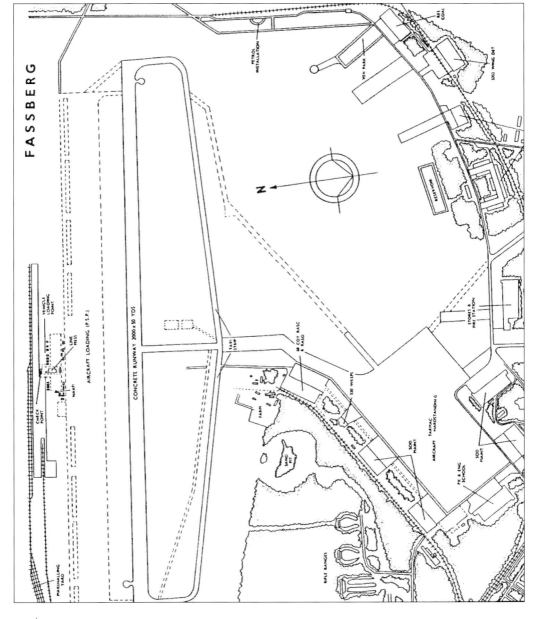

**Abb. 49**
Lageplan des Flugplatzes Faßberg während der Berliner Luftbrücke.

Quelle:
Final RAF Report, PRO
Reg. No. Air 10/5067

DIE FLUGPLÄTZE

eine Durchgangsstation für zahlreiche Einheiten und Verbände der Luftwaffe, die hier vor, während oder nach größeren Aktionen einen Zwischenaufenthalt einlegten. Das Ende des Krieges war begleitet von viel Getöse, als auf dem Gelände des Fliegerhorstes Munition, Bomben und Minen teilweise unkontrolliert durch Sprengung vernichtet wurden, was in der Siedlung Faßberg weit mehr Schaden anrichtete, als alle bis dahin erfolgten alliierten Luftangriffe zusammen.

Nachdem 1945 die Royal Air Force das Kommando in Faßberg übernommen hatte, wurde neben der Instandsetzung der Gebäude und Hallen auch eine feste Start- und Landebahn gebaut.[247] Im Juli 1948 wurde Faßberg dann ein Platz für die Luftbrücke Berlin, als die RAF-Dakotas und die DC-3 Maschinen (zivile Bezeichnung der Douglas Dakota bzw. C-47) der zivilen britischen Chartergesellschaften ihren Flugbetrieb von Wunstorf für einige Wochen nach Faßberg verlagerten, ehe die RAF-Staffeln nach Lübeck-Blankensee verlegt wurden und die zivilen DC-3 nach Hamburg-Fuhlsbüttel.

Wie bereits erwähnt, begann die eigentlich bedeutende Veränderung in und für Faßberg am 20. August 1948, als die ersten drei Staffeln der US Luftwaffe mit ihren schweren Douglas C-54 Skymaster begannen, von Faßberg aus Kohle nach Berlin zu transportieren. Entsprechend den Vereinbarungen zwischen RAF und USAF übernahm ein amerikanischer Standortkommandant im Februar 1949 das Kommando. Wie bei fast allen seinen Personalentscheidungen, bewies General Tunner mit der Entsendung von Colonel Theron „Jack" Coulter auch hier ein gutes Händchen. Zu dem Erfolg von Coulter in Faßberg hat mit Sicherheit auch seine Ehefrau, die (damals) bekannte und populäre Filmschauspielerin Constance Bennett, durch ihre Erscheinung und ihren Charme einen wichtigen menschlichen Beitrag geleistet.

Schon bevor die amerikanischen Transportflugzeuge in Faßberg eintrafen, waren für den zu erwartenden starken Flugbetrieb umfangreiche Baumaßnahmen begonnen worden, die aber erst während des anlaufenden Betriebes beendet werden konnten. Dazu gehörte eine komplette neue Verladerampe nördlich der Landebahn, die auch den notwendigen zusätzlichen Gleisanschluß erhielt. Da die Zeit drängte, wurde die 140.000 m2 umfassende Verladerampe mit PSP-Platten in nur vier Wochen angelegt. (Siehe dazu auch den Lageplan von Faßberg.) Die Verbindung vom Hallenvorfeld zur neuen Laderampe befand sich in einem außerordentlich schlechten Zustand, deshalb wurde die 1400 m lange Straße mit 8.350 m² in

247 Zu den Baumaßnahmen der RAF siehe Final RAF Report, S. 264 f.

Tagesschichten von 18 Stunden in der Rekordzeit von 10 Tagen erneuert. Für die anfangs 400 deutschen Transportarbeiter der German-Civil-Labour-Organisation (GCLO), deren Zahl in kurzer Zeit auf 900 anstieg, wurden Kantineneinrichtungen geschaffen. Das vor allem für die Bewohner der Siedlung Faßberg einschneidenste Problem war aber die Unterbringung der ca. 1000 Amerikaner, des fliegenden Personals, Boden- und technischen Wartungspersonals, für die in der Siedlung ganze Straßenzüge geräumt werden mußten. Denn im Gegensatz zu allen anderen Flugplätzen lag Faßberg mitten in einer nur dünn besiedelten Gegend und weit weg von einer größeren Stadt, die als Unterkunft für die Amerikaner in Frage gekommen wäre. Die ursprüngliche Planung von 1935 sah für Faßberg 2000 „Einwohner" vor, das Personal des Fliegerhorstes und einige Familien. Jetzt war die Zahl der „Einwohner" auf 5000 angewachsen! Hinzu kam der in solchen Fällen kaum zu vermeidende „Troß", so daß Faßberg in kurzer Zeit „einem Lager aus der Zeit des Dreißigjährigen Krieges" glich.[248]

Als noch vor der Luftbrücke die feste Landebahn gebaut wurde, war die westliche Perimeter-Anbindung nicht fertig geworden. Sie war aber für den Umfang der jetzt anfallenden Starts und Landungen unbedingt erforderlich und wurde deshalb beschleunigt fertiggestellt. Das erforderte aber eine präzise Organisation des Verkehrs am Boden, da unmittelbar neben dieser neuen Taxistraße auf einem provisorisch angelegten Taxiweg sich Flugzeuge und Lastwagen nicht behindern durften. Auch das Hallenvorfeld, das vor 15 Jahren angelegt worden war, mußte durch eine kräftige Auflage von Teer-Makadam (Steinschotter mit einer Teerauflage) so verstärkt werden, daß vor den Hallen die jetzt erheblich schwereren Transporter für die laufenden Wartungen, z.B. die 25-Stunden-Kontrollen, sicher geparkt werden konnten. Das Areal umfaßte ca. 176.000 m² und die Arbeiten mußten neben dem laufenden Betrieb durchgeführt werden.

Von Faßberg aus wurde, wie bereits eingangs erwähnt, ausschließlich Kohle nach Berlin geflogen. Ca. 70% aller nach Berlin geflogenen Tonnage war Kohle! Dort wurde Kohle nicht nur allgemein zum Heizen gebraucht, sondern in erster Linie für den Betrieb der Kraftwerke. Die Kohle kam per Bahntransport von den Kohlegruben im Ruhrgebiet und wurde in Faßberg in 100 pound Säcke umgepackt, die dann per Lastwagen an die Flugzeuge gebracht wurden. Für die korrekte Verstauung und Sicherung gegen Verrutschen der Ladung innerhalb des Flugzeuges war ein Lademeister der USAF

248 Stärk, Faßberg, S. 117.

**Abb. 50**
Kohle für Berlin. Unter Aufsicht eines amerikanischen Soldaten (in der Ladeluke rechts) entladen deutsche Transportarbeiter Kohle aus einer Douglas C-54 Skymaster in Berlin-Tempelhof. Entladezeit zwischen 10 bis maximal 15 Minuten!

Quelle:
Landesarchiv Berlin

verantwortlich. Obwohl immer wieder versucht wurde, möglichst dichte Säcke für die Verladung der Kohle in die Flugzeuge zu finden, war trotzdem Kohlenstaub am und im Flugzeug nicht zu verhindern. Zwar konnte die Besatzung durch eine separate Tür vorne rechts direkt ins Cockpit gelangen, mußte also nicht den besonders von Kohlestaub betroffenen Laderaum passieren, aber ganz ließ er sich nicht vermeiden. In Berlin wurde der ganze Laderaum nach der Entladung noch ausgefegt, manchmal sogar noch, während die Flugzeuge langsam zum Abflugpunkt rollten. Die Kehrmannschaft, darunter viele Frauen, verließ erst kurz vor dem Start das Flugzeug. Auf diese Weise kam nicht nur der eine oder andere zusätzliche Sack, sondern im Laufe eines Tages sogar manche Tonne Kohle mehr für Berlin zusammen. Das Ausfegen verursachte verständlicherweise besonders viel Staub und die Flugzeuge, aber auch die Besatzungen, sahen am Ende einer Schicht entsprechend aus. Die Flugzeuge gingen durch die Waschanlage und die Besatzungen unter die Dusche. Es ist deshalb nicht verwunderlich, daß auf den jährlichen Treffen der ehemaligen Teilnehmer an der Berliner Luftbrücke die „Kohleschlepper" (coal hauler) eine besonders distinguierte Gruppe bilden.

DIE FLUGPLÄTZE

**Abb. 51**
Abschlußparade der Berliner Luftbrücke in Faßberg am 29. Juli 1949

Quelle: Erinnerungsstätte Luftbrücke, Faßberg

Beim Anflug auf Berlin mußte jedes Flugzeug bei der Kontaktaufnahme über Sprechfunk mit den Radarlotsen nicht nur seine Rufnummer angeben, sondern auch die Art seiner Ladung. Während bei schlechtem Wetter alles im Sprechfunk strikt nach Vorschrift ablief und die Meldungen der Piloten und die Anweisungen der Lotsen sich auf das Notwendigste beschränkten, wurde bei gutem Wetter auch mancher lockere Spruch ins Mikrophon gesprochen. Es soll ein Pilot aus Faßberg gewesen sein, der irgendwann bei der Kontaktaufnahme in Berlin seine individuelle Meldung so formulierte: "Here comes a Yankee with a blackened soul, heading for Gatow with a load of coal."[249] Dieser Spruch wird in verschiedenen Versionen überliefert, oft heißt es darin auch „with ten tons of coal". Das ändert aber nichts daran, daß dieser Spruch in verschiedenen Variationen in kürzester Zeit die Runde machte und auch heute noch bei den Teilnehmern der Luftbrücke für Heiterkeit sorgt.

In Faßberg waren ca. 65 C-54 Skymaster (Stichtag 1.1.1949: 66) stationiert.

[249] Diese Version entstammt einer Mitteilung von R.J.A. Wallace vom 22.5.1995 an den Verfasser. 1948 hat Wallace als Pilot Officer (Leutnant) 48 Einsätze von Lübeck nach Berlin meistens als Captain-Pilot geflogen.

## Celle-Wietzenbruch

Der Flugplatz von Celle wurde erst ziemlich spät in die Berliner Luftbrücke einbezogen. Kurze Zeit nachdem die USAF ihren Betrieb von Faßberg aus aufgenommen hatte, stellte sich die hohe Effizienz der Kohlelieferungen nach Berlin von Plätzen in der britischen Zone heraus, weil sie näher an den kurzen Korridoren im Norden und in der Mitte lagen. Mitte September 1948 entschied sich die Royal Air Force deshalb, auch den Platz in Celle für die Benutzung durch die USAF auszubauen.[250] Wie die anderen Plätze auch war Celle vor dem Krieg für die Luftwaffe gebaut worden und ein reiner Grasplatz auf einem unstabilen sandigen Untergrund. Die RAF hat deshalb schon bald nach der Einnahme des Platzes, um für ihren Flugbetrieb bessere Verhältnisse zu schaffen, eine Bahn aus PSP-Platten auf einem speziellen Untergrund angelegt. Für die härteren Bedingungen der Luftbrücke wurde deshalb am 1. Oktober 1948 mit dem Bau einer völlig neuen Landebahn begonnen. Sie war 1800 yards (ca. 1646 m) lang[251] und ca. 46 m (150 Fuß) breit, mit einem zwischen 30 bis 46 cm (12 – 18 Zoll) starken Unterbau aus Steinen und einer ca. 7,5 cm dicken Auflage aus Teer-Makadam. Wie alle deutschen Plätze hatte auch Celle sofort bei der Anlage vor dem Kriege einen Gleisanschluß erhalten. Deshalb konnten hier die Gleise für die Bauzeit parallel zur Bahn verlängert werden, so daß alle Materialien für den Bau der Bahn unmittelbar an der Stelle abgeladen werden konnten, die sich gerade in Arbeit befand, was aufwendige Transportwege überflüssig machte. Ca. 2000 deutsche Arbeiter schafften es, die Landebahn, sowie die zusätzlichen Taxiwege mit einer Länge von insgesamt ca. 3000 m Länge bei einer Breite von ca. 15 m (50 Fuß), und alle anderen zusätzlichen Gebäude in außerordentlich kurzer Zeit fertigzustellen. Der Platz konnte schon zwei Wochen vor dem geplanten Ende der Bauarbeiten, am 30. November 1948 von einem amerikanischen Transportverband übernommen werden, der dann Kohle und Lebensmittel nach Berlin flog. Die notwendigen Laderampen für die ca. 40 C-54 Skymaster, die hier stationiert wurden, konnten wegen der Kürze der zur Verfügung stehenden Zeit nicht in Betonbau erstellt werden. Deshalb wurden auf einer Steinunterlage 150.000 m2 PSP-Platten verlegt. Wie auf allen anderen Plätzen so wurden auch in Celle umfangreiche Befeuerungen für den Landeanflug nach Vorgaben der USAF installiert.

Damit auf jeden Fall die Versorgung mit elektrischem Strom gesichert war, wurden drei Generatoren mit je 250 KVA Leistung auf-

---

250 Siehe dazu CALTF-Abschlußbericht, S. 80 und Final RAF Report, S. 150 f. und S. 265 f.

251 Nach amerikanischen Angaben einige Meter länger: 1663 m (5.400 Fuß).

DIE FLUGPLÄTZE

**Abb. 52**
Der Kontrollturm in Celle-Wietzenbruch. Im Hintergrund P-47 Thunderbolts, die vor allem in den ersten Monaten in den Korridoren gelegentlich Patrouille flogen.

Quelle:
Privatbesitz von Lt. Col. USAFR (Ret.) Eugene W. Wiedle

gebaut. Für die laufende Versorgung mit Flugbenzin wurde in Celle eine etwas ungewöhnliche Lösung gefunden. Da der untererdige Vorratstank viel zu klein war und in der kurzen Zeit keine neuen Tanks installiert werden konnten, wurden auf einem speziellen Anschlußgleis Tankwagen der Eisenbahn nach deren Ankunft aufgestellt. Hier wurden die Tanklastwagen direkt aufgefüllt, die dann den Treibstoff zur Betankung an die Flugzeuge fuhren.

Sowohl für das britische und amerikanische Luftwaffenpersonal als auch für die deutschen Arbeiter wurden für die Versorgung und Unterbringung Nissen-Hütten und amerikanische Pyramiden-Zelte errichtet. Bei den Angaben über die Zahl des in Celle stationierten Luftwaffenpersonals unterscheiden sich die Zahlen der RAF und der USAF beträchtlich. Während die RAF eine Maximalzahl von 2610 angibt, die jemals in Celle stationiert gewesen sein sollen, ohne dabei zwischen Offizieren und Mannschaften zu unterscheiden, nennen die Amerikaner im Abschlußbericht der CALTF für den Stichtag 31. Januar 1949 die Zahl von 443 Offizieren und 2799 Mannschaften.[252] Celle war und blieb, im Gegensatz zu Faßberg, während der Dauer der Berliner Luftbrücke eine RAF Air Base mit einem britischen Standortkommandanten.

252 Final RAF Report, S. 266 und CALTF-Abschlußbericht, S. 80.

DIE FLUGPLÄTZE

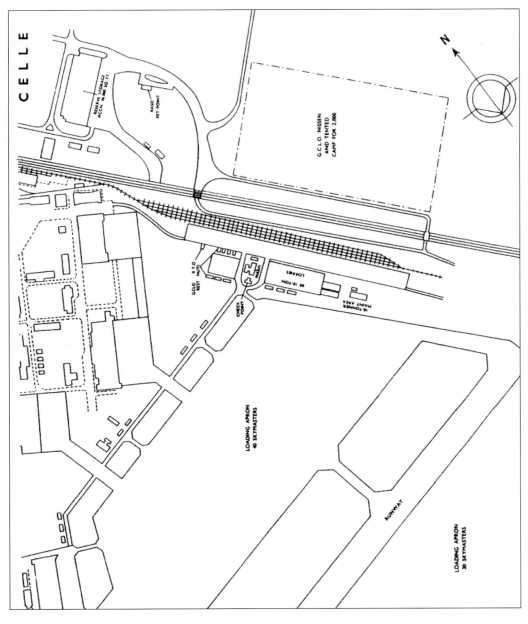

**Abb. 53**
Lageplan des Flugplatzes Celle-Wietzenbruch. Gut zu erkennen ist die kurze Entfernung zwischen dem Gleisanschluß und der Laderampe.

Quelle:
Final RAF Report, PRO
Reg. No. Air 10/5067

DIE FLUGPLÄTZE

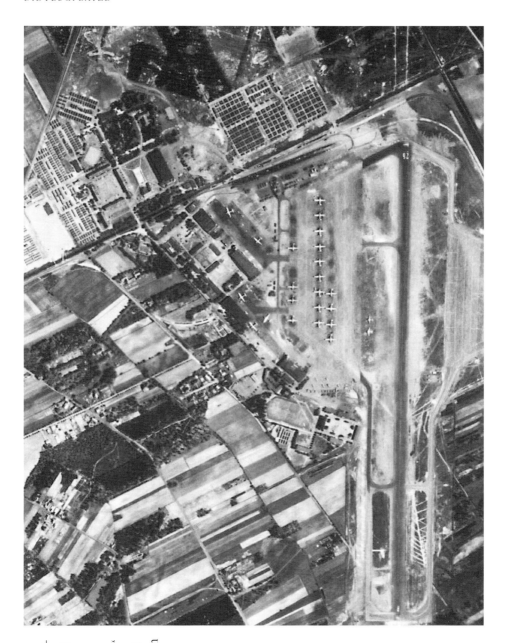

**Abb. 54**
Luftbild von Celle-Wietzenbruch. Im rechten Teil des Bildes sind deutlich die „Zeltstadt" und das Lager mit den Nissen-Hütten zu erkennen.

Quelle:
Privatbesitz von Dale Whipple

## Lübeck-Blankensee

Im Laufe des August 1948 wurden alle zweimotorigen Douglas Dakotas der RAF von Faßberg nach Lübeck verlegt.[253] Von dort aus flogen auch alle Commonwealth-Crews ihre Einsätze nach Berlin.[254] Es handelte sich dabei um Flugzeugbesatzungen der South African Air Force (SAAF), der Royal Australian Air Force (RAAF) und der Royal New Zeeland Air Force (RNZAF). Diese trafen alle ohne eigene Flugzeuge ein, wurden in England von Ausbildern der RAF für den Einsatz bei der Berliner Luftbrücke eingewiesen und flogen mit Dakotas der RAF von Lübeck aus ihre Einsätze nach Berlin.

Über Lübeck lief auch fast der gesamte „Passagierverkehr" aus Berlin, d.h., die zeitlich begrenzte Evakuierung von kranken und unterernährten Berliner Kindern und älteren Leuten, die nach einer Erholungszeit in den Westzonen wieder in ihre Heimatstadt Berlin zurückkehrten. In einer einfachen Zahl ausgedrückt, waren das ca. 68.000 Personen, die vor allem in den kalten Monaten des Winters 1948/49 auf diese Weise eine Chance zum Überleben und zur Erholung erhielten. Im Verlaufe der Monate April und Mai 1949 wurden zwei komplette Bataillone der britischen Garnison in Berlin ausgetauscht; sowohl die von dort kommenden als auch die als Ersatz nach Berlin gehenden Einheiten passierten den Lübecker Platz. Der Flugplatz in Lübeck-Blankensee befand sich im Vergleich mit allen anderen Plätzen in Westdeutschland in einer besonders exponierten Lage, denn die Zonengrenze zur Sowjetischen Besatzungszone verlief nur etwas mehr als 3 km vom Platzrand entfernt. Auf Grund der Vereinbarungen mit den Sowjets war zwar das Überfliegen der Zonengrenze und des Territoriums der Sowjetzone für An- und Abflüge von Lübeck-Blankensee grundsätzlich genehmigt, aber von westlicher Seite wurde alles versucht, um diese Überflüge zu vermeiden. So wurde, um den Piloten die Orientierung im Umfeld des Platzes zu erleichtern, in einem Radius von ca. 800 m vom Platz entfernt eine ringförmige Lichterkette installiert. Da aber die einzige Landebahn den vorherrschenden Windrichtungen entsprechend genau in Ost-West-Richtung verlief, war ganz besonders bei schlechtem Wetter und vollem Instrumentenanflug aus Richtung Osten ein Ausholen für den langen Endanflug über dem Gebiet der Sowjetzone in der Praxis kaum zu vermeiden.

Auch Lübeck-Blankensee war vor dem Kriege (1935/36) bereits für die Luftwaffe gebaut worden. Am Anfang des Krieges waren hier He 111 Bomber stationiert, dann ein Ausbildungszentrum für Jäger, später Nachtjäger vom Typ Ju 88, Jäger vom Typ Fw 190 und die

253 Zu Lübeck siehe Final RAF Report, S. 151 und S. 267 und CALTF-Abschlußbericht, S. 82.

254 Siehe dazu u.a. Berna Maree: The Berlin Airlift, in: South African Panorama, December 1988, S. 15 ff. Der Artikel wurde dem Verfasser zugeschickt von Maj.Gen. (Ret.) Duncan M. Ralston, SAAF mit Mitteilung vom 5.3.1997.

DIE FLUGPLÄTZE

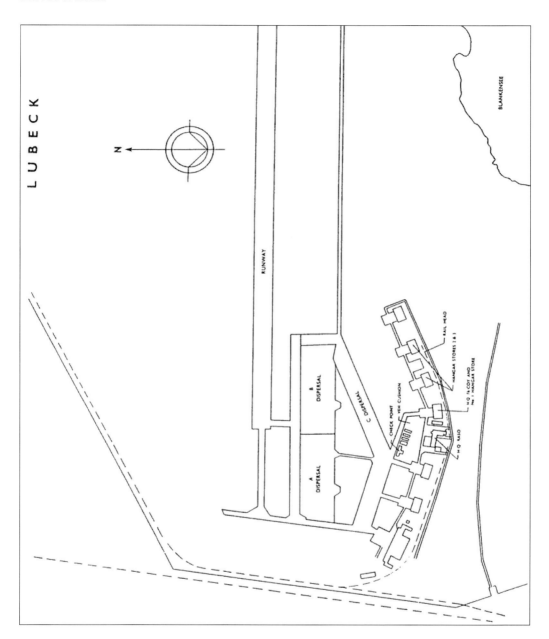

**Abb. 55**
Lageplan von Lübeck-Blankensee

Quelle:
Final RAF Report, PRO
Reg. No. Air 10/5067

## DIE FLUGPLÄTZE

**Abb. 56**
Schon am 21. (?) August 1948 wurden 50.000 Short Tons an überflogenen Gütern von Lübeck nach Berlin erreicht, wie hier stolz eine Gruppe von Piloten der RAF mit einem Army-Offizier vom Royal Army Service Corps (R.A.S.C.) demonstriert.

Quelle:
Erinnerungsstätte Luftbrücke in Faßberg

255   Im CALTF-Abschlußbericht fälschlicherweise als **He** 262 angegeben.

ersten Düsenjäger vom Typ Me 262.[255] Von der RAF wurde der Platz dann ab Mai 1945 zunächst für einen Jägerverband benutzt und dann als zentraler Übungsplatz für Schießübungen aller RAF-Verbände, d.h., nicht nur die in der britischen Besatzungszone, sondern auch die in England stationierten Verbände kamen nach Lübeck-Blankensee, um hier ihre Übungen durchzuführen. Für diese Zwecke wurde eine feste Landebahn von 2000 Yards (knapp 1830 m) gebaut und eine gleich lange PSP-Bahn angelegt.

Als im August 1948 die RAF Dakotas von Faßberg nach Lübeck-Blankensee verlegt wurden, waren, trotz der bereits vorhandenen guten Einrichtungen, Maßnahmen zur Verbesserung und vor allem zur Vergrößerung der Parkflächen und Laderampen nötig. Die bis dahin in Leiterform für Jagdflugzeuge angelegten Stellplätze mußten für zweimotorige Transportflugzeuge vergrößert werden. Dazu wurde die aus PSP-Platten bestehende zweite Landebahn vollständig abgebaut, und die PSP-Platten wurden dann für die Vergrößerung der Parkplätze und der Laderampe neu verlegt. Auf diese Weise wurden 108.000 m2 Stellfläche zusätzlich geschaffen. Diese Arbeiten begannen am 23. August 1948 und konnten bis zum 15. September 1948 zum Abschluß gebracht werden. Da aber bereits am 26. August 1948 das erste Flugzeug im Rahmen der Luftbrücke nach Berlin startete, mußten die Bauarbeiten an den Stellflächen während des laufenden Flugbetriebes ausgeführt werden. Weil über Lübeck auch viele in Berlin produzierte Industriegüter ausgeflogen wurden, ergänzte man den vorhandenen Gleisanschluß um eine zweite Spur. Auch hier in Lübeck wurde eine ausgedehnte Anflugbefeuerung mit Querbaken und einer auf die Mittellinie der Landebahn hinführenden Lichterkette aufgebaut. Die zentrale Lichterkette konnte vor dem Ende der Luftbrücke nicht vollständig fertiggestellt werden. Damit der Ladebetrieb auch nachts ungehindert laufen konnte, aber auch zur Verbesserung der Kontrolle, wurde um die Laderampe herum eine Flutlichtanlage installiert.

Da sich in Lübeck durch die Aktivitäten der Luftbrücke die Zahl des zu versorgenden Personals kräftig erhöht hatte, mußte auch hier erweitert werden. Für die Ladekontrolle an der Laderampe und für Küchen und Kantinen wurden Nissen-Hütten errichtet und für die Unterbringung wurden die Dachböden von vorhandenen Gebäuden zu Unterkünften ausgebaut.

Die Zahl der in Lübeck stationierten Dakotas schwankte natürlich, aber es waren im Schnitt rund 40 Flugzeuge (Stichtag 1. Juli 1949: 42 in drei RAF-Staffeln und zwei aus den Dominions, d.h., RAAF, RNZAF und SAAF)

### Hamburg-Fuhlsbüttel

Hamburg-Fuhlsbüttel war der einzige in die Luftbrücke einbezogene zivile Flugplatz unter allen Plätzen, er wurde auch erst zuletzt in diese Operation integriert. Zwar nahm die RAF, hier die No. 46 Group RAF, während der Luftbrücke die Flugkontrolle der nach Berlin fliegenden Maschinen wahr, aber der Flugplatz war und blieb auch während der ganzen Zeit der Luftbrücke unter ziviler Verwaltung. Konsequenterweise wurden hier deshalb auch alle diejenigen britischen zivilen Chartergesellschaften stationiert, die nicht mit dem Transport von flüssigen Treibstoff nach Berlin befaßt waren.
Als im Oktober 1948 die RAF in Absprache mit der CALTF (Combined Airlift Task Force) die Entscheidung traf, Fuhlsbüttel in die Luftbrücke mit einzubeziehen, war bereits der Bau einer 2000 Yards (ca. 1830 m) langen Landebahn in Betonbauweise im vollen Gange. Die Planung sah zu diesem Zeitpunkt vor, daß die ersten 1600 Yards (1463 m) bis zum 31. Dezember 1948 fertiggestellt sein sollten. Nach dem feststand, auch Fuhlsbüttel für die Luftbrücke zu nutzen, wur-

DIE FLUGPLÄTZE

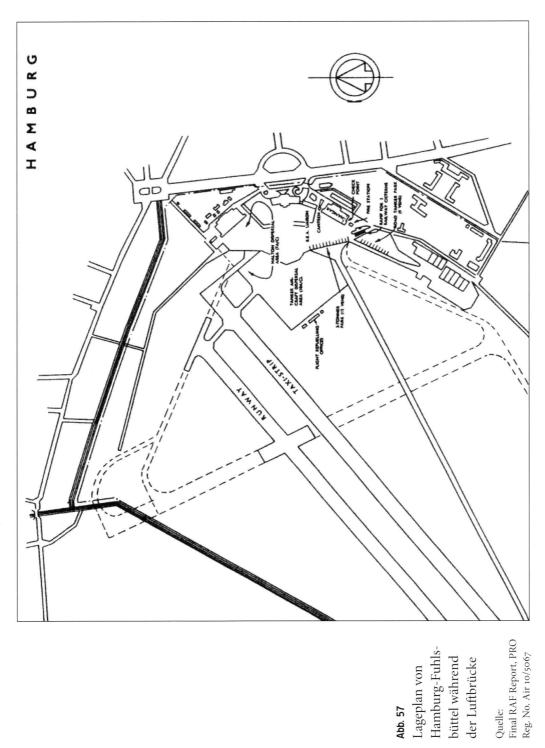

**Abb. 57**
Lageplan von Hamburg-Fuhlsbüttel während der Luftbrücke

Quelle:
Final RAF Report, PRO
Reg. No. Air 10/5067

de die Fertigstellung der kompletten Länge von 2000 Yards bis zum 31. Dezember 1948 angeordnet. Um diesen Termin einzuhalten, wurden die Arbeiten von den Vertragsfirmen in zwei und teilweise drei Schichten pro Tag beschleunigt durchgeführt und dann auch termingerecht beendet. Wie alle anderen Plätzen erhielt auch Hamburg-Fuhlsbüttel eine moderne Anflugbefeuerung.[256]

## Hamburg-Finkenwerder (nur Flugboote)

Der „Wasserflugplatz" auf der Elbe bei Hamburg-Finkenwerder war nur wenige Monate in Betrieb. Die Short Sunderland Flugboote der britischen Küstenwache, die hier bereits in den ersten Julitagen eintrafen, haben ihren wertvollen Dienst nur bis Dezember 1948 durchführen können. Als sich auf dem Wannsee, der für die großen Flugboote als Landeplatz diente, im Dezember 1948 Eis bildete, mußten diese ihre Tätigkeit einstellen. Wie bereits an anderer Stelle berichtet, wurden sie im Frühjahr 1949 nicht wieder eingesetzt, weil ihre geringe Reisegeschwindigkeit den jetzt enorm gesteigerten Verkehr im nördlichen Luftkorridor nach Berlin zu sehr behindert hätte und sie ein zu großes Gefahrenmoment dargestellt hätten.

Der Wasserflugplatz in Finkenwerder konnte nur bei Tage und bei einwandfreien Sichtflugbedingungen benutzt werden, denn es gab keinerlei Anflugbefeuerung und die Wasserstrecke war nur durch Bojen markiert.[257]

## Schleswig-Land

Dieser südwestlich von Schleswig gelegene Platz war 1936 als ziviler Segelflugplatz eingerichtet und dann 1938 von der Luftwaffe übernommen worden. Während des Krieges waren hier anfangs He 111 Kampfflugzeuge (Bomber), danach aber nur Jagdverbände stationiert, später fast nur Nachtjäger. Im Mai 1945 war Schleswig-Land der letzte Flugplatz, der der letzten Reichsregierung unter Großadmiral Karl Dönitz noch zur Verfügung stand. Die RAF benutzte den Platz bis 1946 für einen Jagdverband, danach wurde er Übungsgelände für Luftlandetruppen. Anfang Juni 1948, kurz vor Beginn der Berliner Blockade und der daraus resultierenden Luftbrücke, hatte die RAF eigentlich die Schließung des Platzes beschlossen, und alle Arbeiten, die zu diesem Zeitpunkt im Gange waren, wurden eingestellt. Aber bereits im Juli 1948 besann man sich anders und wollte den Platz für die Berliner Luftbrücke benutzen.[258]

256  Zu Hamburg-Fuhlsbüttel siehe Final RAF Report, S. 152 und S. 268 sowie CALTF-Abschlußbericht, S, 81.

257  Final RAF Report, S. 152.

258  Siehe Final RAF Report, S. 150 und S. 266 sowie CALTF-Abschlußbericht, S. 83.

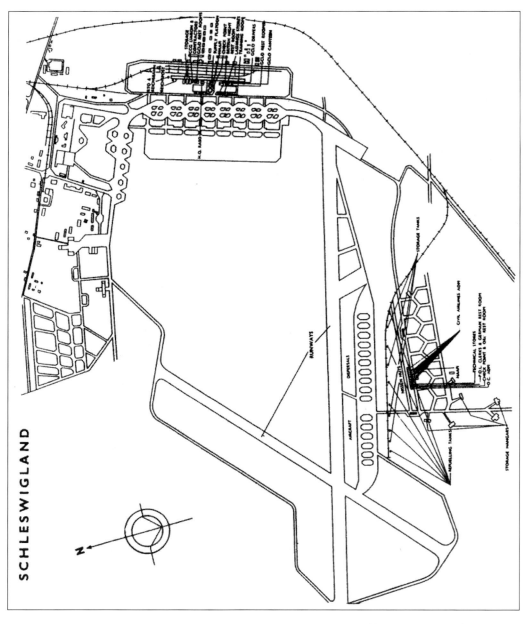

**Abb. 58**
Lageplan von Schleswig-Land. Die kurze Bahn ist selten benutzt worden

Quelle:
Herz, Alexander: Geschichte des Fliegerhorstes Schleswig-Land, S. 165, mit freundlicher Genehmigung des Verfassers.

Die Bauarbeiten wurden sofort und beschleunigt wieder aufgenommen, außerdem gab es einige dringende bauliche Veränderungen und Erweiterungen. Dazu gehörten die Vergrößerungen der Stellplätze und der Laderampen. Die Räume zwischen den leiterförmig angelegten Parkplätzen wurden mit Teer-Makadam ausgelegt und so eine geschlossene Fläche von 800 x 80 Yards (ca. 732 x 73 m) an der Südseite des Platzes geschaffen. Hier wurden die Tankflugzeuge mit flüssigem Treibstoff (vorwiegend Diesel, aber natürlich auch Benzin) beladen. Die Ostseite des Platzes (siehe auch den Lageplan) war für die Beladung mit „trockenen" Gütern vorgesehen. „Trocken" war durchaus wörtlich zu nehmen, denn abgesehen von gelegentlichem Frischfleisch und Bananen wurden die Lebensmittel in getrocknetem Zustand transportiert, denn das brachte enorme Einsparungen an Gewicht und Laderaum. Trockengemüse, Milchpulver und Eipulver mögen hier als Beispiele genügen. Hier auf der Ostseite wurde die existierende Fläche durch Verlegen von PSP-Platten auf 89.000 m² erweitert.

Die beiden nicht parallel, sondern in V-Form angelegten Landebahnen waren schon von der Luftwaffe gebaut worden, sie mußten aber für die größeren Gewichte der jetzt hier operierenden Flugzeuge verstärkt und etwas verlängert werden. Ein neuer Hangar wurde zusätzlich gebaut. Die vorhandenen Pumpanlagen für das Beladen mit Flüssigtreibstoff, die bereits für das schnelle Betanken von Nachtjägern eingebaut waren, hatten für die neuen großen Tankflugzeuge eine zu geringe Kapazität, aber sie konnten kaum verbessert werden. Lediglich das Volumen der Tanks konnte erweitert werden. Der Gleisanschluß wurde bis fast an die Laderampe verlängert und Gebäude für den üblichen Flugplatzbetrieb wurden erweitert und/oder durch An- bzw. Neubauten ergänzt. Alle diese Arbeiten waren abgeschlossen, als der Platz offiziell im September wieder in Betrieb genommen wurde.

Ab November 1948 waren hier zwei Staffeln der RAF mit 23 (Stichtag 1. Juli 1949) der ganz neuen britischen Handley Page Hastings stationiert, die ergänzt wurden durch die 11 Handley Page Halton Tanker und zwei B-24 Liberator (als Tanker umgebaut) von vier zivilen Chartergesellschaften.

# Die technischen Bedingungen

### Die Flugzeuge

Insgesamt kam bei der Berliner Luftbrücke ein gutes Dutzend verschiedener Typen an Flugzeugen zum Einsatz. Allerdings wurden einige von ihnen nur kurzzeitig eingesetzt. Obwohl alle Flugzeuge nur aus den Vereinigten Staaten von Amerika und Großbritannien stammten, waren die Unterschiede viel zahlreicher und deutlicher, als es auf den ersten Blick erscheinen mag. Sieht man von den zwei Consolidated Liberators ab, die für kurze Zeit von einer der britischen Chartergesellschaften eingesetzt wurden, so hatten sämtliche anderen von der RAF und den britischen Chartern geflogenen Flugzeuge ein Fahrgestell mit Spornrad (ein kleines schwenkbares aber nicht lenkbares Rad unter dem Heck). Dagegen hatte die USAF, abgesehen von der C-47, die aber schon nach kurzer Zeit von der Luftbrücke selbst abgezogen wurde, ausnahmslos moderne Konstruktionen mit einem Bugradfahrgestell im Einsatz. Waren die Flugzeuge erst einmal in der Luft, dann war es ziemlich egal, was für ein Fahrgestell das Flugzeug hatte, da zählten dann andere Kriterien.

Der Unterschied zwischen einem Flugzeug mit traditionellem Spornrad und einem modernen Bugrad zeigte sich beim Start und bei der Landung, ganz besonders aber beim Rollen am Boden. Hier waren vor allem die Aussagen von amerikanischen Piloten höchst aufschlußreich, die ihre Erfahrungen sowohl auf der C-47 mit Spornrad als auch auf der C-54 mit Bugrad gemacht hatten. Allen noch lebenden und erreichbaren amerikanischen Piloten der Luftbrücke wurde die Frage gestellt: „In der Annahme, daß Sie wahrscheinlich alle sowohl die C-47 als auch die C-54 geflogen haben, wie würden Sie den Unterschied der beiden Flugzeuge unter schwierigen Seitenwindbedingungen beschreiben? Besonders beim Rollen, bei Start und Landung?"[259] Die Antworten von etwas über 100 Piloten ließen an Deutlichkeit nichts zu wünschen übrig. Zwar zeigte es sich, daß keineswegs alle amerikanischen Piloten Erfahrungen mit beiden Flugzeugtypen gemacht hatten, aber die überwiegende Mehrzahl. Einige Piloten wollten sich auch nicht festlegen und meinten, daß beide Typen „gleich gut" gewesen wären. Aber die große Masse war sich einig und die Beurteilungen reichten von „C-47 bad, C-54 good", über „die C-47 war etwas *tricky*"[260], und

259 No. 42 des Fragebogens für US Piloten:"Assuming that probably all of you have flown the C-47 as well as the C-54, how would you describe the difference in handling of these two a/c under severe cross wind conditions particularly – during taxiing? – during take off and landing?".

260 Mitteilung von Lt.Col. USAF (Ret.) Roy L. Cordes vom 13.März 1996:"C-47 was a little tricky...". Cordes hat von Juli 1948 bis Mai 1949 vorwiegend eine C-74 von Brookley AFB, Alabama nach Rhein-Main mit Ersatzteilen und Triebwerken für die Luftbrücke geflogen. Deshalb im September 1949 nur 11 Einsätze nach Berlin von Rhein-Main.

„die C-47 erforderte viel mehr Flugerfahrung unter schwierigen Seitenwindbedingungen (als die C-54, der Verf.) und besonders auf einer regennassen PSP-Bahn"[261], und „die C-47 war schwierig zu Rollen bei Seitenwind"[262] bis zu der etwas blumigen Ansicht, „die C-47 war (unter extremen Bedingungen, der Verf.) vergleichbar mit einem Ringkampf."[263] Über die C-54 waren sich alle einig, daß ihre Vorteile nicht nur bei Start und Landung zum Tragen kamen, weil das lenkbare Bugrad beim Start lange genug am Boden gehalten werden konnte, um die Richtung zu korrigieren, bis die Geschwindigkeit so hoch war, daß sich am Seitenruder genügend Strömung aufgebaut hatte und mit den Pedalen gesteuert werden konnte. Die C-47 mußte dagegen, bis genügend Geschwindigkeit für das Seitenruder vorhanden war, mit den Gashebeln der Triebwerke „gesteuert" werden. Das Gleiche galt umgekehrt beim Landen. Der größte Unterschied aber lag im Verhalten beim Rollen am Boden. Während die C-47 mit Gashebeln und Bremsen gesteuert werden mußte, ließ sich die C-54 mit ihrem lenkbaren Bugrad völlig problemlos auch bei extremen Seitenwind rollen. Nachdem die Amerikaner ihre C-47 von der Luftbrücke abgezogen hatten und nur noch Flugzeuge mit Bugradfahrgestell einsetzten, gab es praktisch keine Probleme mit Seitenwind.

Die Royal Air Force hatte dagegen mit ihren Maschinen erheblich mit Schwierigkeiten durch Seitenwind zu kämpfen. Normalerweise sind in jedem Flughandbuch (flight manual) jedes Flugzeugtyps Angaben zur sog. Seitenwindkomponente vorhanden, d.h., bis zu welcher Windstärke bei welchem Einfallwinkel dieser Flugzeugtyp für eine Landung oder einen Start bei Seitenwind zugelassen ist. Im Winter 1948/49 sah sich die Führung der RAF in Deutschland veranlaßt, eine Tabelle zu erstellen[264], die in drei Kolonnen die Kontroller auf den Kontrolltürmen und die GCA-Lotsen darüber informierte, ab welchen Seitenwindkomponenten Landungen grundsätzlich nicht erlaubt werden sollten, wann ein Pilot nach eigenem Ermessen landen konnte und wann eine Landung zugelassen war. Und es kam einige Male vor, daß ein Platz für einige Stunden oder einen ganzen Tag geschlossen werden mußte, z.B. in Lübeck, wo das Problem wegen der einzigen nur in zwei Richtungen (West-Ost) vorhandenen Landebahn häufig auftrat. Ein Fall konfrontierte die Royal Air Force Führung auf sehr drastische und höchst peinliche Weise mit diesem Problem. Der britische Premierminister Clement Attlee wollte Berlin besuchen und sollte in Berlin-Gatow landen.[265] Aber er hatte sich einen schlechten Tag für

---

261  Mitteilung von Lt.Col. USAF (Ret.) Guy B. Dunn Jr. vom 25.7.1996: „The C-47 required much more flying skill in severe cross winds and if you were landing a rain-slickened pierced steel planking (PSP)". Dunn flog laut Kopie seines Flugbuches (liegt dem Verfasser vor) 128 Einsätze nach Berlin von Rhein-Main und Wiesbaden-Erbenheim und konnte 2076 Flugstunden auf der C-47 nachweisen und 2697 Stunden auf der C-54.

262  Mitteilung von Col. USAF (Ret.) Ralph L. Merrit vom 15.3.1996: „C-47 was very diificult to taxi in cross winds". Merrit tat Dienst im H.Q. CALTF und hat deshalb nur 21 Einsätze nach Berlin nachweisen können.

263  Mitteilung von Lt.Col. USAF (Ret.) Joseph Wroblewski vom 23.5.1996: „The C-47 was a real handful probably equivalent to a wrestling match. The C-54 was docile in comparison." Wroblewski hat 216 Einsätze nach Berlin meistens von Faßberg aus geflogen. Kopie des Flugbuches liegt vor.

264  PRO Reg.No. AIR 38/298.

265  Für diese kleine Geschichte siehe Tunner, Over the Hump, S. 201 f.

seinen Besuch ausgesucht. In Berlin blies ein Wind von enormer Stärke und die britische Maschine wurde angewiesen, in Frankfurt Rhein-Main zu landen, wo der Premier in eine amerikanische C-54 umstieg, die mit einer Ladung Kohle nach Berlin flog. General Tunner war zur Begrüßung von Clement Attlee ebenfalls in Gatow, wo die hohen Offiziere der Royal Air Force „mit all dem Glanz und der Glorie des Empire" (Tunner), eine Ehrenformation und zivile Vertreter von Berlin auf den hohen Besuch warteten. Der extreme Wind blies fast quer zur Landebahn und wirbelte zusammen mit viel Staub so manchen Hut über den Platz. Unterwegs hatten die amerikanischen Piloten offenbar den britischen Premierminister überzeugend über die Unterschiede von Bugrad- und Spornradfahrgestellen an Flugzeugen aufgeklärt, denn als Attlee dann in einer Wolke von Kohlenstaub aus der amerikanischen Maschine ausgestiegen war, lautete seine erste Frage an das Empfangskomitee: „Warum haben britische Flugzeuge keine Bugräder?" Die in solchen Fällen übliche Antwort lautete, daß man sich „sofort" darum kümmern werde. Im Abschlußbericht der Royal Air Force zur Operation „Plainfare" heißt es dann in dem mit „Gewonnene Erkenntnisse" (Lessons Learnt) überschriebenen Abschnitt so: „(b) *Bugradfahrgestelle.* Alle britischen Flugzeuge, die bei der Luftbrücke benutzt wurden, waren mit konventionellen Spornrad-Fahrgestellen ausgerüstet. Weil alle Berliner Flugplätze und die Mehrzahl der Basisplätze nur eine Landebahn hatten, mußten in vielen Fällen alle britischen Flugzeuge wegen starkem Seitenwind am Boden bleiben. Die amerikanischen C-54 und C-82 mit Bugrad-Fahrgestellen waren auch nicht annähernd so davon betroffen. Britische Flugzeuge konnten, wenn bei einer 90° Komponente 20 Knoten (Wind) erreicht waren, nicht mehr landen, während die Flugzeuge der USAF noch bei bis zu 35 Knoten (Wind) operieren konnten."²⁶⁶

## Landung bei starkem Seitenwind

Die Landung bei extremem Seitenwind kann hier nicht bis in das letzte Detail dargestellt werden, aber trotzdem soll mit allgemein verständlichen Worten das Problem veranschaulicht werden. Nehmen wir als Beispiel an, daß der Wind bei der Landung von links vorne bläst. Zunächst gibt es die Phase des Anfluges, wo alle Flugzeuge sich gleich verhalten und die Art des Fahrgestelles überhaupt keine Rolle spielt. Der von links blasende Wind wird voll das hochragende Seitenleitwerk treffen und es nach rechts drücken. Die

266   Final RAF Report, S. 15 f., PRO Reg.No. AIR 10/5067: „Lessons Learnt (...) (b) *Tricycle Undercarriages.* All the British aircraft used in the Airlift were equipped with the conventional tail-wheel type of landing gear. As all the Berlin terminals and the majority of base airfields had single runways, on many occasions all British aircraft had to be grounded because of strong cross-winds. The American C-54 and C-82 aircraft with tricycle-type landing-gear were not effected to nearly the same extent. British aircraft were prevented from landing when the 90° component reached 20 knots, while U.S.A.F. aircraft could operate up to a componenet of 35 knots.".

Längsachse des Flugzeuges weist jetzt nicht mehr in die Richtung der Landebahn, sondern je nach der Windstärke und Einfallwinkel nach links. Um die Längsachse des Flugzeuges in einer Linie zu halten, die der Verlängerung der Landebahn entspricht, gibt es zwei mögliche Verfahren. Man kann das Flugzeug mit der nach links weisenden Längsachse leicht über die rechte Tragfläche schiebend bis zum Aufsetzpunkt fliegen und es erst kurz vor dem Aufsetzen in eine gerade Linie mit der Landebahn ausrichten. Dieses Verfahren wird besonders bei großen Passagierflugzeugen angewandt, um den Komfort für die Passagiere nicht zu beeinträchtigen. Die zweite Möglichkeit ist die sog. Slip-Landung. Dabei wird in dem hier dargestellten Beispiel durch Querruder nach links und Seitenruder nach rechts die Längsachse des Flugzeuges immer auf der verlängerten Bahnlinie gehalten, wobei die linke Tragfläche je nach Windstärke mehr oder weniger stark nach unten hängt. Dieses Verfahren erfordert einige Übung und Erfahrung. Denn da die linke Tragfläche nach unten hängt, rutscht das Flugzeug praktisch über die linke Tragfläche sanft nach unten. Dabei wirkt das gesamte Rumpfprofil und das Seitenleitwerk wie eine Bremse und verhindert so, daß das Flugzeug zu viel Fahrt erhält. Das Staurohr für die Geschwindigkeitsanzeige wird aber ebenfalls schräg angeblasen und die Anzeige der Geschwindigkeit kann von der wahren Geschwindigkeit mehr oder weniger stark abweichen. Schon deshalb ist hier viel Flugpraxis und Sachkenntnis erforderlich. Mit diesem Verfahren kann auch schnell überschüssige Höhe abgebaut werden, ohne daß das Flugzeug dabei die Fahrt erhöht. Man kann das bis heute an jedem Segelflugplatz häufig beobachten. Die Segelflugzeuge, die ja bekanntlich bei einem verfehlten Anflug nicht durchstarten können und sich deshalb oft mit zu viel Höhe dem Platz nähern, können die überschüssige Höhe durch einen Seitenslip sehr schnell verringern. Dieser rasante Seitenslip ist allerdings nicht mit jedem Flugzeug möglich.

Die Verschiedenheit zwischen den beiden Fahrgestelltypen zeigt sich erst nach dem Aufsetzen auf der Landebahn und beim Ausrollen. Am Beginn des Ausrollens hat das Flugzeug noch genügend Fahrt, so daß am Seitenleitwerk ausreichend Strömung vorhanden ist und mit dem Seitenruder das Flugzeug auf der Bahnmitte gehalten werden kann. Nimmt die Geschwindigkeit aber soweit ab, daß das Seitenruder nicht mehr wirksam ist, ist der entscheidende Unterschied zu erkennen. Ein Flugzeug mit Spornrad kann dann nur noch mit Bremsen und den Gashebeln dirigiert werden, eines mit einem lenkbaren Bugrad läßt sich dagegen problemlos steuern. Beim Starten gilt das gleiche Problem, nur in umgekehrter Reihenfolge. Am Beginn des Anrollens hat das Flugzeug noch überhaupt keine Strömung am Seitenleitwerk und mit einem Spornrad-Fahrgestell ist viel Fingerspitzengefühl mit den Gashebeln erforderlich, bis genügend Fahrt erreicht ist und das Seitenruder wirksam wird. Mit dem lenkbaren Bugrad-Fahrgestell ist auch hier das Lenken bis zum Erreichen von genügend Fahrt für das Seitenruder sehr viel leichter.[267]

Ein zweiter großer Unterschied zwischen den bei der Luftbrücke eingesetzten Flugzeugen lag bei den Triebwerken, mit denen sie ausgestattet waren, ohne daß das auf die technische Durchführung der Luftbrücke einen Einfluß gehabt hat. Die Transportflugzeuge der USAF, die ohne Ausnahme aus amerikanischer Produktion stammten, waren mit luftgekühlten Sternmotoren ebenfalls amerikanischer Hersteller ausgerüstet. Die Transportflugzeuge der RAF aber auch der meisten zivilen Chartergesellschaften bestanden, von der Ausnahme Douglas Dakota abgesehen, aus britischer Produktion und waren sowohl mit luftgekühlten Sternmotoren britischer Hersteller, ausgenommen die Flugboote, als auch mit flüssigkeitsgekühlten Triebwerken ebenfalls britischen Ursprungs (Rolls Royce Merlin) ausgerüstet. Die luftgekühlten Triebwerke hatten zwar eine große Stirnfläche, aber sie waren einfacher und preiswerter zu produzieren, kompakter, weil kürzer, einfacher zu warten und galten (von Ausnahmen abgesehen) als sehr zuverlässig. Die flüssigkeitsgekühlten Triebwerke hatten als größten Vorteil eine kleine Stirnfläche. Aus diesem Grunde sind diese Motoren vorwiegend bei Jagdflugzeugen verwendet worden, wo allein durch die kleine Stirnfläche schon zusätzliche Geschwindigkeit erreicht werden konnte. Wenn bei der RAF aber die Rolls Royce Merlin Triebwerke auch bei Bombern und Transportern eingebaut waren, dann hatte das mit den engen Verbindungen von Rolls Royce und der britischen Regierung zu tun. Auf die technische Durchführung der Luftbrücke hatte es allerdings keine unmittelbaren Auswirkungen, ob die Triebwerke eines Transporters nun luftgekühlt oder flüssigkeitsgekühlt waren.[268]

Bei der nun folgenden Vorstellung der einzelnen Transportflugzeuge, die an der Berliner Luftbrücke beteiligt waren, sind alle Typen eingeschlossen, auch wenn sie nur kurze Zeit oder nur wenige Einsätze nach Berlin geflogen sind. Zusätzlich ist die Anzahl vermerkt, der Flugplatz, von dem dieser Typ operierte und von wem er eingesetzt wurde.

[267] Der Verfasser möchte an dieser Stelle bei seinem eigenen Fluglehrer Adolf Puckschaml seinen Dank abstatten; nicht nur für seine solide und umfassende Ausbildung, sondern auch ganz besonders für die gründliche und praktische Einweisung in das Problem des Seitenwindes bei Start und Landung.

[268] Zu den unterschiedlichen Kolbentriebwerken siehe die ausführliche Darstellung Herschel H. Smith: A History of Aircraft Piston Engines, Sunflower University Press, 5/1994.

## Douglas C-47 Skytrain (USAF); Douglas Dakota (RAF und zivile Charterges.)

So wie bei der deutschen Luftwaffe die Junkers Ju 52/3m so war die militärische Version der zivilen Douglas DC-3 bei den amerikanischen Streitkräften unter der Bezeichnung C-47 Skytrain (zunächst USAAC, dann USAAF und ab September 1947 USAF) bzw. R4D (US Navy und US Marines) das Arbeitspferd per se während des Zweiten Weltkrieges. Im Rahmen des Pacht- und Leihabkommens hatte die RAF eine größere Zahl (ca. 1200) dieser Transporter erhalten, die dort die Bezeichnung Dakota führten. Auch die freien französischen Streitkräfte erhielten die C-47 Transporter. Abb. 59 und 60

Bevor die C-47 ihren Dienst bei den amerikanischen und britischen Streitkräften aufnahm, hatte die ursprüngliche zivile Ausführung bereits eine jahrelange und interessante Geschichte hinter sich.[269] Am Beginn stand die Katastrophe eines anderen Flugzeuges, der dreimotorigen Fokker F.10A im Dienst der TWA (damals noch nicht Trans World Airlines, sondern Transcontinental & Western Air Inc.) am 31. März 1931. Nachdem die Untersuchung dieses fatalen Unfalles Verrottung eines Teils der Holzkonstruktion der Tragflächen der Fokker als Unfallursache ergeben hatte, mußte TWA für die Fokker schnellstens Ersatzflugzeuge beschaffen. Eine Ausschreibung nach einem neuen Ganzmetallflugzeug wurde an alle bekannten in Frage kommenden amerikanischen Hersteller geschickt. Aber diese waren zu diesem Zeitpunkt nicht bereit, sich mit einem neuen Projekt zu beschäftigen, da sie mit Aufträgen gut ausgelastet waren. Lediglich Donald W. Douglas von der Douglas Aircraft Company in Santa Monica, Kalifornien stellte sich der Herausforderung und die erste Version hatte als DC-1 bereits nach 9 Monaten ihren Erstflug absolviert. Diese Maschine ist nur in einem einzigen Exemplar, sozusagen als Prototyp für die beiden erfolgreichen größeren Versionen DC-2 und DC-3 gebaut worden. Auf Wunsch von TWA ist sofort die auf 14 Sitzplätze vergrößerte DC-2 fertiggestellt und in 27 Exemplaren geliefert worden. Innerhalb von nur 54 Wochen lieferte Douglas danach rund 100 DC-2 als Passagier- und Frachtflugzeug an verschiedene Fluggesellschaften aus. Was war die Ursache für diesen Erfolg? Nicht so sehr die beiden Wright Cyclone Sternmotoren von je 720 PS, die aber auf Grund der guten aerodynamischen Konstruktion des Flugzeuges bei nur 60% der Motorenleistung eine Reisegeschwindigkeit von 290 km/h

[269] Zu technischen Details siehe: Standard Aircraft Characteristics der USAF, hier C-47D Skytrain und Pilot´s Notes for Dakota IV der RAF. Ferner Peter Alles-Fernandez (Hrsg.): Flugzeuge von A bis Z, Koblenz 1988, Bd. 2, S. 130 ff.; und Kenneth Munson: Die Weltkrieg II-Flugzeuge, Stuttgart 19/1995. Aus der Fülle von allgemeinen Darstellungen sei hier nur verwiesen auf Joachim Wölfer: Flugzeuge die Geschichte machten – Douglas DC-3, Stuttgart 1992 und Arthur Pearcy: A Celebration of the DC-3, o.O. (1985), Reprint 1995.

ergaben, das Neue war der große und geräumige Rumpf mit 14 bequemen Sesseln für die Passagiere. Außerdem verfügte die DC-2 neben der üblichen Navigations- und Funkausrüstung erstmals über einen Autopiloten. Die Geburtsstunde der DC-3 schlug, als die Fluggesellschaft American Airlines zur Verbesserung des Komforts ihrer Passagiere für die Flüge von Küste zu Küste, aber auch für andere längere Flüge innerhalb der USA, bei Douglas eine modifizierte DC-2 mit Schlafplätzen bestellte. Es stellte sich schnell heraus, daß dazu praktisch eine neue Konstruktion erforderlich war. Es genügte nämlich nicht, einfach den Rumpf zu verlängern, den Rumpfdurchmesser und die Flügelspannweite zu vergrößern. Nachdem stärkere Triebwerke, neben Wright Sternmotoren auch Pratt & Whitney Twin Wasp Sternmotoren, eingebaut worden waren und die Schwerpunktlage neu festgelegt war, war die Douglas DST (für: Douglas Sleeper Transport) fertig, die als DST 16 Kojen und in der normalen Passagierversion mit der Bezeichnung DC-3 24 Sitzplätze hatte. Diese zivile Douglas DC-3 war dann mit den unterschiedlichsten Triebwerksvarianten bis weit nach dem Zweiten Weltkrieg bei vielen Luftlinien auf der ganzen Welt im Einsatz. Neben den von der Douglas Aircraft Company gebauten Exemplaren gab es auch

**Abb. 59**
Douglas C-47 Skytrain der US Air Force. Gut zu erkennen die teilweise noch erhaltenen weißen „D-Day" Streifen und das eingezogene, aber nicht abgedeckte Fahrgestell.

Quelle:
Photoarchiv von Arthur Pearcy Publications

DIE TECHNISCHEN BEDINGUNGEN

**Abb. 60**
Douglas Dakota der Royal Air Force. Auch hier sind noch die letzten Farbreste der „D-Day" Streifen zu erkennen.

Quelle:
Photoarchiv von Arthur Pearcy Publications

270  Zu den militärischen Versionen der DC-2 und DC-3 siehe besonders Bill Holder & Scott Vadnais: The „C" Planes, US Cargo Aircraft 1925 – to the Present, Atglen PA, 1996, S. 24 ff., 40 ff. und 46 ff.

noch zusätzlich unter Lizenz gebaute Flugzeuge. So wurde z.B. 1939 auch ein Lizenzvertrag mit der Sowjetunion abgeschlossen, der nicht nur die Pläne, sondern auch die Maschinen für den Bau der DC-3 enthielt. In der (damaligen) UdSSR erhielt das Flugzeug die Typenbezeichnung Lisumov Li-2 und wurde, in ca. 2000 Exemplaren gebaut, zum Standardtransportflugzeug der Roten Armee.

Es ist auf Grund dieser Vorgeschichte verständlich, daß sich auch das US Army Air Corps (USAAC) schnell für dieses Flugzeug zu interessieren begann.[270] Wie in allen Luftstreitkräften so hatte man vor dem Beginn des Zweiten Weltkrieges auch bei den amerikanischen Streitkräften die Bedeutung von militärischem Lufttransport noch nicht erkannt. Die noch sehr bescheidenen Mittel wurden nicht für moderne Transporter, sondern für Bomber und Jäger verwendet. Aber immerhin wurde 1935 eine DC-2 unter der militärischen Bezeichnung XC-32A (das X stand für „experimental" und das C für „cargo„) an das USAAC geliefert und diente nicht nur für die beim Army Air Corps obligatorischen Tests, sondern gleichzeitig auch als Dienstflugzeug für den Stabschef des USAAC. Erst als in Europa der Zweite Weltkrieg begonnen hatte, schaffte das USAAC bzw. ab 1942 die US Army Air Forces (USAAF) die DC-3 als C-47 Skytrain in größeren Stückzahlen an. Dabei wurden anfangs viele Maschinen von den zivilen Luftlinien requiriert, mit militärischen Bezeichnungen versehen und für VIP-Transporte verwendet. Für die rein militärischen Frachttransporte wurden die Böden verstärkt und große Frachttüren eingebaut, die so angelegt waren, daß ein Lastwagen rückwärts an die Maschine rollen konnte und die Ladefläche des Lastwagens sich in etwa gleicher Höhe mit dem Kabinenboden befand. Alle neu bestellten Flugzeuge erhielten sofort diese Verstärkungen und nach und nach immer stärkere Triebwerke. Die C-47 erwies sich als richtiger Glücksgriff, denn neben ihrer vielseitigen Verwendbarkeit als Frachter, Truppentransporter, VIP-Flugzeug, Schleppflugzeug für Gleiter und Sanitätsflugzeug – die zivilen DST waren schon ideal für letztere Verwendung ausgerüstet – war sie außerordentlich zuverlässig und robust und konnte auch von unbefestigten Feldflugplätzen aus operieren. Besonders bei den amerikanischen Streitkräften erhielt die C-47 bald den Spottnamen „Goony Bird", (etwas frei übersetzt: Verrückter Vogel), was aber durchaus liebevoll gemeint war.

Mit der C-47 Skytrain begann die USAF die Berliner Luftbrücke, die RAF mit der Douglas Dakota, die im Rahmen des bekannten Pacht- und Leihvertrages an Großbritanien geliefert worden war und unter dieser Bezeichnung bei der RAF geführt wurde. Die USAF hatte ca. 100 C-47 im Einsatz, bis die C-54 Skymaster in ausreichender Zahl verfügbar war, und die C-47 vom direkten laufenden Einsatz nach Berlin ablöste. Die RAF hatte im Durchschnitt während der Luftbrücke ca. 40-50 Dakotas im Einsatz, die sich auf mehrere Staffeln verteilten. Die amerikanischen C-47 operierten bis zu ihrer Herauslösung von Frankfurt Rhein-Main und Wiesbaden-Erbenheim aus, die Dakotas der RAF anfangs von Wunstorf, dann einige Wochen von Faßberg und dann bis zum Ende der Luftbrücke von Lübeck-Blankensee aus. Außerdem flogen 11 zivile britische Chartergesellschaften mit jeweils 1-3 Dakotas von August 1948 bis November 1948 alle zusammen 1977 Einsätze nach Berlin.[271]

Die wichtigsten technischen Daten:

Abmessungen:[272] Flügelspannweite 28,96m (95 Fuß), Länge 19,61 m (64'4" Fuß), Höhe 5,11 m (16'9" Fuß)
Leergewicht 8022 kg (17.685 pounds), max. Start- und Landegewicht 14.986 kg (33.000 pounds)

Triebwerke: 2x Pratt & Whitney R-1830[273]-90D Twin Wasp Doppelstern-Motoren (RAF Dakota: ...-90C), 1200 BHP

[271] Final RAF Report, S. 244, History of Civil Airlift.

[272] Nach Standard Aircraft Characteristics C-47D Skytrain.

[273] Bei allen Kolbentriebwerken amerikanischer Produktion ist aus dieser Zahl der Hubraum in cubic inch zu ersehen.

Startleistung, mit verstellbaren Hamilton Standard 3-Blatt Propellern

Besatzung im normalen Einsatz: 6
- Pilot
- Co-Pilot
- Navigator
- Radio Operator
- Flight Mechanic
- Loadmaster

Besatzung im Einsatz während der Luftbrücke:

| USAF: 2 | RAF: 3 |
|---|---|
| Pilot | Pilot[274] |
| Co-Pilot | Navigator |
| | Signaller (Funker) |

Nutzlast:[275] 3,5 Short Tons (3,1745 Metric Tons)

### Douglas C-54 Skymaster (USAF), R5D (US Navy)

Die C-54 Skymaster bzw. R5D war nach der Anlaufzeit der Berliner Luftbrücke mit ca. 245 Flugzeugen (plus x in der Wartungsschleife) zahlenmäßig am stärksten vertreten.[276]

Die Douglas DC-4, ab 1936 ursprünglich als zivile Passagiermaschine für verschiedene amerikanische Fluggesellschaften entwickelt, wurde bei Beginn des Zweiten Weltkriegs, bevor eine zivile Auslieferung erfolgen konnte, sofort von USAAC und US Navy als Langstreckentransportflugzeug requiriert und für ihre Zwecke mit entsprechenden Ausrüstungen versehen, und ab Februar 1942 mit militärischen Kennungen als C-54 geflogen. Die folgenden rein militärischen Bestellungen erhielten dann sofort einen verstärkten Kabinenboden für Frachteinsätze und eine große Ladeluke hinten links. Insgesamt wurden ca. 1250 Flugzeuge für beide Waffengattungen in verschiedenen Versionen und mit immer größeren Triebwerken hergestellt.

Der Prototyp, die DC-4E war als Nachfolger für die DST der DC-3 Serie besonders für die Flüge von Küste zu Küste, beispielsweise New York – Los Angeles vorgesehen. Dieser Prototyp hatte ein dreigeteiltes Seitenleitwerk, wie später die Lockheed Constellation. Man glaubte damit die Anströmung durch die Propeller verbessern zu können und gleichzeitig die Höhe zu verringern, um die Wartung auch in niedrigen Hangars durchführen zu können. Darüber hinaus hatte die DC-4 als erstes Großflugzeug ein für diese

---

[274] Bei den Starts und Landungen saß entweder der Navigator oder der Funker auf dem Sitz des Co-Piloten und fuhr nach Anweisung des Piloten das Fahrgestell ein bzw. aus. Mitteilungen an den Verfasser von Sqd.Ldr. Frank Stillwell RAF (Retd.), Navigator und Warrent Officer Vincent Gavin RAF (Retd.), Funker.

[275] Nach Final RAF Report, Appendix D, S. 575, Payloads of Operation Plainfare Aircraft.

[276] Zu technischen Details und zur allgemeinen Entwicklungsgeschichte siehe: Standard Aircraft Characteristics C-54 Skymaster und Peter Alles-Fernandez (Hrsg.): Flugzeuge von A bis Z, Bd. 2, S. 132 f.; ferner Bill Holder & Scott Vadnais: The „C" Planes, US Cargo Aircraft, 1925 – to the Present, 1996, S. 49 f.

## DIE TECHNISCHEN BEDINGUNGEN

Periode noch neues Bugrad-Fahrgestell. Dadurch verbesserte sich beim Rollen am Boden die Sicht der Piloten nach vorne deutlich; außerdem wurde das Rollen durch das lenkbare Bugrad gegenüber Flugzeugen mit herkömmlichen Spornrad-Fahrgestellen außerordentlich erleichtert, sowie die allgemeinen Eigenschaften bei Start (höhere Beschleunigung) und Landung optimiert.[277] Das dreigeteilte Seitenleitwerk wurde für die endgültige Serienproduktion aufgegeben und durch das einfache Seitenleitwerk ersetzt, nachdem der Prototyp DC-4E von United Airlines probeweise eingesetzt worden war. Doch erwies sich diese DC-4E als zu groß und zu komplex. Die Serienversion der DC-4 war dann eine überarbeitete und etwas kleinere Konstruktion, die sich in der folgenden Praxis als leicht zu handhabendes und robustes Flugzeug schnell großer Beliebtheit erfreute.

Wie gut und langlebig dieses Flugzeug war und immer noch ist, zeigt sich auch daran, daß die „Berlin Airlift Historical Foundation" eine 1945 produzierte Skymaster, die als R5D der US Navy an der Luftbrücke beteiligt war, erworben hat. Sie wurde von Grund auf überholt, restauriert und der ganze Laderaum als fliegendes Museum eingerichtet. Heute fliegt das Flugzeug unter dem bezeichnenden Namen „Spirit of Freedom" im Sommer auf Einladung zu jeder Luftfahrtschau.

Der erste Prototyp DC-4E mit dem dreigeteilten Seitenleitwerk wurde 1939 offiziell an die Japan Air Lines verkauft, die das Flugzeug sofort nach der Ankunft der japanischen Marine übergab. Diese wollte daraus einen Langstreckenbomber entwickeln, was aber bis Kriegsende nicht gelang. Warum sowohl die amerikanische Regierung als auch das War Department (Kriegsministerium) dem Verkauf an Japan zustimmten, obwohl die Beziehungen zu diesem Zeitpunkt schon nicht mehr als freundlich bezeichnet werden konnten, ist nicht klar.[278]

Ihre erste Bewährungsprobe hat die C-54 Skymaster dann während der Hump-Luftbrücke bestanden, wo sie sich als sehr zuverlässiges Transportflugzeug zeigte. Wegen ihrer Zuverlässigkeit wurde sie auf der Nordatlantikroute bevorzugt für die immer häufiger anfallenden VIP-Transporte eingesetzt.

Für den laufenden Einsatz bei der Berliner Luftbrücke mit den dabei anfallenden vergleichsweise kurzen Strecken wurden aus den C-54 alle nur für Langstrecken notwendigen Einrichtungen/Ausrüstungen ausgebaut, um so durch die Reduzierung des Eigengewichts die Nutzlast zu erhöhen. Entfernt wurden die gesamte Sauer-

277 Siehe dazu Mike Hardy: Douglas Commercial Four, in: Aeroplane Monthly, Ausgaben März und April 1995, wo auch das spätere Schicksal des Prototyps ausführlich geschildert wird. Kopien dieser Artikel erhielt der Verfasser von William R. Michaels, 1948/49 als Tech/Sergeant und Flight Engineer in Wiesbaden und Celle stationiert mit 174 Einsätzen nach Berlin.

278 Zu den Umständen des Verkaufs und dem weiteren Schicksal der DC-4E siehe den Artikel von Mike Hardy (oben).

## DIE TECHNISCHEN BEDINGUNGEN

**Abb. 61**

Douglas C-54 Skymaster der US Air Force mit zur Wartung teilweise entfernter Cowling (Triebwerkverkleidung). Dieses Flugzeug war das Arbeitspferd der USAF während der Berliner Luftbrücke und mit ca. 245 Flugzeugen unter allen Luftbrückenflugzeugen anteilmäßig am stärksten vertreten.

Quelle:
Photoarchiv von Arthur Pearcy Publications, ursprünglich ein MC Donnell Douglas Photo von Harry Gann.

stoffanlage, die komplette Navigationseinrichtung für Langstreckenflüge einschließlich der dazu erforderlichen zusätzlichen Funkgeräte, die Bordtoilette und Rettungsausrüstungen wie z.B. Rettungsflöße. Der Gewinn an Nutzlast, aber auch an Stauraum innerhalb des Rumpfes war beträchtlich. Für den ausschließlichen Transport von Kohle bei der Luftbrücke wurde eigens das Modell C-54M geschaffen.

Zu den ca.225 Skymaster der USAF plus ca. 20 R5D der US Navy, die sich im laufenden Einsatz bei der Luftbrücke befanden, kamen noch zusätzlich ca. 100 Flugzeuge, die sich in der Wartungsschleife befanden oder zur 1000-Stundenkontrolle in den USA waren. Zur Wartung selbst siehe das entsprechende Kapitel.

Trotz ihrer bekannten Zuverlässigkeit und Robustheit zeigten sich zwei Schwachpunkte, bedingt durch die unverhältnismäßig hohe Frequenz von Landungen mit voller Beladung und die Notwendigkeit, in den Korridoren Gewitter durchfliegen zu müssen, ohne diesen wegen der schmalen Abmessungen der Korridore ausweichen zu können: das Bugrad in Verbindung mit dem Hydrauliksystem und die „nassen" Tragflächen.

Das Bugrad wird, wie auch das Hauptfahrwerk, hydraulisch aus- und eingefahren. Bei einer Landung setzt zunächst das Hauptfahrwerk auf, dessen Bremsen erst betätigt werden können, wenn das Bugrad am Boden ist, wobei das Flugzeug dann eine kleine „Verbeugung" nach vorne macht. Diese Verbeugung belastet verständlicherweise besonders das Bugrad und genau da lag das Problem.

DIE TECHNISCHEN BEDINGUNGEN

**Abb. 62**
Eine unbeladene(!) C-54 Skymaster, deren Bugrad bei der Landung wegknickte.

Quelle:
Erinnerungsstätte Luftbrücke in Faßberg

Natürlich waren alle Piloten angewiesen worden, bei der Landung besonders auf den relativ kurzen Bahnen in Berlin-Tempelhof die Bremsen entsprechend schonend zu betätigen, aber es gab eben auch Fälle, wo die Bremsen kräftig betätigt werden mußten. Da auch diese hydraulisch betätigt wurden, hatte ein solcher Vorgang zwangsläufig eine große Belastung des Bugrades und des Hydrauliksystems zur Folge. Zwar gab (und gibt) es zwischen den Pilotensitzen und unterhalb des Jumpseats, auf dem der Bordingenieur seinen Arbeitsplatz hat, einen verlängerbaren Handhebel, mit dem von Hand der Druck im Hydrauliksystem wieder erhöht werden konnte, wenn ein kleines Leck entstanden war, aber bei Überbelastung konnte es vorkommen, daß totaler Druckverlust auftrat. Da sich die Piloten dessen durchaus bewußt waren und sie entsprechend vorsichtig mit dem vollbeladenen Flugzeug bremsten, kam ein totaler Druckausfall des Hydrauliksystems nur selten vor.

Bei den „nassen" Tragflächen fiel den Piloten nur eine beobachtende Rolle zu. Der Ausdruck „nasser Flügel" rührt von den acht in die Tragflächen integrierten Treibstofftanks her. In jeder Tragfläche gab es je vier Tanks, die aber nicht als zusätzlicher Behälter eingebaut waren, sondern je ein Tragflächensegment bildete mit der Außenhaut einen Treibstofftank. Die Außenhaut war genietet und an der Unterseite der Tragflächen konnten sich durch die hohen Beanspruchungen bei der Landung mit voller Ladung und/oder beim Durchfliegen von Turbulenzen einer Gewitterfront an eben diesen Nieten kleine Lecks bilden. Bei jedem Außencheck vor einem Start

## DIE TECHNISCHEN BEDINGUNGEN

waren die Piloten verpflichtet, auf solche Lecks zu achten. Offiziell waren 6 Tropfen pro Minute unbedenklich. Während der Luftbrücke wurde aber oft mit größerer Toleranz trotzdem geflogen. Erst bei ca. 20 Tropfen pro Minute entfernte man das Flugzeug zur Reparatur des Lecks aus dem laufenden Betrieb. Es wird von einem jungen Leutnant berichtet,[279] der frisch aus den USA eingetroffen war und seinen ersten Flug nach Berlin machen sollte. Als er 8 Tropfen pro Minute feststellte, weigerte er sich, der offiziellen Vorschrift entsprechend, mit diesem „Leck" zu starten. Der hinzugerufene vorgesetzte Offizier bestätigte zwar die Anzahl der Tropfen, aber er reagierte anders als erwartet. Er teilte einen anderen Piloten für diesen Flug ein, der dann das Flugzeug routinemäßig nach Berlin flog. Der „vorschriftsmäßige" Leutnant erhielt eine Schreibtischarbeit und ist keinen einzigen Einsatz nach Berlin geflogen.

Die wichtigsten technischen Daten:

| | |
|---|---|
| Abmessungen:[280] | Spannweite 35,79 m (117'5" Fuß), Länge 28,48 m (93'5" Fuß), Höhe 8,35 m (27'5" Fuß) |
| Leergewicht | 18.597 kg (41.000 Lb's), max. Start- und Landegewicht 37.421 kg (82.000 Lb's) |
| Triebwerke: | 4x Pratt & Whitney R-2000-9 14-Zylinder Doppelstern-Triebwerke mit Turbolader mit 1450 BHP max. Startleistung und mit verstellbaren Hamilton Standard 3-Blatt Propellern |

| Besatzung: | Im Normalbetrieb 5 | Im Einsatz bei der Luftbrücke 3 |
|---|---|---|
| | Pilot | Pilot |
| | Co-Pilot | Co-Pilot |
| | Flight Engineer | Flight Engineer |
| | Navigator | |
| | Radio Operator | |

| | |
|---|---|
| Nutzlast:[281] | 9,4 – 10,5 Short Tons. Die Amerikaner sind bei ihrer Planung von 10 Short Tons als normale Nutzlast ausgegangen. Da es bekannt war, daß die C-54 Skymaster von General Tunner besonders geschätzt wurde, erhielt er bald den zusätzlichen Spitznamen „Ten Ton Tunner". Aber auch die etwas allgemeinere Bezeichnung als „Tonnage Tunner" wird oft kolportiert. |

279 Mündliche Mitteilung von William R. Micheals (siehe oben) am 27.9.1996 in Dayton, Ohio an den Verfasser.

280 Nach Standard Aircraft Characteristics C-54M Skymaster, die Angaben in „The 'C' Planes" weichen geringfügig davon ab.

281 Nach Final RAF Report, S. 575, Appendix D, Payloads of Operation Plainfare Aircraft.

DIE TECHNISCHEN BEDINGUNGEN

**Abb. 63**
Avro York der Royal Air Force. Die runden „Fenster" waren möglicherweise bei einigen Yorks nur von innen angebrachte Abdeckungen ohne Glas; so ist jedenfalls eine York in einem britischen RAF Museum ausgestellt.

Quelle:
Landesarchiv Berlin

### Avro York (RAF u. zivile brit. Charterges.)

Dieses von der Royal Air Force eingesetzte Transportflugzeug hat im Verlauf der Berliner Luftbrücke den größten Anteil der von der RAF nach Berlin transportierten Tonnage zu verzeichnen. Im Durchschnitt waren 40 Flugzeuge dieses Typs ausschließlich von Wunstorf aus im Einsatz. Zusätzlich setzte die zivile britische Chartergesellschaft Skyways Ltd. ab November 1948 durchschnittlich 2 Yorks ein.

Das Flugzeug entstand 1942 auf der technischen Basis des bekannten Avro Lancaster Bombers.[282] Von diesem stammten die Tragflächen einschließlich der Triebwerke und das Fahrwerk, die Maschine erhielt lediglich einen neuen Rumpf mit einem rechteckigen Querschnitt. War anfangs noch der Einbau von luftgekühlten Bristol Hercules Triebwerken erwogen worden, so wurde in der Serie nur das flüssigkeitsgekühlte Rolls Royce Merlin Triebwerk verwendet. Der Beginn der Serienproduktion war erst nach Kriegsende 1945. Am Beginn der Luftbrücke wurden 7 der insgesamt 10 mit Avro Yorks ausgerüsteten Transportstaffeln des Transport Command der RAF nach Wunstorf beordert. Die auf Photos erkennbaren runden Fenster sahen bei vielen Yorks nur wie aufgemalt aus, weil die Aussparungen im Rumpf von innen mit einer Blende verschlossen waren. So zu sehen bei einer York in einem britischen Luftfahrtmuseum.

[282] Zur Entwicklungsgeschichte siehe Peter Alles-Fernandez (Hrsg.), Flugzeuge von A bis Z, Bd. 1, S. 156, zur RAF-Beurteilung der Avro York im Rahmen der Luftbrücke siehe Final RAF Report, S. 453 ff.

Obwohl die York genau wie die C-54 eigentlich als Transporter für Langstrecken konzipiert worden war, haben sich bei dem laufenden Betrieb im Rahmen der Luftbrücke mit ihren kurzen Strecken und häufigen Landungen keine gravierenden Schwachpunkte gezeigt. Im Abschlußbericht der RAF wird lediglich auf ein Problem mit Zündkerzen bei den Merlin Motoren hingewiesen, das aber schon nach kurzer Zeit durch die Verwendung eines anderen Typs beseitigt werden konnte. Auch die Bremskabel erwiesen sich den großen Belastungen anfangs nicht gewachsen, und an allen Yorks wurden umgehend verstärkte Bremskabel eingebaut, die dann auch keine Probleme mehr bereiteten.[283] Erst nach Ende der Luftbrücke wurde erkennbar, daß die Triebwerke durch die häufigen Starts mit voller Leistung doch stark mitgenommen worden waren, denn dort traten dann in extremer Häufigkeit Schäden auf.

Die wichtigsten technischen Daten:

| | |
|---|---|
| Abmessungen: | Spannweite 31,09 m, Länge 23,93 m, Höhe 5,44 m |
| Leergewicht | 19.068 kg, max. Startgewicht 31.115 kg |
| Triebwerke: | 4x flüssigkeitsgekühlte Rolls Royce Merlin Reihenmotoren von 1280 PS |
| Besatzung: | während der Luftbrücke: 4 |
| | Pilot |
| | Co-Pilot |
| | Navigator |
| | Signaller (Funker) |
| Nutzlast:[284] | für RAF: 7,1 – 8,5 Short Tons während der Winterperiode |
| | 7,8 – 9,3 Short Tons während der Sommerperiode. |

Für die von britischen zivilen Chartergesellschaften eingesetzten Yorks wird eine Nutzlast von 8,8 – 10,3 Short Tons angegeben.

Es konnte kein Hinweis oder eine Erklärung für die unterschiedlichen Nutzlasten gefunden werden.

## Handley Page Hastings (RAF)

Die Hastings ist das erste Transportflugzeug der RAF, das erst nach dem Kriege entstand. Ihr erster Einsatz erfolgte bei der Berliner Luftbrücke. Die ersten 7 Flugzeuge nahmen im November 1948 ihren Dienst im Rahmen der Luftbrücke von Schleswig-Land aus auf.[285] Über 11 Maschinen im Dezember 1948 steigerte sich die Zahl

283 Final RAF Report, S. 453 ff., The Technical Performance of Aircraft and Airborne Equipment.

284 Nach Final RAF Report, S. 575, Appendix D, Payloads of Operation Plainfare Aircraft.

285 Final RAF Report, S. 205, Appendix K, Average Monthly Aircraft Strength.

bis Juni 1949 auf 13 bis 17 Flugzeuge, die monatlich im Einsatz waren, bis auf 24 bzw. 23 Maschinen im Juli und August 1949.

Viele Besatzungen der RAF äußerten ihre Verwunderung, daß ausgerechnet mit diesem neuen Flugzeug auch Kohle nach Berlin transportiert wurde. Diese Ladung sorgte dann auch für das erste größere Problem mit diesem neuen Typ. Zunächst mußte der Boden des Laderaums im Bereich der Ladeluke verstärkt werden und der ganze Boden gegen das Eindringen von Kohlestaub besser abgedichtet werden. Außerdem wurden die Belüftungskanäle im Bereich des Laderaums abgedeckt, um die Zirkulation des Staubes im ganzen Flugzeug zu verhindern.

Im laufenden Einsatz traten dann sofort Probleme mit dem einziehbaren Spornrad auf. Weil das Spornrad nur in einer Mittelposition eingefahren werden konnte, ergaben sich Schwierigkeiten beim Zentrieren. Nachdem in 2 Fällen das Spornrad eingefahren wurde, ohne daß es sich in einer Mittelposition befand, und dabei der Rumpf an dieser Stelle stark beschädigt wurde, blieb es für die Dauer der Luftbrücke bei allen Einsätzen immer in einer ausgefahrenen Stellung.[286]

Allgemeine technische Daten:

| | |
|---|---|
| Abmessungen:[287] | Spannweite 34,44 m, Länge 25,20 m, Höhe 6,86 m |
| Leergewicht: | 21.966 kg, max. Startgewicht: 36.286 kg |
| Triebwerke: | 4x luftgekühlte 14-Zylinder Bristol Hercules Doppelsternmotoren mit 1675 PS Startleistung |
| Besatzung: 5 | Pilot |
| | Co-Pilot |
| | Navigator |
| | Bordingenieur |
| | Signaller (Funker) |
| Nutzlast:[288] | 9,3 – 9,5 Short Tons |

## Fairchild C-82 Packet (USAF)

Dieser 1941 auf Grund einer Ausschreibung der USAAF für ein spezielles Frachtflugzeug für militärische Zwecke entwickelte Transporter kann als Vorläufer für alle nachfolgenden Militärtransporter angesehen werden, denn er war der erste Transporter mit einer großen Klapptür im Heck, die für den Abwurf von schweren Lasten auch ganz ausgebaut werden konnte. Durch ein ausgesprochen robustes einziehbares Bugrad-Fahrgestell waren Starts und Lan-

[286] Final RAF Report, S. 453 ff., The Technical Performance of Aircraft and Airborne Equipment.

[287] Nach Peter Alles-Fernandez (Hrsg.), Flugzeuge von A bis Z, Bd. 2, S. 340.

[288] Nach Final RAF Report, S. 575, Appendix D, Payloads of Operation Plainfare Aircraft.

## DIE TECHNISCHEN BEDINGUNGEN

**Abb. 64**
Die Fairchild C-82 Packet der US Air Force war mit ihrer großen Heckklappe, die hier abgenommen war, Vorläufer für alle modernen Militärtransporter.

Quelle:
Alliierten Museum, Berlin

dungen auch von unbefestigten Landepisten aus problemlos möglich.

Für die Berliner Luftbrücke standen der CALTF nur fünf C-82 zur Verfügung, mit denen besonders sperrige Güter (z.B. Baumaschinen in Einzelteile zerlegt) nach Berlin transportiert wurden.

Allgemeine technische Daten:[289]

| | |
|---|---|
| Abmessungen: | Spannweite 32,30 m (106 Fuß), Länge 26,01 m (77 Fuß, 10 inches), Höhe 8,02 m (26 Fuß, 4 inches) |
| Leergewicht: | 14.197 kg (31.300 pounds), Startgewicht: 24.494 kg (54.000 pounds) |
| Triebwerke: | 2x luftgekühlte Pratt & Whitney R-2800-85 18 Zylinder Double Wasp Sternmotoren mit 1100PS Startleistung |
| Besatzung: | 5 |
| Nutzlast: | 10.886 kg (24.000 pounds) |

[289] Nach Holder & Vadnais, The „C" Planes, S. 70 f.

DIE TECHNISCHEN BEDINGUNGEN

**Abb. 65**
Hier wird der gut zugängliche Laderaum der C-82 deutlich.

Quelle:
Landesarchiv Berlin

**Abb. 66**
Neben dem Transport von sperrigen Gütern, z.B. Maschinenteile für ein neues Kraftwerk in Berlin, fand „Jake" Schuffert noch eine andere Verwendungsmöglichkeit für die C-82.

Quelle:
T/Sgt. John H. Schuffert, Sr.: Airlift Laffs, Operation Vittles in Cartoon.

### Short S.25 Sunderland Flugboote (Royal Coastal Command)

Aus der umfangreichen Palette der von den Short Brothers entwickelten und gebauten zahlreichen Flugboote ist hier nur die S.25 Sunderland Mk. V von Interesse, die 1944 bei der Royal Air Force eingeführt wurde und nach dem Kriege beim Royal Coastal Command eingesetzt wurde. Ab Juli 1948 bis Dezember 1948, als Eisbildung auf den Havelseen die Einstellung der Einsätze dieser Flugboote erzwang, haben zwei Staffeln mit zusammen durchschnittlich 8 Flugbooten von der Elbe bei Hamburg-Finkenwerder ihren wertvollen Dienst bei der Luftbrücke geleistet. (Siehe Abb. 12 weiter oben)

Die Sunderland Flugboote flogen in erster Linie Salz nach Berlin, weil sie von ihrer Grundkonzeption her bestens gegen das aggressive Salz geschützt waren.

Allgemeine technische Daten:[290]

| | |
|---|---|
| Abmessungen: | Spannweite 34,38 m, Länge 26,00 m, Höhe 10,52(!) m |
| Leergewicht | 16.738 kg, max. Startgewicht 29.484 kg |
| Triebwerke: | 4x amerikanische luftgekühlte Pratt & Whitney R-1830-90B Twin Wasp Sternmotoren mit 1200 PS Startleistung |
| | Die Nutzlast während der Luftbrücke betrug 9.800 pounds. |

### Douglas C-74 Globemaster I (USAF)

Dieses von der Douglas Aircraft Company während des Zweiten Weltkrieges entwickelte Transportflugzeug für lange Strecken über den Atlantik und den Pazifik, wurde erst nach Kriegsende in nur 14 Exemplaren an die USAF geliefert. Es war das Ausgangsmodell für die folgende C-124 Globemaster II, von der die USAF dann fast 450 Stück kaufte. Abb. 67

Für die Luftbrücke transportierte die C-74 vorwiegend Ersatzteile und besonders komplette Triebwerke für die C-54-Flotte aus den USA nach Deutschland. Zwischendurch führte die C-74 auch insgesamt 24 Einsätze nach Berlin aus.

Allgemeine technische Daten:[291]

| | |
|---|---|
| Abmessungen: | Spannweite 52,80 m (173 Fuß, 3 inches), Länge 37,85 m (124 Fuß, 2 inches), Höhe 13,34 m (43 Fuß, 9 inches) |

---

[290] Nach Peter Alles-Fernandez (Hrsg.), Flugzeuge von A bis Z, Bd. 3, S. 320 f., aber auch Kenneth Munson, Die Weltkrieg II-Flugzeuge, S. 234 ff. mit geringfügig abweichenden Angaben.

[291] Nach Holder & Vadnais, The „C" Planes, S. 63 ff.

DIE TECHNISCHEN BEDINGUNGEN

Abb. 67
Douglas C-74 Globemaster I der US Air Force; von insgesamt nur 14 produzierten Flugzeugen mit ihren charakteristischen Cockpitfenstern, die Insektenaugen (bug eyes) glichen, waren während der Berliner Luftbrücke ca. 4-5 für den Transport von Ersatzteilen aus den USA nach Europa im Einsatz.

Quelle:
Alliierten Museum, Berlin

Leergewicht: 39.087 kg (86.172 pounds), Startgewicht: 74.842 kg (165.000 pounds)

Triebwerke: 4x luftgekühlte Pratt & Whitney R-4360-27 mit 3000 PS oder R-4360-49 mit 3.500 PS

Besatzung: normal 5, im Langstreckenbetrieb mit einer Auswechselcrew von plus 4

Nutzlast: normal 22.680 kg (50.000 pounds), im Kurzstreckenbetrieb mit minimaler Treibstoffmenge ca. 32.729 kg (72.160 pounds).

## Boeing C-97 Stratofreighter (USAF)

Dieses letzte von Boeing gebaute Transportflugzeug mit Kolbentriebwerken zeichnete sich von Beginn an durch ungewöhnliche Leistungen aus. Es war zur gleichen Zeit konstruiert worden wie der ebenfalls von Boeing stammende Bomber B-29 und viele Teile waren identisch, aber die C-97 war in der Reisegeschwindigkeit etwas schneller als der Bomber. Die USAF schaffte diesen für seine Zeit riesigen Transporter in großer Stückzahl an und setzte ihn neben seiner ursprünglichen Aufgabe als Militärtransporter in noch größerem Umfang als Tanker für die In-der-Luft-Betankung von Flugzeugen aller Art ein.

## DIE TECHNISCHEN BEDINGUNGEN

**Abb. 68**
Boeing C-97 Stratofreighter der US Air Force, hier nach einer der wenigen Landungen in Berlin-Tempelhof am 4. Mai 1949. Dieser als reines Langstreckenflugzeug konzipierte Transporter erwies sich als zu schwer für die in aller Eile in Berlin angelegten Landebahnen.

Quelle: Landesarchiv Berlin

292 Nach Holder & Vadnais, The „C" Planes, S. 79 ff.

Im Rahmen der Luftbrücke transportierte eine C-97 wie die C-74 in erster Linie Nachschub aus den USA nach Europa. Versuchsweise absolvierte sie einen Flug nach Berlin, der aber mehr Demonstrationszwecken diente.

Allgemeine technische Daten:[292]

| | |
|---|---|
| Abmessungen: | Spannweite 43,06 m (141 Fuß 3 inches), Länge 33,33 m (110 Fuß 4 inches), Höhe 11,66 m (38 Fuß 3 inches) |
| Leergewicht | 38.555 kg (85.000 pounds), Startgewicht 79.378 kg (175.000 pounds) |
| Triebwerke: | vom Prototyp mit Pratt & Whitney R-3340-23 mit 2.200 PS bis zur letzten Serienproduktion steigerte sich die Startleistung laufend bis zum Einsatz von 2 zusätzlichen Düsentriebwerken unter den Tragflächen und einem Versuchsmuster mit 4 Düsentriebwerken an Stelle der Kolbentriebwerke. Die meisten Flugzeuge hatten Pratt & Whitney R-4360 Triebwerke mit 3000 PS bis max. 3800 PS. |
| Besatzung: | je nach Einsatzart: 5-7 |
| Nutzlast: | 31.071 kg (68.500 pounds) |

DIE TECHNISCHEN BEDINGUNGEN

### Handley Page Halton (british civil charter comp.)

Die Halton war ein von der Fa. Short Brothers & Harland für zivile Zwecke umgebauter viermotoriger Handley Page (H.P.57) Halifax Bomber, die sowohl als Frachter als auch als Tanker eingesetzt werden konnte. Am Stichtag 1.7.1949[293] waren 11 Halton Tanker in Schleswig-Land im Einsatz bei

        Lancashire Aviation
        Westminster Aviation
        British American Air Services
        und 10 Halton Freighter in Wunstorf bei
        Bonds Air Services
        Eagle Aviation
        World Air Freight.

Allgemeine technische Daten:

| | |
|---|---|
| Abmessungen:[294] | Spannweite 31,75 m, Länge 21,82 m, Höhe 6,32 m |
| Leergewicht und Startgewicht der zivilen Version als Halton nicht bekannt | |
| Triebwerke: | 4x luftgekühlte Bristol Hercules 14 Zylinder Sternmotoren von 1615 PS |
| Besatzung: | für die Einsätze bei der Luftbrücke nicht bekannt |
| Nutzlast:[295] | Halton Frachter 7,0 – 7,7 Short Tons |
| Halton Tanker: | Diesel 5,9 – 7,7 Short Tons (1370 – 1800 Gall´s) |
| | Benzin 7,7 Short Tons (2075 Gall´s) |
| | Kerosine 5,6 – 7,7 Short Tons (1400 – 1940 Gall´s) |

### Avro 691 Lancastrian (zivile brit. Charterges.)

Hierbei handelte es sich um eine zivile Version des viermotorigen Lancaster Bombers mit entsprechend verändertem Bug und Heck, aber mit den Rolls Royce Merlin Triebwerken. Am Stichtag 1.7.1949[296] waren im Einsatz bei der Luftbrücke

| | |
|---|---|
| in Wunstorf: | 4 Lancastrians Tanker der Fa. Skyways |
| in Fuhlsbüttel: | 7 Lancastrians Tanker der Fa. Flight Refueling |

Allgemeine technische Daten:[297]

| | |
|---|---|
| Abmessungen: | Spannweite 31,09 m, Länge 23,42 m, Höhe 5,94 m |
| Leergewicht | 13.801 kg, max. Startgewicht 29.484 kg |
| Triebwerke: | 4x flüssigkeitsgekühlte Rolls Royce Merlin Reihenmotoren mit 1635 PS |

293 Final RAF Report, S. 152.

294 Nach Peter Alles-Fernandez (Hrsg.), Flugzeuge von A bis Z, Bd.2, S.339 f., für die H.P. Halifax B.Mk III, da für die Halton keine eigenen Angaben vorlagen.

295 Final RAF Report, S. 575, Appendix D, Payloads of Operation Plainfare Aircraft.

296 Final RAF Report, S. 152.

297 Nach Peter Alles-Fernandez (Hrsg.), Flugzeuge von A bis Z, S. 157 f.

DIE TECHNISCHEN BEDINGUNGEN

**Abb. 69**
Die Avro Lancaster der Flight Refueling Ltd. (ziviler britischer Charter) war als Tanker bei der Luftbrücke im Einsatz, weil zu dieser Zeit weder die USAF noch die RAF über Tankflugzeuge verfügten.

Quelle:
Privatbesitz von Manfred Sturzenbecher, Glaisin/ Mecklenburg-Vorpommern, der während der Luftbrücke Flugtankwart beim BP Aviation Service war. Darüber hinaus war er mit einer Halifax-Besatzung der World Air Freight befreundet, die ihn lt. Flugbuch mindestens 20 Mal auf ihren Flügen nach Berlin mitgenommen hat. (Mitteilung von M. Sturzenbecher vom 21.9.1999 an den Verfasser)

Besatzung: nicht bekannt
Nutzlast:[298] Diesel 9,1 – 9,3 Short Tons (2114 – 2159 Gall´s)
Benzin 8,1 – 8,9 Short Tons (2168 – 2390 Gall´s)
Kerosin 8,6 – 9,1 Short Tons (2168 – 2280 Gall´s)

### Avro 688 Tudor Freighter I und Avro 689 Tudor 2 (zivile brit. Charterges.)

Dieses Flugzeug war gegen Ende des Krieges als ziviles Passagier- und Frachtflugzeug konzipiert worden, auch um den Amerikanern nicht alleine den zu erwartenden Markt der Nachkriegszeit zu überlassen. Es war ein durchaus attraktives Flugzeug und das erste britische Flugzeug mit Druckkabine.

Nach anfänglichen technischen Problemen mit der 688 Tudor gingen nach den notwendigen Änderungen zwei Flugzeuge dieses Typs bei der British South American Airways (BSAA) aus ungeklärten Umständen verloren. Dieses Modell wurde dann nur noch als Charterflugzeug für Frachttransport benutzt und von der BSAA als Frachter (2) und Tanker (bis zu 5 Flugzeuge) bei der Luftbrücke eingesetzt. Es konnte nicht geklärt werden, wieviele davon 688 bzw. 689 waren.

Mit der 689 Tudor 2 (manchmal auch als Tudor 5 angegeben) gab es ähnliche Probleme wie mit der 688. Dieser Typ wurde sowohl von BSAA als auch der Airflight Ltd. als Tanker eingesetzt.

Allgemeine technische Daten:[299]

| Abmessungen: | 688 | 689 |
|---|---|---|
| Spannweite | 36,58 m | 36,58 m |
| Länge | 24,23 m | 32,18 m |
| Höhe | 6,38 m | 7,39 m |
| Leergewicht | 21.754 kg | 21.001 kg |
| max. Startgew. | 32.205 kg | 36.287 kg |
| Triebwerke, beide je vier Rolls Royce Merlin | | |
|  | 1750 PS | 1770 PS |
| Nutzlast:[300] | Für Trockenfracht keine Angaben. | |
| Als Tanker: | Diesel 8,7 – 8,9 Short Tons (2036 – 2083 Gall´s) | |
|  | Benzin 8,4 – 8,7 Short Tons (2265 – 2331 Gall´s) | |
|  | Kerosine 8,5 – 8,9 Short Tons (2089 – 2200 Gall´s) | |

## Bristol Typ 170 Freighter/Wayfarer
(zivile britische Chartergesellschaft)

Gegen Ende des Zweiten Weltkriegs zunächst für militärische Zwecke mit aufklappbaren Bugtüren unter der Bezeichnung Freighter entwickelt, war dieser Typ ein vielseitig verwendbarer Transporter. Eine zweite zivile Version mit festem Bug erhielt die Bezeichnung Wayfarer. Die Version Typ 170 Freighter Mk.32 wurde für die Fa. Silver City Airways entwickelt, die damit 2-3 Autos und bis zu 23 Passagiere im Fährbetrieb über den Ärmelkanal transportieren konnte. Beide Typen waren Schulterdecker mit starrem Fahrwerk und einem Flugdeck oberhalb des vorderen Laderaums.

Von der Fa. Silver City Airways wurden bei der Luftbrücke sowohl die Freighter Version als auch die Wayfarer eingesetzt, von der Fa. Airwork nur 3 Monate lang 1-2 Freighter. Auf dem Rückflug wurden mit diesem Flugzeug vorwiegend in Berlin produzierte Industriegüter nach Westdeutschland transportiert.

Da nur 1-2 Exemplare während der Luftbrücke eingesetzt waren und es das einzige Flugzeug mit starrem, nicht-einziehbaren Fahrwerk mit Spornrad war, gab es einmal während eines Landeanflugs und deren vorbereitenden Anweisungen folgenden Dialog zwischen einem amerikanischen Controller und dem britischen Piloten:

Controller an Pilot: „Check gear down and locked,, (Prüfe Fahr-

298   Final RAF Report, S. 575, Appendix D, Payloads of Operation Plainfare Aircraft.

299   Nach Peter Alles-Fernandez (Hrsg.), Flugzeuge von A bis Z, Bd. 1, S, 156 f.

300   Final RAF Report, S. 575, Appendix D, Payloads of Operation Plainfare Aircraft.

DIE TECHNISCHEN BEDINGUNGEN

werk ausgefahren und eingerastet). Bestätigung des Piloten: „Gear down and welded„ (Fahrwerk unten und verschweißt)
    Controller: ??? [301]

Allgemeine technische Daten:[302] (für Typ 170 Freighter Mk.32)

| | |
|---|---|
| Abmessungen: | Spannweite 32,92 m, Länge 22,35 m, Höhe 7,62 m |
| Leergewicht | 13.404 kg, max. Startgewicht 19.958 kg |
| Triebwerke: | 2x luftgekühlte Bristol Hercules Sternmotoren von 1980 PS |
| Nutzlast: | für die Einsätze bei der Luftbrücke nicht bekannt.[303] |

### Vickers 491 Viking (zivile britische Chartergesellschaft)

Auch dieses Flugzeug wurde aus einem Bomber, der Vickers 271 Wellington, entwickelt. Von diesem wurden zunächst die stoffbespannten äußeren Tragflächen, die Motorgondeln und das einziehbare Fahrwerk übernommen, es erhielt aber einen ganz neuen Rumpf mit selbsttragender Metallbeplankung und stärkere Triebwerke. Die wichtigste Serienversion Viking IB erhielt dann auch Tragflächen und Leitwerk mit einer selbsttragenden Metallhaut.

    Von der Fa. Transworld Charter wurden von September bis Oktober 1948 nur zwei Maschinen dieses Typs für insgesamt 118 Flüge nach Berlin eingesetzt.[304]

Allgemeine technische Daten:[305] (für Viking IB)

| | |
|---|---|
| Abmessungen: | Spannweite 27,20 m, Länge 19,86 m, Höhe 5,94 m |
| Leergewicht | 10.546 kg, max. Startgewicht 15.354 kg |
| Triebwerke: | 2x luftgekühlte Bristol Hercules Sternmotoren von 1690 PS |
| Nutzlast: | für Einsatz bei der Luftbrücke nicht bekannt |

### Consolidated B-24D Liberator (zivile britische Chartergesellschaft)

Die Fa. Scottish Airlines setzte im August 1948 für 10 Tage eine Frachtversion mit 15 Flügen nach Berlin ein und von Februar bis Juli 1949 zwei Tanker mit 396 Flügen.[306] Bei diesen Flugzeugen handelt es sich um ausgemusterte und modifizierte B-24D Bomber, die im Rahmen des Land-Lease Programms als „Liberator II u. III" während des Krieges an die RAF geliefert worden waren.

---

301  Information an den Verfasser von Jack Fellman und Don Stensrud, Controller in Berlin-Tegel, während des Jahrestreffens der amerikanischen Veteranen der Luftbrücke am 25.-29.September 2003 in Tucson, Arizona.

302  Nach Peter Alles-Fernandez (Hrsg.), Flugzeuge von A bis Z, Bd. 1, S. 334 f.

303  Nach Auftrag Luftbrücke, Der Himmel über Berlin 1948 – 1949, Berlin 1998, S. 214 betrug die Ladekapazität 3,6 t.

304  Final RAF Report, S. 244, Civil Airlift – Performance by Aircraft Type.

305  Nach Peter Alles-Fernandez (Hrsg.), Flugzeuge von A bis Z, Bd. 3, S.393 f.

306  Final RAF Report, S. 244, Cicil Airlift – Performance by Aircraft Type.

Allgemeine technische Daten: (für C-87)[307]

| | |
|---|---|
| Abmessungen: | Spannweite 33,53 m (110 Fuß), Länge 20,22 m (66″ 4″), Höhe 5,49 m (18 Fuß) |
| Leergewicht | 14.470 kg (31.900 pounds), max. Startgewicht 25.401 kg (56.000 pounds) |
| Triebwerke: | 4x luftgekühlte Pratt & Whitney R-1830-43 Twin Wasp 14 Zylinder Doppelsternmotoren mit 1200 BHP |
| Besatzung: | bei USAF 5, bei Scottish Airlines und Luftbrücke nicht bekannt |
| Nutzlast:[308] | als Tanker<br>Diesel 6,6 Short Tons (1532 Gall´s)<br>Benzin 9,1 Short Tons (2450 Gall´s)<br>Kerosine 6,6 Short Tons (1666 Gall´s) |

[307] Holder & Vadnais, The „C" Planes, S. 74 f. und für die Triebwerke Flight Manual B-24D.

[308] Final RAF Report, S. 575, Appendix D, Payloads of Operation Plainfare Aircraft gibt nur Angaben für Nutzlast als Tanker, Angaben für Frachter fehlen, nach The „C" Planes, S. 74 bei USAF: 5443 kg (12.000 pounds).

# Wartung und Reparatur

Wenn ein Auto auf der Straße oder auf der Autobahn eine Panne hat, dann rollt es am Straßenrand aus und der/die verärgerte Fahrer/in ruft den Notdienst zu Hilfe. Wenn ein Flugzeug einen Defekt hat, dann stürzt es mit wahrscheinlich fatalen Folgen ab. So zugespitzt dieser Vergleich auch sein mag, so wird damit doch die außerordentliche Bedeutung regelmäßiger und sorgfältiger Wartung von Flugzeugen deutlich.

Es ist deshalb überhaupt nicht verwunderlich, daß für General Tunner die Wartung und Instandhaltung der ihm anvertrauten Flugzeuge ganz oben auf seiner Liste der Prioritäten stand. Für ihn ging es nicht einfach darum, ob ein Flugzeug einsatzbereit war. Es hatte mit Ladung unterwegs zu sein, wurde be- oder entladen oder es befand sich in der Wartung. Einsatzbereite Flugzeuge, die nur herumstanden, waren ihm ein Greuel, denn er dachte durchaus in kommerziellen Kategorien, d.h., ein solches Flugzeug war für ihn einfach totes Kapital.

Die Wartung der bei der Berliner Luftbrücke eingesetzten Flugzeuge war nicht zentral für die gesamte Flotte organisiert. Die US Air Force, die Royal Air Force und die britischen zivilen Chartergesellschaften waren jede für sich für Instandhaltung und Reparatur ihrer jeweiligen Flugzeuge verantwortlich, sie organisierten ihren Service auch unterschiedlich.

Die mit Abstand größten Probleme hatten in der Anfangsphase die Amerikaner, denn sie haben gerade in dieser Zeit eine große Zahl von Transportflugzeugen vom Typ C-54 Skymaster aus der ganzen Welt nach Deutschland beordert. Sie mußten das für die Instandhaltung dieser Flugzeuge notwendige Personal und alle Ersatzteile und Werkzeuge erst aus den USA heranschaffen.

Für die Royal Air Force waren die grundsätzlichen Probleme zwar ebenfalls vorhanden, da sie innerhalb weniger Tage ca. 70 zusätzliche Transporter auf ihren Plätzen in der britischen Besatzungszone warten mußten, aber jeder Nachschub war in wenigen Flugstunden verfügbar.

### Wartung direkt auf den Flugplätzen

Für die Amerikaner stellten die ersten Tage der Luftbrücke zunächst kein Problem dar. Sie hatten in dieser Zeit ihre C-47 Skytrain bereits in Europa stationiert, ebenso das mit diesem Flugzeugtyp vertraute Wartungspersonal. Trotzdem gab es schon nach kurzer Zeit Engpässe bei einigen Esatzteilen. Denn vor Beginn der Luftbrücke hatte es nur die routinemäßigen Einsätze für die amerikanische Besatzungsarmee und die in Europa stationierten Einheiten der US Air Force gegeben und dem entsprach auch die Lagerhaltung an Ersatzteilen. Mit dem Beginn der Luftbrücke steigerte sich die Zahl der Einsätze enorm, und der erste Engpaß trat auf bei – Scheibenwischern.

Aber mit der Ankunft vieler C-54 Skymaster entstanden zusätzlich neue Probleme. Es fehlten nicht nur die Ersatzteile, sondern auch das für diesen Typ geschulte Wartungspersonal. Als die C-54 eintrafen, brachten sie zwar neben mindestens zwei, meistens aber drei Besatzungen auch ihre etatmäßigen Flugmechaniker und Flugingenieure sowie ein Minimum an Ersatzteilen mit, aber das reichte für den vorgesehenen Einsatz nicht aus. Die C-47 und die C-54 hatten zwar den gleichen Hersteller (Douglas Aircraft Company) – ebenso wie die Triebwerke (Pratt & Whitney) – aber die Wartung der unterschiedlichen Typen, besonders der verschiedenen Triebwerke, konnte nicht ohne eine gründliche Umschulung des Personals vorgenommen werden. Hier kam wieder die große Erfahrung von General Tunner und seinen Spezialisten zum Tragen, die in kurzer Zeit eine Lösung fanden und organisierten, die die Sicherheit für die Flugzeuge – damit verbunden natürlich auch für die Besatzungen – gewährleistete.

Die einzelnen Transportstaffeln erhielten feste Wartungstrupps, denen als Kern einige der mit der C-54 vertrauten Ingenieure und Mechaniker zugeteilt waren, die wiederum die neuen oder unerfahrenen Mechaniker in die neuen Flugzeuge und Triebwerke einwiesen und entsprechend schulten. Offiziell wurde dies als „on-the-job-training" bezeichnet. Auf den Fachleuten, die diese Schulung und Einweisung während der laufenden Arbeiten durchführten und gleichzeitig überwachten, lag ein hohes Maß an Verantwortung. Hinzu kam als besondere Schwierigkeit, daß es an allen Ecken und Enden an Werkzeugen fehlte, die erst über den offiziellen Dienstweg aus den USA herbeigeschafft werden mußten.

WARTUNG UND REPARATUR

### Deutsche Mechaniker in amerikanischen Wartungsteams

Um den nach wie vor bestehenden Engpaß an qualifizierten Flugzeugmechanikern zu überwinden, heuerte General Tunner mit ausdrücklicher Billigung durch General Clay[309] zahlreiche Flugzeugmechaniker und Ingenieure der ehemaligen deutschen Luftwaffe oder aus dem Personal von deutschen Flugzeugfabriken an. Bei der Suche nach diesen Luftwaffenangehörigen und bei der Überwindung der auftretenden Sprachprobleme war für General Tunner der ehemalige Generalmajor H.D. Herhudt von Rohden[310] eine große Hilfe. Dieser war zwar nicht, wie Tunner glaubte, ein speziell mit Lufttransport vertrauter Mann, aber als gut ausgebildeten deutschen Generalstabsoffizier stellte es für ihn kein Problem dar, die von General Tunner übertragene Aufgabe zu erfüllen. Innerhalb kürzester Zeit stand hervorragend qualifiziertes deutsches Fachpersonal zur Verfügung, für dessen Einweisung auf die für sie völlig neuen Flugzeugtypen und Triebwerke Herhudt von Rohden eine eigene Abteilung zum Übersetzen der Handbücher organisierte. Gleichzeitig wurden intensive Sprachkurse angeboten, in denen die Deutschen sich das für die Wartungsarbeiten an den Flugzeugen notwendige Fachvokabular aneigneten. Die Amerikaner und besonders General Tunner waren angenehm überrascht von den Fachkenntnissen der Deutschen. Sie arbeiteten bald in großer Zahl bei allen amerikanischen Transportstaffeln, und oft gab es mehr deutsche als amerikanische Mechaniker in den einzelnen Einheiten. Alle amerikanischen Mechaniker und Ingenieure, die mit diesen Deutschen gemeinsam gearbeitet haben und befragt werden konnten, äußerten sich ausnahmslos sehr positiv über die Zusammenarbeit. Dabei wurde besonders die hohe fachliche Kompetenz der Deutschen hervorgehoben. Von anfänglichen Problemen wegen der noch schlechten englischen Sprachkenntnisse abgesehen, gab es offenbar nirgendwo persönliche Probleme oder gar Reibereien. Dabei sollte man sich immer vor Augen halten, daß sie ja vor drei Jahren noch „Feinde" gewesen waren! Und die Berliner Luftbrücke war ein rein militärisches Unternehmen, das von Militärs geführt wurde. Aber die auf beiden Seiten vorhandene Überzeugung und der Wille, der Bevölkerung Berlins zu helfen, trugen zu dieser ersten Zusammenarbeit von aktiven und ehemaligen Soldaten sicher enorm bei.

Auf allen Plätzen existierten viel zu wenig Hangars, um dem Personal bei der Wartung der Flugzeuge ausreichenden Schutz vor Wind und Wetter zu bieten. Sie waren also gezwungen, ihre schwe-

309 Tunner, Over the Hump, S. 183 f.

310 Tunner hat den Namen unvollständig als „Major General Hans Detlev von Rohden" angegeben (S.183), es hat deshalb zunächst einige Schwierigkeiten bei der Suche nach der Identität gegeben (der Verf.) Siehe auch Fußnote 33.

**Abb. 70**

Bei allen Wartungseinheiten der USAF waren ab ca. September 1948 zahlreiche deutsche Flugzeugmechaniker beschäftigt. Hier eine kleine Gruppe in Faßberg in der Halle 12.

Quelle:
Privatbesitz von Franz Kirchner, auf dem Photo 3. von links

311 Final RAF Report, S. 459, Special Equipment for Operation Plainfare und CALTF-Abschlußbericht, S. 60 f.

re und von der Öffentlichkeit, d.h., den Kameras der Reporter und Wochenschauen, weitgehend unbeachtete „Drecksarbeit" im Freien auf den Standplätzen auszuführen. Dabei lag gerade in ihren Händen die Verantwortung für den einwandfreien Zustand der Flugzeuge, auf den sich die Piloten verlassen mußten. Wenn dann nachts Regen und Kälte diese Arbeit noch besonders ungemütlich machten, war jeder froh, wenn die gerade anstehende Arbeit oder die Schichtzeit zu Ende ging. Damit wenigstens die Arbeiten an den Triebwerken der C-54 Skymaster weitgehend geschützt durchgeführt werden konnten, wurden aus Holz primitive Docks gebaut, die jeweils einen Motor einschlossen. Diese waren mit Licht und Heizung versehen und ermöglichten so eine geschützte und deshalb auch bessere Instandhaltung der Triebwerke. Sie waren nicht mobil, sondern stationär, und die C-54 wurden zur Wartung an und in die Docks gerollt. Als in einem Gewitter sich die hölzernen Docks als nicht stabil genug erwiesen, ging man dazu über, sie aus Steinen und Beton zu bauen.[311] Alle diese Maßnahmen konnten aber nicht verhindern, daß nach wie vor dringend erforderliche Arbeiten im Freien auf den Standplätzen ausgeführt werden mußten, dabei waren die Mechaniker dann den Witterungseinflüssen ungeschützt ausgesetzt. Eine besonders schmutzige und unangenehme Arbeit fiel regelmäßig in Faßberg und Celle an. Nach jeder Landung eines Flugzeuges, das Kohle (oder Mehl) nach Berlin transportiert hatte, war es einfach aus Gründen der Sicherheit notwendig, die Federbeine und das Fahrgestell von Kohlenstaub (oder Mehl) zu befreien. Hierfür standen anfangs noch keine Waschanlagen zur Verfügung, selbst geeignete Reinigungsmittel fehlten, so daß diese Arbeiten mühsam in Handarbeit durchgeführt werden mußten. Es war im wahrsten Sinne des Wortes eine richtige Drecksarbeit.

In General Tunners CALTF-Stab wurde eine zentrale Wartungskontrolle eingeführt, die die gesamte Flotte der von der USAF eingesetzten Flugzeuge einschloß. Hier konnte praktisch zu jeder Minute der aktuelle Status für jede Maschine, ja sogar für jedes einzelne Triebwerk abgelesen werden. Dieses Kontrollsystem ermöglichte es, die anfallenden Wartungsarbeiten und Stundenkontrollen sorgfältig vorzubereiten, damit in den Wartungsdepots reibungslos gearbeitet und längerfristig geplant werden konnte. Ersatzteile und Ersatztriebwerke konnten früh genug bestellt werden, wodurch kein Flugzeug wegen eines fehlenden Teils nutzlos warten mußte. So wurden die Vorstellungen General Tunners von einer planmäßig und effektiv ablaufenden Luftbrücke realisiert. „Bei einer erfolgreichen Luftbrücke wird man keine zahlreich geparkten Flugzeuge finden; die sind entweder in der Luft, oder sie werden beladen oder entladen oder es wird an ihnen gearbeitet. (...) Besatzungen fliegen oder sie ruhen sich aus, um am nächsten Tag wieder zu fliegen. Angehörige des Bodenpersonals sind entweder mit der Wartung der ihnen zugeteilten Flugzeuge beschäftigt, oder sie ruhen sich aus, um am nächsten Tag wieder arbeiten zu können. Jeder einzelne sonstige Beteiligte macht seine Arbeit ruhig und effizient. Die einzige reale Aufregung bei einer erfolgreichen Luftbrücke entsteht bei der Betrachtung von einem Dutzend nach oben gerichteter Linien auf Kontrolldiagrammen, die die Steigerung der gelieferten Tonnage anzeigen, den Nutzungsgrad von Flugzeugen usw. und anderer stark abfallender Linien, die die Zahl der Unfälle und der Verletzten markieren. Nur so sehen die Glanzpunkte von Lufttransport aus."[312]

Die Briten hatten zwar mit ähnlichen Problemen zu kämpfen, diese konnten aber einfacher gelöst werden. So wurden z.B. alle größeren Kontrollen an Flugzeugen auf den jeweiligen Heimatbasen in England vom dortigen Stammpersonal durchgeführt. Die kleineren Überprüfungen und die Inspektionen zwischen den ein-

312 Tunner, Over the Hump, S. 162.

**Abb. 71**

Wartung eines Pratt & Whitney Twin-Wasp-Triebwerkes einer Dakota durch AC I Stan Rendell und LAC Leonard Smith.

Quelle: Photoarchiv von Arthur Pearcy Publishing

zelnen Einsätzen erfolgten natürlich auf den Basen in Deutschland. Die Zahl der von den Briten auf der Luftbrücke eingesetzten Flugzeuge war viel geringer als die der Amerikaner, außerdem verteilten sich diese Flugzeuge auf mehrere Basen in der britischen Zone. Daher traten die für die Amerikaner so ärgerlichen Probleme bei der Unterbringung ihres Bodenpersonals für die Briten nur in den allerersten Wochen auf. Die fehlenden Hangars führten bei ihnen zu einer ähnlichen Lösung, wie bei den Amerikanern. Allerdings bauten sie mobile Schutzboxen aus einem Rohrgestell mit einer Umhüllung aus Zeltleinwand auf einem kleinen Lastwagen auf. Es zeigte sich nämlich, daß eine amerikanische C-54 Skymaster mit ihrem lenkbaren Bugrad problemlos an und in eine Box gerollt werden konnte. Die britischen Flugzeuge aber, durchweg mit Spornrad ausgerüstet, konnten nicht so problemlos rollen, und deshalb wurden stattdessen die auf den Lastwagen montierten Boxen so an die Flugzeuge gerollt, bis sie den zu wartenden Motor umschlossen. Das Licht wurde vom Lastwagen geliefert, die Heizung von einem externen Heizgerät. Diese mobilen Boxen hatten gegenüber den festen Boxen der Amerikaner ansonsten den Vorteil, daß mit ihnen auch an den Außenflügeln und am Leitwerk geschützt gearbeitet werden konnte.[313]

Um die Tragflächen und das Leitwerk von Flugzeugen bei entsprechenden Wetterbedingungen vor dem Start von Eis und Schnee zu befreien, fanden einfallsreiche Mechaniker sowohl der Briten als auch der Amerikaner unterschiedliche Lösungen. Die Briten benutzten einen Lastwagen, auf dem ein 150 Gallonen fassender Tank mit Defrosterflüssigkeit montiert war, eine Handpumpe und zwei Düsen, die von einer Plattform oberhalb des Lasters die Flüssigkeit auf die Flugzeuge sprühten. Mit 10 Gallonen (ca. 45,5 l) konnte eine Avro York inerhalb von 14 Minuten enteist werden. Benötigt wurden dazu zwei Mechaniker und zwei zivile Arbeiter, einer als Fahrer und der andere bediente die Handpumpe. Diese fahrbare Plattform erwies sich auch sonst als sehr nützlich, um z.B. noch unmittelbar vor einem Start defekte Positionslampen auszuwechseln.

Die amerikanischen Mechaniker kamen zu einer ebenso einfachen wie spektakulären Lösung für die Enteisung. Sie montierten ein ausrangiertes Düsentriebwerk quer auf einem entsprechend hohen Lastwagen und ein Fahrer rollte damit an den Tragflächen entlang. Die Abgashitze des Düsentriebwerkes sorgte für schnelle und gründliche Enteisung von Tragflächen und Leitwerken. Das war zwar primitiv, aber auch sehr effektiv.

313  Final RAF Report, S. 459, Special Equipment for Operation Plainfare, auch für das Folgende.

# WARTUNG UND REPARATUR

**Abb. 72**
Der Reifenverschleiß war durch die häufigen Landungen enorm. Das galt besonders für aus PSP-Platten angelegte Landebahnen. Hier wird ein Rad mit vormontierten Reifen an einer amerikanischen Transportmaschine ausgewechselt.

Quelle:
Landesarchiv Berlin

314  Mitteilung von Lt.Col. USAF (Retd.) James R. Spatafora am 30. September 2005 in St. Cloud, Minnesota.

Zur Überwindung des bereits erwähnten Engpasses bei Ersatzteilen hatte ein Mechaniker auch eine sehr „kreative" Lösung. Im hydraulisch betriebenen Motor für die Scheibenwischer wurde ein Gummidichtring durch die extreme Überbelastung während der Luftbrücke übermäßig häufig undicht, und das herausspritzende Hydrauliköl verschmutzte nicht nur das Instrumentenbrett, sondern auch die Monturen der Piloten. Also hätte in einem solchen Fall das Flugzeug ungenutzt warten müssen, bis neue Dichtringe zur Verfügung standen. Um das Flugzeug aber trotzdem einsatzbereit zu machen, kam der Mechaniker auf die Idee, einem Kondom die Spitze abzuschneiden und es zu einem Ring aufzurollen. Es war kurzfristig ein vorzüglicher Ersatz für den normalen Gummiring; aber diese Lösung hielt nur für 36 bis 48 Stunden, weil das Latexmaterial des Kondoms dann von dem aggressiven Hydrauliköl aufgeweicht wurde. Der Mann notierte sich deshalb alle Nummern der Flugzeuge, bei denen er solche Ersatzringe eingebaut hatte, um nach 36 bis maximal 48 Stunden entweder wieder eingetroffene originale Gummiringe oder erneut einen Kondomring einzusetzen.[314]

Bei der RAF, den britischen zivilen Chartergesellschaften und auch bei der USAF war die mit Abstand am häufigsten anfallende

WARTUNG UND REPARATUR

**Abb. 73**
Auf der RAF Air Base Honington in England werden Räder mit fertig montierten Reifen für die Luftbrücke Berlin verladen.

Quelle:
Photoarchiv von Arthur Pearcy Publishing

Arbeit das Auswechseln von Laufrädern der Fahrwerke. Durch die ungewöhnlich häufigen Landungen mit voller Ladung war der Verschleiß an Reifen und Bremsen enorm hoch. Dabei spielte es überhaupt keine Rolle, um welchen Flugzeugtyp es sich dabei handelte. Der teilweise sehr schlechte Zustand der Landebahnen auf den Flugplätzen in Berlin erhöhte diesen Verschleiß noch zusätzlich. Diese Arbeiten wurden fast durchweg im Freien ausgeführt und der Einfachheit halber und aus Zeitersparnis wechselte man dazu die kompletten Räder mit Reifen, die dann in geschützten Hangars wieder mit neuen Reifen vormontiert wurden.

## Oberpfaffenhofen („Oberhuffin´puffin´")

Dieses Air Depot der USAF, ca. 25 km westlich von München, mußte für einige Monate in die Maßnahmen der CALTF bei der Organisation der 200-Stunden-Kontrollen einbezogen werden. Die räumlichen Möglichkeiten waren hier aber derart beengt, daß dies von Beginn an nur als Notlösung betrachtet wurde, bis das große Depot in Burtonwood/England (zwischen Liverpool und Manchester) die Kontrollen durchführen konnte. Die Lage Oberpfaffenhofens hätte durchaus von Vorteil sein können, denn das große Ersatzteildepot in Erding (nördlich von München) war nicht weit entfernt. Aber während Oberpfaffenhofen der CALTF unterstand, wurde das Depot in Erding von der USAFE verwaltet. Bei Kriegsende hatten alle von Europa in die USA zurückkehrenden oder auf den pazifischen Kriegsschauplatz verlegten Verbände ihr Material in Erding abgeliefert, und dort war es auch auf dem Papier registriert. Aber es lag da seitdem völlig ungeordnet und unsortiert. Im Grunde waren hier alle von General Tunner und der CALTF benötigten Materialien vorhanden, so das dringend benötigte allgemeine Handwerkszeug für die neugebildeten Wartungscrews bei den einzelnen Staffeln, Spezialwerkzeuge und Ersatzteile, aber niemand konnte in dem heillosen Durcheinander das angeforderte Teil lokalisieren. Es kam deshalb häufig vor, daß Bestellungen der CALTF bei Nachschubstellen in den USA mit der Bemerkung zurückkamen, daß doch in Erding alles vorhanden sei. Nur dort war nichts auffindbar! Auch wären die Strecken für die Überführung und Rückführung von den Einsatzplätzen erfreulich kurz gewesen. Nur die Hangars waren viel zu klein, um die von General Tunners Stab favorisierte Fließbandwartung (Production Line Maintenance – PLM) in dem gewünschten Umfang durchführen zu können. Bis aber Burtonwood ab Ende Oktober 1948 seinen Betrieb aufnehmen konnte, wurde in Oberpfaffenhofen eine im Rahmen der Möglichkeiten hervorragende Arbeit geleistet.

An dieser Stelle sei ein kleiner Exkurs gestattet: Die Amerikaner, aber nicht nur diese, hatten und haben häufig erhebliche Schwierigkeiten mit der Aussprache von deutschen Ortsnamen. Besonders die Amerikaner retteten sich häufig mit flapsig klingenden Wortschöpfungen über diese sprachliche Hürde. So auch bei Oberpfaffenhofen, das bei ihnen für sie einfacher als „Oberhuffin´puffin´"[315] bekannt war. Im Sprechfunkverkehr mit dem Kontrollturm von Oberpfaffenhofen war „Obi-Tower" der gängige Anruf, der auch heute noch von der Bundesluftwaffe benutzt wird. Ein anderes Beispiel war die große amerikanische Garnison in Kaiserslautern in der Pfalz, das von den Amerikanern kurzerhand in „K-town" umbenannt wurde, eine Bezeichnung von der nicht nur jeder US Soldat in Europa, sondern auch Zivilisten wußten, was damit gemeint war. Es gab aber auch sprachlich schreckliche Übertreibungen. So begann Mitte der 60iger Jahre der amerikanische Soldatensender AFN Frankfurt eines Tages von „H-town" für Heidelberg in seinen Nachrichten zu sprechen. Ein deutscher Hörer, der häufig die Sendungen von AFN verfolgte, rief daraufhin den verantwortlichen Of-

[315] So auch bei Tunner, Over the Hump, S. 169.

fizier beim AFN an und beschwerte sich über diese Ausdrucksweise. Er begründete das mit dem Hinweis darauf, daß amerikanische Touristen ja schließlich das alte schöne Heidelberg besuchen wollten und nicht „H-town". Aber der amerikanische Offizier ließ ihn wissen, daß AFN ein amerikanischer Soldatensender sei und ein Deutscher überhaupt kein Recht habe, sich dort über irgend etwas zu beschweren. Was der Amerikaner nicht ahnen konnte: Am nächsten Tag traf der deutsche Hörer den amerikanischen Generalkonsul in Frankfurt/Main zufällig beim Mittagessen in einem von Deutschen und Amerikanern gern frequentierten Club. Nachdem er dem Generalkonsul sein Erlebnis mit AFN berichtet hatte, erhielt er noch am selben Abend einen Telephonanruf vom Sender, und der amerikanische Offizier entschuldigte sich in aller Form für sein Verhalten und versprach, in Zukunft im AFN wieder normal von Heidelberg zu sprechen, dem auf diese Weise eine häßliche Verstümmelung seines Namens erspart geblieben ist.[316])

## Burtonwood/England

Diese Basis der Royal Air Force diente während des Krieges der US Luftwaffe als Versorgungsplatz für ihre in England stationierten Verbände und als Landeplatz für amerikanische Bomber, die direkt aus den USA über den Nordatlantik überführt wurden. Die im Hafen des nahen Liverpool per Schiffstransport eintreffenden Flugzeuge wurden hier montiert und mit den Staffelkennzeichnungen versehen, bevor sie an die Verbände abgeliefert wurden. Außerdem war Burtonwood ein riesiges Wartungs- und Reparaturzentrum. Es verfügte über 13 große Reparatur- und Wartungshangars, ein riesiges Ersatzteillager und außerdem über mehr als 1000 Nissen-Hütten mit der Möglichkeit, bis zu 18.000 Mann Personal unterzubringen.[317] Nach Kriegsende wurde der Platz wieder auf den Vorkriegsstand zurückgefahren und die Hallen und Gebäude standen leer.

Auf Betreiben General Tunners wurde Mitte September 1948 die 59th Air Depot Wing aus den USA nach Burtonwood verlegt, um das Depot für die 200-Stunden-Kontrollen der Luftbrückenflugzeuge wieder in Betrieb zu nehmen. Da hier seit drei Jahren nichts passiert war, befanden sich vor allem die Nissen-Hütten in einem sehr schlechten Zustand. Trotzdem gelang es, schon Ende Oktober 1948 die ersten Flugzeuge zu warten. Jedoch dauerte es lange, bis in Burtonwood die von der CALTF geplanten 7 Flugzeuge pro Tag die 200-Stunden-Kontrolle abschließen konnten. Das hing zum Teil

316 Bis auf den Namen des „sprachkreativen" Offiziers beim AFN sind die Namen der übrigen Beteiligten dem Verfasser bekannt.

317 Nach Aldon P. Ferguson, Royal Air Force Burtonwood, Fifty Years in Photographs, o.J.

damit zusammen, daß ein jahrelang stillgelegtes Depot nicht in wenigen Wochen ein Maximum an Kapazität erreichen konnte. Die neuerliche Inbetriebnahme wäre aber mit Sicherheit zügiger zustande gekommen, wenn das Depot wie Oberpfaffenhofen der CALTF und damit General Tunner unterstanden hätte, aber es unterstand der USAFE. Über die Differenzen zwischen CALTF/Tunner und der USAFE mehr im folgenden Kapitel. Hier bleibt nur festzuhalten, daß im Depot Burtonwood erst im März 1949 täglich 6 Flugzeuge nach der 200-Stunden-Kontrolle wieder zu den Verbänden je zurückkehren konnten, im April und Mai 1949 schließlich 8 Flugzeuge, so daß erst zu diesem Zeitpunkt die Verbände in Deutschland von der zusätzlichen Belastung durch die auf den Basen durch Staffelpersonal durchzuführenden 200-Stunden-Kontrollen entlastet werden konnten. Was hier auf den Basen in Deutschland an Schufterei, anders läßt sich das nicht ausdrücken, von den Mechanikern (in 12-Stunden Schichten und 24 Stunden frei!) rund um die Uhr geleistet wurde, kann gar nicht hoch genug bewertet werden.

Die in Burtonwood durchgeführten Kontrollen liefen nach der bereits mehrfach erwähnten Fließbandwartung ab, die von General Tunner und Lt.Col. Bruce White schon bei der Hump-Luftbrücke eingeführt worden war und sich hervorragend bewährt hatte. Jetzt sollte sich bei der Berliner Luftbrücke die hohe Effizienz dieses Verfahrens erneut zeigen. Im Verlaufe der Kontrollen nach diesem Verfahren durchliefen die Flugzeuge 7 (Fließband-)Stationen:

1. Station: Probelauf aller Triebwerke, Generalinspektion der Maschine mit allen Komponenten, Planung der notwendigen Wartungs- und gegebenenfalls Reparaturarbeiten.

2. Station: Das Flugzeug wurde innen und außen gründlich gereinigt. Dabei wurde der unangenehme Kohle- und Mehlstaub noch in den unmöglichsten Winkeln der Maschine gefunden und entfernt. Die Verkleidungen der Triebwerke wurden entfernt, die Triebwerke mit einem speziellen Reinigungsprodukt eingesprüht und dann eine gründliche Motorwäsche durchgeführt. Alles Motorenöl wird abgelassen.

Station 3: Das gesamte Treibstoffsystem (Tanks, Leitungen, Treibstoffpumpen, Vergaser) wurde überprüft, gereinigt und neu eingestellt. Propeller und Verstellgetriebe wurden überprüft und wenn nötig teilweise oder ganz erneuert. Die Systeme zur Enteisung von Propellern wurden kontrolliert.

Station 4: Prüfung der Triebwerke, dazu gehörte das Auswechseln von Zündkerzen, Druckkontrolle jedes einzelnen Zylinders (je

## WARTUNG UND REPARATUR

Triebwerk 14, also 56 für jedes Flugzeug), bei zu geringem Druck Austausch des betreffenden Zylinders und des Zylinderkopfes. Check des gesamten Zündsystems, Anlassers und aller übrigen Zubehörteile des Triebwerkes, der Kontrollinstrumente zur Triebwerkskontrolle im Cockpit und der Sauerstoffversorgung (sofern noch eingebaut). Prüfung und ggf. Erneuerung aufgemalter Hinweise und Warnungen, Überprüfung der Flugkontrollteile (Steuerhorn und Verbindungen zu Leitwerk und Tragflächen, Trimmeinrichtungen).

Station 5: Überprüfung des gesamten elektrischen Systems einschließlich Cockpit-Instrumente und Autopilot, Überprüfung des Rumpfes, der Tragflächen und der Triebwerksaufhängungen, Kontrolle aller übrigen Einrichtungen im Cockpit, Überprüfung des gesamten Hydrauliksystems, dazu Aufbocken des Flugzeuges und Test des Fahrgestells beim Ein- und Ausfahren, Kontrolle der Räder und Bremsen, Reifen, Systeme zur Enteisung von Tragflächen und Leitwerk, allgemeine Schmierung aller beweglichen Teile.

Station 6: Abnahmeinspektion, Wiedereinbau von Einrichtungen, die für die Wartung ausgebaut worden waren.

Station 7: Testlauf der Triebwerke und Werkstattflug, Übergabe an Crew zum Rückflug nach Deutschland.[318]

Diese Fließbandwartung war so erfolgreich, daß sie schnell von vielen zivilen Fluggesellschaften übernommen wurde.

Nachdem alle Maßnahmen der CALTF in punkto Wartung und Reparatur richtig griffen, war es schließlich möglich, einen Ausnutzungsgrad von 10 Stunden pro Tag und pro der CALTF zur Verfügung stehendem Flugzeug zu erreichen. Es muß aber noch einmal darauf hingewiesen werden, daß die Planung von oben die eine Seite war, aber die Durchführung aller dieser Maßnahmen während der Nachtschicht im Freien die weniger glanzvolle Seite war.

## USAFE contra CALTF

Diese auf den ersten Blick absurde Überschrift hatte in der täglichen Praxis von Mitte Oktober bis Ende Dezember 1948, soweit es die materielle Versorgung anbetrifft, und in bezug auf Personal auch noch danach bedauerlicherweise einen ganz realen Hintergrund. Da sich aber die zu schildernde Kontroverse im Grunde auf zwei Personen beschränkte, müßte die Überschrift präziser lauten: Lt. General John K. Cannon, Oberkommandierender General aller amerikanischen Luftstreitkräfte in Europa (USAFE) contra Maj.Ge-

[318] Nach Tunner, Over the Hump, S. 94.

## WARTUNG UND REPARATUR

neral William H. Tunner, Kommandierender General der Berliner Luftbrücke (CALTF).

Am 16.10.1948 war General Cannon Nachfolger von General LeMay geworden. Als Tunner sich am 17.10.1948 bei Cannon zum ersten offiziellen Treffen meldete, um, wie Tunner glaubte, seinen Bericht über die bis dahin erzielten Ergebnisse der Berliner Luftbrücke zu erstatten, wurde er von Cannon wutschnaubend empfangen. Dabei hielt dieser ihm die zwischen General LeMay und den Briten erzielte Übereinkunft über ein einheitliches Kommando für die Berliner Luftbrücke vor, das Tunner als Kommandierenden General mit einem britischen Offizier als Stellverteter vorsah, und fragte ihn: „Was zum Teufel ist dies? Was versuchen Sie mir hier anzutun?"[319] Der total verblüffte Tunner versuchte Cannon zu erklären, daß diese Vereinbarung mit der Royal Air Force auf langen Verhandlungen beruhte und was sie bezweckte. Es war vergebens. Solche persönlichen Kontroversen zwischen hochrangigen Militärs sind selten oder nie dokumentarisch voll faßbar, so auch hier. Trotzdem soll der Versuch gemacht werden, das Verhalten von General Cannon etwas aufzuklären. Rekapitulieren wir zunächst, wie die Berliner Luftbrücke sich seit der Übernahme des Kommandos (zunächst lediglich des amerikanischen Anteils an der Luftbrücke) entwickelt hatte. Der erste Empfang von Tunner durch General LeMay war, wie bereits geschildert, nicht sehr freundlich gewesen. Dem entsprachen dann auch die Direktiven („Instructions") des Schreibens von LeMay über das, was Tunners Kommando unterstand, was er tun durfte und was nicht. Dieses Schreiben vom 30.7.1948, das bezeichnenderweise nicht von General LeMay selbst unterschrieben worden war, sondern die Unterschrift seines Chefs des Stabes trug, obwohl es mit Sicherheit auf seinen Anweisungen beruhte, enthält einige Merkwürdigkeiten.[320] Es war gerichtet an „Major General William H. Tunner, Headquarters, United States Air Forces in Europe". Damit sollte unmißverständlich klargestellt werden, daß Tunner und sein Stab Teil von USAFE war. Es folgt der Satz: „Sie sind ernannt als Kommandeur („Commander"), Airlift Task Force", wobei es offenblieb, *wer* diese Ernenung ausgesprochen hatte, General Vandenberg oder LeMay. In Punkt 4a dieses Schreibens wird Tunner erlaubt, direkt mit MATS zu sprechen („[...]authorized to communicate directly [...]"), und in der eindeutigen militärischen Sprachregelung heißt das im Klartext, daß er mit MATS sprechen darf, aber nicht kooperieren. In Punkt 6 wird dann der übliche Auftrag erteilt, den CG (Commanding General) USAFE ständig auf

---

319  Tunner, Over The Hump, S. 189, dort folgend auch weitere Details der Kontroverse. Siehe auch das Tunner-Interview, S. 100 ff.; ferner Launius/Cross, MAC and the Legacy of the Berlin Airlift, S. 32 und Theodore R. Milton, The Berlin Airlift, in: Air Force Magazine, June 1978 (Milton war Stabschef bei der CALTF, seine Bemerkungen sind von einigen Vorurteilen gegenüber Tunner geprägt). Ferner Tagebuch der CALTF und Protokolle der wöchentlichen Stabskonferenzen von CALTF, AFHRA Reg. No. C-5113 (37-2 ff. und 37-6 ff.), mit der für solche Tagebücher/Protokolle üblichen zurückhaltenden Sprache.

320  AFHRA Reg.No. C-5113 (37-8) .

dem laufenden zu halten. Nachdem General LeMay aber schon nach kurzer Zeit die fachlichen Qualitäten von General Tunner und der Spezialisten in dessen Stab erkannt hatte, ließ er diesem weitgehend freie Hand. Hier spielten auch einige andere Dinge eine nicht zu unterschätzende Rolle: Beide waren gleichaltrig, Jahrgang 1906. Zwar war Le May einige Monate jünger, aber er war der Ranghöhere und Tunners Vorgesetzter. LeMay war der berühmte Bomberkommandeur, der es nicht nötig hatte, sich hier in den Vordergrund zu spielen. Tunner unterstand seinem Kommando und machte damit seine Arbeit auch für ihn. Deshalb konnte er es sich leisten, darüber hinwegzusehen, als Tunner die ihm erteilten Direktiven zum Vorteil der CALTF und damit letzten Endes auch zum Nutzen der Berliner Luftbrücke großzügig interpretierte. So war ihm zwar eine direkte Kooperation mit MATS und dem Air Material Command untersagt, aber es war ihm erlaubt, zumindest mit MATS zu sprechen. So hatte Tunner sofort nach dem bereits geschilderten Schwarzen Freitag Fernschreibverbindung mit seinem bisherigen Chef General Kuter bei MATS aufgenommen und um möglichst viele gut ausgebildete Kontroller für den Kontrollturm in Berlin-Tempelhof und für die dortige GCA-Station (Ground Controlled Approach) gebeten. Kuter reagierte prompt und nach nur vier Tagen nahmen die ersten neuen Kontroller ihren Dienst in Tempelhof auf. Solche „Gespräche" gab es auch mit ähnlichen Ergebnissen mit dem Air Material Command. Daß die Vorschläge von Tunner für ein einheitliches Kommando der Luftbrücke bei LeMay positiv ankamen, wurde bereits geschildert. Obwohl LeMay seine Abkommandierung als erster Kommandeur des neuen Air Strategic Command bereits bekannt war, verhandelte er buchstäblich bis zum letzten Tag als CG USAFE in Bückeburg die für den weiteren Ablauf der Berliner Luftbrücke so wichtige Vereinbarung und setzte sie im Sinne Tunners auch durch.

Was General Cannon betrifft, so muß man nach seiner Reaktion bei der Meldung Tunners in seinem Büro davon ausgehen, daß Cannon nach Europa gekommen war in dem Glauben, daß er nicht nur Oberkommandierender der amerikanischen Luftstreitkräfte in Europa sei, sondern auch persönlich die Berliner Luftbrücke befehligen würde. Statt dessen fand er die zwischen LeMay und der RAF getroffene Vereinbarung vor. Seinem Vorgänger LeMay konnte Cannon keine Vorwürfe machen, das hätte er auch kaum gewagt. Blieb als „Sündenbock" nur Tunner übrig, der jetzt und auch in den folgenden Monaten den ganzen Zorn Cannons ertragen mußte.

Auch hier mögen noch zusätzlich einige persönliche Dinge eine Rolle gespielt haben. Der 42-jährige General Tunner war ein außerordentlich gut aussehender Mann, Cannon dagegen war bedeutend älter (Jahrgang 1892) und hatte zusätzlich mit einem körperlichen Handicap zu kämpfen. Durch einen Flugunfall war seine Stirn stark eingedrückt, deshalb zeigen praktisch alle Photos ihn nur mit tief in die Stirn gezogener Mütze, was den Eindruck einer gewissen Verwegenheit erzeugte, gleichzeitig erschien auf Cannons Gesicht immer ein unübersehbares Lächeln. Die neuen Direktiven, die Tunner jetzt von ihm bekam, enthielten gravierende Änderungen zu den von General LeMay erteilten Direktiven. So durfte Tunner mit dem Air Material Command und besonders mit MATS nicht nur nicht kooperieren, sondern jetzt war ihm sogar ausdrücklich verboten, mit diesen oder anderen für den Betrieb der Luftbrücke wichtigen Stellen auch nur zu reden. Es sollte alles über Cannon/USAFE geleitet werden. In bezug auf MATS kam hier bei Cannon ganz offen der alte Hochmut aus der Anfangszeit des Krieges zum Vorschein, die Überzeugung der „Kampfkommandeure", die „Transporteure" von oben herab behandeln zu können. Noch ein Grund verstärkte sicher die Vorurteile gegenüber dem früheren ATC, dem jetzigen MATS, aber auch der CALTF gegenüber: Von Tunner selbst und einigen anderen höheren Offizieren abgesehen, gab es bei den Airliftern kaum Absolventen der Militärakademie West Point. Viele von Tunners Spezialisten waren am Beginn des Krieges aus Zivilberufen gekommen und „nur" Reserveoffiziere. Bei Kriegsende kehrten viele von ihnen wieder in ihre zivilen Berufe zurück und wurden für die Berliner Luftbrücke von Tunner wieder für einen zeitlich begrenzten Einsatz zur Air Force zurückgeholt. Kein West Point Absolvent zu sein – für viele höhere Offiziere, ob in der Armee oder in der USAF, war das ein Makel. In bezug auf das allgemeine militärische Ansehen konnten auch herausragende Leistungen das nicht wettmachen.

### Nadelstiche

Jede Anforderung von CALTF – auch für die unbedeutendste Kleinigkeit – mußte jetzt an den zuständigen Fachoffizier bei USAFE gerichtet weren. Während Tunner es über seinen direkten Draht zu MATS erreicht hatte, daß die ersten neuen Kontroller nach nur vier Tagen in Berlin ihren Dienst antraten, konnte er jetzt schon froh sein, wenn ein Antrag seines Stabes in vier Tagen den Dienstweg bei USAFE durchlaufen hatte. Oft kamen Anforderungen aber zurück, weil USAFE die Notwendigkeit anzweifelte. Das betraf im besonderen Maße Werkzeug aller Art für die Wartung der Flugzeuge. Das Depot in Oberpfaffenhofen unterstand dem Kommando Tunners, das große Ersatzteildepot in Erding aber der USAFE. Tunner hatte keine Möglichkeit, in Erding Druck zu machen oder über andere Kanäle das notwendige Werkzeug zu beschaffen. Von USAFE kamen nur leere Versprechungen. Ähnlich verhielt es sich mit dem Depot Burtonwood in England. Nach einer guten Anlaufphase sackte die Quote der Maschinen, die hier ihre 200-Stunden-Kontrollen durchliefen, rapide ab. Tunner flog selbst nach Burtonwood und fühlte sich an seine Anfangszeit in Indien 1944 erinnert. Er registrierte unzulängliche Quartiere, minderwertiges Essen, keine Freizeitmöglichkeiten, entsprechend schlecht war die Moral bei durchaus gutem Willen des Depotkommandanten. Hätte Tunner mit dem Air Material Command direkt sprechen und verhandeln können, hätten sich in kürzester Zeit die Dinge zum Guten wenden lassen. So konnte er aber nur in Memoranden an USAFE auf die Zustände in Burtonwood aufmerksam machen und erhielt auch hier nur leere Versprechungen. Diese geradezu kleinlichen Schikanen bei materiellen Anforderungen endeten genau an Weihnachten 1948 mit einem für General Cannon recht peinlichen Ereignis.

Am 24. Dezember 1948 erhielt General Tunner hohen Besuch. Der für die US Air Force zuständige Minister (Secretary) Stuart Symington besuchte zusammen mit seinem Stabschef General James Doolittle das Hauptquartier der CALTF und Tunner konnte seine Sorgen und Probleme an höchster Stelle einem zunächst ungläubigen Symington vortragen. Am 1. Weihnachtsfeiertag wollte dieser sich daraufhin in Begleitung General Cannons auf Rhein-Main selbst ein Bild von den Problemen machen. Symington ließ sich auf der Air Base jeden Winkel und jede Einzelheit zeigen und von Tunner erläutern. In Gesprächen mit Dutzenden von Mechanikern erhielt er weitere Informationen aus erster Hand. Auf diese Weise erfuhr der höchste Zivilist der Air Force von den schlechten Arbeits- und den teilweise miserablen Wohnbedingungen des Wartungspersonals, um deren Verbesserung Tunner und sein Stab sich seit Monaten vergeblich bei USAFE bemühten. So kam die Gruppe mit Symington, Doolittle, Cannon und Tunner auch zu einem Mechaniker, der gerade an einem Triebwerk arbeitete. Als Symington sich so wie bei jedem anderen vorgestellt hatte und die an diesem Tage oft gestellte Frage wiederholte, wie es mit der Arbeit voranginge, erhielt er als Antwort: „Es geht, aber es könnte besser gehen, wenn ich besseres Werkzeug hätte." Auf Symingtons Gegenfrage, wie er das meine, zeigte der Mechaniker dem Minister einen Schraubenzieher, einen verstellbaren Schraubenschlüssel und eine Zange: „Dies habe ich mir selbst hier in Deutschland gekauft und es ist praktisch alles, was ich habe. Mehr kann ich nicht bekommen und viel taugen tun sie auch nicht." Nach einem langen Schweigen wandte Symington sich an Tunner und meinte, daß er jetzt verstehe, was Tunner ihm seit gestern zu erklären versuchte. Und Cannon, der dies alles als Zuhörer und Zuschauer miterleben mußte, bekam einen roten Kopf. Symington stellte darauf bei den nächsten Mechanikern gezielt Fragen in dieser Richtung und alle bestätigten ihm die Mißstände. Am Ende der Besichtigung forderte Symington von Tunner so schnell wie möglich Zahlen und Fakten. Tunner und sein Stab arbeiteten den Rest des Tages und auch am folgenden Tag an diesem Bericht. Am 27. Dezember 1948 konnte Tunner ihn bei Symington abliefern, selbstverständlich mit der Kopie für USAFE.[321] Für General Tunner und seinen Stab war es keine ungewöhnliche Situation, auch an Weihnachten arbeiten zu müssen. Sie kannten nur eine volle 7-Tage Arbeitswoche mit Schichtdienst rund um die Uhr. Im krassen Gegensatz übrigens zu den anderen Besatzungstruppen, die nicht nur reguläre Dienstzeiten hatten, sondern mit steigender Ranghöhe auch immer lässiger damit umgingen. Tunners Stab ging erst im Mai 1949 nach Aufhebung der Blockade zu einer 5 1/2-Tage-Woche über. Auf diesen Bericht reagierte dann Symington sofort und gründlich. Schon nach wenigen Tagen erhielt USAFE Anweisungen, die Unterbringung der Mechaniker schnell und gründlich zu verbessern, auch die seit langem geforderten Werkzeuge trafen ein. Burtonwood erhielt alles, was die Arbeit und das Leben dort erträglich machte und Stabsoffiziere aus Washington DC kamen häufiger als je zuvor zu Inspektionen nach Europa. Damit waren die materiellen Probleme der CALTF weitgehend gelöst, was sich im laufenden Luftbrückenbetrieb auch sofort positiv bemerkbar machte.

### TDY – vorübergehender Einsatz

Es blieb das Personalproblem. Es wurde schon darauf hingewiesen, daß am Beginn der Luftbrücke allgemein mit einer schnellen Aufhebung der Blockade gerechnet wurde, deshalb erfolgten die Personalzuweisungen praktisch durchweg auf TDY-Basis. TDY (Tempo-

[321] Briefing for Mr. Symington, datiert 26.12.1948, AFHRA Reg.No. C-5113 (37-7).

rary Duty = vorübergehender Einsatz) galt in aller Regel für bis zu 90 Tage. Nach Ablauf dieser Zeit konnte eine Verlängerung um weitere 90 Tage erfolgen, andernfalls kehrte der Betreffende zu seiner Stammeinheit in den USA oder ins Zivilleben zurück. Für viele der nach Europa versetzten Personen war mit dieser oft kurzfristig und überraschenden Versetzung ein Härtefall verbunden, denn viele waren verheiratet und wurden oft innerhalb einer Stunde ohne große Vorbereitungen nach Europa in Marsch gesetzt. So war eine Transportgruppe erst einige Tage zuvor in Hawai eingetroffen. Die Familienangehörigen befanden sich noch auf der Schiffsreise dorthin, als der Verband schon wieder auf dem Weg nach Europa war. General Tunner ging ebenfalls davon aus, nach 90 Tagen wieder zu Hause zu sein und hatte seinen Söhnen gesagt, daß er zum Schulbeginn wieder bei ihnen sein werde. Von Anfang an stellten die auf TDY-Basis erfolgten Versetzungen für USAFE und den anfänglichen Stab der Airlift Task Force, später dann Combined Airlift Task Force (CALTF), für alle Verantwortlichen ein großes menschliches Problem dar. Die Zuständigkeit für das Personal lag auch unter LeMay im Prinzip bei USAFE. Aber LeMay folgte Tunners Vorschlägen für personelle Veränderungen, die dieser so machte, daß der reibungslose Betrieb der Luftbrücke nicht gestört wurde. Auch hier zog Cannon alle Entscheidungen an sich und beendete TDY-Versetzungen ohne Rücksicht auf die Folgen. Er ging sogar noch einen Schritt weiter, indem er auf den Flugplätzen und in den Werkstätten auftauchte und mit den Soldaten sprach. Das war sein gutes Recht. Wenn aber ein Mann ihm eine gute und nach Möglichkeit sehr menschliche Begründung für seinen Wunsch nach Rückkehr in die USA gegeben hatte, dann schickte Cannon ihn tatsächlich nach Hause und erweckte so bei den Angehörigen der CALTF den Eindruck des „guten Onkels". Tunner dagegen hatte in dieser Hinsicht keinerlei Kompetenzen, er konnte weder jemanden nach Hause schicken, noch Personal als Ersatz anfordern. Cannon schickte nach Gutdünken aber auch diejenigen nach Hause, deren 90 Tage noch längst nicht absolviert waren. Und oft, und das war für den laufenden Betrieb besonders einschneidend, handelte es sich hierbei um Personen, die eine Schlüsselposition inne hatten.

Ein wenig schönes Beispiel für den niedrigen Stellenwert, den das hart arbeitende Personal der Luftbrücke bei General Cannon/USAFE hatte, zeigte sich bei dem Besuch des Hollywood-Stars Bob Hope an Weihnachten 1948. Dem Personal der Luftbrücke war das Auftreten von Bob Hope für sie lange vorher angekündigt worden,

## WARTUNG UND REPARATUR

und jeder freute sich darauf, denn der Besuch war ausdrücklich für sie vorgesehen. Tunner konnte sich nicht um die Details der Planung für das Auftreten von Bob Hope kümmern, denn dafür war USAFE zuständig. Zwei Tage vor seiner Ankunft erfuhr Tunner dann, wann und wo ein Auftreten von Bob Hope von USAFE geplant war – und explodierte.[322] Denn USAFE hatte nur zwei Vorstellungen vorgesehen: eine am 24. Dezember 1948 in der Innenstadt von Wiesbaden für das Personal von USAFE, weit weg vom Flugplatz Wiesbaden-Erbenheim und dem Airlift Personal und eine zweite am 25. Dezember 1948 in der Innenstadt von Berlin für das Personal der US Army und ebenfalls ohne Chance für das Airlift Personal. Tunner teilte darauf General Cannon/USAFE ultimativ mit, daß entweder zusätzliche Auftritte von Bob Hope direkt auf den Flugplätzen stattfinden sollten, denn dafür würde dieser ja schließlich nach Europa kommen, oder jede Erwähnung des Personals der Luftbrücke als Zielgruppe habe zu unterbleiben. Für diesen Fall überließ Tunner es Cannon/USAFE, diese Peinlichkeit Bob Hope und den Presseleuten zu erklären. Dessen war Cannon sich auch bewußt und er gab nach. Innerhalb von 24 Stunden wurde ein neues Besuchsprogramm erstellt. Danach waren drei zusätzliche Auftritte direkt auf den Flugplätzen geplant und für die Shows in Wiesbaden und Berlin wurde ausreichende Fahrverbindung für das Personal der Flugplätze vorgesehen. Das Auftreten Bob Hopes war dann auch besonders beim Personal der Luftbrücke ein Riesenerfolg. Tunner selbst, obwohl er Hope persönlich kannte, sah keinen einzigen Auftritt, denn er war zu der Zeit voll mit dem Bericht für Stuart Symington beschäftigt.

Die materiellen Probleme zwischen CALTF und USAFE waren nach dem Besuch von Stuart Symington weitestgehend gelöst. Er hatte erkannt, daß die Berliner Luftbrücke nur mit einer einwandfreien Wartung der Flugzeuge funktionieren konnte, und dafür war das beste Werkzeug nötig. Und als Teil des politischen Establishments war sich Symington auch über die politische Dimension einer bestens funktionierenden Luftbrücke völlig im klaren. Die personellen Probleme zwischen CALTF und USAFE aber blieben bis zum Ende der Luftbrücke ein permanentes Ärgernis für General Tunner. Es würde zu weit führen, hier noch weitere Schikanen im Detail zu erläutern, so die im Februar 1949 angesetzte allgemeine Personalüberprüfung (Man Power Survey) der CALTF durch die USAFE, die als Gipfel der Perfidie sogar vorsah, daß der Abschlußbericht nicht, wie es eindeutig den offiziellen Regeln entsprach, dem

322 In der vorsichtigen Sprache von Stabsprotokollen hieß es für die Konferenz vom 23.12.1948: „General Tunner expressed his extreme displeasure over the Bob Hope show which had been billed as a show for the Airlift.".

kommandierenden Offizier des geprüften Verbandes, General Tunner, zur Stellungnahme vorgelegt werden sollte. Gute 15 Jahre nach dem Ende der Luftbrücke hat dieser in der ihm eigenen kurzen, aber auch selbstbewußten Ausdrucksweise das Problem in einem einzigen Satz zusammengefaßt: „Mit mehr Kooperation hätte die Luftbrücke ein viel größerer Erfolg sein können und er (Cannon, der Verf.) hätte auch alle Lorbeeren dafür haben können – man hätte mich nur in Ruhe meine Arbeit machen lassen sollen."[323] Die Berliner Luftbrücke wurde trotz aller Widrigkeiten und kleinlichen Behinderungen ein Riesenerfolg und ein Meilenstein in der Geschichte von modernem militärischen Lufttransport.

[323] Tunner, Over the Hump, S. 192: „With more co-operation the Airlift could have been a greater success, and he could have had all the credit for it – just let me get the job done."

# Die fliegenden Besatzungen

Sie standen für die breite Öffentlichkeit im Mittelpunkt des Interesses und sie trugen die Hauptlast sowie das größte Risiko, und aus ihren Reihen kam dann auch die größte Zahl von Todesopfern. Die USAF und die RAF wiesen jeweils eine andere Aufgabenstruktur innerhalb der Besatzungen ihrer Transportflugzeuge auf, die Südafrikanische Luftwaffe (SAAF) ging zusätzlich andere Wege für ihre an der Luftbrücke beteiligten Besatzungen.

Am Beispiel der Besatzungen der amerikanischen C-47 Skytrain und der britischen Dakota, die ja im Prinzip identische Flugzeuge waren, können die Unterschiede sehr einfach dargestellt werden. Die Amerikaner ließen ihre C-47 während der Berliner Luftbrücke von zwei Piloten fliegen, die Briten flogen ihre Dakotas wie bei jedem anderen beliebigen Einsatz mit einer vollen etatmäßigen Besatzung, d.h., ein Pilot, ein Navigator und ein Funker. Die Aufgabenverteilung innerhalb einer RAF-Besatzung, die in aller Regel eine feste und eingespielte kleine Einheit bildete, war klar umrissen. Die Südafrikaner dagegen hatten die Möglichkeit, innerhalb der Besatzungen die Aufgaben wegen der doppelten Qualifikation vieler ihrer Piloten und Navigatoren von Einsatz zu Einsatz zu tauschen. Die Kopien der Fluglogbücher der Angehörigen der SAAF zeigen ihre unterschiedlichen Einsätze sowohl als Captain-Pilot, als auch als Co-Pilot und Navigator in aller Deutlichkeit. Das war allerdings nur dann möglich, wenn innerhalb einer Besatzung sowohl der Pilot als auch der Navigator eine Doppel-Qualifikation hatte.

**Die Piloten**

Die Piloten aller Nationalitäten, die im Zusammenhang mit dieser Dokumentation befragt werden konnten, weisen eine interessante Gemeinsamkeit auf: Sie absolvierten ihre Grundausbildung auf Flugzeugen, die heute in jedem Luftfahrt- oder Flugzeugmuseum als bestaunte Ausstellungsstücke stehen, oder, wenn sie noch flugfähig sind und die Zahl ist überraschend groß, auf Flugschauen mit viel Beifall begrüßte Oldtimer sind. Das läßt auch den Schluß zu, daß die für den Einkauf dieser Schulflugzeuge Verantwortlichen in

## DIE FLIEGENDEN BESATZUNGEN

den jeweiligen Luftwaffen eine gute Wahl getroffen hatten. Die Amerikaner erhielten in den 30iger Jahren und noch Anfang der 40iger Jahre ihre Grundausbildung auf der Boeing Stearman, PT-17 (PT = Primary Trainer), die Briten und Südafrikaner auf der de Havilland D.H. 82 Tiger Moth und die Deutschen auf der Focke Wulf Fw 44 Stieglitz. Bei allen diesen Flugzeugen handelte es sich um Doppeldecker, die durch ihre geringen Geschwindigkeiten und gutmütigen Flugeigenschaften als besonders geeignet für die Grundausbildung galten.[324] Bei den Amerikanern setzte sich aber bald die Erkenntnis durch, daß bei der Grundausbildung auf Doppeldeckern der Übergang zur nächsten Ausbildungsstufe sehr schwierig war. Ab 1940/41 erhielten deshalb viele jüngere amerikanische Piloten ihre militärische Flugausbildung auf dem modernen Eindecker Fairchild M62, bei der Army Air Force als PT-19[325] geführt. Während des Zweiten Weltkrieges wurde die Grundausbildung der Briten häufig in den USA, vorwiegend in Texas und Arizona (Wetter!), durchgeführt. Diese Ausbildungszentren standen zwar in aller Regel unter britischem Kommando, aber das Lehrpersonal bestand häufig aus zivilen amerikanischen Fluglehrern, und die Schulflugzeuge waren PT-17 Stearmans.[326] Viele amerikanische Piloten hatten vor ihrer militärischen Flugausbildung schon eine zivile Ausbildung erhalten, die in fast allen erfaßten Fällen auf der inzwischen ebenfalls Legende gewordenen Piper Cub[327] erfolgte, die sich allerdings von den militärischen Schulflugzeugen besonders durch den wesentlich schwächeren Motor unterschied (Cub: 65 PS Boxermotor; PT-17: 220 PS Sternmotor; PT-19: anfangs 175 PS Reihenmotor, spätere Produktionen mit stärkerem Motor). Die militärische Grundausbildung bei den Amerikanern begann ohne Rücksicht auf bereits erworbene zivile Lizenzen wieder bei Null. Selbst Cadets mit einer gültigen Commercial Pilot Licence mit IFR-Rating (Berufspilotenlizenz mit Instrumentenflugberechtigung) und sogar zugelassene Linienpiloten mit 3500 Flugstunden wurden behandelt, als wenn sie „zum ersten Mal ein Flugzeug sehen würden" (Forrest Ott).[328]

Und ein sehr menschlicher Zug verbindet praktisch alle Piloten, die befragt werden konnten: Beinahe ohne Ausnahme konnten sie nach fast 60 Jahren noch den Namen ihres ersten Fluglehrers nennen.

Während oder unmittelbar nach der Grundausbildung erfolgte der erste wichtige Einschnitt in der weiteren Laufbahn. In fast jedem Jahrgang von Flugschülern schaffen einige es nicht, die Prü-

---

324 Zu der jeweiligen Entwicklungsgeschichte und den technischen Daten siehe: Boeing PT-17: Peter Alles-Fernandez (Hrsg.), Flugzeuge von A bis Z, Bd. 1, S. 265; de Havilland Tiger Moth: ders., Bd. 2, S. 73; Focke Wulf Stieglitz: ders., Bd. 2, S. 242.

325 Ders., Bd. 2, S. 182 f.

326 Mitteilung u.a. von James William Peat, der 1949 seine Einsätze nach Berlin als Pilot einer Dakota von Lübeck aus flog, vom 14.5.1995 an den Verfasser.

327 P. Alles-Fernandez (siehe oben), Bd. 3, S. 224 f.

328 Mitteilung von Lt.Col. USAF (Ret.) Forrest E. Ott vom 14.3.1996 (CPL-IFR) und Capt. Clovis F. Priser vom 10.3.1996 (Airline Captain) an den Verfasser.

fung zu bestehen. Sowohl bei den Amerikanern als auch bei den Briten eröffnete sich diesen die Möglichkeit, sich zum Navigator ausbilden zu lassen, um auf diese Weise doch zum fliegenden Personal zu gehören. Viele hervorragende Navigatoren scheiterten zunächst bei der Grundausbildung zum Piloten, oder es wurde ihnen danach nahegelegt, zu den Navigatoren zu wechseln.

Die eigentliche Zäsur folgte für alle nach der Fortgeschrittenenausbildung. Jetzt entschied sich, ob jemand Jagdflieger oder zu den Bombern kommandiert wurde. Zu den Transportern wechselten Piloten nur in Ausnahmefällen freiwillig, denn das versprach bis zum Ende des Zweiten Weltkrieges und auch noch danach kaum ein großes Ansehen in der militärischen Hirarchie, von Ruhm und Orden ganz zu schweigen. Aber es zeigte sich während des Krieges sehr schnell, daß von den Piloten der großen Transportflugzeuge enorme Leistungen und großes Können nicht nur im rein fliegerischen Bereich verlangt wurden, sondern darüber hinaus auch persönlicher Mut und äußerste Einsatzbereitschaft, die der von Bomberpiloten durchaus vergleichbar war.

Um jedes im Rahmen der Luftbrücke eingesetzte Transportflugzeug 24 Stunden rund um die Uhr im Einsatz halten zu können, waren zunächst zwei bis drei vollständige Flugzeugbesatzungen erforderlich. Hinzu kam eine wechselnde Zahl durch Ausfälle wegen Krankheit (völlig unvorhersehbar obwohl der Krankenstand sehr gering war), unbedingt notwendige Ruhepausen der Piloten (systemimmanent und deshalb ziemlich genau einzuplanen); gut kalkulierbar war auch die Zahl der Besatzungen für die Überführungen von und nach Burtonwood/England (200-Stundenkontrollen) und die USA (1000-Stunden Grundüberholung). Die Einteilung für diese Flüge betrachteten die Piloten als Belohnung.

Sie kamen aus allen Teilen der Welt.

Bei den Amerikanern erhöhte sich die Zahl der bei der Luftbrücke eingesetzten Flugzeuge besonders in der Anlaufphase rapide:

1.7.1948: 102 Douglas C-47 Skytrain, die von allen USAFE Verbänden in aller Eile zu zwei Transportgruppen zusammengezogen worden waren, und 2 Douglas C-54 Skymaster;
5.8.1948: 81 C-47 und 88 C-54, die von MATS aus der ganzen Welt nach Europa beordert wurden;
1.10.1948: keine C-47 mehr im Luftbrückeneinsatz, 126 C-54 und 5 Fairchild C-82;
15.1.1949: 225 C-54 und 24 R5D.

Die C-54 und R5D trafen in unterschiedlichen zeitlichen Abständen ein. Zwischen dem 28.6.1948 und 11.7.1948 kamen 45 C-54 aus Alaska, vom 10.7. bis 13.7.1948 9 C-54 aus den USA, vom 23.7. bis 16.8.1948 72 C-54 ebenfalls aus den USA und aus dem pazifischen Raum, vom 10.9. bis 10.10.1948 36 C-54 aus dem Fernen Osten (Japan), vom 23.10. bis 11.11.1948 zwei Transportstaffeln der US Navy mit 24 R5D, die seit dem Frühjahr 1948 offiziell dem Kommando von MATS unterstanden, obwohl die Navy versuchte, die Einsätze zu beeinflussen. Zwischen dem 12.11. 1948 und 10.1.1949 trafen weitere 44 C-54 ein, die von MATS oft gegen massiven Protest der Verbandskommandeure von verschiedensten Verbänden zusammengekratzt wurden.[329] Aus diesen Zahlen läßt sich leicht ablesen, wie groß die Anzahl der Piloten sein mußte, die für den täglichen Einsatz dieser Flugzeuge notwendig waren. Zum Höhepunkt der Luftbrücke befanden sich also weit über 1000 Flugzeugbesatzungen im täglichen Einsatz.

Alle C-54 Skymaster, die in dieser Periode aus allen Teilen der Welt nach Deutschland beordert wurden, gehörten zu MATS-Staffeln. Sie wurden, wenn sie als komplette Staffeln oder in Teilen davon eintrafen, sofort nach ihrem Eintreffen entweder komplett in Troup Carrier Squadrons umgewandelt oder in bereits bestehende Troup Carrier Squadrons integriert. Diese Troup Carrier Squadrons waren noch ein Relikt der Zeit, als die USAF noch nicht aus den US Army Air Forces herausgelöst war. Während die MATS angehörenden Staffeln für alle amerikanischen Teilstreitkräfte Transportaufgaben erfüllten, standen die Troup Carrier Squadrons der US Army für taktische Aufgaben zur Verfügung.[330] Es stellte sich bald heraus, daß der Ausbildungsstand der Piloten von MATS besser war, was sich aber unter dem Kommando von General Tunner bald anglich.

Die amerikanischen Piloten der Berliner Luftbrücke kamen mit ihren C-54 Skymaster von den verschiedenen Stützpunkten, die MATS (Military Air Transport Service) auch nach Kriegsende überall auf der Welt für die Transportaufgaben von US Army, US Navy und US Marines unterhielt. Darunter befanden sich viele mit fliegerischen Erfahrungen von der Hump-Luftbrücke. Als die Zahl der im aktiven Dienst stehenden Piloten nicht ausreichte, um die vorhandenen Flugzeuge rund um die Uhr einzusetzen, wurden ehemalige Piloten, die nach Kriegsende aus dem Dienst bei der Air Force ausgeschieden waren und jetzt bei zivilen Fluggesellschaften flogen, wie zu einer Reserveübung für einen zeitweiligen Einsatz bei der

329  Alle Zahlen nach: MAC and the Legacy of the Berlin Airlift, S. 20 (Quelle: Berlin Airlift Files, Ofc of MAC Hist.) und S. 23(Quelle: Berlin Airlift, A USAFE Summary), dort wesentlich detaillierter aufgeführt. Siehe auch die Memoranden an den Chief of Staff USAF, Thema: Further Reduction in Military Air Transport Service Lift to Augment VITTLES, NAM Reg.No. RB4-60950, -60957, – 60986, -64022, -64032.

330  Mitteilung von Dr. Roger Miller, USAF History Office, Pentagon, Washington DC vom 11.3.2002.

Luftbrücke wieder eingezogen – was sie aus verständlichen Gründen nicht immer begeisterte.

Damit diese reaktivierten Piloten direkt in den laufenden Betrieb der Luftbrücke integriert werden konnten, durchliefen sie zunächst einen 3-4 Wochen dauernden Auffrischungskursus in Great Falls, Montana. Auf Anregung von General Tunner hat General Laurence S. Kuter, der seit dem Frühjahr 1948 das Kommando von MATS übernommen hatte, im September 1948 in Great Falls eine „Replacement Training Unit (RTU)" mit einem speziell auf die Belange der Berliner Luftbrücke ausgerichteten Trainingsprogramm eingerichtet.[331] Im Durchschnitt knapp 60 Fluglehrer (flight instructors) und 36 Theorielehrer (ground school instructors) führten dort bis zum Sommer 1949 diese Kurse für Piloten, Co-Piloten, Flugingenieure und Mechaniker durch, die dann einzeln oder in Gruppen nach Deutschland kamen, um hier auf TDY-Basis abkommandiertes Personal zu ersetzen. Das Trainingsprogramm umfaßte 100 Std. Theorie und anfangs 20 Std. Flugtraining, das ab 1. Mai 1949 auf 40 Flugstunden erhöht wurde. Auch einen Flugsimulator gab es in Great Falls, mit dem Instrumentenflug geübt werden konnte.[332] Dabei wurde theoretisch und praktisch das Fliegen in Korridoren simuliert, die analog zu den Berliner Luftkorridoren aufgebaut waren. Außerdem fand eine gründliche praktische Einweisung in Landungen mit Radarkontrolle (GCA) statt. In Great Falls wurden 636 Piloten, 487 Co-Piloten, 496 Flugingenieure und 126 Mechaniker für den Luftbrückeneinsatz geschult. Das schlechte Wetter brauchte nicht simuliert zu werden, denn in den Monaten von Dezember 1948 bis Februar 1949 waren durch Schneefall und extreme Kälte die Wetterverhältnisse sogar noch weit schlechter als in Deutschland. Es zeigte sich, daß das dort geschulte Personal in aller Regel reibungslos in den laufenden Betrieb der Berliner Luftbrücke integriert werden konnte. Das Trainingsprogramm in Great Falls, Montana war deshalb ein großer Erfolg und leistete einen wesentlichen Beitrag zu dem Gesamterfolg der Berliner Luftbrücke.

Auch die Royal Air Force war anfangs von der Annahme ausgegangen, daß die Luftbrücke nur für eine relativ kurze Zeit aufrechterhalten werden müßte. Man änderte diese Ansicht aber schnell, im Januar 1949 ging die veränderte Planung sogar davon aus, daß die Einsätze möglicherweise zwei Jahre dauern könnten.[333] Diese Überlegungen beeinflußten natürlich auch die Personalplanungen. Bei den Briten sorgfältig zu unterscheiden sind dabei die Pläne der RAF und die der zeitweise bis zu 27 verschiedenen britischen zivilen

331  Für dies und die folgenden Zahlen siehe: 1701st Air Transport Group (RTU), Great Falls AFB; AFHRA Reg.No. A-3102 (48-17).

332  Sehr detaillierte Mitteilungen von Gerald L. Munn vom 11.3.1996 an den Verfasser.

333  Final RAF Report, S. 25: Training and crew rotation.

## DIE FLIEGENDEN BESATZUNGEN

Chartergesellschaften, die ab Ende Juli 1948 in erster Linie Treibstoff (Benzin und Diesel) nach Berlin flogen. Die Zahl von anfangs bis zu 54 Dakotas und 40 Yorks der RAF schloß die Lehrbesatzungen und Schulflugzeuge vieler Ausbildungsstaffeln ein, die zunächst nach Deutschland kommandiert wurden, um möglichst schnell eine Erhöhung der transportierten Tonnage zu erreichen. Das Personal und die Flugzeuge dieser Ausbildungsstaffeln wurden dann aber wieder nach England zurückverlegt, um die laufende Pilotenausbildung nicht zu gefährden. Danach hatte die RAF noch durchschnittlich 40 Dakotas und 35 Yorks im laufenden Luftbrückeneinsatz, zu denen dann ab November 1948 noch 26 Hastings kamen.[334] Die zivilen Charter setzten im Schnitt zusammen 40 Flugzeuge ein, die einige Probleme bereiteten, obwohl die Notwendigkeit für deren Verwendung besonders als Tanker völlig außer Frage stand. So verfügten die Flugzeuge der zivilen Charter oft nicht über Enteisungsanlagen und ausreichende Navigationsinstrumente. Es gab sogar Gesellschaften, die weniger Besatzungen als Flugzeuge zur Verfügung hatten. Die Chartermaschinen wurden deshalb in den regulären Strom der Luftbrücke nur dann eingefädelt, wenn sie einsatzbereit, beladen und mit einer Besatzung startklar gemeldet wurden. Trotz aller Probleme ist ihre Leistung für die Berliner Luftbrücke von großer Bedeutung gewesen, denn sie waren es, die die gesamte Menge flüssigen Treibstoffs nach Berlin geflogen haben.

Die Ruhephasen für die RAF-Piloten wurden auf eine sehr einfache und für alle Beteiligten befriedigende Weise gelöst. In Intervallen von ca. 4 Wochen wurden 2/5 jeder Transportstaffel zurück nach England verlegt, um einen Urlaub bei den Familien zu verbringen, denn viele waren verheiratet. Durch dieses einfache Verfahren kam jeder Pilot und natürlich auch die übrigen Besatzungsmitglieder zu einem Erholungsaufenthalt in heimischer Umgebung. Alle Besatzungen aus den Commonwealth-Staffeln wurden jedoch nicht in dieses Rotationsprogramm der RAF einbezogen. Sie erhielten aber Urlaub von Lübeck und konnten dabei an Orten nach eigener Wahl den Urlaub in Europa verbringen.[335] Als im Herbst 1948 die Staffeln mit dem neuen Transporter Handley Page Hastings aufgestellt wurden, ergab sich die Notwendigkeit, Piloten besonders von den Dakota-Staffeln zur Umschulung auf das neue Flugzeugmuster abzuziehen. Um den erheblichen Mangel an Piloten wenigstens etwas zu mildern, wurden Piloten von Lastenseglern des Glider Pilot Regiment der British Army als Co-Piloten für die Hastings und die York ausgebildet.[336] Damit die Dakota-Staffeln aber ihren

334 Final RAF Report, S. 14 f., dort auch die Zahlen für die zivilen Charter.

335 Mitteilung von Group Captain H. R. Barber, OBE, RAAF (Ret) vom 4.3.2001 an den Verfasser.

336 Siehe den Artikel „The Army helps to fly the 'heavies'", in: The Soldier, Jahr und Nummer unbekannt (Kopie des Artikels liegt vor).

24-Stundenbetrieb reibungslos aufrechterhalten konnten, erhielten sie als Ersatz Besatzungen der South African Air Force (SAAF), der Royal Australian Air Force (RAAF) und der Royal New Zealand Air Force (RNZAF), die als No.1 Dominion Squadron (RAAF und RNZAF) und No. 2 Dominion Squadron (SAAF) organisiert waren.[337] Hinzu kamen noch 5 Crews der No. 24 Commonwealth Squadron, je eine kanadische, südafrikanische, australische, neuseeländische und britische Crew.[338] Alle diese frischen aber hochqualifizierten Besatzungen wurden zunächst in Bassingbourn/England von RAF Instructoren für den Einsatz bei der Luftbrücke eingewiesen und dann für ihre Einsätze nach Lübeck-Blankensee versetzt. Die RAAF stellte 10 komplette Besatzungen und die RNZAF 3 Besatzungen,[339] die ab 15. September 1948 in Lübeck eintrafen. Die SAAF stellte 2 x 10 komplette Besatzungen, die in zwei Gruppen eintrafen. Die erste Gruppe traf im September 1948 in England ein und flog ihren ersten Einsatz von Lübeck aus am 16. Oktober 1948. Diese Gruppe wurde im April 1949 von der zweiten Gruppe abgelöst, die bis zum Ende der Luftbrücke in Lübeck blieb.[340]

## Altersstruktur der Piloten

Sicherlich wäre es aufschlußreich, eine genaue Übersicht der Altersstruktur der Piloten zur Hand zu haben. Eine die ganze Zeitperiode der Luftbrücke abdeckende Statistik dazu gibt es aber unseres Wissens nicht. Die RAF führte von August bis September 1948 eine stichprobenartige Untersuchung nach verschiedenen Kriterien durch, die bei 136 Piloten ein Durchschnittsalter von 27 Jahren ergab.[341] Das deckt sich weitgehend mit den Angaben, die rund 100 US Piloten in den komplettierten Fragebögen an den Verfasser gemacht haben. Die Spanne reicht dabei von 24 Jahren bis Anfang 30, bei weitem die meisten waren 25 bis 28 Jahre alt. Sowohl die von der RAF angegebenen Altersangaben als auch die anderen liefern nur einen ungefähren Anhaltspunkt, denn sie können nur einen zufälligen Ausschnitt widerspiegeln. Es liegt aber die Vermutung nahe, daß das durchschnittliche Alter der Piloten ca. 27 Jahren betrug.

## Zwischenfälle

Nach den ersten aufregenden und gelegentlich auch etwas hektischen Wochen zu Beginn der Luftbrücke wurden die Einsätze nach Berlin mehr und mehr zur Routine, aber es gab immer wieder

[337] Final RAF Report, S. 152: No. 46 Group – Order of Battle – 1st July 1949.

[338] Mitteilung von Ken N. Hansen, SAAF (Airline Capt. Ret.) am 5.10.1997 im Gespräch mit dem Verfasser in Pretoria, South Africa.

[339] Mitteilung von Arthur Pearcy vom 9.2.1996 an den Verfasser.

[340] Mitteilung von Major General SAAF (Ret.) Duncan M. Ralston vom 5.3.1997 an den Verfasser; siehe auch Berna Maree: The Berlin Airlift, in: South African Panorama, December 1988, S. 15 ff., eine Kopie diese Artikels hat der Verfasser ebenfalls von General Ralston erhalten.

[341] Final RAF Report, S. 481.

## DIE FLIEGENDEN BESATZUNGEN

mehr oder weniger gravierende Zwischenfälle, die zwar oft glücklich, aber leider manchmal auch fatal ausgingen. Die in der Folge geschilderten Ereignisse erheben keinerlei Anspruch auf Vollständigkeit, aber sie spiegeln in prägnanter Beispielhaftigkeit die Gefahren wider, denen die Piloten der Transportflugzeuge bei ihren Einsätzen ausgesetzt waren. Sie sind ausnahmslos authentisch und teilweise mehrfach belegt.

Vor allem in der Anfangszeit kam es vor, daß viele amerikanische Transporter überladen waren. Da es sich bei der betreffenden Ladung ausschließlich um Kohle handelte, mußte irgendwo auf dem Weg zwischen den Eisenbahnwagen bzw. den Schleppkähnen und dem Transportflugzeug ein Fehler liegen. Zunächst begannen die Piloten, die Beladung ihrer Flugzeuge selbst und ganz genau zu kontrollieren. Zweihundert Sack Kohle von je 100 Pounds zählten sie für eine C-54 Skymaster, die Ladung war gleichmäßig und vorschriftsmäßig verteilt und verzurrt, also schien alles korrekt zu sein. Trotzdem brauchte das Flugzeug eine erheblich längere Rollstrecke bis zur Abhebegeschwindigkeit und danach waren auch im Fluge die Reaktionen auf die Ruderbewegungen ungewöhnlich träge. Durch einen reinen Zufall entdeckte General Tunner selbst, daß der „Fehler" bei den übereifrigen Ladearbeitern lag, die die Kohle in Säcke füllten, bevor sie per Lastwagen der US Army zum Flugzeug zur Verladung gebracht wurden. Diese Arbeiter füllten die Säcke randvoll und kontrollierten ca. jeden hundertsten Sack auf sein Gewicht hin. Tunner ließ 50 Säcke, die bereits auf einem Lastwagen geladen waren, abladen und nachwiegen. Ergebnis: Bis zu 125 Pounds, im Durchschnitt aber 115 statt der vorgeschriebenen 100 Pounds waren in die Säcke gefüllt worden. Es war dann gar nicht einfach, den Arbeitern klarzumachen, daß ihr Übereifer zu einer gefährlichen Überladung der Flugzeuge geführt hatte.[342] Denn ein zu schwerer Transporter erreichte schon beim Start nur mit erheblichen Problemen die notwendige Geschwindigkeit zum Abheben; bei der Landung wurden dann Fahrwerk und Reifen bis und über die Grenzen der Belastbarkeit strapaziert.

Bei der RAF wird eine geradezu haarsträubende Überladung kolportiert, die, obwohl sie völlig unglaubwürdig ist, immer wieder zu hören war. So soll eine Dakota, die normal ca. 3 short tons laden konnte, mit einer für eine York bestimmten Ladung von 8,5 short tons nach Berlin geflogen sein. Eine erhebliche Überladung mag vorgelegen haben, aber es erscheint technisch sehr zweifelhaft, daß eine Douglas Dakota trotz ihrer unbestrittenen und beachtlichen

[342] Tunner, Over the Hump, S. 204.

Robustheit mit einer Ladung von 8,5 short tons überhaupt in die Luft zu bringen ist. Aber die Geschichte erscheint immer wieder in Berichten/Artikeln über die Luftbrücke. Ansonsten waren gerade die Lademeister der RAF bekannt für ihre korrekte Überprüfung der Beladung der Flugzeuge.

Bereits erwähnt wurden Zwischenfälle in den Luftkorridoren, mit denen die Piloten sich konfrontiert sahen, das konnte sie aber im wahrsten Sinne des Wortes nicht vom Kurs abbringen. Extrem schlechtes Wetter im Herbst und Winter 1948/49 hat zwar bei vielen von ihnen für Stress gesorgt, aber auch daran gewöhnten sie sich schnell. Dabei trugen besonders die Landungen unter GCA-Kontrolle auf allen Plätzen zur Beruhigung bei. In erster Linie sorgten Zwischenfälle, die eine technische Ursache hatten, bei den Besatzungen für Aufregung. Dazu gehörten besonders die häufigen Reifenschäden bei der Landung, Druckverlust im Hydrauliksystem, das betraf vorwiegend die C-54 Skymaster und der Ausfall eines Triebwerkes.

Die Bereifungen aller an der Luftbrücke beteiligten Flugzeugtypen wurden durch die ungewöhnlich häufigen Landungen mit maximalem Landegewicht extremen Beanspruchungen ausgesetzt. Bei der Außenkontrolle vor und nach jedem Flug wurden deshalb die Reifen besonders gründlich inspiziert, und das betreffende Rad schon beim kleinsten sichtbaren Schaden ausgewechselt. Trotz aller Vorsicht und Aufmerksamkeit platzten aber Reifen bei der Landung. Auch ein noch einwandfreier Reifen hielt einer Notbremsung, besonders auf einer PSP-Bahn, oft nicht stand. Es war aber konsequent und verständlich, daß die Piloten lieber einen geplatzten Reifen riskierten, als über das Ende der Landebahn hinauszuschießen. Auf den Plätzen in Berlin war Radwechsel deshalb die einzige größere Arbeit, die an allen Transportern vorgenommen werden konnte.

### Triebwerkausfälle

Der Ausfall eines Triebwerkes wird im Rahmen der Ausbildung immer wieder geübt. Was heute mit Hilfe von Simulatoren geschieht, wobei jede nur erdenkliche Gefahrensituation simuliert werden kann, auf die der Pilot dann ohne Zögern richtig reagieren muß, wurde 1948/49 noch während eines realen Fluges durchexerziert. Der ausbildende Fluglehrer stellte dazu ohne Vorwarnung ein Triebwerk still. Dazu kam dann für den Piloten die „Information": z.B. Öldruckverlust oder gar Feuer bei Triebwerk No.X. Und dieser

**Abb. 74**
Am 6. März 1949 verlor eine Douglas C-54 Skymaster kurz nach dem Start in Celle-Wietzenbruch den Propeller von Triebwerk No. 2, konnte aber wieder sicher in Celle gelandet werden.

Quelle:
Privatbesitz von Major USAF (Ret.) Bill J. Anderson

hatte dann die entsprechenden Maßnahmen in der richtigen Reihenfolge vorzunehmen, dazu gehörten u.a. Zündschalter (des richtigen! Triebwerkes) aus, Brandhahn zu, Propeller auf Segelstellung bringen und Flugzeug austrimmen. Die notwendigen Maßnahmen bei einem Triebwerkausfall hatten die Piloten durch ihre Ausbildung so verinnerlicht, daß diese Situation während des Fluges zwar immer noch höchst unangenehm war, aber auch bei zweimotorigen Flugzeugen von ihnen gemeistert werden konnte. Das ging sogar so weit, daß nach einem Triebwerksausfall eines viermotorigen Transporters auf dem Flug nach Berlin, wobei der Propeller auf Segelstellung gestellt werden mußte, dieser nach der Entladung mit nur drei Triebwerken zurückgeflogen wurde. Darüber haben einige Piloten berichtet, ohne viel Aufhebens davon zu machen.

Wesentlich gefährlicher war der Ausfall eines Triebwerkes beim Start, besonders bei vollbeladener Maschine. Wenn noch genügend Bahnlänge zur Verfügung stand, wurde der Start abgebrochen. Ansonsten landete das Flugzeug nach einer Platzrunde sofort wieder, um das Triebwerk reparieren oder auswechseln zu lassen. Als Ursache für den Ausfall des Triebwerkes ergaben sich manchmal einfache Nachlässigkeiten. So registrierte der Bordingenieur einer C-54

DIE FLIEGENDEN BESATZUNGEN

Abb. 75
Die Beschädigungen am Rumpf der C-54 durch den weggeflogenen Propeller, die innen die komplette Radio-/Funkeinrichtung außer Betrieb setzten. Niemand wurde verletzt, denn die C-54 Skymaster wurden im Rahmen der Luftbrücke ohne Funker geflogen.

Quelle:
Privatbesitz von Major USAF (Ret.) Bill J. Anderson

Skymaster beim Start in Faßberg kurz nach dem Abheben einen totalen Verlust des Öldrucks am Triebwerk No. 4, d.h., rechts außen. Die Besatzung konnte das Flugzeug aber unter Kontrolle halten und kehrte nach einer Platzrunde zurück – eine Landung mit nur drei Triebwerken und Übergewicht! Bei der Inspektion stellte sich heraus, daß die Ölablaßschraube von Triebwerk No. 4 fehlte. Vor dem Start war an diesem Triebwerk die routinemäßige 25-Stunden-Kontrolle durchgeführt worden, dabei war dann die Ölablaßschraube nur von Hand eingeschraubt aber nicht mit einem Schlüssel festgezogen worden. Durch die Vibrationen beim Start mit voller Leistung löste sie sich, der gesamte Ölvorrat ging in Sekunden verloren und im Cockpit wurde totaler Druckverlust angezeigt. Da es der Crew aber gelungen war, das Triebwerk sofort abzustellen und den Propeller auf Segelstellung zu bringen, hatte es keinen Schaden erlitten. Es brauchte nur neues Öl aufgefüllt werden und das Flugzeug war wieder einsatzbereit.[343] Es gab aber auch Fälle, wo trotz Triebwerkausfall beim Start der Flug nach Berlin mit drei Triebwerken fortgesetzt und so auch der Rückflug angetreten wurde.[344]

Dramatisch verlief der Start einer C-54 Skymaster in Celle am 9. März 1949. Als die Maschine gerade durch eine Wolkendecke stieg,

343  Mitteilung von Colonel USAF (Ret.) Kenneth Herman vom 8.3.1996 an den Verfasser. Colonel Herman war bis Herbst 2000 (der erste) Präsident der (amerikanischen) Berlin Airlift Veterans Association.

344  Mitteilung von Lt. Colonel USAF (Ret.) Guy B. Dunn, Jr. vom 25.7.1996 an den Verfasser.

geriet der Propeller von Triebwerk No. 2 (links innen) durch den Bruch einer Leitung zum Verstellgetriebe außer Kontrolle, und die Drehzahl des Triebwerkes geriet weit in den roten Bereich. Auch als das Triebwerk abgestellt war, blieb der Propeller unbeinflußbar, bis sein Schaft brach und er in der linken Rumpfseite im Bereich des (unbesetzten) Platzes des Funkers einige Löcher schlug, bevor er endgültig wegflog. Siehe dazu die Abbildungen No. 74 und 75.

Verletzt wurde niemand, aber das Cockpit füllte sich mit einer Mischung aus Wasserdampf und Partikeln aus dem Fiberglas der Rumpfisolierung und die Besatzung stellte fest, daß die gesamte Funkanlage ausgefallen war. Innerhalb einer Wolkendecke war sie ohne Sicht- und ohne Funkkontakt praktisch blind und konnte auch keine exakte Ortsbestimmung vornehmen. Die Piloten vermuteten, daß sie sich nördlich von Celle befinden müßten, und verringerten vorsichtig die Flughöhe, bis sie bei 1200 Fuß wieder Bodensicht hatten, und machten eine 180 Grad Wendung. Als sie dann auf eine Eisenbahnstrecke stießen, wandten sie das älteste IFR-Verfahren an: IFR = I fly railroad. Sie folgten den Schienen Richtung Süden, bis sie an einen Bahnhof kamen, den sie so tief anflogen, daß sie den Stationsnamen lesen konnten und nun wußten, wo sie waren. Der Rest bis zur Landung in Celle war Routine.[345]

Höchst dramatisch verlief auch der nächtliche Flug einer RAF Dakota, Kennzeichen K.N. 371 mit einer südafrikanischen Besatzung am 9. Juli 1949 von Lübeck nach Berlin-Gatow. Als sich das Flugzeug im Endanflug auf Gatow befand und gerade durch einen Gewitterregen flog, fiel das linke Triebwerk aus. Da gleichzeitig auch der GCA-Controller die Maschine auf seinem Radarschirm nicht mehr identifizieren konnte, mußte der Pilot Lt. Tom Condon den Anflug abbrechen und durchstarten. Mit nur noch einem Triebwerk konnte die vollbeladene Maschine aber keine Höhe gewinnen, deshalb gab Condon den Befehl an Navigator und Funker, Kohlesäcke aus der Ladeluke zu werfen, um das Gewicht zu reduzieren. Die beiden warfen in nur 6 1/2 Minuten 63 Kohlensäcke[346] ab (fast alle über Wasserflächen), das Flugzeug konnte wieder steigen und anschließend doch noch in Gatow landen.[347] Einer der Kohlensäcke soll auf dem Grundstück des Dienstsitzes General Sir Brian Robertsons gelandet sein, der sich für diese „Luftfracht-Lieferung" extra bedankt haben soll. Die ganze Besatzung erhielt ein Anerkennungsschreiben und Lt. Condon einen Orden für „remarkably fine sense of airmanship and flying discipline". Sie hatten eine Notlandung vermieden, die für die Besatzung mit eventuellen Blessuren verbun-

---

345  Mitteilung von Major USAF (Ret.) Bill J. Anderson vom 9.10.1996, der auch einige Photonegative schickte, die die C-54 Skymaster nach der Landung in Celle zeigen.

346  Laut Anerkennungsschreiben von Group Captain A.J. Biggar, Kommandierender RAF-Offizier in Lübeck, Kopie liegt vor.

347  Mitteilungen von Capt. SAAF (Ret.) J. Joubert (Navigator) vom 10.4.1997 und Warrant Officer SAAF (Ret.) E.J. Bengtson (Funker) vom 1.7.1997 an den Verfasser, mit Kopien der Anerkennungsschreiben.

**Abb. 76**
Glück im Unglück hatte die Besatzung dieser R5D der US Navy Squadron VR-8, die sich vor dem Start auf Rhein-Main beim Rollen auf einer PSP-Bahn einen Reifen massiv beschädigt hatte und deshalb vor der Landung in Tempelhof das Fahrgestell nicht ausfahren konnte. Da weder Tempelhof noch Rhein-Main eine Bauchlandung auf einer ihrer Bahnen zulassen wollte, wurde die R5D nach Oberpfaffenhofen umgeleitet, wo sie eine funkensprühende Bauchlandung produzierte, nach der die namentlich bekannte Besatzung unverletzt, aber mit weichen Knien aussteigen konnte.

Quelle: Privatbesitz von John Ditch

den gewesen wäre, aber auch unbeteiligte Zivilbevölkerung am Boden hätte gefährden können.

Normalerweise sind die Frontscheiben sehr stabil ausgelegt, damit sie vor allem in Bodennähe gegen Vogelschlag gesichert sind. Was aber Hagelkörner in einer Gewitterwolke anrichten können, diese Erfahrung machte die Besatzung einer C-54 Skymaster auf dem Rückflug von Berlin nach Rhein-Main. Durch den Hagelschlag wurden nicht nur die Tragflächennasen und die Rumpfspitze allgemein arg in Mitleidenschaft gezogen, sondern es zerbrach auch eine der vorderen Cockpitscheiben, so daß sie nach der Landung ausgewechselt werden mußte.[348]

Äußerst glimpflich verlief ein Zwischenfall mit einer RAF-Dakota, als durch ein Mißverständnis zwischen der Dakota-Besatzung und dem Bodenpersonal an Bord der Dakota ein Feuer ausbrach.[349] Das Bodenpersonal hatte, ohne die Beatzung zu informieren, einen Außenstarter angeschlossen. In einem solchen Fall darf aber die Dakota nicht über die bordeigene Anlage gestartet werden, weil das zu einem Kurzschluß führt. Genau das passierte hier und unter den Bodenplatten brach ein Feuer aus, das sehr gefährlich hätte werden können, denn dort verliefen auch Treibstoffleitungen. Die Besatzung war außerstande, diesen Brand sofort mit bordeigenen Mitteln zu löschen. Die Situation war besonders prekär durch den Umstand, daß die Dakota auch Passagiere an Bord hatte, meistens ältere Leute aber auch ein Baby mit Begleiter. Der Flugzeugkommandant befahl sofortiges Verlassen des Flugzeuges; sie schlossen alle Leitungen

348  Mitteilung von Lt.Colonel USAF (Ret.) Warren H. Delker vom 1.3.1996 an den Verfasser.

349  Mitteilung von Sqn. Ldr. (RAF Retd.) Reginald L.G. Ray AFC vom 15.5.2001 an den Verfasser.

DIE FLIEGENDEN BESATZUNGEN

**Abb. 77**
Kaum zu glauben, aber wahr: Bei diesem Überschlag nach einer total mißglückten Landung in Berlin-Tempelhof gab es nur einen Verletzten, der Rest der Besatzung kletterte völlig unverletzt aus dem Wrack.

Quelle:
Historical Airlift Report of Tempelhof Air Base

350 Mitteilung von Senior Master Sergeant USAF (Ret.) William R. Michaels vom 4.4.1996 an den Verfasser. Michaels war bei diesem Flug der Bordingenieur der C-54.

und Schalter und verließen dann selbst durch den Frachtraum das Flugzeug. Alle älteren Leute und der Begleiter des Babys hatten das Flugzeug bereits verlassen, aber das Baby dabei vergessen. Der Navigator nahm das Baby beim Verlassen des Flugzeuges an sich und fand die Gruppe der Erwachsenen sehr beschämt vor, weil die das Baby einfach vergessen hatten. Nachträglich stellte sich heraus, daß durch das Schließen aller Leitungen und Abschalten der Stromkreise das Feuer bereits erstickt worden war.

Der Ausfall von zwei Triebwerken auf der gleichen Seite bei einer vollbeladenen C-54 ist schon viel heikler. Während eines Fluges von Celle-Wietzenbruch nach Berlin-Gatow fiel bei einer solchen Maschine kurz nach dem Einflug in den nördlichen Korridor das Triebwerk No. 3 (rechts innen) aus.[350] Der Propeller wurde in Segelstellung gebracht und die Besatzung setzte den Flug fort. Während des Anfluges auf Gatow wurden sie vom GCA-Controller zum Durchstarten aufgefordert, weil ein Lancastrian-Tanker sich in einer Notsituation befand und Priorität erhielt. Nach den Bestimmungen bedeutete das die Rückkehr nach Celle mit voller Ladung. Noch während der üblichen Prozedur im Cockpit, die ein Durchstarten erforderlich, meldete der Bordingenieur, daß auch das Triebwerk No. 4 (rechts außen) Öldruck verlor und abgestellt werden mußte. Der Besatzung blieb nichts anderes übrig, als mit den beiden linken Triebwerken nach Hause zu fliegen. Die Landung in Celle fand vor einem großen Publikumauflauf der ganzen Basis statt und verlief völlig normal. Als die Skymaster am Gruppenkommandeur vorbeirollte, tippte der Pilot grüßend an seinen Mützenschirm, so als ob er von einem ganz x-beliebigen Einsatz zurückkehre.

Die kleinen Probleme mit dem Hydrauliksystem der C-54 Skymaster sind schon erwähnt worden. Aber die Umstände eines totalen Ausfalls der Hydraulik, den eine Skymaster-Besatzung auf dem Rückflug von Berlin-Gatow nach Faßberg erlebte, sind keineswegs als typisch zu bezeichnen. Es war der letzte Flug der Besatzung in dieser Schicht, kurz nach Mitternacht und alle waren froh, daß das Ende der Schicht nahte. Die Skymaster, die sie flogen, war ein schon betagtes Exemplar und kein Pilot mochte sie, weil sie in der Vergangenheit schon eine ganze Serie von kleinen Pannen gehabt hatte. Mit der Müdigkeit war es aber schlagartig vorbei, als ein explosionsartiger Knall das Flugzeug durchschüttelte. Der erste Gedanke des Piloten war, daß sie mit einem anderen Flugzeug in der Luft kollidiert waren. Er konnte aber kein anderes Flugzeug sehen und deshalb galt der nächste Blick den Flugkontrollinstrumenten, die aber ausnahmslos einen normalen Flugzustand anzeigten. Auch auf die Bewegungen mit dem Steuerhorn und den Pedalen reagierte das Flugzeug völlig normal. Als nächstes schickte der Pilot seinen Bordingenieur nach hinten, um dort eventuell die Ursache für den Knall zu finden. Dieser kehrte sofort wieder ins Cockpit zurück mit der Nachricht, daß der Kabinenboden oberhalb des Sammelbehälters des Hydrauliksystems zertrümmert war und der Sammelbehälter anscheinend auseinandergeflogen sei („it might have blown up"). Ein Blick auf die Druckanzeige für die Hydraulik rechts neben dem Co-Piloten bestätigte diese Vermutung, denn sie stand auf Null. Damit waren die Probleme bei der Landung vorprogrammiert. Zwar konnten sie das Fahrgestell, das im Normalfall hydraulisch ein- und ausgefahren wird, von Hand mit einer Kurbel ausfahren, aber Landeklappen und Bremsen konnten nicht betätigt werden. Auch die Kühlklappen (cowl flaps) an den Triebwerken konnten nicht bewegt werden. Das gleiche galt für das Bugrad, das ebenfalls nur mit einer intakten Hydraulik von Hand gesteuert werden konnte. Um nicht über das Ende der Landebahn zu schießen, blieb als allerletzte Hoffnung eine mit Preßluft betätigte Notbremse, mit der die Piloten aber noch niemals praktische Erfahrung gemacht hatten. Sie informierten routinemäßig den Kontrollturm in Faßberg über ihre Probleme. Sofort wurden Feuerwehr, Krankenwagen und Bergungsfahrzeuge so nahe wie möglich an der voraussichtlichen Landestelle postiert. Den Piloten gelang es dann, nach dem Aufsetzen die Nase der Skymaster lange hoch zu halten, und so mit den angestellten Tragflächen eine gewisse Bremswirkung zu erzeugen. Auf der Bahn hielten sie die Maschine, indem sie entsprechend mit den Gashebeln manövrierten. Um nicht über das Bahnende zu schießen, betätigten sie kurz vor dem Bahnende die Notbremse, die Räder blockierten so schlagartig, daß die Besatzung ohne ihre Anschnallgurte durch die Frontscheibe geschleudert worden wäre. Natürlich war bei dieser Notlandung auf einer normalen Bahn auch Glück mit im Spiel, aber in erster Linie hatte die Besatzung es ihrem hervorragenden Können zu verdanken, daß sie zwar mit weichen Knien („my legs felt like rubber"), ansonsten aber unversehrt den Schaden außen am Rumpf ansehen konnten.[351] Dieser Ausfall der Hydraulik war keineswegs ein Einzelfall, wie es einige sog. Accident Reports zeigen.[352]

Es landeten auch Transporter in Berlin, deren Hydrauliksystem mehr oder weniger ausgefallen war. Dann flog eine andere Besatzung, die aus besonders erfahrenen Piloten bestand, dieses Flugzeug wieder in Richtung Westen. Neben zwei Piloten und dem Bordingenieur war in aller Regel auch noch ein Hydraulikspezialist an der Aktion beteiligt. Da über die Hydraulik auch die Bremsen betätigt und das Bugrad gelenkt wurde, war beim Start viel Fingerspitzengefühl mit den Gashebeln erforderlich, denn nur so konnte eine Richtungsänderung bis zur Startposition bzw. ein Geradeauslauf auf der Startbahn bewerkstelligt werden. Um sicherzustellen, daß das Bugrad bei der Landung, obwohl es in der ausgefahrenen Stellung eingerastet war, nicht wegknickte, wurde am Federbein eine Art Stützschiene angebracht, ähnlich wie bei einem Knochenbruch, die ein Einknicken unmöglich machte.[353] Es gab bei diesen Aktionen niemals einen Unfall.

Zwischen den britischen und amerikanischen Piloten herrschte eine sportliche Rivalität, die gelegentlich auch zu trickreichen Verfahren führte. So trickste der spätere Air Vice Marshal Donald Bennett, der als Inhaber einer zivilen Chartergesellschaft und gleichzeitig als sein eigener Chefpilot eine Avro Tudor flog, einen C-54 Piloten aus. Auf dem Rückflug von Berlin nach Wunstorf erkannte Bennett bei exzellenter Sicht einige 100 Meter unter seiner Flughöhe eine C-54 Skymaster, jedoch war sie nach Faßberg unterwegs. Kurz vor dem Wendepunkt, wo die Skymaster nach Norden abdre-

---

351 Mitteilung von Noah C. Thompson vom 7.4.1996 an den Verfasser; siehe auch den dazu gehörigen Accident Report vom 01. Dezember 1948 (Kopie im Archiv des Verfassers).

352 Reports und zusätzliche Informationen von William K. Jones vom 14.11.2005 an den Verfasser.

353 Mitteilung von Lt.Colonel USAF (Ret.) James R. Spatafora im Gespräch mit dem Verfasser am 26.9.1995 in Charleston, NC. Spatafora war 1948/49 als Hydraulikspezialist an solchen Aktionen beteiligt.

## DIE FLIEGENDEN BESATZUNGEN

hen mußte, erhöhte Bennett bei seiner Tudor die Drehzahl der Triebwerke leicht und ging gleichzeitig in einen Gleitflug über, um die Skymaster auf gleicher Höhe passieren zu können. Durch diese beiden Manöver gewann er gegenüber der Skymaster einen erheblichen Fahrtüberschuß, der es ihm erlaubte, kurz vor dem Passieren des Amerikaners auf dessen linker Seite, seine beiden rechten Triebwerke abzustellen, an dem völlig konsternierten C-54 Piloten mit nur zwei laufenden Triebwerken locker vorbeizufliegen und ihm auch noch freundlich zuzuwinken („with a royal wave"). Nachdem die Skymaster nach Norden abgedreht hatte, ließ Bennett selbstverständlich wieder alle vier Triebwerke laufen.[354]

Mit welcher Kaltblütigkeit und solidem Können manche Piloten auf ganz ungewöhnliche und unerwartete Situationen reagierten, zeigt der folgende Fall. In Wunstorf wartete nachts gerade eine Welle von Yorks auf den Abflug nach Berlin, als eine Gruppe von C-54 Skymastern in Wunstorf zur Landung ansetzte, denn in Rhein-Main war es ihnen wegen Nebels nicht möglich. Sie war nach Faßberg umdirigiert worden, aber auch hier war eine Landung wegen Nebels nicht möglich gewesen. Als der Chef-Controller auf dem Konrollturm der ersten York gerade die Freigabe gegeben hatte, in Startposition zu gehen, hörte er mit, daß sein Kollege auf dem Kontrollturm auf einer anderen Frequenz der ersten Skymaster die Freigabe zur Landung gegeben hatte. Zwar konnte der Chef-Controller den Piloten der Skymaster noch auffordern durchzustarten, aber der war froh, endlich landen zu können, er hatte vielleicht auch inzwischen nur noch für wenige Minuten Treibstoff in den Tanks, jedenfalls ignorierte er die Aufforderung zum Durchstarten und setzte seinen Anflug fort. Der Chef-Controller befahl der in Startposition stehenden York zu warten und informierte sie auch, daß über sie hinweg gleich eine Skymaster landen würde, auch den Skymaster-Piloten informierte er über das zu erwartende Hindernis. Die Skymaster setzte nach einem steilen Landeanflug sicher vor der wartenden York auf der Bahn auf. Als der Pilot auf den Taxiweg abbog, war sein kühler Kommentar zum Kontrollturm: „Die York am Ende der Landebahn war ein interessantes Landeproblem." („Say tower, that York at the end of the runway makes an interesting landing problem.")[355]

Leider endeten nicht alle Zwischenfälle so glücklich. Am 4. März 1949 sollte die C-54E, # 44-9086 von Wiesbaden-Erbenheim (Y-80) nach Berlin fliegen.[356] Vor jedem Flug war eine äußere Inspektion des Flugzeuges zwingend vorgeschrieben. Dabei werden u.a. das

354 Mitteilung von Group Captain RAF (Ret.) John A.V. Short vom 19.5.1997 an den Verfasser, der Don Bennett gut kannte. Auch die Einzelheiten für zwei der folgenden Fälle stammen von Gp.Capt. Short.

355 Der Name des Piloten der Skymaster konnte bis heute nicht ermittelt werden.

356 Nach offiziellem Unfallbericht (siehe dazu auch: Tödliche Unfälle...) der USAF. In allen Teilen bestätigt durch Mitteilungen von Lt Keating im Gespräch mit dem Verfasser am 12.05.1999 in Berlin.

Fahrwerk, die Räder samt Bereifung, die Triebwerke auf Öllecks, die Tragflächen auf undichte Nieten und eventuelle Lecks der Treibstofftanks und der allgemeine Zustand überprüft, soweit von außen visuell möglich. Diese C-54 Skymaster hatte am 8. April 1945 das Montageband verlassen und bereits über 5100 Flugstunden absolviert. An diesem Tage hatte das Flugzeug bereits einen Flug nach Berlin hinter sich gebracht. Die äußere Inspektion kann vom Piloten, Co-Piloten oder, wie es hier der Fall war, vom Bordingenieur durchgeführt werden. Vor dem ersten Flug hatte er ein kleines Ölleck am Triebwerk No. 3 (rechts innen) im Bereich des Öltanks entdeckt; nach dem ersten Flug wurde das Ölleck erneut von ihm, dem Piloten und dem Wartungschef besichtigt und von allen übereinstimmend als unbedenklich für einen zweiten Flug eingestuft.

Kurz vor dem Start baten zwei Sergeanten der US Luftwaffe, nach Berlin mitgenommen zu werden, da sie dort stationiert waren. Die Maschine, mit der sie ursprünglich fliegen sollten, konnte wegen technischer Probleme nicht starten und sie waren angewiesen worden, sich eine andere Mitflugmöglichkeit zu suchen. Sie erhielten die Erlaubnis durch den Piloten, 1$^{st}$/Lt. Stephens, nachdem sicher war, daß sich auch die vorgeschriebenen zusätzlichen Fallschirme an Bord befanden – zum großen Glück, wie sich bald herausstellte.

Gegen 17:00 Uhr Ortszeit startete die Maschine dann und flog den vorgeschriebenen Flugweg über das Beacon bei Fulda, und anfangs verlief alles völlig normal. Ungefähr 24 Minuten nach dem Passieren des Fulda-Beacons bemerkte der Co-Pilot 1$^{st}$/Lt Keating, daß die Kraftstoffzufuhr zum Triebwerk No. 3 plötzlich auf Null zurückging. Der Bordingenieur S/Sgt. Hanlon schaltete die Kraftstoffzufuhr zu den Triebwerken No. 3 und 4, die bis dahin vom Zusatztank No 4 versorgt worden waren, auf die jeweiligen Haupttanks um und begann, das Triebwerk No. 3 am Laufen zu halten oder es wieder zu starten. Noch während dieser Aktion leuchtete im Cockpit die Feuerwarnung des Triebwerkes No. 3 auf und Lt. Stephens schloß den Brandhahn von No. 3, während Sgt. Hanlon gleichzeitig die Treibstoffzufuhr zu No. 3 unterbrach. Sgt. Hanlon ging dann nach hinten in den Frachtraum, um die genaue Stelle des Brandes durch ein Außenfenster finden zu können, während Lt. Stephens die Feuerlöschanlage von No. 3 betätigte. Sgt. Hanlon sah dann Flammen aus den Kühlklappen (cowl flaps) von No. 3 kommen und auch Flammen, die unterhalb der Tragfläche nach hinten schlugen, aber noch während seiner Beobachtung anscheinend weniger wurden. Er vermutete dies als Erfolg der Feuerlöschanlage und informierte den Piloten, daß das Feuer noch nicht ganz aus sei. Der hatte inzwischen den Propeller von No. 3 in Segelstellung gebracht und war der Meinung, daß es jetzt nicht mehr brannte. Sgt. Hanlon ging nochmals in den Frachtraum und sah, daß aus dem Triebwerk immer noch Flammen schlugen, worauf die Piloten ein zweites Mal die Feuerlöschanlage von No. 3 betätigten. Während all dieser Aktionen hatten die Piloten das Flugzeug mit den drei verbliebenen Triebwerken auf dem vorgeschrieben Kurs gehalten, keine Höhe verloren, die Geschwindigkeit von 170 Mph eingehalten und die Maschine so ausgetrimmt, daß sie normal flog („hands-off flying"). Als Lt. Keating aber vom Cockpit aus nach hinten in den Frachtraum schaute, sah er im Heck Rauch und Flammen. Sgt. Hanlon erhielt daraufhin den Auftrag, zwei Fallschirme ins Cockpit zu bringen, und zusammen mit den beiden Passagieren Fallschirme anzulegen und mit beiden sofort abzuspringen. Trotz einiger Verwirrung, weil die Fallschirme nicht alle einheitlich waren, sprangen die drei ohne Probleme ab. Auch die Piloten legten nacheinander jeder einen Fallschirm an. Lt. Stephens blieb als Flugzeugkommandant im Cockpit und hielt das Flugzeug weiterhin in einer normalen Fluglage, während Lt. Keating nach hinten ging, um ebenfalls abzuspringen. Da das Flugzeug ganz normal flog, nahm Lt. Keating an, daß Lt. Stephens ihm unmittelbar nach hinten folgen würde. Kurz vor Keatings Absprung fing das Flugzeug plötzlich an zu schlingern, und das letzte, was er sah war, daß sich Lt. Stephens über die Kontrollinstrumente beugte, als wolle er den Auto-Piloten noch einschalten. Als Lt. Keating dann absprang, hatte er das Gefühl, daß sich das Flugzeug in einer Steigkurve nach rechts befand, die dann in eine Linksspirale überging. Die vier Abgesprungenen konnten dann von ihren Fallschirmen aus beobachten, wie das Flugzeug in einem steilen Winkel nach unten tauchte und beim Aufschlag explodierte. Lt. Stephens hatte offenbar ebenfalls versucht abzuspringen, denn sein Körper mit angelegtem Fallschirm wurde bei der Bergung im hinteren Teil des Laderaums des Wracks gefunden. Nach den übereinstimmenden Aussagen der Überlebenden waren vom ersten Auftreten der Schwierigkeiten bis zum Absturz ganze drei bis höchstens vier Minuten vergangen! Nicht immer konnten die näheren Umstände eines Absturzes so genau durch Zeugenaussagen festgestellt werden, wie bei diesem Absturz, der mit dem tragischen Tod von 1st/Lt. Royce C. Stephens endete.[357]

Eine fliegerische Glanzleistung mit glücklichem Ausgang hat der schon erwähnte Donald Bennett abgeliefert.[358] Seine Leistung wird

[357] Siehe den dazu gehörigen Accident Report (Kopie im Archiv des Verfassers).

[358] Auch dies nach einer Mitteilung von Gp. Capt. Short (siehe oben), der während der Luftbrücke in Wunstorf als Controller tätig war und D. Bennett gut kannte.

etwas getrübt dadurch, daß die auslösende Ursache für den Zwischenfall zwei anfängerhafte Nachlässigkeiten bei der Überprüfung vor dem Flug durch ihn selbst waren. An einem Morgen sollte Bennetts Tudor II nach Berlin fliegen; er machte einen offensichtlich nur oberflächlichen und eiligen Außencheck und begann dann im Cockpit mit den Startvorbereitungen. Alles verlief normal und die Tudor reihte sich in die Schlange zur Startbahn ein. Nach der Startfreigabe beschleunigte das vollbeladene Flugzeug ohne Probleme, aber als Bennett die Geschwindigkeit zum Abheben errreicht hatte und das Steuerhorn nach hinten ziehen wollte, war dies nicht möglich. Das Höhenruder war blockiert, weil er bei der Außenprüfung einfach vergessen hatte, den Bolzen für die Blockierung des Höhenruders zu entfernen. Damit beim geparkten Flugzeug durch Windböen das Höhenruder nicht unkontrolliert rauf und runter schlagen kann, wird es während des Parkens mit einem Bolzen gesichert. Die zweite Nachlässigkeit bestand darin, daß er sich nicht wie üblich von der freien Beweglichkeit der Steuerorgane überzeugte, nachdem er im Cockpit Platz genommen hatte. Dazu wird das Steuerhorn nach links und rechts gedreht, um die Verbindungen zu den Querrudern zu kontrollieren, zusätzlich wird die Steuersäule vor und rückwärts bewegt, um zu prüfen, ob die entsprechende Verbindung zum Höhenruder reagiert. Jetzt zeigte sich aber die ganze Erfahrung, die Bennett nicht nur als Kriegspilot gesammelt hatte, sondern auch seine ganz persönlichen Erfahrungen mit und Kenntnisse über diesen Flugzeugtyp, die Avro Tudor, an deren Entwicklung und Einführung er beteiligt war. Am hinteren Rand eines Höhenruders befindet sich noch zusätzlich ein kleines Hilfsruder, das normalerweise nur zur Ausbalanzierung des Flugzeuges um die Querachse (verläuft im Bereich der Tragflächen) benutzt wird. Dieses Trimmruder war nicht von der Blockierung betroffen und durch eiliges Betätigen des Trimmrades für dieses Hilfsruder gelang es Bennett, die Tudor in die Luft zu bringen, denn die noch verbleibende Landebahn reichte für einen Abbruch des Starts nicht mehr aus. Nach dem üblichen „Mayday"-Ruf an den Kontrollturm konnte Bennett eine weite Kurve für eine Platzrunde fliegen, um einen Landeanflug zu versuchen. Mit dem Trimmruder und mit Hilfe seiner Besatzung, die sich auf seine Anweisungen hin hinter der Querachse nach rückwärts bewegte, um eine hecklastige „Trimmung" zu erzeugen, oder nach vorwärts, um auszubalancieren, gelang ihm tatsächlich eine spektakuläre sichere Landung. Es war ein fliegerisches Meisterstück, und Bennett konnte sich gleichzeitig einen massiven Tadel für seine beiden Nachlässigkeiten, die leicht in einem Desaster hätten enden können, aber auch ein dickes Lob für seine meisterhafte Beherrschung des Flugzeuges in sein Logbuch schreiben.

Die bei weitem größte Zahl aller Flüge nach Berlin verlief völlig unspektakulär und routinemäßig. Die Piloten aller an der Luftbrücke beteiligten Nationalitäten sorgten dafür, daß General Tunners Rhythmustrommel Tag und Nacht den für die Blockade verantwortlichen Sowjetführern in den Ohren dröhnte. Für die Berlinerinnen und Berliner aber war das ununterbrochene Motorengebrumm über ihren Köpfen Musik in den Ohren. Solange die Motoren zu hören waren, wußten sie, daß Lebensmittel, Medikamente und Kohle für ihr Überleben eintrafen. Auch wenn die zugeteilten Rationen denkbar klein waren – sie hielten durch und ließen sich durch die pausenlose Propaganda aus dem Osten nicht wankend machen.

### Der „Schokoladenflieger", Col. Gail S. Halvorsen[359]

Anfang Juli 1948 kam der damalige 1st/Lt. Gail S. Halvorsen mit anderen Piloten und vier C-54 Skymaster von der Brookley AFB, Alabama nach Frankfurt/Main und begann seine Einsätze nach Berlin. Er war 27 Jahre alt, unverheiratet und freiwillig als Ersatz für einen verheirateten Familienvater eingesprungen. Als er nach einigen Einsätzen einen freien Tag hatte, flog er als Passagier mit einer Transportmaschine nach Berlin, um sich umzuschauen und sich einen eigenen Eindruck von den Verhältnissen zu verschaffen. Er bestellte sich einen Jeep mit Fahrer und erfuhr, daß er über eine Stunde warten müßte. Um sich die Zeit zu vertreiben, ging er auf dem Gelände am Stacheldrahtzaun entlang, der den ganzen Flugplatz umschloß, um einige Erinnerungsphotos von den landenden Flugzeugen zu machen. Am Ende der PSP-Bahn sah er außerhalb des Zaunes als erstes eine Gruppe von ca. 30 Kindern im Alter von, so schätzte er, 8-14 Jahren, Jungen und Mädchen etwa in der gleichen Anzahl. Es war eine entscheidende Begegnung für das zukünftige Leben von Halvorsen. Zwei Dinge beeindruckten ihn unmittelbar. Die Kleidung der Kinder war alt und teilweise abgetragen, teilweise auch viel zu groß, so als ob sie von größeren Kindern oder gar Erwachsenen geerbt worden waren und jetzt aufgetragen wurden. Aber trotz des Alters und der Flicken war die Bekleidung sauber. Viel eindrucksvoller aber war das Verhalten der Kinder, denn nicht

[359] Das Folgende nach The Berlin Candy Bomber, by Col. Gail S. Halvorsen USAF Ret., Bountiful, Utah 1990, besonders S. 96 ff.; Mitteilungen von Colonel USAF (Ret.) Gail S. Halvorsen im (leider viel zu kurzen) Gespräch mit dem Verfasser am 26.9.1995 in Charleston, SC; ferner Raymond L. Quillin: Candy for the Kids – Reflections on the Berlin Airlift, in: History of 7350th Air Base Group, 1973. Dieser 5-seitige Artikel enthält wörtliche Zitate von Col. Halvorsen, die er im September 1995 in Charleston, SC überprüfte und mit seiner Unterschrift als authentisch bestätigte.

**Abb. 78**
1st/Lt. Gail S. Halvorsen, der „Schokoladenflieger" der Berliner Kinder im September 1948 auf dem Flughafen Berlin-Tempelhof. Im Februar 1970 kehrte er wieder nach Berlin zurück, jetzt als Colonel und Kommandant der Tempelhof Air Base, wo er begeistert von vielen „seiner" Kinder empfangen wurde.

Quelle:
Landesarchiv Berlin

ein einziges versuchte mit Worten oder durch Gesten irgend etwas zu erbetteln, und Halvorsen hatte aus Afrika und Südamerika ganz andere Erinnerungen.

Es zeigte sich, daß viele der Kinder in der Schule Englisch lernten, wodurch zwar mühsam, aber mit Geduld eine Unterhaltung zustande kam. Dabei stellte Halvorsen mit großem Erstaunen fest, daß die Kinder durch eigene Erfahrungen vom Kriegsende und der Zeit bis zur Blockade viel reifer waren als andere in einem vergleichbaren Alter. So hatten sie z.B. klare Vorstellungen davon, was Freiheit bedeutet, und stellten ihm gezielte Fragen über die Flugzeuge und deren Ladung. Halvorsen vergaß wegen dieser Unterhaltung fast seinen bestellten Jeep und verabschiedete sich, um zum Hauptgebäude zurückzueilen. Als er sich aber nach ca. 30 Metern umdrehte, waren noch alle Kinder am Zaun versammelt und winkten ihm nach. Dies war der Moment der Entscheidung. („Now was the moment of truth. To the jeep or back to the fence?") Er ließ Jeep Jeep sein und kehrte zurück zu den Kindern am Zaun des Flugplatzes Tempelhof. Und damit begann nicht nur ein ganz neues Kapitel im Verhältnis Halvorsens zu den kleinen Berlinern und umgekehrt, sondern nach kurzer Zeit begann sich auch das Verhältnis zwischen den bis dahin als Besatzungsmächten betrachteten westlichen Alliierten und der Berliner Bevölkerung zu verändern. Viele der Kinder hatten noch vor wenigen Jahren gelernt, daß die Fliegeruniform von Lt. Halvorsen, die zu dieser Zeit noch die Army Uniform war, die Uniform des „Feindes" sei; jetzt begannen sie, diese mit ganz anderen Augen anzusehen. Und das gleiche traf auch auf die übrige Bevölkerung zu. Als Halvorsen zurückkehrte, drängten sich die Kinder in einer Traube am Zaun, und er befürchtete schon, sein neuerliches Auftauchen könne zu Ärger oder gar Verletzungen führen. Alles, was er im Moment in der Tasche finden konnte, waren zwei Kaugummis. Er brach sie in zwei Hälften und gab sie den Kindern, die wegen ihrer besseren Englischkenntnisse bei der Unterhaltung als eine Art Dolmetscher fungiert hatten. Für Halvorsen war das, was er hier erlebte, viel aufregender und erregender als alles was er bis dahin irgendwann erlebt hatte, Weihnachten eingeschlossen. Denn selbst das im Grunde wertlose und unscheinbare Papier, in das die Kaugummis eingewickelt waren, wurde sorgfältig aufgehoben und in die Tasche gesteckt, wie ein großer Geldschein. Als in diesem Augenblick wieder eine Skymaster über ihren Köpfen einflog und landete, kam Halvorsen auf die Idee, daß man ja Kaugummi und vielleicht sogar Schokolade aus den tieffliegenden Flugzeugen zu den Kindern abwerfen könnte. Natürlich war er sich darüber klar, daß eine solche Aktion eindeutig gegen die Vorschriften verstieß, aber die Macht der Kinderaugen war größer als die Bedenken wegen eventueller Folgen eines Verstoßes gegen eine Vorschrift. Das nächste Problem war, wie die Kinder mit der abgeworfenen Schokolade umgehen sollten, damit jeder einen Anteil bekam und nicht nur die physisch stärksten davon profitierten. Aber sie überzeugten Halvorsen schnell, daß sie brüderlich/schwesterlich teilen würden. Dann wollten sie wissen, welches denn sein Flugzeug sei, auf das sie ja besonders achten müßten. Aus seiner Anfangszeit als junger Privatpilot erinnerte Halvorsen sich, daß er sich bei Vorbeiflügen bei Verwandten und Bekannten durch Wackeln mit den Tragflächen identifiziert hatte. Die Kinder sollten also auf ein Flugzeug achten, das in der Platzrunde mit den Flügeln wackelte, denn im Endanflug wurde es für die Kinder erst im letzten Moment sichtbar und dann war es viel zu gefährlich, solche Manöver auszuführen.[360]. Die Frage, zu welchem genauen Zeitpunkt er kommen würde, die konnte Halvorsen nicht beantworten, denn darauf hatte er keinen Einfluß. Die Kinder mußten einfach warten. So entstand Halvorsens erster Beiname: „Onkel Wackelflügel". Offenbar durch

360  Das Wackeln mit den Tragflächen war keineswegs die ureigene Erfindung von Gail Halvorsen, sondern überall auf der Welt die gängige Praxis bei den bei Piloten überaus beliebten, aber bei allen zivilen und militärischen Verantwortlichen entsprechend berüchtigten Verwandtenbesuchen.

**Abb. 79**

So stellte sich „Jake" Schuffert die Lösung der fehlenden Fallschirme vor.

Quelle:
T/Sgt. John H. Schuffert, Sr.: Airlift Laffs, Operation Vittles in Cartoon.

die Eltern oder andere Erwachsene kam bald die Bezeichnung „Schokoladenflieger" auf. Als später amerikanische Reporter, wie immer auf der Suche nach einer guten Story, von der Sache Wind bekamen, kreierten sie die Bezeichnung „Candy-Bomber", dem Gedanken folgend, daß noch vor wenigen Jahren amerikanische und englische Piloten Bomben über Berlin abgeworfen hatten und jetzt statt dessen Schokolade. In Berlin tätige deutsche Journalisten schufen daraus dann den bis heute im deutschen Sprachraum am häufigsten benutzten Begriff „Rosinenbomber". Das wurde die zwar inoffizielle, aber besonders in Berlin äußerst populäre Bezeichnung für die Luftbrückenflugzeuge insgesamt.

Am Hauptgebäude wartete der Jeep immer noch, so daß Halvorsen doch noch zu einer teilweise aufregenden Stadtrundfahrt kam, die an der Straße Unter den Linden, dem Brandenburger Tor, den Ruinen des Reichstags und der Reichskanzlei vorbeiführte. Aufregend deshalb, weil sie am Schluß ein sowjetisches Militärfahrzeug verfolgte, und Halvorsen wurde drastisch vorgeführt, wie empfindlich die Sowjets auf die Luftbrücke reagierten. Nach Frankfurt/Main zurückgekehrt, mußte er zunächst seine beiden anderen Besatzungsmitglieder über sein Vorhaben informieren und überzeugen mitzumachen. Alle zusammen fertigten dann die ersten Miniaturfallschirme aus großen Taschentüchern an, mit denen Kaugummi und Schokolade abgeworfen werden sollte. Ohne einen solchen Fallschirm bestand immerhin die Gefahr, daß jemand hart am Kopf getroffen und verletzt werden könnte. Die Schokolade für diese Aktion zu spendieren war zwar für Halvorsen kein Opfer, wohl aber für die anderen beiden. Denn so wie die deutsche Bevölkerung Lebensmittelkarten für die nötigsten Rationen hatte, besaßen alle US Soldaten sog. Ration Cards, mit denen sie pro Woche in der PX (Post Exchange = Marketenderladen) u.a. Zigaretten und Schokolade nur in genau festgelegten Quantitäten sehr preiswert erhalten konnten. Dabei handelte es sich um Waren, die auf dem schwarzen Markt einen großen Kapitalwert besaßen. Aber es sollte ja nur eine einmalige Aktion sein und deshalb opferten auch die beiden anderen ihre Wochenration an Schokolade. Da sich alles zusammen als zu groß und zu schwer für einen der Miniaturfallschirme erwies, verteilten sie diese erste Sendung auf drei kleine Fallschirme.

Die Ankunft des zweiten Fluges in Berlin-Tempelhof am folgenden Tag war am späten Vormittag und ideal für den Abwurf der Süßigkeiten. Im Anflug in 1500 Fuß (450 m) Höhe konnten Halvorsen und seine Besatzung die Gruppe der Kinder erkennen, die ganz offensichtlich intensiv den Himmel absuchte. Also gab er das verabredete Erkennungszeichen mit den wackelnden Tragflächen, was bei den Kindern für helle Aufregung sorgte. Die Gruppe platzte geradezu auseinander und winkte umherspringend zu dem Transporter hinauf. Als die Skymaster sich dann im Endanflug der Landebahn näherte, waren die Kinder hinter dem Wohnblock, der quer zur Landebahn verlief, nicht zu sehen, aber im Cockpit stieg die Spannung. Auf Halvorsens Kommando warf der Bordingenieur die drei Fallschirme aus dem geöffneten Notausstieg über der Tragfläche ab, und die Skymaster landete. Natürlich fragten alle sich, ob die Fallschirme auch richtig angekommen waren, aber die Antwort ließ nicht lange auf sich warten. Als sie wieder zum Abflug rollten, sahen sie, wie sechs durch den Zaun gestreckte Kinderarme mit ihren drei Fallschirmen enthusiastisch allen vorbeirollenden Transportern zuwinkten. Und hinter den dreien hatte sich der Rest der Gruppe versammelt und war vor Begeisterung schier außer sich. Auch an den folgenden Tagen wurde, obwohl Halvorsen und seine Besatzung nichts abgeworfen hatten, jedes vorbeirollende Flugzeug von begeistert mit den Fallschirmen winkenden Kindern begrüßt. Im Speiseraum und in den Aufenthaltsräumen konnten Halvorsen und seine Besatzung Gespräche der anderen Piloten hören, die sich das Verhalten der Kinder überhaupt nicht erklären konnten. Sie hörten zu und schwiegen. Nach Ablauf einer Woche, in der die Gruppe der Kinder am Zaun zusehends größer geworden war, erhielten sie ihre neuen Wochenrationen und entschieden sich ohne lange Diskussionen zu einer neuen Aktion. Als sie mit den Flächen wackelnd über Berlin-Tempelhof auftauchten, lösten sie am Boden eine Feier aus. Die Gruppe der Kinder wurde von Tag zu Tag größer und Halvorsens Besatzung war überzeugt, daß viele von ihnen noch keine Schokolade erhalten hatten. Also wiederholten sie ihre Aktion auch in der folgenden Woche und konnten erkennen, daß am Boden schiere Begeisterung ausbrach, als sie ihre drei Wochenrationen Schokolade und zusätzlich Kaugummi abwarfen. Einige Tage später fehlte der übliche Wetterwagen an der Laderampe und Halvorsen begab sich in das Hauptgebäude zur Wetterberatung. Im Vorbeigehen sah er auf dem Tisch der Einsatzplanung einen großen Stapel Briefe, der normalerweise nicht dorthin gehörte. Aber ein kurzer Blick genügte ihm, um zu sehen, was passiert war. Die Briefe waren teils in Deutsch teils in Englisch adressiert an „Onkel Wackelflügel", „Uncle Wiggle Wing" und „An den Schokoladenflieger". Darauf entschieden sich die drei, die ganze Aktion zu stoppen. Das hielten sie aber nur zwei Wochen durch, denn immer mehr Kinder warteten am Zaun von Berlin-Tempelhof, und das hieß auch, daß viele noch keine Schokolade erhalten hatten. Also beschlossen sie eine letzte Wiederholung. Es zeigte sich, daß alle Mitglieder der Besatzung in den vergangenen Wochen ihre Rationen aufgehoben hatten, deshalb konnte dieses Mal eine besonders große Sendung abgeworfen werden. Ergebnis wie gehabt – viele Kinderhände, die mit durch den Zaun gestreckten Armen jedem Flugzeug zuwinkten. Trotzdem beschlossen sie, es bei dieser allerletzten Aktion zu belassen, ohne zu wissen, daß sie bereits eine Lawine losgetreten hatten.

Als sie am folgenden Tag wieder in Frankfurt/Main eintrafen, erschien ein Offizier, der Halvorsen zum Rapport beim Geschwaderkommandeur befahl. Von seinen beiden Besatzungsmitgliedern wurde er daraufhin mit den Worten verabschiedet, daß sie sich wohl an einen anderen Piloten gewöhnen müßten. Es kam aber ganz anders. Der Kommandeur, Colonel James R. Haun, ließ Halvorsen zunächst etwas zappeln. In erster Linie wollte er von ihm wissen, ob ihm während der Ausbildung nicht eindringlich klar gemacht worden sei, den Kommandeur wenigstens zu benachrichtigen, wenn man ungewöhnliche Aktionen zu tun beabsichtige. Dann packte er eine Zeitung vor Halvorsen auf den Tisch, in der ein Reporter berichtete, daß ihm tags zuvor (also bei der „allerletzten" Abwurfaktion) eine Tafel Schokolade fast auf den Kopf gefallen war. General Tunner hatte schon angerufen und ihm gratuliert, aber er hatte von nichts eine Ahnung. Warum Halvorsen seinen Kommandeur vorher nicht informiert habe, wollte Haun von ihm wissen und Halvorsen antwortete wahrheitsgemäß, daß er nicht geglaubt habe, eine solche Genehmigung vor dem Ende der Luftbrücke zu erhalten. Aber Haun erklärte ihm, daß er das sehr wohl genehmigt hätte, nach den Bomben jetzt Schokolade abzuwerfen. Dann lächelte er Halvorsen an, schüttelte ihm die Hand und erteilte den offiziellen Auftrag: „Fliegen Sie weiter Ihre Einsätze und werfen Sie Schokolade ab." Im übrigen solle er sich auch noch bei General Tunner melden. Dem waren natürlich schon alle Einzelheiten bekannt, aber er hörte sich Halvorsens Bericht in aller Ruhe an. Am Ende sagte er ihm nicht nur knapp: „Go ahead", was im Klartext bedeutete, „machen Sie weiter", sondern teilte ihm auch mit, daß er in Frankfurt/Main eine Pressekonferenz einberufen habe. Als Halvorsen wieder bei seiner Besatzung eintraf, konnten alle an seinem Gesicht erkennen, daß sie sich keineswegs an einen neuen Piloten gewöhnen mußten.

Mit der Pressekonferenz wurde die Lawine endgültig ausgelöst, denn die Berichte über „Operation Little Vittles", sozusagen als Ableger von „Operation Vittles", dem offiziellen militärischen Codenamen der USAF für die Berliner Luftbrücke, erschienen buchstäblich in aller Welt und bewirkten unglaubliche Reaktionen. Zunächst aber mußte Halvorsen sich mit der in Berlin-Tempelhof für ihn eingegangenen Post befassen. Der Kommandant der Rhein-Main AFB, Colonel Walter S. Lee, stellte ihm dafür zwei deutsche Sekretärinnen ab, denn alleine konnte er das einfach nicht bewältigen. Generell wurden die Briefe mit vier unterschiedlichen Formbriefen beantwortet. Manche der an den „Schokoladenflieger" gerichteten Briefe waren aber so originell, daß sie auch individuell beantwortet werden mußten. Und nachdem das Geheimnis über das eigentümliche Verhalten der Kinder am Zaun von Berlin-Tempelhof gelüftet war, fand Halvorsen an einem der nächsten Tage auf seinem Bett einen ganzen Berg Schokolade und Taschentücher für Fallschirme. Für die Berliner Kinder hatten amerikanische Luftwaffensoldaten auf wertvolle Schwarzmarktware verzichtet! Weil Halvorsen mit seiner Besatzung unmöglich alle Schokolade selbst abwerfen konnte, beteiligten sich schon nach wenigen Tagen immer mehr Flugzeugbesatzungen an dieser Aktion.[361]

361  Nach Mitteilung eines anderen Piloten haben er und seine Besatzung schon lange vor 1st/Lt. Halvorsen beim Anflug auf Berlin-Tempelhof kleine Pakete abgeworfen. Allerdings ohne Fallschirme und mit Lebensmitteln, nicht mit Schokolade, denn „das war eine viel zu wertvolle Schwarzmarktware."

Für die Kinder, die in anderen Stadtteilen von Berlin wohnten und keine Chance hatten, an den Flugplatz Tempelhof zu kommen, um auch eine Tafel Schokolade zu erhaschen, wurden im ganzen Stadtgebiet über freien Plätzen, Friedhöfen und breiten Straßen die kleinen Fallschirme mit Schokolade abgeworfen, ebenso im Ostteil der Stadt. Denn für Gail Halvorsen machte es überhaupt keinen Unterschied, ob ein Kind zufällig im Westen oder im Osten wohnte. Die sowjetischen Stellen waren da aber ganz anderer Ansicht. Sie legten offiziellen Protest ein und verbaten die Abwürfe über dem sowjetischen Sektor von Berlin mit der Begründung, das sei ein kapitalistischer Trick zur Beeinflussung der Jugend. Den Kindern war das aber nicht begreiflich zu machen.

Wieder einige Tage später bekam Halvorsen als Reaktion auf die Presseberichte, vor allem in den USA, randvolle Postsäcke mit Briefen von Privatpersonen, Schulen, einzelnen Schulklassen und von Firmen, die Schokolade und vor allem Taschentücher schickten, denn auf der Pressekonferenz hatte er besonders über den Mangel an Taschentüchern für die Fallschirme berichtet. Viele waren mit dem Namen des Spenders versehen. Im September 1948 wurde Halvorsen wieder zu General Tunner befohlen, der ihm mitteilte, daß er am folgenden Tag auf Anordnung der US Air Force mit einer C-54-Kuriermaschine in die USA fliegen würde, um in einem sehr populären Fernsehprogramm als Gast teilzunehmen und für Radio- und Zeitungsinterviews zum Thema „Operation Little Vittles" zur Verfügung zu stehen. Kurz vor dem Rückflug nach Deutschland war Halvorsen noch bei einem ihm unbekannten Mann eingeladen, der sich als Mitglied der Verbandes der Süßwarenhersteller („American Confectioners Association") entpuppte. Nach dem Essen versprach ihm Mr. John S. Swersey, ihm so viel Schokolade zu schicken, wie er brauche, aber Halvorsen nahm das nicht allzu ernst. Als er dann aber einige Tage nach seiner Rückkehr in Frankfurt/Main die Nachricht erhielt, daß eine Ladung von 3500 Pounds (mehr als eineinhalb Tonnen!) Schokolade zunächst per Schiff über Bremerhaven und dann per Bahntransport nach Frankfurt/Main für ihn angekommen sei und nach wenigen Tagen eine weitere Lieferung von 3000 Pounds Schokolade folgte, mußte er seine Meinung über Mr. Swersey gründlich revidieren. Kleine Anmerkung: John S. Swersey war Jude. Halvorsens größte Sorge war zunächst, die Schokolade sicher zu lagern, denn schließlich stellte sie einen enormen Schwarzmarktwert dar. Diese große Menge konnte auch nicht mehr einfach abgeworfen werden, deshalb wurden in Berlin

DIE FLIEGENDEN BESATZUNGEN

deutsche Stellen eingeschaltet, die dafür sorgten, daß die Schokolade auch Kinder erreichte, die z.B. aus Krankheitsgründen nicht in der Lage waren, sich selbst einen Fallschirm mit Schokolade zu ergattern. Die kleinen Patienten einer Polio-Klinik bestanden darauf, daß der „Schokoladenflieger" selbst kommen sollte, was Halvorsen auch tat.

Die kleinen Fallschirme wurden in aller Regel gut aufgehoben, manche zur neuerlichen Verwendung zurückgesandt. Einer ist einige Jahrzehnte später sogar für ein paar Tage in der sowjetischen Raumstation „MIR" gewesen.[362] Mit seinem Vater machte Gert Knecht, Jahrgang 1938, während der Luftbrücke Ausflüge von ihrer Wohnung in Berlin-Kreuzberg zum Flugplatz Berlin-Tempelhof. Dabei gelang es dem Vater, einen der Miniaturfallschirme mit der Schokolade aufzufangen. „Es war ein tolles Geschenk in der so unruhigen, hungrigen Zeit." (Knecht) Viele Jahre vergingen, und nachdem seine Eltern gestorben waren, blieb Gert Knecht die Aufgabe, deren Haushalt aufzulösen. Im Nachttisch seiner Mutter fand er dann den alten kleinen Fallschirm. Da er deutsches Mitglied der Army-Aviation-Association of America (AAAA) war, konnte er dort sein Erlebnis aus den Tagen der Luftbrücke schildern. Col. Gail S. Halvorsen signierte dann den Schirm, und der amerikanische Astronaut Bill McArthur nahm ihn am 9. November 1995 auf die Mission mit, während der die Amerikaner an der „MIR" andockten. Zunächst bereitete es dem Amerikaner einige Schwierigkeiten, dem sowjetischen Kosmonauten die Herkunft des Schirms aus der Zeit zu erklären, in der dessen Land die Westsektoren von Berlin zu Lande und zu Wasser blockiert hatte und nur die Verbindung durch die Luft blieb. Dann aber mußte der Schirm vorschriftsmäßig im Bordbuch registriert werden, kehrte am 20. November 1995 wieder zur Erde zurück und befindet sich heute im Johnson Space Center.

Die Berliner, und nicht nur diese, erinnern sich noch immer an die „Rosinenbomber", vor allem an Gail S. Halvorsen. Hunderte von Kindern schrieben rührende Briefe an „Onkel Wackelflügel", und manche persönliche Begegnung ergab sich daraus. Mit einigen ist der Kontakt bis heute erhalten geblieben. Die Liebe der Kinder, die heute 60 Jahre und älter sind, zu ihrem „Schokoladenflieger" wird wohl für immer bestehen bleiben. Das zeigte sich auch am 12. Februar 1970, als Halvorsen, inzwischen Colonel geworden, als neuer Air Base Commander nach Berlin zurückkehrte und von Tausenden „seiner" Kinder willkommen geheißen wurde.

362 Mitteilung von Joseph Werner mit handschriftlichen Zusätzen von Col. Gail S. Halvorsen vom 4.2.1996 und Mitteilung von Gert Knecht vom Mai 1996.

### Die Navigatoren

Die USAF hatte auf ihren langen Flügen, z.B. über den Atlantik selbstverständlich auch Navigatoren innerhalb der Flugzeugbesatzung, sie verzichtete aber bei den Flügen im Rahmen der Luftbrücke auf diese. Dagegen flogen die Flugzeuge der RAF grundsätzlich mit einem Navigator an Bord.[363] Der Grund war sehr einfach und hatte nichts mit Personalverschwendung zu tun. Die Ingenieure der Royal Air Force Engineers hatten am Boden zusammen mit den bereits beschriebenen Beacons Einrichtungen installiert, die zusammen mit den im Flugzeug eingebauten Instrumenten u.a. die genaue Entfernung zwischen dem Flugzeug und einem Beacon anzeigen konnten. Das System hatte die Bezeichnung „Rebecca – Eureka"[364] und bestand am Boden lediglich aus einem sog. Omni-directional Ground Beacon, d.h. einem Rundstrahl-Funkfeuer. Bordseitig war im Bug des Flugzeuges ein Sender installiert, der ein Signal auf der Frequenz des Beacons in seine Richtung ausschickte. Dieses Signal wurde vom Beacon reflektiert und an Bord von zwei an beiden Seiten des Flugzeuges installierten Dipol-Antennen empfangen; am Platz des Navigators konnte man auf einem kleinen Bildschirm erkennen, ob die Maschine sich auf dem geplanten Kurs zum Beacon befand oder ob der Pilot Kursänderungen vornehmen mußte. Darüber hinaus konnte die jeweilige genaue Distanz zum Beacon abgelesen werden. Mit diesem System waren die RAF-Flugzeuge in der Lage, fast auf die Sekunde genau ein Kontrollbeacon zu überfliegen. Heute gehören diese inzwischen als DME´s (=Distance Measuring Equipment = Entfernungsmeßgerät) bekannten und viel einfacher konstruierten Geräte auch in der sog. Allgemeinen Luftfahrt (d.h. Privat- und Geschäftsfliegerei) zur Standard-Instrumentierung eines Flugzeuges.

Außerdem konnten die Navigatoren der Royal Air Force ein System benutzen, das bei der RAF unter der Bezeichnung Eureka – BABS (Beam Approach Beacon System) eingeführt war. Die Bodeneinrichtung bestand aus einem Sender/Transponder, der am Ende der Landebahn in Verlängerung der Bahnmitte stand. Dieser schickte ein stark gebündeltes Signal über die Bahn hinweg und in Verlängerung der Bahn aus. Es zeigte die Azimut-Abweichung (Azimut = rechtweisende Peilung) von der Mittellinie an. Der Navigator an Bord des Flugzeuges konnte auf einem kleinen Schirm die Abtrift sowohl von der imaginären Linie, die auf die Bahnmitte zielte, erkennen, als auch von der idealen Flughöhe durch eine Winkelberechnung auf der Basis der Entfernung zum Sender feststellen. Er

---

363  Für das Folgende schriftliche und mündliche Mitteilungen von Squadron Leader RAF (Ret.) Frank Stillwell vom 1.9.1995 in London.

364  Das System war erstmals während des D-Day´s im Juni 1944 eingesetzt worden. Die kurz nach Mitternacht abgesetzten Pfadfinder hatten tragbare Beacons bei sich, die den Codenamen EUREKA hatten, um die Landezonen sowohl für die Fallschirmspringer als auch für die folgenden Gleiter zu markieren. Die anfliegenden Flugzeuge hatten einen Sender/Empfänger installiert, der die Bezeichnung REBECCA hatte, mit dem die Beacons am Boden angepeilt werden konnten. Siehe Napier Crookenden, Dropzone Normandy, The Story of the American and British Airborne Assault on D-Day 1944, New York 1976, S. 34.

führte dann mit seinen Anweisungen an den Piloten das Flugzeug so lange, bis der Pilot die Landebahn sehen konnte und die Landung dann selbstständig ausführte. Dieses System wurde dann schnell weiterentwickelt, vereinfacht und als Instrument Landing System (ILS) weltweit in der Zivilluftfahrt eingesetzt.[365] In der modernen Version ist das Anzeigeinstrument an Bord wesentlich simplifiziert worden und in Sichtweite der Piloten im Cockpit eingebaut, wodurch sie den Anflugweg selbst kontrollieren und wenn nötig korrigieren können.

Für die Streckennavigation in den Westzonen und in England benutzten die RAF-Navigatoren das sog. GEE-System, ein Radar-Navigationssystem, das aus zwei gesonderten stationären Transpondern bestand, die von einem Sender/Empfänger im Flugzeug abgefragt wurden. So konnte im Flugzeug die Entfernung und die Richtung zu den beiden Stationen ermittelt werden, wodurch sich eine präzise Standortbestimmung ergab.[366]

Bei den Navigatoren der Royal Air Force lag also bei jedem Luftbrückeneinsatz ein hohes Maß an Verantwortung für die einwandfreie Durchführung des Fluges und für eine sichere Landung.

## Die Bordingenieure/Bordmechaniker

Dies entspricht zwar der offiziellen Bezeichnung „flight engineer", aber sie ist nach deutschem Sprachgebrauch nicht ganz korrekt; die Bezeichnung „technician" (Techniker) ist genauer. Denn weder bei der USAF noch bei der RAF waren die flight engineers voll ausgebildete Ingenieure, sondern meistens Mechaniker, die für die technische Aufgabe im Flugzeug eine spezielle Einweisung erhielten; es gab aber auch Leute, die lediglich theoretisch ausgebildet wurden, sie bekamen eine minimale praktische Einweisung z.B. an Triebwerken. Letzteres traf besonders für diejenigen zu, die während des Krieges eiligst für diese Aufgabe geschult wurden. Auch wurde die Bezeichnung flight engineer fast ausschließlich bei der RAF verwandt, während sich bei der USAF die Bordmechaniker gerne als Bordingenieure bezeichneten, was aber praktisch keiner von ihnen war. Wenn kein Bordmechaniker zur Verfügung stand, wurden auch Crew Chiefs, die eigentlich für die Wartung am Boden verantwortlich waren, als Bordmechaniker eingesetzt.

Die größten Unterschiede zwischen RAF und USAF bestanden im jeweiligen Arbeitsplatz. Die Bordingenieure der RAF hatten, sofern einer für einen Flugzeug-Typ, z.B. der Handley Page Hastings,

[365] Zu ILS siehe Heinrich Mensen: Moderne Flugsicherung, Organisation Verfahren Technik, Berlin 2/1993, besonders S. 244 ff. Dort auch nähere Angaben über das ab 1998 zum Einsatz kommende MLS (Mikrowellen Landesystem), mit dem das herkömmliche ILS dann abgelöst wird.

[366] Mitte der 50er Jahre wurde GEE von TACAN (Tactical Air Navigation) abgelöst und in fast allen NATO-Staaten benutzt.

vorgesehen war, einen separaten Arbeitsplatz, an dem es sämtliche Instrumente für die Triebwerküberwachung gab, aber auch die Bedienungshebel für Landeklappen, Fahrwerk, Kühlklappen der Triebwerke, Propellerverstellung etc. Seine Aufgabe bestand darin, die Piloten auf deren Anweisung von Handgriffen zu entlasten, die nicht direkt mit der Führung des Flugzeuges im Zusammenhang standen. Im Blickfeld der Piloten waren im Mittelteil des Instrumentenbretts deshalb nur die wichtigsten Triebwerksanzeigen vorhanden wie z.B. Drehzahlmesser und Öldruckanzeige für jedes Triebwerk.

Der USAF setzte im Luftbrückeneinsatz nur auf der C-54 Skymaster Bordingenieure ein. Die Instrumente für die Überwachung der Triebwerke waren bei der C-54 (natürlich auch bei der C-47) im Sichtfeld der Piloten oberhalb der Konsole mit den Bedienhebeln im Hauptinstrumentenbrett angeordnet, und alle Hebel befanden sich innerhalb ihrer Reichweite. Damit sie aber besonders bei den kritischen Flugphasen, d.h., bei Start und Landung die Hände nicht vom Steuerhorn nehmen mußten, saß der Bordingenieur auf einem Sitz etwas nach hinten versetzt zwischen den Piloten und konnte auf deren Anweisung mit den direkt vor ihm angeordneten Bedienungshebeln die jeweils notwendigen Handgriffe vornehmen, wie die Regelung der Drehzahl der Triebwerke, das Setzen der einzelnen Stufen der Landeklappen, das Ein- bzw. Ausfahren des Fahrwerks und die Verstellung der Propeller. Alle diese Aufgaben konnten, bedingt durch die Anordnung in der C-54, auch von den Piloten alleine wahrgenommen werden, wie dies bei der C-47 geschah. Aus Gründen zusätzlicher Sicherheit und weil die C-54 zwei Triebwerke mehr hatte, flog man aber mit dem Bordingenieur, der so die Piloten entlastete. Das war besonders wichtig für diejenigen, die noch wenig Erfahrung hatten. Die Anwesenheit und Mithilfe eines erfahrenen Bordingenieurs sorgte dann für viel Ruhe im Cockpit.

### Die Funker/"Jake" Schuffert

Die RAF-Flugzeuge flogen im Gegensatz zu denen der USAF auch bei den Luftbrückeneinsätzen mit einem Funker, so wie es bei der RAF etatmäßig vorgesehen war. Sie waren zwar auch während der vergleichsweise kurzen Flüge nach Berlin nicht arbeitslos, aber man hätte durchaus auf sie verzichten können.[367]

Obwohl die Amerikaner ohne Funker nach Berlin geflogen sind, spielte dennoch einer im Rahmen der Berliner Luftbrücke eine ganz herausragende Rolle: T/Sgt John H. Schuffert, Sr., der normalerweise

367 Die Gründe, warum die RAF-Flugzeuge trotzdem mit Funkern geflogen sind, konnten nicht ermittelt werden.

Abb. 80

„302, beweg´ Dich, Dein Heck ist in meinem Propeller." Der amerikanische Originaltext kann auch wesentlich drastischer verstanden werden.

Quelle:
T/Sgt. John H. Schuffert, Sr.: Airlift Laffs, Operation Vittles in Cartoon.

Funker auf General Tunners C-54 mit dem Kennzeichen 5549 war und ihn bei längeren Flügen begleitete. Viel bekannter wurde Schuffert aber als Cartoonist der Luftbrücken-Zeitung *Task Force Times*. Eine ähnliche Zeitung hatte General Tunner schon während der Hump-Luftbrücke ins Leben gerufen. Bei der Berliner Luftbrücke spielte dieses täglich erscheinende Blatt eine vielfältige Rolle. Zunächst diente es als zentrale Informationquelle zwischen dem Stab der CALTF und allen Angehörigen der verschiedenen im Rahmen der Luftbrücke tätigen Verbände und Einheiten. Hier konnte jeder nachlesen, wie der täglich ausgetragene Wettbewerb der Staffeln untereinander über die überflogene Tonnage ausgegangen war. Wichtige Personalveränderungen wurden ebenso bekanntgegeben wie wesentliche allgemein interessierende Ereignisse, die sich bei den Einsatzaktivitäten ereignet hatten. Verantwortlich für die Zeitung war 1st/Lt. William G. Thompson, der im Kapitel über General Tunner und seinen Stab schon kurz kennengelernt haben. Die rückhaltlose Veröffentlichung der täglich nach Berlin überführten Tonnage rief bei den Leuten vom Geheimdienst anfangs helles Entsetzen hervor. Sie wollten die tägliche Tonnage vertraulich halten, aber General Tunner, der vom Beginn an vom Erfolg der Luftbrücke überzeugt war, vertrat die Meinung, daß man „eine vollbeladene viermotorige Transportmaschine nicht geheim in eine Stadt schmuggeln"[368] kön-

368 Tunner, Over the Hump, S. 179 ff.

**Abb. 81**

„Was glaubst Du, was das hier ist – ein Drive-in?"

Quelle:
T/Sgt. John H. Schuffert, Sr.: Airlift Laffs, Operation Vittles in Cartoon.

ne. Es sei außerdem die beste Propaganda gegen die permanenten Tiraden der sowjetisch kontrollierten Presse und Radiosender.

Viele Veteranen der Luftbrücke haben darüber berichtet, daß sie sich in der Luftbrückenzeitung als erstes die Karikaturen von „Jake" Schuffert angesehen und erst danach die übrigen Nachrichten gelesen hätten. Diese Karikaturen waren nicht nur einfach ironisch, sondern gelegentlich auch bitter für die Betroffenen, denn Schuffert scheute sich überhaupt nicht, auch unbeliebte Vorgesetzte aufs Korn zu nehmen. Aber er wurde von General Tunner immer gedeckt. Als ein besonders unbeliebter Flugplatzkommandant, der Schuffert mehrmals als Zielscheibe für seine Cartoons diente, glaubte, die Verteilung der Luftbrückenzeitung mit den Cartoons auf seinem Platz verbieten zu können, hat Tunner diese Anordnung sofort für ungültig erklärt. Auch daß „Jake" die USAFE allgemein und bestimmte Personen dort angriff, was auf Grund der vorhergehenden Schilderungen sehr verständlich war, hielt General Tunner nicht davon ab, sich auch hier vor ihn zu stellen.

Die tägliche Verteilung der *Task Force Times* war denkbar einfach. Sie wurde in Wiesbaden hergestellt und, abgesehen von der für Wiesbaden selbst bestimmten Anzahl, mit der ersten verfügbaren Maschine nach Berlin geflogen. Dort nahm dann wiederum das erste verfügbare Flugzeug die Zeitung zu ihrer jeweiligen Basis zur Verteilung mit.

# Ground Controlled Approach
## Radar-Boden-Anflugkontrolle

Schon während der laufenden Einsätze bei der Luftbrücke, besonders aber nach ihrem Ende, waren sich alle Fachleute mit den Piloten an der Spitze darin einig, daß sie ohne Ground Controlled Approach (GCA) längst nicht solch ein überragender Erfolg geworden wäre.

Berlin mit seinen drei Flugplätzen bildete den wichtigsten Standort für die bald umfangreichen Radareinrichtungen. Dabei sind zwei Systeme zu unterscheiden: Das weitreichende Streckenkontroll-Radar, das sich in der Flugsicherheitszentrale im Hauptgebäude von Berlin-Tempelhof befand, und das für die Landungen so wichtige Anflug-Radar, das, in Spezialfahrzeugen untergebracht, direkt an den Landebahnen aufgestellt war.

Mit dem weitreichenden Strecken-Radar wurden die Transportflugzeuge bei der Annäherung an den Berliner Luftraum schon in den Korridoren erfaßt. Von hier wurden sie präzise in den Berliner Luftraum und zu dem vorgesehenen Platz geleitet und erst beim Queranflug an die Bodenanflugkontrolle (GCA) des betreffenden Flugplatzes übergeben. Dieses für heutige Verhälnisse selbstverständliche Zusammenspiel der beiden Radarsysteme war 1948/49 etwas ganz Neues.

Das weitreichende Radargerät vom Typ AN/CPS-5 (Army Navy/Concentric Pulse Search) wurde erst im Herbst 1948 in Berlin installiert. Es war ursprünglich für eine großräumige Radarüberwachung des arktischen Luftraumes von Grönland bis Alaska durch eine ganze Kette von sich überlappenden Radarstationen entwickelt worden; eines dieser Geräte baute man in etwas geänderter Ausführung in Berlin-Tempelhof auf.[369] Die Modifizierung bestand darin, daß es geographische, statische Objekte nicht angezeigte, sondern nur solche, die sich bewegten. Die 25 Fuß (ca. 7,60 m) hohe Radarantenne mit einer Reichweite von ca. 70 Meilen (ca. 113,5 km) wurde auf dem Dach des Hauptgebäudes von Berlin-Tempelhof aufgebaut, der Kontrollraum in einem der Stockwerke darunter. Dort standen sechs Arbeitsplätze mit je einem großen Radarschirm zur Verfügung, wobei zwei Controller jeweils für einen der drei Berliner Flugplätze zuständig waren und die für ihren Platz bestimmten

369   Zu CPS-5 ausführliche Mitteilungen von Paul Hawkins im Gespräch mit dem Verfasser am 26.9.1996 in Dayton, Ohio, die schriftlich bestätigt wurden durch eine Mitteilung vom 29.8.1997 an den Verfasser.

**Abb. 82**

Radar-Antenne des Typs CPS-5 auf dem Dach des Hauptgebäudes von Berlin-Tempelhof.

Quelle:
Privatbesitz von O. Paul Hawkins, Jr.

Transporter vom Korridor bis zur Übergabe an den GCA-Controller seines Platzes leiteten. Der erste Controller empfing die Flugzeuge beim Auftauchen auf dem Radarschirm, identifizierte ein jedes, reihte die Maschinen dann in den jeweils gültigen Abstand ein und übergab sie ca. 20 Meilen (32 km) vom Platz entfernt, beim Einflug in die Berliner Luftkontrollzone, an den zweiten Controller. Der leitete dann die Flugzeuge in der Regel bis zum Queranflug des Platzes und übergab an den GCA-Controller des Platzes. Das Personal in der Tempelhofer Flugleitzentrale bestand aus fünf Crews von je acht bis neun Offizieren und Mannschaften, jeweils vier befanden sich in Bereitschaft; man arbeitete in 6-Stunden-Schichten rund um die Uhr.[370]

370  PRO Reg.No, AIR 38/313.

GROUND CONTROLLED APPROACH (RADAR-BODEN-ANFLUGKONTROLLE)

Die Vorteile dieses neuen weitreichenden Radargerätes zeigten sich sehr schnell. Die Controller in der Tempelhofer Flugleitungszentrale konnten noch im Korridor die Flugzeuge auf den für eine gleichmäßige Reihenfolge richtigen Abstand einordnen, was wiederum die Arbeit der GCA-Controller erleichterte. Wie kompliziert der Berliner Luftraum war, läßt sich beim Betrachten der „Berlin Aera Procedures" (Abb. 18 ist eine Verkleinerung, das Original ist mehr als doppelt so groß) leicht erkennen. Auf den großen Bildschimen der Controller waren zur besseren geographischen Orientierung der Berliner Luftraum und die Korridore quasi aufgezeichnet, wodurch sich z.B. die seitlichen Abgrenzungen der Korridore leicht kontrollieren ließen. Für die Installation und Wartung dieses Gerätes waren aus den USA fünf frisch ausgebildete Techniker der USAF nach Berlin gekommen, die ursprünglich für die arktische Radarkette arbeiten sollten. Als sie vor die Wahl gestellt wurden, Arktis oder Berlin, wählten alle fünf Berlin. Sie wurden mit Vorrang in Marsch gesetzt und auf den Azoren verstand ein Colonel die Welt nicht mehr, daß fünf Pfc´s (Gefreite) eine höhere Priorität hatten als ein Oberst. Zusammen mit drei zivilen Technikern der Herstellerfirma Airborne Instruments Laboratory aus Mineaola, NY wur-

**Abb. 83**
Ein Bildschirmarbeitsplatz des CPS-5 Radargerätes im Kontrollzentrum im Hauptgebäude des Flughafens Berlin-Tempelhof. Links im Hintergrund ist ein Controller, heute besser bekannt als Radarlotse, bei der Arbeit an einem anderen Gerät.

Quelle:
Privatbesitz von Jack D. Fellman

GROUND CONTROLLED APPROACH (RADAR-BODEN-ANFLUGKONTROLLE)

**Abb. 84**
Der Wagen mit den GCA-Geräten in Berlin-Tempelhof. Diese Fahrzeuge standen aus technischen Gründen in unmittelbarer Nähe der Landebahnen.

Quelle:
Landesarchiv Berlin

den alle Teile der Radareinrichtung installiert. Aber nachdem zunächst einer der zivilen Techniker krank geworden war und die anderen ebenfalls wieder in die USA zurückgerufen wurden, waren die fünf Pfc´s auf sich alleine gestellt. Ende November 1948 war das Gerät aufgebaut, und im Dezember beseitigte man die üblichen kleinen Fehler und ließ Controller übungsweise mit dem Gerät arbeiten. Anfang Januar 1949 wurde es offiziell in Betrieb genommen und bewies schnell seine Leistungsfähigkeit und die daraus resultierenden Vorteile für den Gesamtbetrieb der Berliner Luftbrücke im Luftraum um und über Berlin.

GROUND CONTROLLED APPROACH (RADAR-BODEN-ANFLUGKONTROLLE)

**Abb. 85**
Eines der (damals) modernen GCA-Geräte der zweiten Generation, die nur noch einen Mann zur Bedienung erforderten. Auf dem einen Schirm konnte der Controller die Abweichung von der vorgegebenen Flughöhe erkennen und auf dem anderen Schirm die Abweichung von der Kurslinie.

Quelle:
Historical Airlift Report of Tempelhof Air Force Base

Die Entwicklung von Radar (= Radio Detecting and Ranging = ein Funkmeßgerät, mit dem Richtung, Entfernung – und später auch Höhe eines Objektes – festgestellt werden kann) im Zweiten Weltkrieg ist hinreichend bekannt. Die amerikanische Luftwaffe erkannte sehr schnell die zusätzlichen Möglichkeiten, die Radargeräte bieten. Das weiter oben beschriebene Eureka-BABS-System der Royal Air Force arbeitete bereits auf dieser Grundlage. Nur saß der Controller dort nicht in einer Bodenstation, sondern als Navigator im Flugzeug. Mit BABS wurden dort Signale an eine Bodenstation ausgestrahlt, von der Bodenstation (Beacon) reflektiert, von den kleinen Dipol-Antennen am Flugzeug wieder empfangen und vom Navigator auf seinem kleinen Schirm ausgewertet. Das amerikanische System von Ground Controlled Approach (GCA) ging den umgekehrten Weg. Hier wurde von bedeutend leistungsfähigeren Radargeräten am Boden ein Signal ausgesandt, das vom Flugzeug reflektiert wurde und am Boden auf einem viel größeren Radarschirm, als es im Flugzeug damals möglich war, als Lichtpunkt angezeigt. Die GCA-Radar-Geräte der Luftbrücke benötigten noch zwei Radarschirme, bei dem auf dem einen Schirm die Azimut-Abweichung und auf dem zweiten Schirm die Einhaltung der Flughöhe beim Anflug kontrolliert wurde. Später genügte dazu ein einziger Schirm, auf dem mit zwei Kurvenlinien Azimut und Höhe angezeigt werden. Beim heutigen Stand der Technik sind zusätzlich im Flugzeug sog. Transponder als Sekundär-Radar-Geräte eingebaut, die mit dem Höhenmesser des Flugzeuges gekoppelt sind und die

die Flughöhe auf dem Schirm des Controllers (heute bekannter als Radarlotse) direkt anzeigen.

Im Frühjahr 1948 wurden auf der Brookley AFB, in Mobile, Alabama Tests mit dem Prototyp eines GCA-Gerätes unternommen.[371] Im Verlaufe dieser Prüfungen, die in Zusammenarbeit von Luftwaffenpersonal und Technikern des Herstellers unternommen wurden, zeigten sich viele technische Mängel. Einige Piloten flogen stunden- und tagelang Platzrunden mit Landeanflügen, aber dieser Prototyp wurde nicht als einsatzfähig angesehen. Als dann die Luftbrücke in Deutschland begann, wurden die Controller der USAF, die an diesem Gerät trotzdem große Erfahrungen gesammelt hatten, zum Einsatz nach Deutschland geschickt. Fast zur gleichen Zeit erprobte man in Erding bei München eine neues und wesentlich besseres Gerät mit der Typenbezeichnung MPN-1 (Mobile Pulse Radar Navigation) als Ground Controlled Approach Radar; es wurde dann auch bei der USAF eingeführt.[372] Diese neuen Geräte waren natürlich auf den Flugplätzen der Berliner Luftbrücke höchst willkommen, denn sie ermöglichten Landungen unter Bedingungen, die sie bis dahin praktisch unmöglich gemacht hatten oder nur unter allergrößtem Risiko.

Wie lief ein solcher Anflug unter Radar-Kontrolle im einzelnen ab? Theoretisch und auf dem Papier sehr einfach, auch in der täglichen Praxis war der Vorgang meistens völlig unspektakulär. Zunächst übernahm der GCA-Controller die Transportmaschine vom Controller des Strecken-Radars, das geschah in aller Regel beim Queranflug, er identifizierte die Maschine eindeutig und leitete sie zunächst zu einem Punkt, von dem aus der eigentliche Landeanflug begann. Bis dahin hatte die Besatzung im Cockpit alle vorgeschriebenen Vorbereitungen zur Landung durchgeführt und das Fahrwerk war ausgefahren. Mit dem Beginn des Landeanfluges wurde die Kommunikation zwischen dem GCA-Controller und dem Piloten völlig einseitig. Hatte dieser bis dahin, wie allgemein üblich, die Anweisungen des Controllers bestätigt, so sprach jetzt nur noch der Controller die Anweisungen für Kurs- oder Höhenkorrekturen ohne Bestätigung, denn das hätte in einer kritischen Phase viel zu viel Zeit gekostet. Mit der ersten Anweisung mußten die Piloten das Flugzeug in einen Sinkflug mit einer genauen Sinkgeschwindigkeit bringen. Das war Routine, denn mit der ersten Stufe der Landeklappen und Reduzierung der Drehzahl der Triebwerke konnte bei Standardbedingungen ein gleichmäßiger Sinkflug mit reduzierter Geschwindigkeit eingehalten werden. Standardbedingungen

---

[371] Mitteilung von Lt.Colonel USAF (Ret.) George Hankins, PhD. vom 7.3.1996 an den Verfasser, der bei der USAF viele Jahre als Airborne Electronic Officer tätig war.

[372] Mitteilung von Brig. General USAF (Ret.) Sterling P. Bettinger vom 20.5.1996 an den Verfasser.

herrschten aber nur äußerst selten, denn z.B. Wind von der Seite sorgte schnell für Abweichungen von der Ideallinie, die auf die Bahnmitte zielte. Jetzt trat der GCA-Controller in Aktion, der jede Abtrift nach rechts, links, oben oder unten auf seinen beiden Bildschirmen erkennen konnte. Auf seine Anweisungen hin korrigierte der Pilot seinen Anflug, und der GCA-Controller konnte am Schirm verfolgen, ob sie richtig befolgt wurden und, wenn nötig, wieder korrigierend eingreifen. Offiziell wurde dieser Anflug unter Radar-Kontrolle solange fortgesetzt, bis der Pilot die Landebahn klar erkennen konnte und dann nach Sicht normal landete. Bei schlechter Sicht und niedriger Bewölkung war das offizielle Limit 50 Fuß Höhe (ca.15 m)[373], wenn er dann die Bahn bzw. die Bahnbefeuerung nicht sehen konnte, sollte er durchstarten und zurückfliegen. Dutzende von Piloten haben berichtet, daß sie sich nicht an dieses Limit gehalten haben, sondern den Sinkflug fortsetzten, bis sie im allerletzten Moment ausreichend Sicht hatten und landeten.

Sehr viele Piloten haben ausdrücklich die ruhige Art zu sprechen der GCA-Controller hervorgehoben. Besonders in der Anfangszeit saßen an den GCA-Geräten viele erfahrene Flugzeugführer, die aus verschiedensten Gründen nicht mehr aktiv fliegen konnten. Dafür konnten sie sich aber gut in die Lage der Piloten versetzen und wußten, daß hektische und aufgeregte Sprechweise auch im Cockpit für Unruhe sorgen würde. Später ausgebildete Controller übernahmen deshalb aus den gleichen Gründen ebenfalls die ruhige Sprechweise. Bei der RAF arbeiteten unter den GCA-Controllern viele ehemalige Navigatoren von Nachtjägern, die wegen ihrer Erfahrungen im Umgang mit Radar besonders geeignet für diese Tätigkeit waren.[374]

Piloten, die unter den offiziellen Minima landeten, erhielten statt eines Tadels durch Vorgesetzte eine Mitgliedskarte des sog. „Fog and Smog Clubs" (Nebel und Dunst Club), auf dem der Platz, das Datum und die bei der Landung angetroffenen tatsächlichen Wetterbedingungen aufgeführt waren.[375] Wenn das Nichteinhalten der Minima aber zu einem Unfall geführt hätte, dann hätten die Piloten selbstverständlich auch die Verantwortung und die Folgen dafür übernehmen müssen. Wohlgemerkt, die Piloten und nicht die GCA-Controller, denn trotz Radar-Kontrolle blieben sie die allein verantwortlichen Flugzeugführer.

Neben den von allen Piloten zu Recht gerühmten GCA-Controllern sollte man aber die Arbeit der übrigen Controller auf den Kontrolltürmen nicht vergessen, deren Wert durch das enorme Ver-

[373] Die Vorgaben für die Sichtminima und Minimalhöhe waren für jeden Platz verschieden. Auch weichen die Angaben der Piloten voneinander ab. Die hier angegebene Minimalhöhe für Berlin-Tempelhof stammt aus dem Bericht eines Piloten und kann deshalb durchaus von den wirklich offiziellen Minima abweichen.

[374] Mitteilung von Squadron Leader RAF (Ret.) Eric A. Dick vom Mai 1995 an den Verfasser.

[375] Nach Mitteilung von Lt.Colonel USAF (Ret. u. Airline Capt. Ret.) Perry A. Schreffler vom 1.4.1996 an den Verfasser hat er an einem einzigen Tage drei solcher Karten vom „Fog and Smog Club" erhalten!.

**Abb. 86**

Am rechten Bildrand die B-17 mit den französischen Farben und dem Lothringer Kreuz der freien französischen Streitkräfte am Seitenleitwerk, die ab Anfang 1949 einmal wöchentlich u.a. frische Steaks, Champagner und Frischgemüse inkl. Südfrüchte aus den Kolonien für die französische Garnison in Berlin einflog. Aufgenommen vom Konrollturm Berlin-Tegel.

Quelle: Privatbesitz von Jack D. Fellman

[376] Mitteilung von Jack D. Fellman vom 20.2.1996 an den Verfasser.

kehrsaufkommen auf allen Plätzen nicht unterschätzt werden darf. Sie übernahmen nach der Landung des Flugzeuges das Flugzeug vom GCA-Controller und wiesen der Besatzung einen Parkplatz zu. In Berlin war das der Entladeplatz auf der Rampe, auf der Heimatbasis der mit einer Nummer markierte fest zugeteilte Parkplatz. Die große, auf die Heckflosse gemalte Zahl war identisch mit der Nummer des Parkplatzes.

In Berlin hatten sowohl die GCA-Controller als auch die Controller auf dem Kontrollturm in Berlin-Tegel häufig Verständigungsprobleme mit der Besatzung eines französischen Bombers B-17, der normalerweise einmal wöchentlich u.a. frische Steaks, Champagner, Frischgemüse und Südfrüchte aus den französischen Kolonien für die französische Garnison einflog. Obwohl die französischen Flugzeugbesatzungen fast durchweg ihre Ausbildung während des Krieges in den USA erhalten hatten, war ihr Englisch mit einem so starken Akzent belastet, daß es fast regelmäßig zu Problemen bei der Kommunikation über Sprechfunk kam, sowohl vom Flugzeug zum Boden als auch umgekehrt. Siehe Abb. 86.

Einer mustergültigen Zusammenarbeit des Kontrollturms in Berlin-Tegel, des Strecken-Radars in Berlin-Tempelhof und des GCA in Tegel am 6. April 1949 verdankte es die Besatzung eines Tankers einer zivilen britischen Charterfirma, daß sie nicht irgendwo in der Sowjetzone notlanden mußte, sondern unversehrt in Berlin-Tegel aufsetzen konnte.[376] Der Tanker befand sich angeblich noch im nördlichen Luftkorridor und meldete den vollständigen Ausfall aller Radio-Navigationsinstrumente. Der Flug fand unter IFR-Bedingungen statt, und ohne diese Instrumente hatte die Besatzung außer dem Magnetkompaß keine Orientierungsmäglichkeit, sie konnte also auch keine Ortsbestimmung vornehmen. Um unter allen Umständen zu verhindern, daß eine Luftbrückenmaschine in einem der Korridore oder über der Sowjetzone herumirrte, bat der Kontrollturm zunächst Tegel-GCA, in dem von der Tanker-Besatzung als möglich gemeldeten Ortsbereich nach der Maschine zu suchen. Auf deren Schirm, der eine Reichweite von maximal 20 Meilen (ca. 32 km) hatte, war aber kein nichtidentifiziertes Flugzeug zu erkennen. Dann wurde das Strecken-Radar (Air Route Traffic Control, ARTC) eingeschaltet, das aber mit seinem weitreichenden CPS-5-Gerät ebenfalls keine Maschine in dem angegebenen Gebiet entdecken konnten. Der Kontrollturm Tegel wies die Tankerbesatzung daraufhin an, in Richtung Westen abzudrehen, um irgendwie die Westzonen zu erreichen. Kaum hatte das Flugzeug diese Richtungsände-

GROUND CONTROLLED APPROACH (RADAR-BODEN-ANFLUGKONTROLLE)

rung vollzogen, meldete sich das Strecken-Radar wieder. 30 Meilen (ca. 48 km) südlich von Berlin, also in einem ganz anderen als von der Tankerbesatzung gemeldeten möglichen Bereich, hatte man ein nicht identifiziertes Flugzeug ausmachen können. Da der zivile britische Tanker mit seiner begrenzten Radio-Ausrüstung das Strecken-Radar nicht direkt ansprechen konnte, wurde der Kontrollturm in Tegel als Relais-Station benutzt, über die der Tanker aufgefordert wurde, für eine eindeutige Identifikation bestimmte Richtungsänderungen zu fliegen. Das gelang, und wieder mit dem Kontrollturm Tegel als Relais-Station wurde er so nach Tegel geleitet, daß er keine anderen einfliegenden oder abfliegenden Transporter behindern konnte. Dann übernahm Tegel-GCA und fädelte ihn in den Strom der landenden Flugzeuge ein bis zur sicheren Landung in Tegel. Nach der Landung stürmte die ganze britische Besatzung des Tankers auf den Kontrollturm, um sich überschwenglich zu bedanken. Sie wollten sogar die beiden Kontroller für ein Belobigungsschreiben („letter of commendation") einreichen, aber „das war einfach unser Job;" (Fellman: „That was our job...") ein normales Dankeschön für die gute Kooperation mit den Radar- und Kontrolleinrichtungen der USAF wäre völlig ausreichend.

Ebenfalls auf dem Kontrollturm in Berlin-Tegel erhielt ein Controller eines Nachts Besuch von einem amerikanischen Offizier, den er glaubte von irgendwoher zu kennen.[377] In dem gedämpften Licht auf dem Turm konnte er aber nur sehen, daß der Mann die Rangabzeichen eines Colonels trug. Der zunächst Unbekannte stellte eine Reihe von Fragen über die Arbeit auf dem Kontrollturm. Da aber viel Verkehr zu leiten war, bat der Controller ihn, einige Minuten zu warten, bis der Verkehr etwas nachlasse, dann könnte er ihm alle Fragen in Ruhe ausführlich beantworten. Der Offizier sagte jedoch, daß er gleich wieder nach Frankfurt/Main zurückfliegen müsse, trug sich aber noch in die Besucherliste ein und verabschiedete sich dann. Später schaute der Controller neugierig in die Besucherliste und las: „Charles A. Lindbergh, Col., USAFR". Sein nächtlicher Besucher, dessen Gesicht er natürlich kannte, war der berühmte Ozeanflieger gewesen, der am 20./21. Mai 1927 in ungefähr 33 Stunden im Alleinflug als erster den Nordatlantik von New York nach Paris überquert hatte und der in dieser Zeit als Oberst der Reserve eine Informationstour durch Europa machte.

377  Mitteilung von Lt. Colonel USAF (Ret.) Donald L. Stensrud vom 18.2.1996 an den Verfasser.

# Die Osterparade 1949

Diese Osterparade war nicht nur für alle Beteiligten der absolute Höhepunkt der Berliner Luftbrücke, sie war auch der Wendepunkt der Berliner Blockade. Denn wenige Tage später begannen, wie wir heute wissen, hinter den Kulissen die zunächst vertraulichen Gespräche zwischen den Vereinigten Staaten von Amerika und der Sowjetunion, die dann in offizielle Verhandlungen mündeten und am 12. Mai 1949, 00:00 Uhr zur Aufhebung der Blockade Berlins führten.

In den ersten Monaten des Jahres 1949 war die tägliche Tonnage kontinuierlich angestiegen. Natürlich gab es auch Tage mit einer wetterbedingten Stagnation oder sogar einem leichten Rückgang, aber die allgemeinen Kurven im Planungsraum der CALTF wiesen nach oben. Die als Minimum gesetzte Menge von 4.500 Short Tons täglich wurde auch im Dezember 1948 trotz schlechten Wetters mit durchschnittlich 4.562,5 Short Tons täglich erreicht.[378] Im Januar 1949 waren es dann 5.541,1 Short Tons im Tagesschnitt, im Februar 1949 5.437,2 Short Tons und im März 1949 gab es eine deutliche Steigerung auf 6.327,8 Short Tons täglich.[379] Im Grunde hätte General Tunner mit diesen Ergebnissen zufrieden sein können, er wollte aber aus verschiedenen Gründen mehr. Ihm stand eine ausreichende Zahl von Flugzeugen zur Verfügung, 249 amerikanische C-54 Skymaster und R5Ds sowie 154 britische Flugzeuge der verschiedensten Typen, und im Kontrollraum seines Stabes in Wiesbaden zeigten die mehr als 50(!) laufend fortgeschriebenen analytischen Kontrolldiagramme nur positive Ergebnisse. Aber Tunner hatte den Eindruck gewonnen, daß diese positiven Ergebnisse und der jetzt reibungslos laufende Betrieb der Luftbrücke nicht nur die Angehörigen seines Stabes dazu verführte, sich zufrieden zurückzulehnen und sich auf ihren Lorbeeren auszuruhen. Wettbewerb zwischen den Transportstaffeln und den Plätzen gab es schon seit Monaten, deshalb glaubte Tunner, daß nur eine alles überragende Herausforderung seine ganze Organisation wieder neu motivieren und aufrütteln könnte. Er entschied sich für einen Tageswettbewerb, wie er ihn in ähnlicher Form bereits aus Anlaß des Air Force Day´s während der Hump-Luftbrücke angesetzt hatte. Als Termin wählte er Ostern 1949, wo eine Osterparade von Transportflugzeugen zu

378  Zahlen nach MAC and the Legacy..., S. 59: Table 5, Airlift Operational Summary, Tonnage delivered.

379  Zum Folgenden u.a. Tunner, Over the Hump, S. 218 ff.

einem unüberseh- und unüberhörbaren Ostergeschenk für die Bevölkerung Berlins werden sollte. Der Zeitpunkt war auch aus einem anderen Grunde gut gewählt, denn General Cannon befand sich gerade in den USA und konnte sich nicht störend einmischen. Trotzdem verabredete General Tunner mit seinem Stab die absolut geheime Vorbereitung aller Details.

Dazu gehörte zunächst die Bereitstellung einer ausreichenden Menge an Gütern. Die während der Hump-Luftbrücke gemachte Erfahrung, daß ein einziges Transportgut günstiger zu laden und zu transportieren ist als mehrere verschiedene, wurde ebenfalls berücksichtigt. Bei der Hump-Luftbrücke war es Benzin gewesen, jetzt sollte es Kohle sein. Die Ladeexperten der CALTF hatten zwar inzwischen in Zusammenarbeit mit den Lademeistern auf der Rampe ein System von Standardladungen entwickelt, durch das genau festgelegt war, in welcher Menge, Aufteilung und an welcher Stelle schwere und leichte Güter im Flugzeug sicher verstaut und festgezurrt werden konnten. Für diese Osterparade aber entschied man sich für Kohle, weil sie einfach zu verladen war. Das Transportkommando der US Army, das für die reibungslose Beförderung der zu überführenden Güter bis zum Flugzeug zuständig war, wurde beauftragt, einen ausreichenden Vorrat Kohle bereitzuhalten.

Die Wartungsexperten mußten dafür sorgen, daß sich für diese Aktion sämtliche verfügbaren Flugzeuge nicht nur in einem einwandfreien Zustand befanden, sondern es sollte auch sichergestellt sein, daß in den folgenden Tagen keine Transporter für den normalen Betrieb fehlten. Da aber der Grund für diese zusätzlichen Aktivitäten noch nicht bekannt werden durfte, begann man überall zunächst zu rätseln, was wohl dahinterstecken könnte. Viele ahnten, daß etwas Besonderes in der Luft lag, weil sie General Tunners Vorliebe für Überraschungen kannten.

Der Stab der CALTF überprüfte die Flugverfahren und die Zuteilung von Startzeiten von den einzelnen Plätzen nach Berlin und modifizierte sie teilweise.[380] Das betraf in erster Linie den südlichen Korridor, der nur von amerikanischen C-54 Skymaster Transportern aus Wiesbaden und von Rhein-Main beflogen wurde. Von beiden Plätzen überflogen die Transporter als erstes das Beacon Darmstadt. Da die meisten Flugzeuge in Rhein-Main stationiert waren, erhielt dessen Kontrollturm für die Osterparade einen von Ostersamstag 12:00 Uhr bis Ostersonntag 12:00 Uhr geltenden Startplan mit genau festgelegten Zeitintervallen, mit dem die Starts auf beiden Plätzen geleitet und koordiniert werden sollten. Da die Zeit

[380] Mitteilung von Brigade General USAF (Ret.) Sterling P. Bettinger vom 20.5.1996 an den Verfasser, in einem Gespräch am 25.9.1997 in Colorado Springs,CO ergänzt und zusätzliche Mitteilungen von Major General USAF (Ret.) John B. Kidd im Gespräch mit dem Verfasser am 23.9.1997 in Charlottesville,VA.

## DIE OSTERPARADE 1949

nach dem Start bis zum Beacon Darmstadt von beiden Plätzen sehr genau eingehalten werden konnte, hielt der Kontrollturm Rhein-Main immer dann, wenn in Wiesbaden eine oder mehrere Maschinen abflugbereit an der Startbahn standen, seine Starts für einige Intervalle an, damit die in Wiesbaden startenden Flugzeuge sich nahtlos in den Strom über dem Beacon Darmstadt einreihen konnten. Das bisherige Blocksystem wurde damit für beide Plätze abgelöst.

Als letzte Aufgabe mußte der Stab General Tunners die Tagesquote jeder einzelnen Staffel festsetzen. Am Gründonnerstag 1949 waren schon 7.100 Short Tons erreicht. Für die Osterparade setzte Tunner als Ziel für alle Verbände zusammen 10.000 Short Tons in 1440 Flügen an. Damit lag die geforderte Quote um rund 50% über dem bisherigen Tagesschnitt, und die Zahl der Flüge bedeutete, daß in Berlin alle 60 Sekunden ein Transporter landen sollte. Das Wort „Osterparade" war immer noch nirgendwo erwähnt worden, aber als die Piloten der einzelnen Transportstaffeln die neuen Tagesquoten am Brett der Flugbetriebszentrale (Operation Room) lasen, war ihnen sofort klar, daß dieser Tag ein ganz besonderer werden würde.

**Abb. 87**
Die große „Howgozit"-Tafel, hier in Faßberg, wo jeder den permanenten Wettbewerb über die Erfolge der letzten 12 Stunden ablesen konnte.
Links auf dem Photo ist Col. Theron „Jack" Coulter zu erkennen. Das Photo stammt den Ergebnissen nach von Ostern 1949, also von der sog. Osterparade.

Quelle:
Erinnerungsstätte Luftbrücke in Faßberg

In diesen denkwürdigen 24 Stunden lief ein beispielloser Wettbewerb zwischen allen beteiligten Staffeln, Verbänden und Flugplätzen ab, obwohl er als solcher mit keinem Wort erwähnt worden war, und es gab Vorkommnisse, wie sie eigentlich nur während einer solchen Aktion auftreten. Viele Offiziere im Stab Tunners hatten hart an den Vorbereitungen für diese Osterparade gearbeitet; jetzt konnten sie ihre Schreibtische unbesorgt verlassen und sich als Piloten einteilen lassen. Der Enthusiasmus, mit dem die Vorbereitungen getroffen worden waren, erfaßte in kürzester Zeit auch die Flugplätze, die Verbände, die Staffeln bis hinunter zu den Ladearbeitern, die ebenfalls von der Begeisterung angesteckt wurden. Letztere natürlich auch in Erwartung einer Extraprämie in Form von Zigaretten. Nachdem die Osterparade am Ostersamstag um 12:00 Uhr mittags gut angelaufen war, flog General Tunner nach Berlin. Im Kontrollraum der Radar-Streckenkontrolle, wo alle sich der Stadt nähernden Transporter sich per Sprechfunk beim ersten der beiden Strecken-Controller melden mußten, konnte man schon an den Meldungen hören, wie begeistert die Piloten bei der Sache waren. Die britischen Controller waren gegenüber den formlosen, vorschriftswidrigen und oft sehr flapsigen Durchsagen der amerikanischen Piloten schon immer etwas erstaunt, ja sogar reserviert gewesen. Als in Berlin-Gatow auch weibliche Controller Dienst taten, sollen amerikanische Piloten so anzügliche Meldungen durchgesagt haben, daß die Frauen nicht zum Dienst eingeteilt wurden, wenn ein Block amerikanischer Transporter im Anflug war. An diesem Tage aber übertrafen sich die Piloten gegenseitig mit ausgefallenen und originellen Meldungen. Die folgenden Beispiele sind unübersetzbare englische Wortspielereien. Flugzeug No. 5555, deren Piloten sich sonst gemeldet hatten mit „Four Nickels" oder „Four Fevers" tönte jetzt bei der Osterparade: „Here comes small change on the range". No. 77 war „77, bundle from heaven", jetzt wurde die Meldung ergänzt: „Here comes 77, a bundle from heaven, with a cargo of coal for the daily goal."

Den Rest des Tages und die folgende Nacht hindurch pendelte Tunner zwischen den verschiedenen Plätzen, um zu ermuntern, zu loben und – zu intrigieren! (Siehe das Cartoon von Jake Schuffert.) Schon immer gab es zwischen Faßberg und Celle einen ständigen Wettbewerb, aber während der Osterparade verstärkte er sich noch. Als Tunner lange nach Mitternacht, also bereits Ostersonntag, nach Faßberg kam, sah er Constance Bennett, die Ehefrau des Flugplatz-Kommandeurs Colonel Coulter, mit anderen Frauen auf der Ram-

DIE OSTERPARADE 1949

Abb. 88
„Jakes" Luftbrückenintrige. Im Verlauf der sog. Osterparade hat General Tunner genau diese Intrige selbst praktiziert.

Quelle:
T/Sgt. John H. Schuffert, Sr.: Airlift Laffs, Operation Vittles in Cartoon

pe, sie verteilten Kaffee und Kuchen an die hart arbeitenden Leute. Als Coulter sich mit strahlendem Gesicht bei General Tunner meldete und mitteilte, daß Faßberg bereits 10% über der angesetzten Quote erreicht habe, konnte dieser ihm sagen, daß Celle schon 12% darüber lag. Worauf Coulters Lächeln abrupt abbrach, er sich auf dem Absatz umdrehte und in Richtung Rampe davoneilte, um seine Leute zu noch größerer Leistung anzuspornen.

In dieser Nacht geschah noch ein bemerkenswerter Vorfall:[381] Auf der Rhein-Main AFB stand eine Reihe von Flugzeugen auf dem Taxiweg vor der Startposition. Aus dem Aufenthaltsraum sah der Squadron Commander Major Albert Schneider, daß eine Maschine aus der Reihe ausscherte und zu seiner Parkposition zurückrollte. Er ließ nach dem Grund fragen und erfuhr, daß der Pilot zu großen Ölverlust an einem der Triebwerke gemeldet hatte. Major Schneider befahl die Transportmaschine sofort wieder zurück zur Startlinie, ließ den Piloten aussteigen und flog die Skymaster selbst nach Berlin und wieder zurück.

Am Ostersonntag kam Tunner erst gegen Morgen wieder zurück in sein Büro. Da an Schlaf nicht zu denken war, machte er sich nur etwas frisch und erkundigte sich im großen Planungsraum nach dem Stand der Dinge. Die von allen Flugplätzen und von allen Staffeln laufend eingehenden noch vorläufigen Zahlen zeigten nach der

381 Mitteilung von Chief Master Sergeant USAF (Ret.) Severino DiCocco vom 7.3.1996 an den Verfasser.

Addition, daß das vorgegebene Ziel von insgesamt 10.000 Short Tons überall bereits erreicht und überschritten war, und bis zum Abschluß der Aktion standen immer noch einige Stunden zur Verfügung. Auch das Wetter spielte mit, es wurde immer besser. Aus Berlin rief General Clay an und wollte wissen, was da im Gange sei. Jedoch, so fügte er gleich hinzu, egal, was Tunner beabsichtige, es sei phantastisch. Jetzt war der Zeitpunkt gekommen, die Aktion öffentlich bekanntzumachen. Als General Clay von der Osterparade als einem besonderen Ostergeschenk für die Berliner Bevölkerung hörte, war er begeistert und informierte sofort die gesamte Presse, die daraufhin in ganzen Scharen ins Hauptquartier der CALTF strömte, um mehr und nähere Einzelheiten zu erfahren.

Die Berliner brauchten nicht extra informiert werden. Das ununterbrochene Gebrumm der Motoren, das auch die ganze Nacht hindurch nicht eine einzige Minute nachgelassen hatte und in viel kürzeren Intervallen zu hören war, als sie es bis dahin gewohnt waren, machte ihnen auch ohne Nachrichten klar, daß dies ein Osterfest war, das völlig aus dem üblichen Rahmen fiel. Als die Berliner dann im Laufe des Sonntagmorgen die offizielle Nachricht von der Osterparade entweder im Radio oder durch die bei Stromsperren durch Berlin tourenden Lautsprecherwagen hörten, waren die „Rosinenbomber" und ihre „Osterparade" an diesem Ostersonntag 1949 sofort und überall das Gesprächsthema No. 1.

Im Hauptquartier der CALTF stieg gegen Mittag des Ostersonntag die Spannung. Das geforderte Tonnageziel von 10.000 Short Tons war zwar längst erreicht und weit übertroffen, aber noch nicht die 1440 Flüge, jede Minute ein Flugzeug. Am Ende fehlten dann aber 42 Flüge, um auch dieses ehrgeizige Ziel zu erreichen. Unter die seitlichen Cockpitfenster der letzten Skymaster, die vor Ablauf der 24 Stunden startete, wurde mit roter Farbe das stolze Ergebnis aufgemalt: „Tons: 12.941, Flights: 1.398". Die Zahl der Flüge von 1398 bedeutete zwar nicht, daß wie geplant alle 60 Sekunden ein Transporter in Berlin landete, der Abstand betrug 62 Sekunden. Da aber alle in Berlin gelandeten Flugzeuge auch wieder starten mußten, hieß das, daß alle 31 Sekunden ein Flugzeug landete oder startete. Während dieser ganzen 24 Stunden gab es keinen Unfall oder Verletzten. Alle Angehörigen der Combined Airlift Task Force mit General William H. Tunner an der Spitze konnten mit Recht stolz auf dieses Ergebnis sein. Die erbrachte Leistung beschrieb ein Transportoffizier der US Army sehr anschaulich: „Ihr Burschen habt heute 600 Waggons Kohle nach Berlin geschleppt. Habt ihr schon 'mal einen Güterzug mit 50 Kohlewaggons gesehen? Nun, das entspricht also 12 solcher Güterzüge."[382] Und noch ein Vergleich sei hier angebracht. Vor Beginn der Blockade erhielt Berlin auf dem Land- und Schienenweg im Durchschnitt 8.000 Tonnen Versorgungsgüter pro Tag. Nach der Osterparade wurde diese Menge jeden Tag über die Luftbrücke eingeflogen. Es bedarf keiner besonderen Erklärung, daß die Leistungen der Osterparade, die das Ergebnis von intensiven Vorbereitungen und besonderer Anstrengungen aller Beteiligten war, nicht jeden Tag wiederholt werden konnten. Trotzdem blieb die tägliche Tonnage und die Zahl der Flüge nach Ostern 1949 immer weit über der Quote, die vor Ostern 1949 erbracht wurde. Im April waren das unter Einschluß der Zeit vor der Osterparade (15./16.4.) im Tagesschnitt 7.845,5 Short Tons/ 868 Flüge.[383] Im Mai 1949 waren es dann 8.091,0 Short Tons/ 894 Flüge, im Juni 1949 8010,8 Short Tons/ 885 Flüge und im Juli 1949 sogar 8164,2 Short Tons/890 Flüge als Tagesschnitt.

Nur wenige Tage nach der Osterparade 1949, die ohne Zweifel der Höhepunkt der Berliner Luftbrücke war, begannen in New York bei den Vereinten Nationen die ersten noch geheimen Gespräche zwischen den Vertretern der USA und der UdSSR für eine Aufhebung der Blockade. Denn diese Aktion hatte der UdSSR drastisch und unmißverständlich vor Augen geführt, zu welchen Leistungen die westlichen Alliierten mit ihrer Luftbrücke imstande waren. Sie hatten ja gehofft, daß der strenge Winter und das schlechte Flugwetter die westlichen Alliierten zur Aufgabe von Berlin zwingen würden. Aber die Leistungen der Luftbrücke und die durch nichts zu erschütternde Standhaftigkeit der Bevölkerung der Westsektoren Berlins machten den Sowjets einen dicken Strich durch die Rechnung. Es muß aber auch darauf hingewiesen werden, daß die Westsektoren Berlins zwar in erster Linie durch die Luftbrücke versorgt wurden – das betrifft vor allem die Kohle – daß aber zusätzlich Lebensmittel durch verwandtschaftliche und freundschaftliche Bindungen/Verbindungen aus dem Ostsektor und aus dem Berliner Umland ihren Weg in die Westsektoren fanden. Der Transport dieser Lebensmittel, darunter viel Gemüse, Fleich und Eier, war zwar gefährlich, aber keineswegs unmöglich, denn es gab noch keine Mauer. In welchem Umfang das allerdings geschah, läßt sich heute kaum noch gesichert feststellen.

Nachdem in den Verhandlungen zwischen den Westalliierten und der UdSSR die Aufhebung der Blockade mit Wirkung vom 12. Mai 1949 um Mitternacht vereinbart worden war, herrschte ver-

382 Zitiert nach Tunner, Over the Hump, S. 222: „You guys have hauled the equivalent of six hundred cars of coal into Berlin today. Have you ever seen a fifty-car coal train? Well, you´ve just equaled twelve of them."

383 Auch diese Zahlen nach MAC and the Legacy..., Tabelle 5, S. 59.

DIE OSTERPARADE 1949

**Abb. 89**

Die Blockade Berlin ist zu Ende und die Luftbrücke hat gewonnen! Bei dem Flugzeug handelt es sich um eine R5D der US Navy; unter den jubelnden Soldaten auch Angehörige der Navy, die an ihren weißen Matrosenmützen deutlich zu erkennen sind.

Quelle:
Archiv Flughafen Frankfurt/Main AG

ständlicherweise großer Jubel in Berlin. „Hurra! Wir leben noch!" war die Devise, unter der die Freudenfeiern auf den Straßen Westberlins abliefen, und die Begeisterung kannte keine Grenzen, als am nächsten Morgen die ersten Lastwagen und Eisenbahnzüge aus dem Westen in Berlin eintrafen. Aber die Luftbrücke wurde trotzdem unverändert weiter betrieben. Die Furcht vor einer erneuten Blockade war groß und es galt, zunächst einen ausreichend großen Bestand an Vorräten in Berlin zu sichern. Erst ab Ende Juli 1949 wurden die Aktivitäten der Luftbrücke nach und nach reduziert. Bereits ab Mai 1949 wurden britische zivile Charter aus der Luft-

DIE OSTERPARADE 1949

Abb. 90
Die letzte Tonne Kohle von Faßberg nach Berlin, anschließend wurde der Betrieb in Faßberg eingestellt.

Quelle: Erinnerungsstätte Luftbrücke in Faßberg

brückenorganisation entlassen, und mit dem 16. August 1949 hatten alle zivilen Charter ihren Dienst beendet.[384] Ab dem 12. Juli 1949 begann die RAF, ihre Einsätze vor allem nachts zu reduzieren und Verbände von der „Operation Plainfare" abzuziehen.[385] Auch die USAF begann im August 1949 ihre Aktivitäten auf der Basis eines Phase-out-plans zu verringern, bis am 30. September 1949 eine C-54 Skymaster von Rhein-Main aus den letzten Einsatz im Rahmen der „Operation Vittles" nach Berlin flog.

Von Juni 1948 bis September 1949 flogen die US Air Force, die Royal Air Force und zivile britische Chartergesellschaften in 277.569 Flügen 2.325.509,6 Short Tons an Versorgungsgütern nach Berlin. Es war die bis dahin mit Abstand größte Luftversorgungsaktion und ein Meilenstein in der Geschichte der Luftfahrt. Es war aber auch die erste große Niederlage der Sowjets im gerade begonnenen Kalten Krieg. Oder anders ausgedrückt, es war ein Sieg der westlichen Demokratien, ohne daß auch nur ein einziger scharfer Schuß gefallen war.

Die Erinnerung an die Berliner Luftbrücke wird immer mit zwei Namen verbunden bleiben: Mit General Lucius D. Clay, der sie in Gang setzte und mit General William H. Tunner, unter dessen

384  Final RAF-Report, S. 149 und 216.

385  Final RAF-Report, S. 149.

## DIE OSTERPARADE 1949

**Abb. 91**
Der letzte offizielle Luftbrückenflug der USAF nach Berlin am 30. September 1949 von der Rhein-Main Air Base. Die aufgemalte Tonnage gibt die im Rahmen der Operation „Vittles" überflogene Menge wieder: 1.783.572,7 Short Tons.
Von links nach rechts: Brigadier General Edward H. Alexander, Kommandeur der 61st Troop Carrier Wing auf der Rhein-Main Air Base (zur Erinnerung: Alexander war 1942/43 der erste ATC-Kommandeur der Hump-Luftbrücke), Capt. Harry D. Immel, 1st/Lt. Charles N. Reece, 1st/Lt. James C. Powell, S/Sgt. Jerry G. Cooksy, T/Sgt. Matthew M. Terenzi.

Quelle:
(für das Photo) Landesarchiv Berlin, ursprünglich ein Photo der US Air Force; (für die Namen) Roger G. Miller: To Save a City, The Berlin Airlift 1948-1949, Seite 185

Kommando sie effizient organisiert und erfolgreich durchgeführt wurde. General Clay gilt vor allem in der deutschen Öffentlichkeit als „Vater der Luftbrücke". Das ist insofern richtig, daß er – um bei dieser Sprache zu bleiben – das „Baby" Luftbrücke in die Welt gesetzt und es im Rahmen seiner Möglichkeiten unterstützt hat, aber technisch organisiert und durchgeführt hat er sie nicht. Denn, was häufig übersehen wird, ist, daß Clay ein Armeegeneral war, der von Lufttransport wenig Ahnung hatte. Konnte er auch nicht haben, denn dafür war er ja nicht ausgebildet worden. Das besorgte dann der allseits anerkannte Spezialist für Lufttransport der US Air Force, damals Major General William H. Tunner, der aus dem „Baby" eine bestens funktionierende „erwachsene" Luftbrücke machte, und der die Berliner Luftbrücke mit seinen neuartigen und teilweise revolutionierenden Methoden höchst effizient organisierte und sehr erfolgreich durchführte.

# Epilog

Die Blockade Berlins 1948/49 war durch die Luftbrücke und die Standhaftigkeit der Berliner überwunden worden und die Berliner Luftbrücke ging mit einem alle Erwartungen übertreffenden Erfolg zu Ende, aber es blieb auch in den folgenden Jahren und Jahrzehnten die latente Bedrohung Berlins durch die sowjetische Politik.

Aus diesem Grunde wurden sowohl bei der USAF als auch bei den anderen westlichen Alliierten schon bald nicht nur allgemeine Überlegungen angestellt, wie einer neuen Blockade durch die Sowjets zu begegnen sei, sondern es wurden auch regelmäßig Übungen durchgeführt, an denen sich nach einiger Zeit auch die französischen Luftstreitkräfte beteiligten. Alle diese Übungspläne sind bis heute unter Verschluß („classified") und waren bis zum Abschluß dieser Dokumentation noch nicht für Forschungen zugänglich. In groben Umrissen konnten jedoch einige wichtige Details ermittelt werden. Unter dem Codewort „Bamboo Tree"[386] wurden bis November 1989, dem Fall der Berliner Mauer, Übungen der USAF durchgeführt, um für den Fall einer erneuten Blockade sofort mit einer neuen Luftbrücke beginnen zu können. Von der Charleston AFB, SC unternahmen in (bis jetzt) unbekannten Abständen Transportflugzeuge Übungsflüge nach Deutschland. Von der Ramstein AFB in der Pfalz aus wurde dann durch alle drei Luftkorridore nach Berlin in beiden Richtungen geflogen, um auf diese Weise eine ausreichend große Zahl von Flugzeugbesatzungen für die Flüge durch die Korridore im Training zu halten.[387]

Eine neue Luftbrücke hätte praktisch innerhalb von 48 Stunden anlaufen können, und sie wäre auch aus einem anderen Grunde viel effektiver durchgeführt worden. Denn schon kurze Zeit nach Ende der Berliner Luftbrücke standen vor allem der USAF viel größere Transportflugzeuge und jetzt auch Tanker mit einer wesentlich größeren Ladekapazität zur Verfügung.

Abb. 92

Beim Besuch Minister Stuart Symingtons Weihnachten 1948 rechnete General Tunner diesem vor, daß die 4500 Short Tons, die zu diesem Zeitpunkt als tägliche Mindestmenge an Tonnage nach Berlin galten, von nur 68 der C-74 Globemaster I nach Berlin trans-

[386] Bestätigt vom History Office, USAFE in Ramstein in Mitteilung vom 13.6.1997.

[387] Mitteilungen von Lt.Colonel USAF (Ret.) Edward J. Cotter und Lt. Colonel USAF (Ret.) William C. DeFreese im Gespräch mit dem Verfasser am 24.9.1995 in Charleston, SC, die beide als Navigatoren an diesen Übungen beteiligt waren. DeFreese hat im November 1989 seine letzten Übungsflüge durch die Korridore absolviert, er ist sich aber nicht sicher, ob es auch die letzten Übungsflüge überhaupt waren.

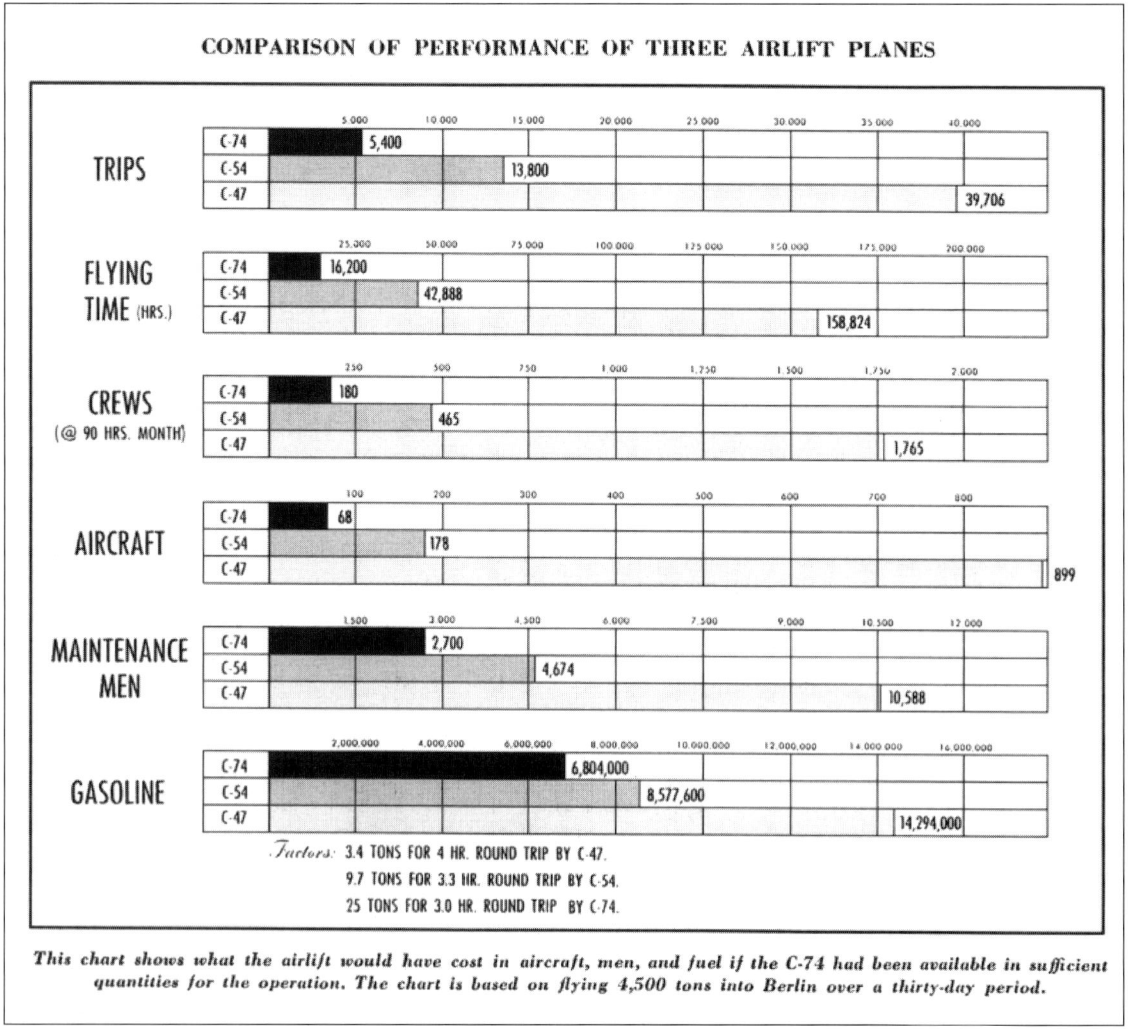

### Abb. 92

### COMPARISON OF PERFORMANCE OF THREE AIRLIFT PLANES

| Category | C-74 | C-54 | C-47 |
|---|---|---|---|
| TRIPS | 5,400 | 13,800 | 39,706 |
| FLYING TIME (HRS.) | 16,200 | 42,888 | 158,824 |
| CREWS (@ 90 HRS. MONTH) | 180 | 465 | 1,765 |
| AIRCRAFT | 68 | 178 | 899 |
| MAINTENANCE MEN | 2,700 | 4,674 | 10,588 |
| GASOLINE | 6,804,000 | 8,577,600 | 14,294,000 |

*Factors:* 3.4 TONS FOR 4 HR. ROUND TRIP BY C-47.
9.7 TONS FOR 3.3 HR. ROUND TRIP BY C-54.
25 TONS FOR 3.0 HR. ROUND TRIP BY C-74.

*This chart shows what the airlift would have cost in aircraft, men, and fuel if the C-74 had been available in sufficient quantities for the operation. The chart is based on flying 4,500 tons into Berlin over a thirty-day period.*

Vergleich der Kapazität von Transportflugzeugen der US Air Force. Diese Graphik ist (wahrscheinlich) kein Original der CALTF, aber die angegebenen Zahlen entsprechen den von General Tunner in einem Interview gemachten Angaben. Siehe Tunner, Over the Hump, S. 198. Die USAF hatte von ursprünglich während des Weltkrieges 50 bestellten C-74 nur die 14 Exemplare erhalten, die bei Kriegsende fertiggestellt waren, während der Rest storniert worden war.

Quelle:
Paul Fisher: The Berlin Airlift;
Sonderdruck der United Aircraft Corporation, Seite 30

portiert werden könnten, dagegen seien für die gleiche Menge 178 C-54 Skymaster und sogar 899 C-47 Skytrain notwendig.[388]. Er plädierte Symington gegenüber für die neue C-124 Globemaster II mit einer Nutzlast von ca. 35,5 t. Nach dem Besuch bei Tunner an Weihnachten 1948 machte sich Symington dann in der Tat in den zuständigen Ausschüssen der amerikanischen Regierung für die C-124 stark und sorgte für ihre Einführung bei der US Air Force. In einem Zeitungsinterview etwa zur gleichen Zeit machte Tunner eine Aussage, die er später noch öfters wiederholen sollte und die im Grunde bis heute ihre allgemeine Gültigkeit behalten hat: „Die Zukunft des Lufttransports ist nicht mit hoher Geschwindigkeit verbunden, sondern sie liegt in großen Flugzeugen mit starken, aber trotzdem wirtschaftlichen und zuverlässigen Triebwerken."[389] In dem gleichen Interview rechnete Tunner vor, welche enormen Kosteneinsparungen mit der Einführung großer Transportflugzeuge bei Personal und Wartung verbunden seien.

In einer Studie „Technology or Manpower"[390] faßte Tunner seine Erfahrungen aus den Luftbrückenaktionen über den Hump, nach Berlin und in Korea (der Korea-Krieg war gerade beendet worden, und General Tunner hatte auch dabei eine äußerst erfolgreiche Luftbrücke organisiert und befehligt) zusammen. Aus jeder früheren Luftbrücke müßten die Lehren für die nächste gezogen werden. Im militärischen Bereich machte er deutlich, daß es eine äußerst kostspielige Unsinnigkeit sei, an allen eventuell möglichen Krisenpunkten der Welt riesige Nachschublager zu unterhalten, deren Material dann oft genug an einem ganz anderen Ort gebraucht würde und womöglich noch auf dem See- und/oder Landweg zeitraubend an die Krisenstelle transportiert werden müßte. Ein gut organisierter militärischer Lufttransport sei bedeutend billiger und obendrein um ein Vielfaches schneller als die Nachschubversorgung aus riesigen, kostspieligen Nachschublagern von Orten, wo sie oft gar nicht gebraucht wurden, sondern ganz woanders. Der Kernaussage seiner Studie lautet: Die USA hätten ihren im Verlauf des Zweiten Weltkrieges erworbenen technischen Vorsprung nicht adäquat in moderne Logistik und dazu passende Transportsysteme umgesetzt. Die erfolgreichen Luftbrücken hätten eindeutig die Möglichkeiten und kostensparenden Vorteile des Lufttransports bewiesen. In diesem Zusammenhang setzte sich Tunner auch hier für ein Transportflugzeug ein, daß nicht unbedingt sehr schnell sein müßte, „die Größe des Frachtraumes, die Vereinfachung der Wartung, die leichte Be- und Entladung sowie niedriger Treibstoffverbrauch per Ton-

388 Tunner, Over the Hump, S. 197 ff.

389 Tunner, Over the Hump, S. 199.

390 Technology or Manpower by Major General William H. Tunner, Sonderdruck des Department of the Air Force, 1953.

ne/Meile sei von gleicher, wenn nicht sogar größerer Wichtigkeit.(...) Wir brauchen ein robustes Flugzeug ohne übertriebene Zusatzausrüstungen – einen fliegenden Güterwagen.(...) Unser Transportflugzeug muß einfach zu fliegen sein, damit auch Piloten, die gerade von der Ausbildung kommen, es sicher fliegen können."[391] Diese einleuchtenden Argumente trugen sicherlich auch dazu bei, daß die USAF ab 1953 zunächst mit der Lockheed C-130 Hercules[392], Nutzlast 20 t, die letzte Propellermaschine als Transportflugzeug der USAF anschaffte. Sie wurde dann Anfang der 60iger Jahre von der Lockheed C-141 Starlifter, Nutzlast 43 t, abgelöst. Die Übungen in den Berliner Luftkorridoren wurden anfangs mit der Douglas C-124 Globemaster II, Nutzlast ca. 35,5 t, geflogen und dann mit der Lockheed C-141 Starlifter. Mit der Lockheed C-5A Galaxy stand dann ab ca. 1970 sogar eine Transportmaschine zur Verfügung, die eine Nutzlast von ca. 115,7 t hatte. Mit diesem Flugzeug wäre es möglich gewesen, mit nur einer einzigen Staffel von 12 Transportern in wenigen Stunden pro Tag nicht nur mehr Versorgungsgüter nach Berlin zu fliegen, als 1948/49 während der Berliner Luftbrücke, sondern auch auf dem Rückflug in Berlin produzierte Güter aller Art nach Westen zu transportieren. Und dabei wäre in Berlin und im Westen jeweils nur ein einziger Flugplatz erforderlich gewesen.

Als Mitte der 60iger Jahre in den USA eine heftige Diskussion geführt wurde, ob ein für die USAF neu anzuschaffendes Transportflugzeug im Unterschallbereich fliegen sollte oder ob ein Überschallflugzeug nicht besser sei, meldete sich der inzwischen pensionierte General Tunner auch wieder zu Wort. Unter der Überschrift „Wollen wir einen Überschalltransporter oder ein $89,- Flugticket nach Europa?"[393] setzte er sich für ein Unterschallflugzeug ein. Die Zuverlässigkeit einer Maschine habe einen großen Einfluß auf die Wirtschaftlichkeit, schrieb er, und der großen Masse der Passagiere sei „Sicherheit, Zuverlässigkeit und Komfort" in Verbindung mit einem erschwinglichen Preis wichtiger als eine extreme Geschwindigkeit. Er verwies auf die bis heute noch weitgehend gültige Einteilung der Plätze in den Passagiermaschinen, wo 90% in der preiswerten Touristenklasse flögen und nur 10% in der Business- und/ oder First-Class-Kategorie. Luftfrachttransport könne zwar auf jeden Komfort verzichten, benötige und fordere aber dafür größte Wirtschaftlichkeit. Aus diesen Gründen sei es wichtiger und vor allem wirtschaftlicher, bereits vorhandene und bewährte Systeme zu verbessern, zu vereinfachen, zuverlässiger und sicherer zu ma-

---

391   Technology or Manpower, S. 17.

392   Zu technischen Details und der Enwicklungsgeschichte der C-130 siehe Holder & Vadnais, The „C" Planes, S. 108 ff.; zur C-124 S. 101 ff., zur C-141 S. 124 ff. und zur C-5A S. 129 ff.

393   „Do we want a supersonic Transport or an $89 trip to Europe" by Lieutenant General William H. Tunner, USAF (Ret.), in : Air University Review, The Professional Journal of the United States Air Force, Vol. XVI No.3 March-April 1965, S.18 ff.

chen, als neue ultramoderne Überschallflugzeuge zu bauen. Sowohl für die zivilen als auch für die militärischen Anforderungen müßte dieses Flugzeug so groß wie möglich sein, wobei er spöttisch hinzufügte, daß es „nicht groß genug für einen Swimmung Pool zu sein brauchte."[394] Viel wichtiger seien zuverlässige Instrumente für die Flugkontrolle und die Navigation, damit eine solche Maschine auch unter den extremsten Witterungsbedingungen sicher fliegen könne. In der Praxis war das Ergebnis dann im militärischen Bereich die C-5A Galaxy und im zivilen die heute hinreichend bekannte Boeing 747, bekannter noch als Jumbo-Jet.

Zusammenfassend kann festgestellt werden, daß die Berliner Luftbrücke 1948/49 die bis dahin mit Abstand größte Luftversorgungsoperation der Luftfahrtgeschichte gewesen ist. Obwohl sie eine durch und durch militärische Operation war, überzeugte sie neben den militärischen auch zivile Skeptiker endgültig von den Möglichkeiten und Vorteilen eines gut und effizient organisierten Lufttransportes. Sie löste für die Entwicklung des weltweiten Luftverkehrs große Impulse aus. Zivile Fluggesellschaften übernahmen für die Wartung ihrer Flugzeuge die bei der Berliner Luftbrücke so erfolgreich angewandten Verfahren (z.B. Fließbandwartung), staatliche Flugsicherungsorganisationen und zivile Flughäfen die Verfahren für Flugplanung, Flugsicherung, sowie die Radar-Streckenkontrolle und vor allem die Landungen der Flugzeuge unter Radar-Kontrolle.

Die Berliner Luftbrücke ist deshalb als ein bedeutender und in vieler Hinsicht richtungweisender Meilenstein für die Entwicklung des modernen Luftverkehrs anzusehen.

394  Ebenda, S. 20.

# Anhang

## Allgemeine Statistische Angaben:

### Statistik Berliner Luftbrücke
Flüge und Tonnage. Juni 1948 – September 1949

|  | US Tonnage | Britische Tonnage | Tonnage insgesamt | Zahl der US Flüge | Zahl der brit. Flüge | Flüge insgesamt |
| --- | --- | --- | --- | --- | --- | --- |
| Juni 1948 | 1.199,0 | 205,0 | 1.404,0 | 474 | 26 | 500 |
| Juli | 39.971,0 | 29.034,7 | 69.005,7 | 7.550 | 5.978 | 13.528 |
| August | 73.658,1 | 45.344,5 | 119.002,6 | 9.770 | 8.372 | 18.142 |
| September | 101.846,7 | 37.776,2 | 139.622,9 | 12.904 | 6.825 | 19.729 |
| Oktober | 115.792,2 | 31.788,6 | 147.580,8 | 12.135 | 6.100 | 18.235 |
| November | 87.979,3 | 25.608,6 | 113.587,9 | 9.047 | 4.305 | 13.352 |
| Dezember | 114.567,2 | 26.870,9 | 141.438,1 | 11.660 | 4.832 | 16.492 |
| Januar 1949 | 139.218,8 | 32.740,4 | 171.959,2 | 14.095 | 5.397 | 19.492 |
| Februar | 120.394,6 | 31.846,1 | 152.240,7 | 12.043 | 5.043 | 17.086 |
| März | 154.475,0 | 41.685,7 | 196.160,7 | 15.530 | 6.633 | 22.163 |
| April | 189.957,2 | 45.406,5 | 235.363,7 | 19.130 | 6.896 | 26.026 |
| Mai | 192.271,4 | 58.547,1 | 250.818,5 | 19.366 | 8.352 | 27.718 |
| Juni | 182.722,9 | 57.602,1 | 240.325,0 | 18.451 | 8.094 | 26.545 |
| Juli | 201.532,2 | 51.557,8 | 253.090,0 | 20.488 | 7.104 | 27.592 |
| August | 55.940,0 | 21.818,6 | 77.758,6 | 5.886 | 3.098 | 8.984 |
| September | 12.047,1 | 4.104,1 | 16.151,2 | 1.434 | 551 | 1.935 |
| Total | 1.783.572,7 | 541.936,9 | 2.325.509,6 | 189.963 | 87.606 | 277.569 |

Quelle: Roger D. Launius und Coy F. Cross II: MAC and the Legacy of the Berlin Airlift, Military Airlift Command, Scott Air Force Base, Illinois, April 1989, S. 59
AFHRA Reg. No. 42586 (25-12). Die Aufstellung basiert auf „Berlin Airlift, A USAFE Summary" und ist deshalb als zuverlässig zu betrachten.

Diese Zahlen weichen teilweise ab von den Zahlen, die die Combined Airlift Task Force und die Royal Air Force in ihren jeweiligen Abschlußberichten genannt haben. So weist der CALTF Abschlußbericht für die USAF ein Gesamttonnage von 1.715.585,6 short tons aus[395] und der Final RAF Report[396] den in der obigen Tabelle genannten Betrag. Für die RAF nennt CALTF 516.014,2 short tons, der Final RAF Report 542.236,0 short tons. Als insgesamt überflogene Tonnage gibt CALTF die Zahl von 2.231.599,8 short tons an, die RAF dagegen 2.325.808,7 short tons.

Diese Tonnage teilt sich auf in erster Linie in:[397]

|  | Kohle | flüssiger Treibstoff | Lebensmittel |
|---|---|---|---|
| USAF | 1.421.729,6 | - | 296.303,1 |
| British (RAF u. civil charter) | 164.799,7 | 92.282,4 | 241.712,9 |
| Total | 1.586.529,3 | 92.282,4 | 538.016,0 |

Der flüssige Treibstoff wurde praktisch zu 100% von den zivilen britischen Chartergesellschaften nach Berlin geflogen.

Von Juni 1948 bis September 1949 sind insgesamt 2.325.509,6 short tons im Rahmen der Luftbrücke nach Berlin geflogen worden. (Siehe auch Aufstellung oben)

Die im Tagesdurchschnitt.[398] überflogene Tonnage schwankte naturgemäß durch die Wetterbedingungen. Trotzdem pendelte der Tagesschnitt der Briten (RAF und zivile Charter) von Juli 1948 bis Juli 1949 permanent zwischen ca. 1000 und knapp 2000 short tons täglich. Die knapp 2000 short tons wurden erst im Mai und Juni 1949 erreicht und sackten im Juli 1949 wieder ab, weil dann die Auslaufphase der Briten bereits einsetzte, angefangen mit den zivilen Chartern. Die USAF steigerte ihre Tagesleistung zunächst bis Oktober 1948 kontinuierlich auf dann ca. 3.800 short tons. Im November wurde bedingt durch extrem schlechtes Wetter für die USAF (aber auch für die Briten) der absolute Tiefpunkt verzeichnet, um dann wieder kontinuierlich bis März 1949 auf ca. 5000 short tons täglich zu steigen. Ab April 1949 hat die USAF regelmäßig einen Tagesschnitt von deutlich über 6000 short tons erreicht. Ab Mai 1949 bis Anfang August 1949, als die Auslaufphase der USAF begann, hat die Combined Airlift Task Force (CALTF), d.h., die US Air Force, die Royal Air Force und die zivilen britischen Chartergesellschaften, täglich mehr als 8000 short tons nach Berlin geflogen. Der absolute Höhepunkt waren die 24 Stunden vom Mittag des Ostersamstag bis Mittag am Ostersonntag 1949, als in der sog. Osterparade (Easter Parade) in 1398 Einsätzen/Flügen 12.941 short tons nach Berlin transportiert wurden.

395 Caltf Abschlußbericht, S. 87.

396 Final RAF Report, S. 519.

397 Nach Final RAF Report, S. 521, auch hier weichen die Zahlen zum Abschlußbericht CALTF ab.

398 Nach CALTF Abschlußbericht, S. 88.

In Berlin produzierte Industriegüter und Postsendungen wurden in erster Linie von der RAF von Berlin in den Westen geflogen. Ein kleiner Anteil entfiel hier auf die zivilen Charter.[399] Die insgesamt ausgeflogene Tonnage von 35.843,1 short tons verteilt sich auf:

| | |
|---|---|
| Post | 19.854,1 |
| Stückgut | 3.117,4 |
| Waren | 12.874,6 |

Sowohl von der USAF als auch den Briten (RAF und zivile Charter) sind Passagiere von und nach Berlin transportiert worden. Die Zahlen enthalten nicht Personen, die dienstlich oder als Beobachter für einige Stunden oder Tage nach Berlin und dann wieder zurückflogen, aber sie enthalten das Personal der drei Besatzungsstreitkräfte, die ausgetauscht wurden. Es geht aus der Aufstellung nicht hervor, ob darin auch die Kinder und älteren Menschen aus Berlin enthalten sind, die zur Erholung in den Westen geflogen wurden und fast alle wieder nach Berlin zurückkehrten. Die Zahlen decken den Zeitraum von Juni 1948 bis September 1949 ab:[400]

| | nach Berlin | aus Berlin |
|---|---|---|
| British | 36.218 | 131.436 |
| USAF | 24.216 | 36.584 |
| Total | 60.434 | 168.020 |

## Die Todesopfer im Verlauf der Berliner Luftbrücke 1948/49

WHEN NATIONS UNITE – THE BERLIN AIRLIFT
by William L. Ball, RAF[401]

After a war when so many died
there we were working side by side
the greatest lift by air in history
how it was done is still a mystery

Aircraft came from near and far
some with a roundle and some a star
forces from all nations and civilians too
ordinary people with a great task to do

The German nation working with us
night and day without any fuss

---

399 Final RAF Report, S. 524.

400 Final RAF Report, S. 525.

401 Dieses Gedicht zusammen mit drei weiteren wurde dem Verfasser zugesandt von William L. „Bill" Ball, der als 19-jähriger Flugmotoren-Mechaniker während der Luftbrücke Dakotas der RAF vorwiegend in Lübeck wartete.

flying a corridor not very wide
steady skipper we are drifting outside

To get to Berlin was every planes goal
some loaded with flour, some with coal
in all weather they battled, crews gave their all
the life line to Berlin must not fall

Rightly so there is honour and glory
but in peace time its another story
they died to keep the peace preserved
these sort of heroes are never heard

I returned to the city not long ago
had they forgotten, the answer is no
Berlin has a monument and carved in stone
names of the men that failed to come home.

Ausgehend von den Namen der Todesopfer, wie sie am Sockel des Luftbrücken-Ehrenmals auf dem Platz der Luftbrücke vor dem Hauptgebäude des Flughafens Berlin-Tempelhof eingemeißelt sind, wurde versucht, die Umstände und das genaue Todesdatum jedes einzelnen Opfers der Luftbrücke zu klären. Das ist auch weitestgehend gelungen.

Für alle Unfälle, an denen amerikanische Staatsangehörige (US Air Force, US Army, US Navy und ein Zivilist) die Opfer waren, lagen die sehr detaillierten offiziellen Berichte der USAF vor. Diese Unfallberichte sind erst vor wenigen Monaten freigegeben („declassified") worden und wurden dem Verfasser von der Air Force Historical Research Agency auf der Maxwell AFB, Montgomery, Alabama sofort zugeschickt. Jeder einzelne Unfall ist mit einem umfangreichen Konvolut von Untersuchungsberichten und Zeugenaussagen belegt. Die Angaben über das Geburtsdatum und den Geburtsort der Amerikaner verdanken wir Timothy A. Chopp, dem Präsidenten der Berlin Airlift Historical Foundation und Ronald M.A. Hirst.

Für alle Unfälle mit britischen Opfern standen im Wesentlichen nur die allgemeinen Angaben im Final RAF-Report zur Verfügung. Nach Auskunft des Public Record Office in London-Kew sind die offiziellen Unfallberichte bis heute nur den Angehörigen der Opfer zugänglich. Für ein Opfer mit einem englisch klingenden Namen konnte bisher keine Klärung erreicht werden.

ANHANG

Bei weitem die größten Schwierigkeiten bereitete die Klärung der Umstände für die deutschen Todesopfer und einige konnten bis zum Abschluß des Manuskriptes nicht aufgeklärt werden.

8. Juli 1948: US Air Force, Douglas C-47 Skytrain; nach dem Start von Wiesbaden-Erbenheim in Richtung Berlin-Tempelhof ist die Maschine gegen 23:30 Uhr MEZ in aufliegenden Wolken fliegend am bewaldeten Hang des Steinkopfes in der Nähe von Königstein/Taunus zerschellt und explodiert; ihr Leben verloren:
1st/Lt. George B. Smith
(* 26. Dezember 1918 in Los Angeles, CA) aus Tuscaloosa, Alabama, USAF
1st/Lt. Leland V. Williams (* 6. März 1920 in Tuscola, TX)
aus Abilene, Texas, USAF
Karl* von Hagen
(* 4. Oktober 1912 in Berlin) aus New York City, Zivilangestellter der US Army
(* in manchen Pubikationen findet sich auch die Schreibweise Carl, im offiziellen Unfallbericht steht „Hagen, K.V.")

25. Juli 1948: US Air Force, Douglas C-47 Skytrain, Absturz in Berlin-Friedenau, Handjery-Straße kurz nach Mitternacht Ortszeit; ihr Leben verloren:
1st/Lt. Charles H. King (* 18. Juni 1922 in Aberdeen,SD)
aus Britton, South Dakota, USAF, Pilot
1st/Lt. Robert W. Stuber
(* 28. August 1920 in St. Joseph, MO)
aus Arlington, California, USAF, Co-Pilot

24. August 1948: US Air Force, zwei Douglas C-47 Skytrain stoßen in der Luft zusammen, Absturz in der Nähe von Ravolzhausen (heute Ortsteil von Neuberg nördlich von Hanau) gegen 07:30 Uhr (Z-time); ihr Leben verloren:
Major Edwin C. Diltz
(* 14. Oktober 1916 in Hamilton, TX)

aus Fayetteville, Texas, USAF
Capt. William R. Howard
(* 18. Juli 1920 in Una, MISS)
aus Gunnison, Mississippi, USAF
Capt. Joel M. DeVolentine
(* 1. Februar 1917 in Lawrenceville, GA)
aus Miami, Florida, USAF
1st/Lt. William T. Lucas
(* 3. Juni 1922 in Wilson, NC)
aus Wilson, North Carolina, USAF

19. September 1948: Royal Air Force, Avro York, Kennzeichen M.W. 288, Absturz nachts beim Start in Wunstorf, ein Triebwerk fiel aus und die Besatzung konnte das Flugzeug nicht unter Kontrolle halten; ihr Leben verloren:
Flt. Lt. H.W. Thompson, Pilot, RAF
Flt. Lt. G. Kell, Co-Pilot, RAF
Nav. II L.E.H. Gilbert, Navigator, RAF
Sig. II S.M.L. Towersey, Signaller (Funker), RAF
Eng. II E.W. Watson, Flight Engineer, RAF

2. Oktober 1948: US Air Force/US Army, Kollision eines Fahrzeuges der Flugplatz-Feuerwehr mit einer Douglas C-54 Skymaster auf dem Vorfeld von Rhein-Main um 20:18 Uhr Ortszeit; sein Leben verlor:
PFC (Private First Class = Gefreiter) Johnnie T. Orms
(* 19. November 1919 in Coffeyville, Kansas), US Army

18. Oktober 1948: US Air Force, Douglas C-54 Skymaster, Absturz in der Nähe des Rhein-Main-Flughafens um 05:39 Uhr Ortszeit; ihr Leben verloren:
Capt. James A. Vaughan
(* 11. Juni 1921 in Linton, Tenn.)
aus New Haven, Connecticute, USAF
1st. Lt. Eugene S. Erickson
(* 26. Oktober 1918 in Marinette, Wisc.)
aus Collinsville, Illinois, USAF
Sgt. Richard Winter (* 30. September 1924 in

Seatle, Washington)
aus Seattle, Washington, USAF

29. Oktober 1948: US Army, während der Bauarbeiten am Flugplatz Tegel ist der Fahrer einer Planierraupe eines Engineer Combat Battalions nachts aus ungeklärten Gründen von seinem Gerät gefallen und von der Planierraupe überrollt worden. Sein Leben verlor:
Corporal George S. Burns aus Granite Falls, North Carolina, US Army[402]

17. November 1948: Royal Air Force, Douglas Dakota (RAF-Bezeichnung der C-47),
Kennzeichen K.P. 223, Absturz in der Nähe von Lübeck in der damaligen Sowjetischen Besatzungszone (SBZ); ihr Leben verloren:
Pilot Off. I.F.I. Trezona, Pilot, RAF
Fl.Lt. J.G. Wilkens, Navigator, RAF
Sig. P.A. Louch, Signaller (Funker), RAF
Sgt. Frank Dowling, Passagier, RAF

23.* November 1948: Flight Refuelling Ltd. (Zivile Chartergesellschaft), Avro Lancastrian Tanker, Kennzeichen (mit großer Sicherheit) G-AHJW, Absturz in England. Absturz um 17:12 Uhr in England nahe Conholt Park in der Nähe von Chute, Wiltshire. Alle Orte südwestlich von London. Ihr Leben verloren:
Capt. Cyril Taylor
Capt. Reginald Merrick Watson Heath
Capt. William Cusack
Nav. Off. Michael Edwin Casey
Nav. Off. Alan John Burton
Rad. Off. Dornford Winston Robertson
Flt. Eng. Kenneth Arthur Seaborne
Alle zivile Angestellte der Fa. Flight Refuelling Ltd.
*Datum entsprechend dem Final RAF-Report; die Familie von D. W. Robertson glaubt, daß der Absturz bereits am 22. November passierte.

402 Mitteilung von Daniel F. Harrington, USAFE/HO Ramstein vom 17.7.1998 an den Verfasser.

ANHANG

5. Dezember 1948: US Air Force, Douglas C-54 Skymaster, Absturz kurz nach dem Start in Faßberg um 23:13 Uhr (Z-time); ihr Leben verloren:
Capt. Billy E. Phelps
(* 16. Januar 1922 in McKinney, TX)
aus Long Beach, California, USAF
1st/Lt. Willis F. Hargis
(* 20. Dezember 1920 in Nacogodoches, Texas
aus Nacogodoches, Texas, USAF
T/Sgt. Lloyd G. Wells
(* 4. September 1920 in Kansas City, Liberty, MO)
aus San Antonio, Texas, USAF

8. Dezember 1948: Air Flight Ltd. (Zivile Chartergesellschaft), auf dem Flugplatz Berlin-Gatow wird ein Pilot der Gesellschaft auf dem Rollfeld von einem Lastwagen überfahren und tödlich verletzt. Über diesen „Unfall" kursieren zahlreiche Gerüchte. So behauptet Richard Collier in seinem Buch „Bridge across the Sky", daß es sich um einen gezielten Anschlag auf den Chef des Getöteten, Donald Bennett gehandelt hat, der sich in den Tagen davor praktisch jede Nacht um diese Zeit an dieser Stelle des Vorfeldes aufhielt. Die Gerüchte werden gestützt durch die Tatsache, daß der Lastwagen sofort verschwand und nie gefunden wurde und kein LKW zu dieser Zeit im Kontrollraum auf dem Vorfeld registriert war. Vielleicht aber war dies nur ein ganz simpler Fall von Fahrerflucht. Sein Leben verlor:
Capt. Clement Wilbur Utting
Zivilangestellter der Fa. Air Flight Ltd.

11. Dezember 1948: US Navy, R-5D (US Navy Bezeichnung der Douglas C-54), Absturz im Taunus um Mitternacht Ortszeit mit 6 Personen an Bord; sein Leben verlor:
Mach. Mate Harry R.. Crites,Jr.
(* 13. Oktober 1928 in Lafayette, Indiana)
US Navy

| | |
|---|---|
| 7. Januar 1949: | US Air Force, Douglas C-54 Skymaster, auf dem Wege nach Burtonwood bei Liverpool, Absturz in der Nähe von Garstang, ca. 100 km nördlich von Burtonwood um 16:40 Uhr (Z-time); ihr Leben verloren:<br>Capt. William A. Rathgeber<br>(* 5. April 1918 in Spokane, Wash.)<br>aus Portland, Oregon, USAF<br>1st/Lt. Lowell A. Wheaton, Jr.<br>(* 21. Januar 1923 in Galveston, TX)<br>aus Corpus Christi, Texas, USAF<br>1st/Lt. Richard M. Wurgel<br>(* 18. Juli 1922 in Weehawken, NJ)<br>aus Union City, New Jersey, USAF<br>Sgt. Bernard J. Watkins<br>(* 27. August 1922 in Lafayette, Indiana)<br>aus Lafayette, Indiana, USAF<br>Cpl. Norbert H. Theis<br>(* 9. April 1928 in Wright, Kansas)<br>aus Cunningham, Kansas, USAF<br>Pfc. Ronald E. Stone<br>(* 6. Dezember 1929 in Mount Sterlin, KY)<br>aus Mount Sterling , Kentucky, USAF |
| 12. Januar 1949: | US Air Force, Douglas C-54 Skymaster, Absturz in der Nähe des Rhein-Main-Flughafens kurz nach Mitternacht (Z-time); ihr Leben verloren:<br>1st/Lt. Ralph D. Boyd<br>(* 2. April 1916 in Henrietta, TX)<br>aus Fort Worth, Texas, USAF<br>1st/Lt. Craig B. Ladd<br>(* 30. Mai 1919 in Bayfield, Wisc.)<br>aus Minneapolis, Minnesota, USAF<br>T/Sgt. Charles L. Putnam<br>(* 26. April 1924 in Colorado Springs, CO)<br>aus Colorado Springs, Colorado, USAF |
| 15. Januar 1949: | Lancashire Aircraft Corporation Ltd. (Zivile Chartergesellschaft)/Royal Air Force, auf dem Flugplatz Schleswig-Land kollidiert nachts eine Handly Page Hastings der RAF, Kennzeichen |

# ANHANG

T.G. 521 mit einem Service-Fahrzeug der zivilen Gesellschaft; ihr Leben verloren:
Ground Engineer Theodor Supernatt
Ground Engineer Patrick James Griffin
Ground Engineer Edward O'Neil
Richard Karl Otto Neumann aus Busdorf, deutscher Zivilangestellter/- arbeiter[403]
Zumindest die drei Briten Zivilangestellte der Fa. Lancashire Aircraft Corporation Ltd.

18. Januar 1949: US Air Force, Douglas C-54 Skymaster, beim Absturz ca. 16 km östlich von Faßberg um 19:19 Uhr (Z-time) kommt einer der Piloten ums Leben; sein Leben verlor:
1st/Lt. Robert P. Weaver
(* 25. Januar 1918 in Fort Wayne, Ind.)
aus Fort Wayne, Indiana, USAF

24. Januar 1949: Royal Air Force, Douglas Dakota, Kennzeichen K.N. 491, Absturz zwischen dem Flugplatz Lübeck-Blankensee und Schönberg/Mecklenburg in einem Waldstück in der Nähe der kleinen Ortschaft Schattin und nahe dem Grenzfluss Wankenitz in der damaligen SBZ; zwei Schwerverletzte, darunter der Pilot, sind im Krankenhaus von Schönberg von Chefarzt Dr. Hans Krause medizinisch versorgt worden;[404] ihr Leben verloren:
Sig. II L.E. Grout, Signaller (Funker), RAF
und sieben deutsche Passagiere:[405]
Gudrun Giessler aus Bonn
Ursula Grasshoff aus Bielefeld
Irmgard und Emanuel Kelch aus Berlin
Johann Lercher
Gerti und Silvia Zimmermann aus Berlin-Dahlem

4. März 1949: US Air Force, eine Douglas C-54 Skymaster geriet auf dem Flug von Wiesbaden-Erbenheim nach Berlin in Brand, Absturz in der Nähe von Langensalza in der damaligen SBZ um 16:59 Uhr (Z-time); sein Leben verlor:

---

[403] Mitteilung von Daniel F. Harrington vom 17.7.1998 an den Verfasser, den Namen erhielt Harrington von Ronald M.A. Hirst.

[404] Mitteilung von Pastor Dietrich Voß von der evangelischen Kirchengemeinde in Schönberg/Mecklenburg vom 5.8.1997.

[405] Nach Mitteilung von Dr. Lothar Zeidler, der als Austauschstudent auf dem Wege in die USA gewesen ist und einer der 15 Überlebenden des Absturzes war, vom 26.8.1997 an den Verfasser. Für die Namen hat Dr. Zeidler als Quelle die Lübecker Nachrichten vom 27./28.1 1949 angegeben. Dabei wurde der erste deutsche Name noch fälschlich als Gudrun Gisela angegeben. Die Namen dieser deutschen Passagiere, die bei dem Absturz ums Leben kamen, sind nicht am Sockel des Ehrenmals in Tempelhof verzeichnet.

|  |  |
|---|---|
|  | 1st/Lt. Royce C. Stephens<br>(* 30. März 1921 in Burkburnett, TX)<br>aus San Antonio, Texas, USAF |
| 11. März 1949: | Royal Air Force, AVRO York, Kennzeichen M.W.189, auf dem Vorfeld von Gatow geriet nachts ein deutscher Polizist in den Propeller der York; sein Leben verlor:<br>Kurt Zülsdorf, deutscher Polizist aus Berlin-Spandau |
| 15. März 1949: | Skyways Ltd. (Zivile Chartergesellschaft), Avro York, Kennzeichen G-AHFI, Absturz in der Nähe von Gatow; ihr Leben verloren:<br>Capt. Cecil Golding, Pilot<br>First Off. Henry Thomas Newman, Co-Pilot<br>Radio Off. Peter James Edwards, Funker<br>Alle Zivilangestellte der Fa. Skyways Ltd. |
| 21. März 1949: | Lancashire Aircraft Corporation Ltd. (Zivile Chartergesellschaft), Handley Page Halton, Kennzeichen G-AJZZ, Absturz in der Nähe von Schleswig-Land; ihr Leben verloren:<br>Capt. Robert John Freight<br>Nav. Off. James Patrick Lewin Sharp<br>Eng. Off. Henry Patterson<br>Alle Zivilangestellte der Fa. Lancashire Aircraft Corporation Ltd. |
| 22. März 1949: | Royal Air Force, Douglas Dakota, Kennzeichen K.J. 970, Absturz in der Nähe von Lübeck in der damaligen SBZ; ihr Leben verloren:<br>Flt. Lt. M.J. Quinn, Pilot, RAAF (Royal Australian Air Force)<br>Fg. Off. K.A. Reeves, Navigator, Südafrikaner im Dienst der RAF<br>M. Sig. A. Penny, Signaller (Funker), RAF |
| 9. April 1949: | Unfall auf dem Flugplatz Tegel *, sein Leben verlor:<br>Kurt Schlinsog (*15.4.1894 in Breslau), Transportarbeiter aus Berlin-Lübars |

*Gerd Schlinsog, der Sohn von Kurt S. kann sich nicht genau an die Umstände des Todes seines Vaters erinnern. Das Datum ist gesichert durch den offiziellen Totenschein. Nach Auskunft des Landesarchivs Berlin ist S. dadurch ums Leben gekommen, daß ihm bei einem orkanartigen Sturm, der am 8.4.1949 über ganz Berlin tobte, eine Tür an den Kopf knallte, an deren Verletzungen er tags darauf im Krankenhaus verstarb.

30. April 1949: World Air Freight (Zivile Chartergesellschaft), Handley Page Halton, Kennzeichen G-AKAC, Absturz ca. 32 km nördlich von Tegel; ihr Leben verloren:
Capt. William Richard Donald Lewis
Nav. Off. Edward Ernest Caroll
Eng. Off. John Anderson
Rad. Off. Kenneth George Wood
Alle Zivilangestellte der Fa. World Air Freight

12. Juli 1949: US Air Force, Douglas C-54 Skymaster, unterwegs von Celle nach Berlin-Gatow, Absturz in der Nähe von Rathenow um 01:17 Uhr; ihr Leben verloren:
1st/Lt. Robert C. von Luehrte
(* 22. Februar 1920 in Covington, KY)
aus Covington, Kentucky, USAF
2nd/Lt. Donald J. Leemon
(* 29. August 1924 in Chase, Wisc.)
aus Green Bay, Wisconsin, USAF
T/Sgt. Herbert F. Heinig
(* 16. März 1915 in Fort Wayne, Ind.)
aus Fort Wayne, Indiana, USAF

16. Juli 1949: Royal Air Force, Handley Page Hastings, Kennzeichen T.G. 611, Absturz direkt auf der Startbahn des Flughafens Tegel beim Start; ihr Leben verloren:
Pilot Off. I.R. Donaldson, Pilot, RAF
Sgt. J. Toal, Co-Pilot, Glider Pilot Regiment, British Army

Nav. I W.G.Page, Navigator, RAF
Sig. II A. Dunsire, Signaller (Funker), RAF
Eng. II R.R. Gibbs, Flight Engineer, RAF

Ein Name, der auf der offiziellen Liste erscheint, konnte noch nicht zugeordnet werden, d.h., wann, wo und unter welchen Umständen er sein Leben verlor:
R.C. Marks
Auch für die übrigen vier Deutschen sind das Datum und die Umstände ihres Todes noch nicht bekannt: (eine Anfrage läuft noch)
Hans Fiedler, Transportarbeiter aus Berlin-Moabit
Willi Dühring, Transportarbeiter aus Berlin-Kreuzberg
Hermann Schwarz, Transportarbeiter aus Berlin-Kreuzberg
E. Gerke

## Chronologie der Berliner Luftbrücke

### 1948

Juni

24.6./06:00 Offizieller Beginn der Blockade der Westsektoren Berlins.

25.6. Die ersten RAF-Dakotas treffen aus England kommend in Wunstorf ein.

26.6. Offizieller Beginn der Luftbrücke zur Versorgung der Zivilbevölkerung der Westsektoren von Berlin durch USAF. Mit 32 Einsätzen von C-47 werden ca. 80 Short Tons nach Berlin-Tempelhof geflogen.

28.6. Offizieller Beginn der zivilen Luftbrücke durch RAF als Operation „Knicker".
Um 16:00 Uhr startet die erste Dakota von Wunstorf nach Berlin-Gatow.
Mit 13 Dakotas werden in den folgenden 24 Stunden 44 Short Tons Lebensmittel nach Berlin geflogen.
In Wunstorf wird das H.Q. Army Air Transport Organisation gebildet zusammen mit der Rear Airfield Supply Organisation.
Brigadier General Joseph Smith erhält das Kommando über den amerikanischen Teil der Berliner Luftbrücke.
Bis zum 11.7. kommen vom Alaskan Air Command 45 C-54 Skymaster für die Verstärkung der Luftbrücke, Code-Name „Able".

30.6. Die ersten C-54 Skymaster treffen um 09:30 Uhr in Y-80 (Wiesbaden-Erbenheim) ein und starten ihre ersten Einsätze nach Berlin am selben Tag ab 19:36 Uhr.
RAF ändert den Code-Namen in Operation „Carter Paterson".

Juli

1.7. Die ersten Avro Yorks treffen aus England kommend in Wunstorf ein.

3.7. Die Avro Yorks beginnen mit ihren Einsätzen nach Berlin-Gatow.

5.7. Zwei Staffeln RAF Short Sunderland Flugboote treffen in Hamburg-Finkenwerder ein und beginnen sofort mit Einsätzen nach Berlin.

7.7. RAF-Dakotas fliegen zum ersten Mal Kohle nach Berlin.
Gesamttonnage innerhalb von 24 Stunden übersteigt zum ersten Mal die 1000 Short Tons Marke.

| | |
|---|---|
| 8.7. | 1. Flugzeugabsturz der Luftbrücke: bei Königstein/Taunus, C-47, 3 Tote. |
| 10.7. | H.Q. Army Air Transport Organisation verlegt von Wunstorf nach Schloß Bückeburg, Supply Organisation bleibt in Wunstorf. |
| | Von MATS, Continental Division kommen bis zum 13. Juli 9 C-54 Skymaster, Code-Name „Baker". |
| | Eine RAF York fliegt die ersten Trockenkartoffeln nach Berlin. |
| 12.7. | Beginn des Baus einer neuen Startbahn in Berlin-Tempelhof. |
| 16.7. | Die Betonlandebahn von 2000 Yards in Berlin-Gatow fertiggestellt. |
| 19.7. | RAF ändert den Code-Namen endgültig in Operation „Plainfare". |
| 20.7. | Gesamttonnage erreicht 2.250 Short Tons (USAF 1.500 Short Tons, RAF 750 Short Tons). |
| | General Lucius D. Clay fliegt nach Washington DC, um mit Präsident Harry S. Truman die Lage in Berlin zu diskutieren. |
| | USAF hat 54 C-54 Skymaster und 105 C-47 Skytrain im Einsatz, die RAF 40 Avro Yorks und 50 Douglas Dakotas. |
| 23.7. | HQ USAF (General Hoyt S. Vandenberg) gibt Befehl an MATS (Military Air Transport Service) zur Bildung eines provisorischen Airlift Task Force HQ mit Major General William H. Tunner, bis dahin stellvertretender Kommandeur von MATS, an der Spitze, aber HQ USAFE unterstellt. Bis zum 16.8. schickt MATS weitere 8 Squadrons (Atlantic Div. 2, Pacific Div. 4, Continental Div. 2) mit 72 Skymastern nach Deutschland, Code- Name „Charlie". |
| 25.7. | 2. Flugzeugabsturz: C-47 in Berlin-Friedenau, 2 Tote. |
| 27.7. | Die erste britische zivile Chartergesellschaft (Flight Refuelling) beginnt von Bückeburg aus mit drei Tankern Treibstofftransport nach Berlin. Verlegt am 8.8. nach Wunstorf. |
| 28.7. | General Tunner und sein Stab treffen in Wiesbaden-Erbenheim ein. |
| 29.7. | RAF verlegt alle Dakotas und zweimotorigen zivilen Transporter von Wunstorf nach Faßberg. |
| | General Tunner übernimmt von General Smith das Kommando über den amerikanischen Teil der Luftbrücke. |
| 30.7. | Neuer Tagesrekord der USAF mit 1.918 Short Tons. |

August

4.8. Offizieller Beginn der Beteiligung von zivilen britischen Chartergesellschaften an der Luftbrücke von Wunstorf, Faßberg und Hamburg-Finkenwerder aus, darunter 2 Hythe Flugboote, die bis zum 15.12. zusammen mit den RAF Flugbooten Einsätze nach Berlin flogen.
Neuer Tagesrekord der USAF mit 2.104 Short Tons.

5.8. Auf der Oberpfaffenhofen Air Force Base wird ein Maintenance Department für die 200-Stunden-Kontrollen der US-Flugzeuge eingerichtet.Die ersten in Berlin produzierten Industriegüter werden auf dem Rückflug in die Westzonen geflogen.
Beginn der Bauarbeiten für Flugplatz Berlin-Tegel.

7.8. Tagesrekord für Gesamttonnage (USAF plus RAF plus zivile Charter): 666 Flüge mit 3.800 Short Tons.

10.8. Neuer Tagesrekord der USAF: 346 Flüge mit 2.437 Short Tons.

12.8. Gesamttonnage übertrifft mit 4.742 Short Tons bei 707 Flügen zum ersten Mal das vorgegebene Ziel von 4.500 Short Tons pro Tag.

13.8. 50. Tag der Luftbrücke, „Schwarzer Freitag" mit Konsequenzen für den Ablauf der Luftbrücke.

14.8. Die erste Douglas C-74 Globemaster I landet aus den USA kommend mit 18 Triebwerken für die C-54 auf der Rhein-Main Air Base.

15.8. Die ersten Zeitungen seit dem Beginn der Blockade treffen in Berlin ein.

17.8. Erster Flug einer Douglas C-74 Globemaster I mit 20 Short Tons Mehl nach Berlin.

20.8. RAF verlegt sämtliche Douglas Dakotas von Faßberg nach Lübeck-Blankensee. Start nach Berlin teils noch in Faßberg, dann Landung in Lübeck und weitere Einsätze von dort.

21.8. Drei Squadrons C-54 Skymaster der USAF verlegen nach Faßberg und fliegen von dort Kohle nach Berlin.
1st/Lt. Gail S. Halvorsen beginnt mit Operation „Little Vittles" durch Abwurf von Schokolade für Kinder beim Anflug auf Berlin-Tempelhof.

24.8. 3. Flugzeugabsturz: zwei C-47 stoßen in der Luft nahe Ravolzhausen bei Hanau zusammen, 4 Tote.

28.8. Alle zivilen zweimotorigen Charterflugzeuge werden von Faßberg nach Lübeck verlegt.

31.8. Neuer Tagesrekord der USAF: 3.124 Short Tons.

## September

| | |
|---|---|
| 1.9. | In Burtonwood/England beginnen die Arbeiten zur Neueröffnung des Depots, um die 200-Stunden-Kontrollen der US-Flugzeuge durchzuführen. |
| | Am Flugplatz Berlin-Tegel arbeiten jetzt ca. 19.000 deutsche Arbeitskräfte in drei Schichten rund um die Uhr, davon ca. 40% Frauen. |
| 9.9. | Neuer Tagesrekord der USAF: 3.392 Short Tons. |
| 10.9. | Neuer Tagesrekord der USAF: 3.527 Short Tons. |
| | Bis zum 10.10. verlegen 36 C-54 Skymaster der Far Eastern Air Force (FEAF) nach Deutschland, Code-Name „Dog". |
| 13.9. | Drei Fairchild C-82 Flying Boxcars mit großen Heckklapptüren treffen in Wiesbaden-Erbenheim ein, um besonders sperrige Baumaschinen nach Berlin zu fliegen. |
| 15.9. | In Lübeck treffen 10 Dakota-Besatzungen der Royal Australian Air Force (R.A.A.F) ein. |
| | In Celle-Wietzenbruch beginnen die Bauarbeiten für eine feste Start- und Landebahn. |
| 18.9. | „US Air Force Day" mit neuem Rekord der Geamttonnage: 6.987,7 Short Tons. |
| | In Berlin Verteilung einer Extrazuteilung an Kohle an die Bevölkerung. |
| | Auf den Plätzen Rhein-Main und Wiesbaden-Erbenheim „Tag der offenen Tür" mit ca. 15.000 deutschen Gästen. |
| 19.9. | 4. Flugzeugabsturz und 1. britischer: Avro York in Wunstorf, 5 Tote. |
| 21.9. | Aus Südafrika kommen 10 Dakota-Besatzungen der South African Air Force (SAAF) plus Commanding Officer zur Einweisung ihrer Luftbrückeneinsätze nach England. |
| 22.9. | In Bückeburg wird das No. 46 Group Advanced Operational H.Q. unter Führung von Air Commodore J.W.F. Merer, RAF gebildet, das die britischen Aktivitäten der Luftbrücke leiten soll. |
| 24.9. | Eine Douglas C-74 Globemaster I fliegt den letzten von insgesamt 24 Einsätzen mit total 428,6 Short Tons nach Berlin. |
| 30.9. | RAF stimmt grundsätzlich einem gemeinsamen Kommando von USAF und RAF zu. |
| | USAF zieht alle Douglas C-47 von der Luftbrücke ab. |

Oktober

| | |
|---|---|
| 1.10. | Der erste Pilot erreicht die Zahl von 100 Einsätzen nach Berlin: 1st/Lt. John Finn aus Jackson, Michigan. |
| 2.10. | 1. Todesopfer durch Unfall am Boden: auf der Rhein-Main Air Base fährt ein Fahrzeug der Flughafenfeuerwehr in den Propeller einer C-54, 1 Toter. |
| 5.10. | Alle zivilen zwei-motorigen Chartermaschinen werden von Lübeck nach Hamburg-Fuhlsbüttel verlegt. |
| 7.10. | Tagesrekord der RAF in Berlin-Gatow: 442 Short Tons in 24 Stunden. |
| 8.10. | Flugplatz Schleswig-Land wird von RAF als Standort für 2 Squadrons mit den neuen viermotorigen Handley Page Hastings bestimmt plus zivile Tankerflugzeuge. |
| 13.10. | Letzte Details des Abkommens zwischen United States Air Force in Europe (USAFE) und British Air Forces of Occupation (BAFO) werden entschieden. |
| 14.10. | 1.000. Flug einer C-54 von Y-80 (Wiesbaden-Erbenheim) |
| 15.10. | Das Abkommen zwischen USAFE und BAFO über ein einheitliches Kommando für die Luftbrücke in Form der „Combined Airlift Task Force" (CALTF) wird von Lt. General Curtis E. LeMay (USAFE) und Air Marshal Sir Arthur P.M. Sanders (BAFO) unterschrieben und gleichzeitig wird Major General William H. Tunner (USAF) das Kommando übertragen mit Air Commodore J.W.F. Merer (RAF) als Stellvertreter.<br>Südafrikanische Dakota-Besatzungen beginnen in Lübeck ihren Einsatz bei der Luftbrücke. |
| 16.10. | Wechsel im Oberkommando von USAFE: Lt. General LeMay verläßt Europa, um Kommando über das neue Strategic Air Command (SAC) zu übernehmen. Sein Nachfolger ist Lt.General John K. Cannon. |
| 17.10. | Neuer RAF Tagesrekord: 454 Short Tons |
| 18.10. | 5. Flugzeugabsturz: erste C-54, nahe Rhein-Main, 3 Tote.<br>USAF holt ca. 10.000 ehemalige Piloten, Bordingenieure/-mechaniker und Kontrollturmpersonal von zivilen Airlines und Flughäfen für vorübergehenden Dienst bei der Luftbrücke zurück in den aktiven Dienst. |
| 19.10. | RAF beginnt deutsche Zivilisten auf dem Rückflug von Berlin nach Lübeck zu transportieren. |
| 21.10. | Präsident Harry S. Truman erteilt USAF Befehl, die Luftbrücke durch weitere 66 C-54 Skymaster zu verstärken. |

26.10.  3 Dakota-Besatzungen aus Neu-Seeland (Royal New Zealand Air Force) treffen in Lübeck ein.

27.10.  Bis zum 11.11. treffen 2 Squadrons der US Navy mit 24 Douglas R5D (Navy Bezeichnung der C-54 Skymaster) in Deutschland ein. Code-Name „Easy".

November

1.11.  In Schleswig-Land trifft die erste von zwei Squadrons mit den neuen Handley Page Hastings ein.

3.11.  Gesamttonnage seit Beginn der Luftbrücke erreicht 300.000 Short Tons.

5.11.  Bauarbeiten in Berlin-Tegel soweit gediehen, daß provisorischer Betrieb aufgenommen werden kann.

8.11.  Freie Universtät Berlin wird in Berlin-Dahlem eröffnet.

9.11.  Bis 16.12. treffen 10 weitere C-54 in Deutschland ein. Code-Name „Fox".

11.11.  In Schleswig-Land beginnen die Handley Page Hastings ihre Einsätze nach Berlin.

12.11.  Bis 12.1.1949 treffen 20 zusätzliche C-54 Skymaster in Deutschland ein. Code-Name „George".

17.11.  6. Flugzeugabsturz: RAF Dakota nahe Lübeck, 4 Tote.
Bis zum 10.1.1949 trifft das letzte Kontingent von 24 C-54 Skymaster in Deutschland ein. Code-Name „How".
Seit dem 28.6. sind damit 240 C-54 Skymaster/R5D zum Einsatz bei der Luftbrücke nach Deutschland beordert worden.

18.11.  In Berlin-Tegel landet die erste RAF Dakota aus Lübeck.
Burtonwood/England nimmt die ersten 200-Stunden-Kontrollen vor.

22.11.  Gesamttonnage seit Beginn der Luftbrücke überschreitet Marke von 500.000 Short Tons.

23.11.  7. Flugzeugabsturz: britischer ziviler Tanker bei Überführung zur Wartung, Absturz in England, 7 Tote.

25.11.  In Schleswig-Land beginnen viermotorige britische zivile Frachter und Tanker mit Einsätzen nach Berlin.

26.11.  Nebliges Wetter zeigt deutlich die großen Vorteile von Landungen unter GCA-Kontrolle. Berlin-Gatow meldet 1.316 GCA-Landungen im Monat.
Alle zivilen C-47/Dakotas werden von der Luftbrücke abgezogen.

Dezember

| | |
|---|---|
| 1.12. | Flugplatz Berlin-Tegel kann voll in Betrieb genommen werden. |
| 5.12. | 8. Flugzeugabsturz: C-54 Skymaster nahe Faßberg, 3 Tote. Auf dem Flugplatz Berlin-Tegel wird mit dem Bau einer zweiten Startbahn von über 2.000 m Länge begonnen, die aber erst nach Ende der Luftbrücke fertiggestellt wird. |
| 8.12. | 2. tödlicher Unfall am Boden: Auf dem Flugplatz Berlin-Gatow wird ein Pilot einer zivilen Chartergesellschaft von einem unbekannten Lastwagen überrollt, 1 Toter. |
| 11.12. | 9. Flugzeugabsturz: R5D der US Navy im Taunus, 1 Toter. |
| 13.11. | Nach 171 Tagen der Luftbrücke erreicht Gesamttonnage 640.284 Short Tons, USAF 460.501 Tons, RAF + zivile Charter 179.783 Tons. |
| 15.12. | 317th Troop Carrier Group verlegt von Wiesbaden-Erbenheim nach Celle-Wietzenbruch und fliegt von dort vorwiegend Kohle und Mehl nach Berlin. |
| 16.12. | Der französische Stadtkommandant in Berlin Général de Brigade Jean Ganeval läßt den Radiosendeturm nahe der Landebahn des Flugplatzes Berlin-Tegel sprengen. 5.000. Landung einer zivilen britischen Chartermaschine in Berlin (eine Avro York der Fa. Skyways). Flugboote stellen die Flüge nach Berlin wegen Eisbildung auf den Havelseen ein. Wasserflugplatz Hamburg-Finkenwerder wird geschlossen. In Celle starten die ersten C-54 Skymaster nach Berlin. |
| 20.12. | Faßberg: „Operation Santa Claus" fliegt Geschenke für 10.000 Berliner Kinder nach Berlin. |
| 24.12. | Hollywood-Star Bob Hope beginnt seine „Christmas Caravan"-Tour für das Personal der Luftbrücke. Der amerikanische Secretary of the Air Force W. Stuart Symington trifft in Wiesbaden ein und wird von Major General William H. Tunner über den Stand der Luftbrücke und aktuelle Probleme unterrichtet. |
| 25.12. | Die 50.000. Luftbrückenlandung in Berlin-Gatow durch eine RAF Dakota aus Lübeck. |
| 28.12. | Seit Beginn der Luftbrücke wurden in 96.640 Einsätzen 700.172 Short Tons durch USAF, RAF und britische zivile Charter nach Berlin geflogen. |
| 31.12. | Der 100.000. Luftbrückeneinsatz. |

## 1949

**Januar**

| | |
|---|---|
| 1.1. | Combined Airlift Task Force (CALTF) meldet neuen Wochenrekord seit Bildung der CALTF mit 41.287 Short Tons. |
| 2.1. | Die ersten 12 Besatzungsmitglieder der USAF kehren im Rahmen des Rotationsprogramms zu ihren Heimatbasen zurück. |
| 7.1. | 10. Flugzeugabsturz: C-54 auf dem Weg nach Burtonwood/England nahe Garstang nördlich von Liverpool, 6 Tote. |
| 12.1. | 11. Flugzeugabsturz: C-54 nahe Rhein-Main, 3 Tote. |
| 13.1. | CALTF meldet zweithöchsten Tagesrekord seit US Air Force Day mit 6.678,9 Short Tons in 755 Flügen. |
| 15.1. | 3. tödlicher Unfall am Boden: in Schleswig-Land kollidiert nachts eine Hastings der RAF mit dem Servicefahrzeug einer britischen zivilen Chartergesellschaft, 4 Tote. In Berlin-Tegel landet die erste britische zivile Chartermaschine. |
| 17.1. | Neuer Wochenrekord der CALTF mit 41.540 Short Tons. |
| 18.1. | 12. Flugzeugabsturz: C-54 nahe Faßberg, 1 Toter. |
| 19.1. | Gesamttonnage seit Beginn der Luftbrücke erreicht 750.000 Short Tons. |
| 24.1. | 13. Flugzeugabsturz: RAF Dakota nahe Lübeck, 8 Tote, davon 7 deutsche Passagiere. Die 250.000. Short Ton Kohle aus Faßberg in Berlin-Tegel ausgeladen. |
| 31.1. | Höchste Monatstonnage seit Beginn der Luftbrücke: 171.960 Short Tons. |

**Februar**

| | |
|---|---|
| 3.2. | Neuer britischer Tagesrekord: 1.736 Short Tons in 293 Flügen. |
| 18.2. | Die Marke von 1.000.000 Short Tons an Gesamttonnage wird erreicht durch eine RAF York aus Wunstorf. |
| 20.2. | Schlechtes Wetter resultiert in nur 22 Flüge mit 205,5 Short Tons. |
| 22.2. | Neuer Tagesrekord mit 7.513 Short Tons in 876 Flügen. |
| 23.2. | Neuer Tagesrekord: 7.897 Short Tons in 905 Flügen. |
| 26.2. | Neuer Tagesrekord: 8.025 Short Tons in 902 Flügen. Neuer Wochenrekord: 44.612 Short Tons. |

März

4.3. Der britische Premier-Minister Clement R. Attlee zu Besuch bei der Luftbrücke.

14. Flugzeugabsturz: C-54 bei Langensalza (damalige SBZ), 1 Toter.

11.3. Die RAF fliegt den 50.000. deutschen Zivilisten aus Berlin nach Lübeck.

4. tödlicher Unfall am Boden: in Berlin-Gatow gerät nachts ein deutscher Polizist in den Propeller einer RAF York, 1 Toter.

12.3. Neuer Wochenrekord: 45.644 Short Tons.

15.3. 15. Flugzeugabsturz: zivile britische York nahe Berlin-Gatow, 3 Tote.

H.Q. No. 46 Group verlegt von Bückeburg nach Lüneburg.

16.3. CALTF meldet 36.797 GCA-Landungen seit dem 1.7.1948.

21.3. 16. Flugzeugabsturz: zivile Handley Page Halton nahe Schleswig-Land, 3 Tote.

22.3. 17. Flugzeugabsturz: RAF Dakota nahe Lübeck, 3 Tote.

31.3. Neuer Monatsrekord: 196.160,7 Short Tons.

Auch ein Rekord: die 61$^{st}$ Maintenance Squadron auf der Rhein-Main Air Base meldet die Grundüberholung von 154 Triebwerken in diesem Monat.

April

7.4. GCA in Berlin-Tempelhof fertigt in 6 1/2 Stunden 102 Flugzeuge ab, also GCA-Landungen im Abstand von weniger als 4 Minuten.

Eine C-54 aus Faßberg fliegt Faßberg-Gatow-Faßberg in 1 Stunde 57 Minuten, Umschlagzeit in Gatow 15 Minuten und 30 Sekunden.

9.4. 5. tödlicher Unfall am Boden: in Berlin-Tegel verunglückt ein deutscher Transportarbeiter, 1 Toter

11.4. Neuer Tagesrekord: 8.246 Short Tons in 922 Flügen.

Rekordtag für Wunstorf: 1.135 Short Tons (RAF und zivile Charter)

12.4. RAF beginnt in Lübeck mit dem Austauch eines Regiments ihrer Berliner Garnison.

15./16.4. „Osterparade" von General Tunner als absoluter Höhepunkt der Berliner Luftbrücke und Wendepunkt in der Berliner Blockade: 12.940 Short Tons in 1.398 Flügen, d.h., alle 31 Sekunden landet oder startet in Berlin ein Transportflugzeug!

| | |
|---|---|
| 21.4. | 300. Blockadetag: 6.393,8 Short Tons in 927 Flügen. Baubeginn einer dritten Start- und Landebahn in Berlin-Gatow. |
| 23.4. | Dritthöchste Tagestonnage seit Beginn der Luftbrücke: 8.774,3 Short Tons in 974 Flügen. Neuer Wochenrekord: 58.155,8 Short Tons in 6.437 Flügen. |
| 25.4. | Sowjets deuten Bereitschaft zur Aufhebung der Blockade an. (TASS- Meldung) |
| 26.4. | US State Department bestätigt positive Gespräche zwischen den UNO Botschaftern der USA und UdSSR. |
| 27.4. | Britischer Tagesrekord: 2.086 Short Tons. Zweithöchster Gesamttagesrekord: 9.119,9 Short Tons in 1022 Flügen. |
| 30.4. | 18. Flugzeugabsturz: zivile Handley Page Halton nördlich von Tegel, 4 Tote. Neuer Monatsrekord: 232.263,7 Short Tons. Während des Monats April ´49 Tagesdurchschnitt 7.845,5 Short Tons. Neuer Wochenrekord: 60.774,2 Short Tons. |

Mai

| | |
|---|---|
| 2.5. | Erste Boeing C-97 Stratofreighter landet auf Rhein-Main Air Base. |
| 5.5. | Die Westmächte USA, Großbritannien und Frankreich kündigen zusammen mit UdSSR die Aufhebung der Blockade für den 12.5. an. |
| 7.5. | Der britische Außenminister Ernest Bevin besucht Luftbrückeneinrichtungen in Berlin. |
| 9.5. | Neuer britischer Tagesrekord: 2.167 Short Tons. |
| 10.5. | Neuer zweithöchster Tagesrekord: 9.257 Short Tons in 1.019 Flügen. |
| 12.5./00:01 | Uhr Berliner Blockade aufgehoben. Neuer britischer Tagesrekord: 2.183 Short Tons. |
| 15.5. | Neuer Wochenrekord: 61.749,9 Short Tons. |
| 22.5. | Tagesrekord der zivilen Charter: 1.009 Short Tons in 132 Flügen. |

Juni

| | |
|---|---|
| 1.6. | Die 100.000. Short Ton (flüssig) wird von einer zivilen britischen Lancastrian aus Hamburg-Fuhlsbüttel nach Berlin geflogen. |

| | |
|---|---|
| 8.6. | Ab jetzt werden täglich 8 Short Tons „first class mail" nach Berlin geflogen. |
| 18.6. | Faßberg: „Blockade Busters Party" mit 3.000 Amerikanern und Briten. |
| 26.6. | Neuer britischer Tagesrekord: 2.244 Short Tons. |
| 30.6. | Höchste britische Tagesleistung während der Luftbrücke: 2.263 Short Tons. |

Juli

| | |
|---|---|
| 2.7. | Die 2.000.000. Short Ton wird von einer R5D Navy Crew nach Berlin geflogen. |
| 4.7. | Amerikanischer Independence Day, neuer zweithöchster Tagesrekord: 9.374,5 Short Tons. |
| 12.7. | 19. Flugzeugabsturz: C-54 nahe Rathenow, 3 Tote. Die RAF beginnt mit der Reduzierung ihrer Luftbrückenflugzeuge. |
| 16.7. | 20. und letzter fataler Flugzeugabsturz: Handley Page Hastings beim Start in Berlin-Tegel, 5 Tote. |
| 21.7. | Die 500.000. Short Ton des britischen Anteils an der Combined Air Lift Task Force nach Berlin geflogen. |

August

| | |
|---|---|
| 1.8. | Die USAF beginnt mit der Reduzierung ihrer Luftbrückenkräfte („Phase out plan"). USAF stellt Betrieb in Celle ein. |
| 12.8. | Ende des Betriebs von britischen zivilen Chartern in Hamburg-Fuhlsbüttel. |
| 16.8. | Der letzte britische zivile Charter von der Luftbrücke abgezogen. |
| 22.8. | Die nächtlichen Flüge der Luftbrücke werden eingestellt. |
| 29.8. | Die Avro York Staffeln der RAF stellen Luftbrückenbetrieb ein. |

September

| | |
|---|---|
| 1.9. | Das H.Q. Combined Airlift Task Force wird aufgelöst. Major General William H. Tunner kehrt zurück zu MATS in die USA. USAF stellt Betrieb in Faßberg ein. Keine Luftbrückenaktivitäten mehr in Berlin-Tegel. |
| 23.9. | RAF Dakotas stellen Luftbrückenbetrieb ein. |
| 30.9. | Offizielles Ende der Berliner Luftbrücke. |

ANHANG

## An der Berliner Luftbrücke beteiligte Verbände, Einheiten u. zivile Charter

### US Air Force
(Quelle: MAC and the Legacy..., S. 61 ff., Stichtag 14. März 1949, ergänzt durch eigene Recherchen, die mit * gekennzeichnet sind)

H.Q. Combined Airlift Task Force

H.Q. 60th Troop Carrier Group, Heavy
    10th Troop Carrier Squadron, Heavy
    11th Troop Carrier Squadron, Heavy
    12th Troop Carrier Squadron, Heavy

H.Q. 61st Troop Carrier Group, Heavy
    14th Troop Carrier Squadron, Heavy
    15th Troop Carrier Squadron, Heavy
    53rd Troop Carrier Squadron, Heavy

H.Q. 317th Troop Carrier Group, Heavy
    39th Troop Carrier Squadron, Heavy
    40th Troop Carrier Squadron, Heavy
    41st Troop Carrier Squadron, Heavy
    *HQ 317th Maintenance Support Group
    *317th Maintenance Squadron
    *317th Supply Squadron
    *HQ and HQ 317th Air Base Group
    *317th Communication Squadron
    *317th Air Police Squadron
    *317th Food Service Squadron
    *317th Installation Squadron
    *317th Motor Vehicle Squadron
    *317th Base Service Squadron
    *317th Finance Disbursing Unit
    *317th Medical Group

7169th Weather Reconnaissance Squadron

VR-6 (Naval Transport Squadron)
VR-8 (Naval Transport Squadron)

H.Q. and H.Q. Squadron, 313th Troop Carrier Wing
H.Q. 313th Troop Carrier Group
    29th Troop Carrier Squadron, Heavy
    47th Troop Carrier Squadron, Heavy
    48th Troop Carrier Squadron, Heavy

H.Q. 313th Maintenance and Supply Group
    313th Maintenance Squadron, Troop Carrier, Heavy
    313th Supply Squadron, Troop Carrier, Heavy

H.Q. and H.Q. Squadron, 313th Air Base Group
    313th Finance Disbursing Unit, Troop Carrier, Heavy
    313th Communications Squadron, Troop Carrier, Heavy
    313th Installations Squadron, Troop Carrier, Heavy
    313th Air Police Squadron, Troop Carrier, Heavy
    313th Food Service Squadron, Troop Carrier, Heavy
    313th Motor Vehicle Squadron, Troop Carrier, Heavy
    313th Base Service Squadron, Troop Carrier, Heavy

H.Q. and H.Q. Squadron, 7480th Air Force Wing

H.Q. 7481st Maintenance and Supply Group
    7482nd Maintenance Squadron
    7483rd Supply Squadron

H.Q. and H.Q. Squadron, 7484th Air Base Group
    7485th Finance Disbursing Unit
    7486th Communications Squadron
    7487th Air Police Squadron
    7488th Food Service Squadron
    7489th Installations Squadron
    7490th Motor Vehicle Squadron
    7491st Base Service Squadron
    7492nd Station Medical Group

H.Q. 513th Troop Carrier Group, Special
    330th Troop Carrier Squadron, Special
    331st Troop Carrier Squadron, Special
    332nd Troop Carrier Squadron, Special
    333rd Troop Carrier Squadron, Special

ANHANG

H.Q. 513 Maintenance and Supply Group
    513th Maintenance Squadron, Troop Carrier Special
    513th Supply Squadron, Troop Carrier Special

H.Q. and H.Q. Squadron, 513th Air Base Group
    513th Finance Disbursing Unit, Troop Carrier, Special
    513th Communications Squadron, Troop Carrier, Special
    513th Installations Squadron, Troop Carrier, Special
    513th Air Police Squadron, Troop Carrier, Special
    513th Food Service Squadron, Troop Carrier, Special
    513th Motor Vehicle Squadron, Troop Carrier, Special
    513th Base Service Squadron, Troop Carrier, Special
    513th Station Medical Group

H.Q. and H.Q. Squadron, 61st Air Base Group
    61st Finance Disbursing Unit, Troop Carrier, Heavy
    61st Communications Squadron, Troop Carrier, Heavy
    61st Installations Squadron, Troop Carrier, Heavy
    61st Air Police Squadron, Troop Carrier, Heavy
    61st Food Service Squadron, Troop Carrier, Heavy
    61st Motor Vehicle Squadron, Troop Carrier, Heavy
    61st Base Service Squadron, Troop Carrier, Heavy

H.Q. 61st Maintenance and Supply Group
    61st Maintenance Squadron, Troop Carrier, Heavy
    61st Supply Squadron, Troop Carrier, Heavy
    61st Station Medical Group

H.Q. 7155th Maintenance and Supply Group
    7156th Maintenance Squadron
    7157th Supply Squadron

H.Q. and H.Q. Squadron, 7160th Air Base Group
    7161st Air Police Squadron
    7162nd Food Service Squadron
    7163rd Installations Squadron
    7164th Motor Vehicle Squadron
    7170th Station Medical Group

H.Q. and H.Q. Squadron, 7350th Air Base Group
    7351st Maintenance and Supply Squadron

7352nd Air Police Squadron
7353rd Installations Squadron
18th Weather Squadron Detachement 18-29
- 18-33
- 18-36
- 18-52
- 18-55
- 18-56

1945th Airways and Air Communications Service Squadron
- Detachement 1945-1 Airways and Air Communications Service Squadron

1946th Airways and Air Communications Service Squadron
- Detachement 1946-2 Airways and Air Communications Service Squadron

1966th Airways and Air Communications Service Squadron
- Detachement 1966-1 Airways and Air Communications Service Squadron

1947th Airways and Air Communications Service Squadron
- Detachement 1947-1 Airways and Air Communications Service Squadron

**Royal Air Force und zivile britische Charter**

(Quelle: Final RAF Report, S. 13 f)

a.) H.Q. No. 46 Group
RAF Station Wunstorf
RAF Station Berlin-Gatow
RAF Station Lübeck-Blankensee
RAF Station Schleswig-Land (im Original ein Wort)
RAF Station Faßberg (im Original Fassberg)
RAF Station Celle-Wietzenbruch
Air Traffic Control Center (Bad Eilsen)
Task Force Approach Control (Berlin)

Fliegende Verbände/Einheiten:

| | | |
|---|---|---|
| No. 10 Squadron | No. 47 Squadron | No. 201 Squadron |
| No. 18 Squadron | No. 51 Squadron | No. 206 Squadron |
| No. 24 Squadron | No. 53 Squadron | No. 230 Squadron |
| No. 27 Squadron | No. 59 Squadron | No. 242 Squadron |
| No. 30 Squadron | No. 62 Squadron | No. 297 Squadron |

ANHANG

No. 40 Squadron     No. 77 Squadron     No. 511 Squadron
No. 46 Squadron     No. 99 Squadron
No. 240 O.C.U.            S.A.A.F. Detachement
No. 241 O.C.U.            No. 4 G.C.A. Unit
M.E.D.M.E. Detachement    No. 5 G.C.A. Unit
R.A.A.F. Detachement      No. 11 G.C.A. Unit
R.N.Z.A.F. Detachement

b.) Britische zivile Luftbrückenorganisationen u. Chartergesellschaften: (Zahl der im Durchschnitt eingesetzten Flugzeuge)

| | | |
|---|---|---|
| Civil Airlift Division | B.S.A.A. (2-5) | Scottish Airlines (1-2) |
| Fuhlsbüttel Civil Airport | B.O.A.C. (3) | Silver City (2) |
| Air Contractors (2-3) | Bond Air Service (3-6) | Sivewright Airways (1) |
| Airflight Ltd. (2) | Ciros Aviation (1-2) | Skyflight (2) |
| Airwork (1-2) | Eagle Aviation (2) | Skyways Ltd. (5-7) |
| Air Transport, C.I. (1) | Flight Refuelling (5-10) | Transworld Ltd. (2) |
| Aquila Airways (2) | Hornton Airways (1) | Trent Valley Aviation (1) |
| B.A.A.S. (2) | Kearsley Airways (2) | World Air Freight (1) |
| B.N.A.S. (1) | Lancashire Aircraft Corporation (8-11) | Westminster Airways (2) |

## Hump Statistik/Hump Flugzeugverluste

TOTAL NET TONS CARRIED AND TRIPS FROM INDIA TO CHINA
By the AIR TRANSPORT COMMAND

|       | 1942   |       | 1943   |        | 1944    |        | 1945    |        |
|-------|--------|-------|--------|--------|---------|--------|---------|--------|
|       | Tonnen | Trips | Tonnen | Trips  | Tonnen  | Trips  | Tonnen  | Trips  |
| Jan   |        |       | 1,263  | 515    | 13,399  | 3,162  | 44,099  | 10,817 |
| Feb   | Taken  |       | 2,855  | 988    | 12,920  | 3,042  | 40,677  | 10,194 |
| Mar   | over   |       | 2,278  | 631    | 9,587   | 2,271  | 46,545  | 11,347 |
| Apr   | by     |       | 1,910  | 515    | 11,555  | 2,618  | 44,254  | 10,774 |
| May   | ATC    |       | 2,334  | 605    | 11,383  | 2,663  | 46,394  | 11,197 |
| Jun   | 1st    |       | 2,382  | 593    | 15,845  | 3,702  | 55,386  | 11,431 |
| Jul   | Dec    |       | 3,451  | 874    | 18,975  | 4,431  | 71,042  | 11,829 |
| Aug   | 1942   |       | 4,447  | 975    | 23,676  | 5,604  | 53,315  | 10,389 |
| Sep   |        |       | 5,125  | 1,211  | 22,315  | 5,432  | 39,775  | 7,692  |
| Oct   |        |       | 7,240  | 1,824  | 24,715  | 5,879  | 8,646   | 1,890  |
| Nov   |        |       | 6,491  | 1,737  | 34,914  | 8,269  | 1,429   | 373*   |
| Dec   | 1,227  | 522   | 12,590 | 3,135  | 31,935  | 7,612  | *       |        |
| Total | 1,227  | 522   | 52,366 | 13,603 | 231,219 | 54,685 | 451,562 | 97,935 |

Grand Total Tonnage Dec 1942 – Nov 1945 – 736,374

Alle Tonnageangaben in amerikanischen short-tons. Auch wurde die amerikanische Schreibweise der Zahlen mit Komma statt Punkt als Dezimalangabe beibehalten.

* Discontinued exept as normal part of regularly scheduled transport operations.

Tagesleistungen:
1942: 1.227 ts : 31 Tage = 39.6 ts
1943: 52.366 ts : 365 Tage = 143,5 ts
1944: 231.219 ts : 365 Tage = 633,5 ts
1945: (nur Jan – Jul!) 348.397 ts : 212 Tage = 1643,4 ts
Juli 1945 (letzter voller Einsatzmonat vor Ende der Luftbrücke)
71.042 ts : 31 Tage = 2292 ts

Quelle: AFHRA Reg. No. A-3072 (16-1 und 16-19,S. 0920)

ANHANG

## Hump-Flugzeugverluste
(nur Transportflugzeuge der C-Klasse)

| 1942 | C-46 | C-47/53 | C-54 | C-87 | C-109 | Total |
|---|---|---|---|---|---|---|
| September | | 1 | | | | 1 |
| November | | 1 | | | | 1 |
| Dezember | | 1 | | | | 1 |
| Total | | 3 | | | | 3 |

| 1943 | C-46 | C-47/53 | C-54 | C-87 | C-109 | Total |
|---|---|---|---|---|---|---|
| Januar | | 2 | | | | 2 |
| Februar | | | | | | |
| März | | 2 * | | | | 2 |
| April | | 1 | | 2 | | 3 |
| Mai | 1 | | | 1 | | 2 |
| Juni | | | | | | |
| Juli | 3 | 1 | | 1 | | 5 |
| August | 5 | 3 | | 1 | | 9 |
| September | 4 | 1 | | 2 | | 7 |
| Oktober | 8 | 2 | | 1 | | 11 |
| November | 11 | 2 | | 3 | | 16 |
| Dezember | 7 | 2 | | 1 | | 10 |
| Total | 39 | 16 | | 12 | | 67 |

* eine C-53 der China National Aircraft Corporation (CNAC) stürzte mit einer Goldladung an Bord ab. Die Besatzung wurde tot geborgen, aber die Goldladung blieb verschwunden.

| 1944 | C-46 | C-47/53 | C-54 | C-87 | C-109 | Total |
|---|---|---|---|---|---|---|
| Januar | 18 | 3 | | 3 | | 24 |
| Februar | 9 | 3 | | 1 | | 13 |
| März | 6 | 1 | | 1 | | 8 |
| April | 2 | 4 | | 1 | | 7 |
| Mai | 11 | 10 | | 1 | | 22 |
| Juni | 8 | 13 | | 5 | | 26 |
| Juli | 8 | 6 | | 2 | | 16 |
| August | 10 | 9 | | 2 | | 21 |
| September | 10 | 12 | | 5 | 1 | 28 |
| Oktober | 14 | 8 | | 3 | | 25 |
| November | 11 | 5 | | 5 | 4 | 25 |
| Dezember | 16 | 11 | | 8 | 5 | 40 |
| Total | 123 | 85 | | 37 | 10 | 255 |

| 1945 | C-46 | C-47/53 | C-54 | C-87 | C-109 | Total |
|---|---|---|---|---|---|---|
| Januar | 12 | 17 | | 2 | 5 | 36 |
| Februar | 16 | 16 | 2 | 2 | 6 | 42 |
| März | 23 | 19 | 1 | 10 | 9 | 62 |
| April | 20 | 10 | 3 | 3 | 7 | 43 |
| Mai | 9 | 7 | | 2 | 3 | 21 |
| Juni | 16 | 7 | 3 | 2 | 2 | 30 |
| Juli | 17 | 1 | 1 | 1 | 2 | 22 |
| August | 5 | 2 | | 1 | 1 | 9 |
| September | 1 | 2 | | | | 3 |
| Total | 119 | 81 | 10 | 23 | 35 | 268 |
| 1942-45 | 281 | 185 | 10 | 72 | 45 | 593 |

Die kurz nach Kriegsende erstellte „Chronological List of Aircraft Crashes on Hump Route" weist nicht nur die oben ausgewerteten reinen Transportflugzeuge aus, sondern auch eine Reihe weiterer Verluste von verschiedenen Typen, von denen aber im Einzelfall nicht klar ist, ob sie im Rahmen der Versorgung über die Hump-Luftbrücke verloren gingen. In fast allen Fällen ist zwar der reguläre Standort des verlorenen Flugzeuges angegeben, aber fast durchweg fehlt die Angabe über die Einheit/den Verband, dem das Flugzeug angehört hat. Es handelt sich im einzelnen um:

7 L-1; die Stinson L-1 Vigilant war ein zweisitziges leichtes Verbindungs- und Beobachtungsflugzeug, das auch unter Vultee-Stinson geführt wurde, weil die Firma Stinson 1940 von der Vultee Aircraft Inc. übernommen wurde.[406]

1 L-4B: die Piper L-4B gehörte zur schon legendär gewordenen Gruppe der sog. „Grashopper" und war wie die L-1 ein zweisitziges Verbindungsflugzeug, das in der Basiskonzeption der bekannten Piper Cub entsprach.[407]

27 L-5; die Stinson L-5 Sentinel war wie die L-1 und L-4 ein zweisitziges leichtes Beobachtungs- und Verbindungsflugzeug, das in der Ausführung L-5B auch eine Verwundetentrage transportieren konnte. Wegen seiner Robustheit und kurzen Start- und Landestrecken wurde es während der Hump-Luftbrücke oft von den Search & Rescue Einheiten für die Bergung von verwundeten Flugzeugbesatzungen von primitiven Dschungelpisten verwendet, was sie aber nicht vor dem Abschuß durch japanische Flugzeuge schützte.[408]

2 AT-6/AT-16; die North American AT-6 Texan war während des ganzen Zweiten Weltkrieges das „fliegende Klassenzimmer" für praktisch alle amerikanischen Jägerpiloten. Die Bezeichnung AT-16

406 Weitere Angaben siehe Peter Alles-Fernandez (Hrsg.): Flugzeuge von A bis Z, Band 3, Koblenz 1989, S. 345.

407 Wie oben, S. 224 f.

408 Wie oben, S. 346 f.

galt für die von der kanadischen Fa. Noorduyn gebauten Exemplare.[409]

4 PT-19; die Fairchild PT-19 war normal ein reines Schulflugzeug für Anfänger. Hier in Asien ist das Flugzeug aber möglicherweise auch anders eingesetzt worden.[410]

1 UC-64; die kanadische Noorduyn UC-64 Norseman war ein einmotoriges leichtes Mehrzweckflugzeug, das für Fracht oder für 8 Passagiere leicht umgebaut werden konnte, zunächst für die Royal Canadien Air Force gebaut, dann aber wegen seiner Zuverlässigkeit auch von der US Army Air Force angeschafft wurde.[411]

2 UC-78/AT-17; das ursprüngliche Cessna Modell T-50 wurde bei der US Army Air Force 1940 als zweisitziges Schulflugzeug unter der Bezeichnung AT-8 eingeführt. Später wurde dann eine verstärkte Version als leichter Truppentransporter unter der Bezeichnung AT-17 bestellt, der Ende 1942 die Variante C-78 bzw. UC-78 Bobcat folgte.[412] Unter den Hump-Flugzeugverlusten ist auch eine AT-7 der Chinese Air Force aufgeführt. Hier könnte es sich um einen Schreibfehler handeln, denn es könnte sich dabei um eine AT-17 handeln, was die Verlustzahl dieses Typs auf 3 erhöhen würde.

18 P-38; die Lockheed P-38 Lightning war einer der bekanntesten Jäger/Jagdbomber der US Army Air Force. Das zweimotorige Flugzeug verlangte zwar von den Piloten eine längere Einweisungszeit, aber dann war es ein äußerst erfolgreiches Flugzeug. Mit der P-38 sollen auf dem pazifischen Kriegsschauplatz mehr japanische Flugzeuge abgeschossen worden sein, als mit allen anderen hier eingesetzten Jägern.[413] In der „Chronological List..." ist ein Verlust unter der Typenbezeichnung F-5 aufgeführt, die die Typenbezeichnung bei US Navy und US Marines der P-38 ist.

7 P-40; die Curtiss P-40 Tomahawk, so die Bezeichnung bei der AVG für die normale P-40 Warhawk, ist im Text bereits beschrieben worden.[414]

27 P-47; die Republic P-47 Thunderbolt war ein extrem stark motorisierter Jäger und Jagdbomber, der sehr bullig aussah, der aber im Vergleich mit der P-51 nur über eine deutlich niedrigere Reichweite verfügte.

18 P-51/A-36; die North American P-51 Mustang gehörte zu den bekanntesten Jägern des Zweiten Weltkrieges besonders in Europa, wo er wegen seiner großen Reichweite als Begleitschutz für die Bomberverbände eingesetzt wurde. Die A-36A war eine Art Antwort der Amerikaner auf den deutschen Ju-87 Stuka, und war eine mit Sturzflugbremsen ausgerüstete P-51.[415]

409 Näheres siehe Kenneth Munson: Die Weltkrieg II-Flugzeuge, Stuttgart 19/1995, S. 216 f.

410 Siehe K. Munson, Die Weltkrieg II-Flugzeuge, S. 304 f.

411 Siehe Munson, Die Weltkrieg II-Flugzeuge, S. 358 u. Alles Fernandez, Flugzeuge von A bis Z., Bd. 3, S. 173.

412 Näheres siehe Peter Alles-Fernandez (Hrsg.), Flugzeuge von A bis Z, Koblenz 1987, Band 1, S. 397 f: ferner Kenneth Munson, Die Weltkrieg II-Flugzeuge, S. 290.

413 Für nähere Informationen siehe K. Munson, Die Weltkriegs II-Flugzeuge, S. 175 f.; ferner P. Alles-Fernandez, Flugzeuge von A bis Z, Band 3, S. 53 f. und besonders ausführlich und mit vielen Detailabbildungen: Jeffrey L. Ethell und 7 weitere Autoren: The Great Book of World War II Airplanes, Avenel (New Jersey) 1996, S.1-52(!).

414 Siehe Munson, Die Weltkrieg II-Flugzeuge, S. 76 ff.

415 Siehe Munson, Die Weltkrieg II-Flugzeuge, S. 220 ff.; ferner P. Alles-Fernandez, Flugzeuge von A bis Z, Bd. 3, S.183 f. und auch hier besonders ausführlich und detailreich: Jeffrey L. Ethell u. 7 weitere Autoren, The Great Book of World War II Airplanes, S. 53-100.

1 P-61; die Northrop P-61 Black Widow war das erste als reines Nachtjagdflugzeug mit Radaranlage entwickelte Flugzeug, das lange als großes Geheimnis gehütet wurde und ab Ende 1943 im Pazifik und in China eingesetzt wurde.[416]

(Während des Zweiten Weltkrieges trugen die Jagdflugzeuge der US Navy und der US Marines den Buchstaben „F" für fighter als Kennzeichen der Identifizierung. Bei der US Army Air Force dagegen stand bis Ende des Krieges der Buchstabe „P" für pursuit, to pursuit = verfolgen, am Anfang einer Typennummer. Die Bomber hatten durchweg ein „B" und alle Transportflugzeuge ein „C" für cargo am Anfang der Typenbezeichnung.)

Die Jagdflugzeuge waren während der Hump-Luftbrücke als dringend notwendiger Jagdschutz für die unbewaffneten Transportflugzeuge eingesetzt.

51 B-24; die Consolidated B-24 Liberator und deren Varianten C-87 Liberator Express (Frachtflugzeug) und C-109 (Tanker) sind im Text bereits beschrieben worden. Wieviele der in der „Chronological List..." aufgeführten B-24 zur 308th Bomb Group von Chennnault´s 14th Air Force gehörten, ist nur in Einzelfällen angegeben. Im Juni 1945 wurde die 308th BG nach Indien verlegt und hat nur noch Versorgung geflogen. Es ist aus der Liste nicht zu ersehen, ob die B-24-Verluste bei mit für Versorgungsflüge modifizierten B-24 oder bei Überführungsflügen zu verzeichnen waren, die dann aber aller Wahrscheinlichkeit nach nicht leer geflogen sind. Die modifizierten B-24 wurden eingesetzt, wenn nicht genügend C-87 und C-109 zur Verfügung standen.

30 B-25; die North American B-25 Mitchell war in den Versionen B-25G und B-25H mit den im Bug eingebauten 75mm-Kanonen plus bis zu 14 MG´s, in späteren Versionen der B-25H sogar 18 MG´s, das möglicherweise schwerst bewaffnete Flugzeug des Zweiten Weltkrieges. Während der Hump-Luftbrücke wurde es nicht nur für Angriffe auf japanische Schiffe und Flugplätze verwendet, sondern wegen der ausgezeichneten Rundumverteidigung und seiner Wendigkeit auch von den S&R-Einheiten für Suchflüge nach vermißten Flugzeugen verwendet.[417] Auch von den Wettererkundungsstaffeln wurde die B-25 oft mit einem Meteorologen an Bord für ihre wichtigen Wettererkundungsflüge eingesetzt.

23 B-29; die Boeing B-29 Superfortress war der größte und schwerste (Fluggewicht mehr als doppelt so viel wie die B-17!) Langstreckenbomber der USA im Zweiten Weltkrieg und wurde ab Frühjahr 1944 nur gegen Japan eingesetzt. Einige B-29-Verbände

---

416 Siehe Munson, Die Weltkrieg II-Flugzeuge, S. 360 und P. Alles-Fernandez, Flugzeuge von A bis Z, Bd. 3, S. 194.

417 Näheres siehe Kenneth Munson, Die Weltkrieg II-Flugzeuge, S. 218 f. ferner P. Alles-Fernandez, Flugzeuge von A bis Z, Band 3, S. 178 f.

waren in Kharagpur und Piardoba in Indien stationiert. Von dort flogen sie zunächst zum Auftanken vorwiegend nach Hsinching in China, dann ihre Einsätze auf japanische Ziele und wurden auf dem Rückflug wieder in China nachgetankt. Diese 23 Verluste erscheinen nur in der Hump-Statistik, weil sie auf Hump-Routen verloren gingen.[418]

Die Hump-Statistik weist außerdem noch den Verlust von einer Hurrican und vier Spitfire-Jägern aus, die alle entweder zu britischen oder Commonwealth-Verbänden gehörten.

Diese Auswertung der Hump-Statistik kann geringfügige Fehler enthalten, da in der Statistik noch 7 weitere Flugzeugverluste erscheinen, für die kein Flugzeugtyp angegeben worden ist, sondern nur das Kennzeichen. In einem Fall ist nur ein Datum ohne nähere Angaben zum Typ oder Kennzeichen aufgeführt.

Die Angaben über Tote und Vermißte bei den Flugzeugverlusten sind mit Sicherheit nicht vollständig, da in zahlreichen Fällen die Zahl der Toten und Vermißten völlig fehlt oder nur mit einem Fragezeichen versehen wurde.

Für alle tatsächlich angegebenen Personalverluste ergibt sich ein Gesamtverlust von 2507 an Toten und Vermißten. Diese Zahl relativiert sich aber etwas, wenn man die Verluste der zahlreichen großen Bomber mit bis zu 12 Besatzungsmitgliedern in Betracht zieht. Außerdem sind 348 Personalverluste allein bei den 11 als besonders verlustreich anzusehenden Abstürzen von 20 und mehr Toten bzw. Vermißten, in zwei Fällen sogar über 50, entstanden. Bei den beiden zuletzt genannten Fällen waren neben der Besatzung noch jeweils 50 chinesische Soldaten an Bord.

Bei näherer Betrachtung der einzelnen Verluste sowohl an Flugzeugen als auch an Personal zeigt sich ab der Jahreswende 1944/45 eine deutlich fallende Tendenz bei den Verlusten an Personal und ab April 1945 eine drastisch abnehmende Zahl an Flugzeugverlusten. Siehe die detaillierten Tabellen.

Quelle: Chronological List of Aircraft Crashes on Hump Route
aus: AFHRA Reg. No. A-3072 (16-24 ff.)

418  Zur Entwicklungsgeschichte dieses Typs siehe Peter Alles-Fernandez, Flugzeuge von A bis Z, Band 1, S. 273 f.; ferner Munson, Die Weltkrieg II-Flugzeuge, S. 55 f.

Vergleich der Offiziersränge der verschiedenen Luftwaffen

| USAAF / USAF * | RAF | Deutsche Luftwaffe |
|---|---|---|
| 2nd Lt. | Pilot Officer | Leutnant |
| 1st Lt. | Flying Officer | Oberleutnant |
| Captain | Flight Lt. | Hauptmann |
| Major | Squadron Leader | Major |
| Lt. Colonel | Wing Commander | Oberstleutnant |
| Colonel | Group Captain | Oberst ** |
| Brig. General | Air Commodore | *** |
| Maj. General | Air Vice Marshal | Generalmajor |
| Lt. General | Air Marshal | Generalleutnant |
| General (4 Star) | Air Chief Marshal | General **** |
|  | Marshal of the RAF | Generaloberst |
|  |  | Generalfeldmarschall |

\*   Die US Air Force ist erst im September 1947 als völlig eigenständige und unabhängige Waffengattung aus der US Army herausgelöst worden. Die blauen Uniformen wurden erst ab Ende 1948 ausgegeben, die große Masse sogar erst ab Anfang 1949, weil es verständlicherweise eine gewisse Zeit dauerte, bis genügend neue blaue Uniformen produziert waren. Die Offiziersränge von US Army und US Air Force blieben identisch.

\*\*  Bei der alten Luftwaffe wie auch bei der Bundesluftwaffe trugen/tragen die Obersten, die ein Geschwader kommandieren, neben ihrem militärischen Rang die Zusatzbezeichnung „Kommodore".

\*\*\* Den Rang eines Brigadegenerals hat es bis 1945 weder im deutschen Heer noch in der Luftwaffe gegeben. In der neuen Bundeswehr aber gibt es jetzt den Rang eines Brigadegenerals sowohl im Heer als auch bei der Luftwaffe.

\*\*\*\* bis 1945 mit dem Zusatz der Waffengattung, z.B. General der Artillerie etc.

# Bibliographie

## Primärquellen:

1.) Für den amerikanischen Teil: Dokumente der Air Force Historical Research Agency (AFHRA) auf der Maxwell Air Force Base in Montgomery/Alabama, die bisher nur in kleinen Teilen in verschiedenen Veröffentlichungen auftauchen, gespeichert auf (angekauften) Microfilmen, die hier dann zur besseren Auswertung in Microfiche umgewandelt wurden, zu den Bereichen/Stichworten
Hump-Luftbrücke
Operation Vittles bzw. Berlin Airlift,
58 Microfilme mit je ca. 1500 Dokumenten, die aber auch teilweise andere Themen beinhalten. Zitiert wird nach der Originalnummer des Microfilms der AFHRA plus (in Klammern die Microfiche-No. im Archiv des Verfassers).

2.) Für den britischen Teil: „A Report on Operation Plainfare (The Berlin Airlift) 25th June 1948 – 6th October 1949" by Air Marshal T.M. Williams, C.B., O.B.E., M.C., D.F.C., Commander-in-Chief British Air Forces of Occupation (Germany), in der vorliegenden Dokumentation zitiert als Final RAF Report, April 1950, im Public Record Office, London-Kew registriert unter der Reg.No. AIR 10/5067

3.) Alphabetisches Verzeichnis aller Veteranen der Berliner Luftbrücke oder anderer Personen, die dem Verfasser mündliche und/oder schriftliche Mitteilungen zu den einzelnen Kapiteln der Dokumentation zukommen ließen, unabhängig davon, ob ihre Mitteilungen im Text direkt verwertet wurden. Dann werden sie an der jeweiligen Stelle des Textes in einer Fußnote extra ausgewiesen. Die Mitteilungen bestanden aus formlosen Briefen, persönlichen Erinnerungen und Fragebögen, die den Veteranen vom Verfasser zugeschickt worden waren. Der Fragebogen für US-Piloten ist weiter hinten abgedruckt. Das Verzeichnis enthält den Namen, (den militärischen Rang bei der Pensionierung oder dem Ausscheiden aus dem Militärdienst, soweit er bekannt ist), sowie den militärischen Rang und die Tätigkeit während der Berliner Luftbrücke:

Adair, Edmond, RAF Warrant Officer Funker York Wunstorf
Allen, Charles S., USAF, (Colonel) 1st/Lt., Pilot C-54 Rhein-Main
Allen, R. C., Flight Refueling Ltd., Funker Wunstorf
Allin, Martin I., USAF, (Chief Master Sergeant) S/Sgt, Flight Engineer Frankfurt/M.
Anderson, Mikel J., USAF, Ground Powerman Fulda
Anderson, William J., USAF (Major) 1st/Lt. Pilot C-54 Wiesbaden Celle
Andrews, Louis W., USAF, (CWO) S/Sgt. C-54 Flight Engineer Faßberg

# BIBLIOGRAPHIE

Angus, Cyril, RAF (Warrant Officer) Sergeant Funker Dakota Lübeck
Anthony, George J., USAF (Master Sergeant) Sergeant a/c Maintenance Records Celle
Archbold, J. Fred P., RAF, Flt.Lt., Hastings Flight Engineer Schleswig-Land
Arscott, R.H. CBE, RAF, Flt. Lt., Pilot Dakota
Atkinson, A.W.W., RAF (Group Captain) Flt. Lt. Pilot York Wunstorf
Bailey, R.R., britische zivile Charterges., Navigator
Baird, Francis Clifford, US Navy (Senior Avionics Technician) AL 1 Avionics Technician Frankfurt/Main
Baker, B.Peter DFM, RAF (Sqn.Ld.) York Pilot und Hq.46 Group Bückeburg
Bailey, R.R., Flight Refueling Ltd., Navigator Wunstorf Hamburg
Balfe, Marshall, USAF 1st/Lt. Pilot C-54 Rhein-Main
Ball, William L., RAF, I AC F.M.E., Flugzeug-Mechaniker Dakotas Wunstorf, Faßberg, Lübeck
Barnard, F., Airwork Ltd. (brit. zivile Charterges.), Flugzeug-Mechaniker
Barnes, Richard B., USAF (Major) S/Sgt. ATC Controller Berlin-Tempelhof
Batchelor, James B., USAF, (S/Sgt.), Cpl, Flugzeug-Mechaniker Faßberg
Bedgood, Stevens A., USAF, Sergeant, Aircraft Radio Repair Wiesbaden und Celle
Bengtson, E.J., SAAF, (Warrant Officer I) Sgt. Wireless Operator (Funker) Lübeck
Bennett, G., RAF (Warrant Officer) I AC Wunstorf und Berlin-Gatow
Bennett, Philip R., USAF (Lt.Colonel) 1st/Lt. ATC und Supply Celle
Benstrom, Daniel L., USAF, (Chief Master Sergeant), Pfc, C-54 Maintenance Frankfurt/M.
Bergh, Ian LeCordeur, RAF u. SAAF (Colonel) Flying Officer Navigator Flugboote
Berridge, Bernard H., Flight Refueling Ltd. Capt. Pilot Wunstorf Hamburg
Berrisford, Geoffrey, RAF, Sergeant York Flight Engineer Wunstorf
Bettinger, Sterling P., USAF (Brigadier General) Major Stab CALTF und Pilot C-54 Wiesbaden
Biereye, Wilhelm, ex-Luftwaffe, Hauptmann Pilot Ju 52 Demjansk
Bodenhofer, Paul J., USAF, (Lt.Col.) Capt. Meteorologe Frankfurt/M.
Bold, George, RAF (Squadron Ldr.) Nav. II, Navigator York Wunstorf
Bolitho, John C., SAAF (Lt.Col.) Major, Pilot Dakota Lübeck
Bors, Rudolph F., USAF, S/Sgt. C-54 Flight Engineer Celle
Borsdorff, Heinz, Dipl. Ing., ex-Luftwaffe (Oberst Bundesluftwaffe) Leutnant d.R., Pilot Ju 52 Demjansk
Boston, Geoffrey A., RAF (Flight Lt.) Flying Officer Pilot Hastings Schleswig-Land
Bowring, Robert T., RAF (Squadron Ldr.) Flt. Lt. Pilot Dakota Wunstorf Faßberg Lübeck
Boyle, G.P., RAF, Leading AC Flugzeugmechaniker

Brinson, William L., USAF (Colonel) Major Operating Officer u. Pilot C-54 Faßberg

Burchett, Jack, RAF Navigator York Wunstorf

Bushnell, Joseph, USAF, Radio Technician Frankfurt/M.

Cairncross, John, A.F.M., RAF (Master Navigator) Nav. II, Navigator Dakota u. Hastings Wunstorf Faßberg Lübeck Schleswig-Land

Carlton, Robert N., USAF (Lt.Col.) Major Pilot C-47 Wiesbaden

Carotenuto, Albert N., USAF, S/Sgt. C-47 und C-54 Flight Engineer Frankfurt/M.

Carpentier, Joseph H., USAF (Lt.Col.) Capt. Meteorologe Berlin-Tempelhof

Carter, D.G., RAF (Warrant Officer) F/Sgt Technician Schleswig-Land

Chambers, K.W.E., RAF, (Warrant Officer) Sergeant Hq. 46 Group Bückeburg

Church, Charles K., USAF, (Chief Master Sergeant E-9), S/Sgt. Maintenance C-47 und (mit Einschränkungen) C-54 Erding und Frankfurt/M.

Clark, Harvey M., USAF, (Master Sergeant), Cpl., Radio Repair Berlin-Tempelhof

Clark, Johnny E., USAF (Lt.Col.) 1st/Lt. Pilot C-47 Wiesbaden u. C-54 Faßberg u. Operations Officer Berlin-Tegel

Clarke, James S., USAF, MC (Colonel) Capt. Fliegerarzt Berlin-Tempelhof Wiesbaden

Clash, Gerry R., RAF Sergeant Controller Wunstorf, Lübeck

Coates, Alan, RAF, Leading AC, GCA Wunstorf

Coetzee, R., SAAF (Major) Flight Sergeant Funker Dakota Lübeck

Coisne, Henri, franz. Luftwaffe, Navigator Ju 52 (vor Beginn der Luftbrücke!)

Colgrove, „Corky" L.W., USAF, Sergeant, C-74 Maintenance Frankfurt/M.

Collard, M.W., Skyflight Bond Air Service, Navigator Halton Hamburg

Colle, Hubert, franz. Armee, (Colonel) Lt. Adjutant von Général de Brigade Ganeval

Collier, John H., RAF, Wunstorf

Collings, Kenneth L., USAF (Colonel) Capt. Pilot C-54 Wiesbaden

Collins, Thomas P., Bond Air Service, Funker Wunstorf Hamburg

Cordes, Roy L., USAF (Lt.Col.) Capt. Pilot C-54 Rhein-Main

Corfe, Frederick R., RAF, Leading AC Flugzeug-Mechaniker Wunstorf

Covington, W.I., Transworld Charter, Pilot Wunstorf

Coward, Bernard, Skyways, Funker, Wunstorf Faßberg Lübeck

Cowlam, R.C., RAF Navigator York Wunstorf

Craig, James N. USAF ATC Controller Berlin-Tempelhof

Cramblet, Byron S., USAF (Major, Airline Capt.) Capt. Pilot C-54 Rhein-Main Faßberg

Cramp, Bert G., Lancashire Aircraft Corp., Funker Schleswig-Land

Crampton, Peter P., RAF (Squadron Ldr.) Warrant Officer Pilot Dakota Lübeck

Crespin, Bryan, RAF Warrant Officer Funker York Wunstorf

Cresto, Joseph, USAF (Colonel) 1st/Lt. Pilot C-54 Celle

Curcio, Samuel F.,Sr., USAF (Chief Master Sergeant) Pfc. Loadmaster Rhein-Main

Curtiss, D., RAF Warrant Officer Funker York Wunstorf

Dahl, Raymond H., USAF (Lt.Col.) 1st/Lt. Pilot C-54 Faßberg

Dahlborg, Edward N., USAF (Major) 1st/Lt. Pilot C-54 Faßberg

Dands, John, RAF Warrant Officer Funker Dakota Hasting Faßberg Lübeck Schleswig-Land

Darlington, Meredith E., USAF Pfc. Funker Frankfurt/Main und Wiesbaden

Davies, Bob D., RAF (Squadron Ldr.) Flt. Lt. Pilot York Wunstorf

Davis, Lynwood, USAF S/Sgt. Funker Wiesbaden und Celle

Davis, Warren F., USAF (Captain) 1st/Lt. Pilot C-54 Rhein-Main

Day, David A.R., British South American Airways, Pilot Tudor Wunstorf

Deal, Bernard G., Flight Refueling Ltd., Navigator Wunstorf Hamburg

Deans, Dizzy D., SAAF (Colonel) Lt. Pilot Dakota Lübeck

De Dona, Henry A., USAF, (Master Sergeant) S/Sgt., C-54 Maintenance Wiesbaden u. Celle

Degen, Roger, franz. Luftwaffe, (Colonel) Kommandant Berlin-Tegel (nach Ende der Luftbrücke)

Delker, Warren H., USAF (Lt.Col.) Capt. Pilot C-54 Rhein-Main

De Val, L.A., RAF (Flt. Lt.) Flt. Lt. Navigator York Wunstorf

Dick, Eric A., RAF (Squadron Ldr.) GCA-Controller Berlin-Gatow

DiCocco, Severino, USAF (Chief Master Sergeant) Cpl. Administration Rhein-Main

Didwell, R.W. Norman, RAF, Cpl. Ground Service Berlin-Gatow

Domonousky, George T., USAF (Major) 1st/Lt. Pilot C-54 Frankfurt/Main Wiesbaden Faßberg

Donohoe, Paul S., USAF (Major) 1st/Lt. Pilot C-54 Faßberg

Donovan, Edmund O.B.E., D.F.C., RAF Coastal Command, (Wing Cdr.) Stab Coastal Command

Dunn, Guy B., Jr., USAF (Lt.Col.) 1st/Lt. Pilot C-54 Rhein-Main Wiesbaden

Durbin, Clarence W., USAF, C-54 200-Stundenkontrollen Burtonwood/England

Eddy, Ervin J., RAF Pilot Dakota Lübeck

Eddy, Guy P., RAF Flt. Lt. Pilot Dakota Wunstorf Faßberg Lübeck

Egerton, A.Graham, British South American Airways, Pilot Wunstorf

Ellis, Howard A., US Army (Master Sergeant) Administration US Army Berlin Post

Etherson, Thomas W., USAF, (Master Sergeant), Maintenance

Evans, John M., RAF, AC 2, BABS Ground Equipment Wunstorf

Evans, Robert, USAF, (S/Sgt), Sergeant, C-54 Maintenance Wiesbaden und Celle

## BIBLIOGRAPHIE

Ewart, Graham, RAF (Airline Capt.) Flight Sergeant Pilot Dakota Lübeck

Fear, Frank L., RAF (Squadron Ldr.) Funker Hasting Schleswig-Land

Fellman, Jack D., USAF Cpl. ATC Controller Berlin-Tempelhof und Berlin-Tegel

Ferrer, Jaime, USAF (Master Sergeant) Administration Rhein-Main

Floyd, John W.W., RAF AC I, Controller ATC Berlin-Gatow

Flynn, William, USAF (Chief Warrant Officer W-3) T/Sgt. Supply Celle

Ford, Roy, RAF, AC Engine, H.P. Hastings Maintenance Schleswig-Land

Ford, Wallace W., USAF, (S/Sgt), Pfc. C-54 Maintenance (später Crew Chief) Faßberg und Fürstenfeldbruck

Frederick III, Paul A., USAF (Colonel) 1st/Lt. Pilot C-54 Celle

Gamble, James R., USAF Sgt. ATC Controller Berlin-Tempelhof

Garges, Eugene W., Jr., USAF (Major) Capt. Pilot C-54 Rhein-Main

Garretts, A., RAF (Squdron Ldr.) Flying Officer Pilot York Wunstorf

Gates, William T., USAF (Lt.Col.) 1st/Lt. Pilot C-54 Rhein-Main

Gavin, Vincent, RAF (Warrant Officer) Warrant Officer Funker Dakota Wunstorf Faßberg Lübeck

Gilbert, Jack L., USAF (Senior Master Sergeant) S/Sgt. C-54 Flight Engineer Celle

Gloe, William E., USAF (Master Sergeant) Sergeant Public Relation Celle

Godfrey, G.B., RAF, (Chief Technician) Cpl. York Engine Maintenance Wunstorf

Goode, R.J. D.F.M., Master Engineer, H.P. Hastings Flight Engineer Schleswig-Land

Gordon, W.H., RAF (Squadron Ldr.) Flt. Lt. Pilot York Wunstorf

Grace, D.D., SAAF (Captain) Lt., Pilot u. Navigator, Dakota u. York, Wunstorf Lübeck

Grams, Orville C., USAF, (Chief Master Sergeant E-9), S/Sgt. Maintenance Wiesbaden

Grant, Ian C., Scottish Aviation, Pilot (B-24) Liberator Schleswig-Land

Green, Everett, USAF (Master Sergeant) S/Sgt. C-54 Flight Engineer Faßberg

Greenslade, Ralph, RAF Sergeant Funker Dakota und Hastings Wunstorf Faßberg Schleswig-Land

Groenewald, J.G., SAAF (Colonel) Lt. Pilot Dakota Lübeck

Gross, William H., USAF Sergeant Loadmaster Berlin-Tempelhof

Hacke, L.E.A., RAF (Squadron Ldr.) Flt. Lt. Pilot Dakota Wunstorf Faßberg Lübeck

Hall, Frederick A., USAF, (S/Sgt.), Pfc., C-54 Maintenance Frankfurt/M.

Hallas, Gerald E., USAF (Colonel) 1st/Lt. Pilot u. Check Pilot C-54 Wiesbaden Frankfurt/Main

Hallock, Richard R., US Army (Colonel US Army), Captain, persönlicher Assistent von General Lucius.D. Clay in Berlin

Halvorsen, Gail S., USAF (Colonel) 1st/Lt. Pilot C-54 Rhein-Main

Hankins, George, PhD., USAF (Lt.Col.) 1st/Lt. Pilot C-54 Rhein-Main
Hansen, Ken N., SAAF (Capt., Airline Capt. Ret.) Lieutenant Pilot Dakota Lübeck
Harper, A., RAF (Wing Cdr.) Flt. Lt. Pilot York Wunstorf
Harris, A.W., Flight Refueling Ltd., Funker Wunstorf Hamburg
Harris, Joe L., USAF (Lt.Col.) Capt. Pilot C-54 Wiesbaden Faßberg
Hartley, Robert W., USAF (Major) 1st/Lt. Pilot C-54 Faßberg
Hartsock, Woodrow W., USAF (Lt.Col.) 1st/Lt. Provost Marshal Faßberg
Harvey, J.T., RAF (Sqn.Ldr) ATC Faßberg
Hassink, Heinz †, ex-Luftwaffe Feldwebel Pilot Ju 52 Demjansk
Hatcher, Leo, RAF, AC1, Flugzeug-Mechaniker Sunderland Flugboote
Haupert, Joseph M., USAF T/Sgt. C-54 Flight Engineer Faßberg
Hawkins, Paul, Jr., USAF (Master Sergeant) T/Sgt. Radar Technician Berlin-Tempelhof
Hazeldine, Peter, RAF Sergeant Navigator Hastings Schleswig-Land
Henshaw, Tom, R.A.S.C. Air Despatch, Bodendienst Wunstorf
Herman, Kenneth, USAF (Colonel) Capt. Pilot C-54 Rhein-Main Faßberg
Hess, Wilbur F., USAF (S/Sgt.) Pfc C-54 Flight Mechanic Faßberg
Hewlett, R.E., RAF (SAAF) (Squadron Ldr.) Flt. Lt. Navigator Dakota Lübeck
Hofelich, Alfons W., USAF (Chief Master Sergeant) S/Sgt. ATC Controller Celle und Faßberg
Holdcroft, John, RAF, AC 2, Maintenance Schleswig-Land
Houck, Wendell H., USAF (Chief Master Sergeant) M/Sgt. ATC u. GCA Controller Frankfurt/Main
Hoyle, D., Bond Air Service u. Flight Refueling Ltd., Funker Hamburg Wunstorf
Hughes, Thomas J., USAF (S/Sgt.) Sgt. C-54 Flight Engineer Frankfurt/M.
Hurt, Maurice, RAF (Warrant Officer) Sergeant Funker Dakota Lübeck
Huston, Lewis A., USAF (Major) 1st/Lt. Pilot u. Check Pilot C-54 Rhein-Main
Hutchinson, W.R., RAF, Flt.Lt., H.P. Hastings Flight Engineer Schleswig-Land
Innes, P.A., RAF (Squadron Ldr.) Flying Officer Navigator York u. Hastings Wunstorf Schleswig-Land
Izard, Peter, RAF (Sqn.Ldr.) Air Quartermaster Wunstorf
Jackman, A.R., Zivile Charterges.Flight Engineer Halton, Wunstorf u. Schleswig-Land
James, M.J., RAF Warrant Officer Funker Dakota Lübeck
Jeggo, Fred J., RAF (Flt. Lt.) Flt. Lt. Navigator York Wunstorf
Jenkins, Ivor H., RAF Sergeant Flight Engineer Wunstorf
Johnstone, T.A., RAF Cpl. Flugzeug-Mechaniker Wunstorf
Jones, James B., USAF (Colonel) 1st/Lt. Meteorologe Frankfurt/M.
Joubert, J., SAAF (Airline Capt.) Lt. Pilot und Navigator Dakota Lübeck

Von Kaenel, Earl W., USAF (Lt.Col.) Capt. Pilot C-54 Faßberg
Kates, Bruce L., USAF (Major) Capt. Pilot C-54 Faßberg
Kettle, Raymond, RAF Sergeant Funker Dakota Wunstorf Faßberg Lübeck
Kidd, John B. ÑJackî, USAF (Major General) Lt.Col. Stab CALTF und Pilot C-54 Wiesbaden
Kilburn, J., Airflight Ltd., Funker Tudor Wunstorf
Kincannon, Kenneth K., USAF (Major) 1st/Lt. Meteorologe Frankfurt/M.
Koleczek, Adam, USAF (Capt. USAFR) M/Sgt. Supply Rhein-Main
Konop, John, USAF (Lt.Col.) 1st/Lt. Pilot C-54 Wiesbaden Faßberg
Kozak, Maximilian C., USAF (CWO) Master Sergeant Meteorologe Frankfurt/M.
Krantz, Stanley J., USAF, (Master Sergeant), Sgt., Aircraft and Engine Maintenance Fürstenfeldbruck, Wiesbaden, Oberpfaffenhofen
Kumm, Myron J., USAF, (T/Sgt. E-6) Cpl. Engines Burtonwood/England
Laird, Peter E., DFC, AFC, RAF (Squadron Ldr.) Flt. Lt. Funker York Wunstorf
Lancaster, F.L.W., RAF AC I (Radio) Wunstorf
Lange, Karl Heinz, ex-Luftwaffe Unteroffizier Pilot Ju 52 Demjansk
Lankenau, Franz †, Dipl. Ing., ex-Luftwaffe Oberleutnant Pilot Ju 52 Demjansk und Stalingrad
Lau, George S., RAF (Squadron Ldr.) Flt. Lt. Navigator York Wunstorf
Lawson, Joseph R., USAF (Lt.Col.) Capt. Pilot C-54 Wiesbaden Celle
Lee,(Cocker) James, USAF (Lt.Col.) Pilot C-54 Celle
Letham, William, RAF AC I Flugzeug-Mechaniker Lübeck
Lewis, Charles H., USAF (Lt.Col.) 1st/Lt. Pilot C-54 Rhein-Main
Lind, Frank H., USAF (Lt.Col.) 1st/Lt. Pilot C-54 Rhein-Main Wiesbaden
Liniger, Vann N., USAF (Lt.Col.) 1st/Lt. Pilot C-54 Frankfurt/Main Faßberg
Lock, Philip A., USAF (Lt.Col.) Pilot C-54 Celle
Lowe, Albert, USAF (Lt.Col.) 1st/Lt. Pilot u. Check Pilot C-54 Faßberg
Lyle, Norman C., USAF, T/Sgt, Frankfurt/M., Oberpfaffenhofen, Burtonwood/Engl.
Macia, John, USAF, C-54 Engine Maintenance Celle
Mackenzie, Alex, RAF (Squadron Ldr.) Flight Sergeant Navigator York Wunstorf
Maguire, Frank, USAF Airman 3rd Class Automechaniker Wiesbaden
Mahony, George F., Westminster Airways, Chief Pilot Hamburg Schleswig-Land
Manley, Derek J., zivile Charterges. Navigator Lübeck Hamburg Wunstorf
Manning, James F., RAF (Wing Cdr.) Flt. Lt. Pilot Dakota Wunstorf Faßberg Lübeck
Martin, Miss Gwen, RAF SACW Engine Mechanic Lübeck
Mason, G.H., RAF AC I Engine Mechanic Honington/England
Materna, Paul, USAF, Maintenance Electric Systems, Oberpfaffenhofen, Wiesbaden

McBride, Malcolm A., US Army Truck Driver 3rd Bn 16th Inf Reg Berlin-Tempelhof

McCarthy, John P., AFM, RAF (Flt. Lt.) Sergeant Funker Dakota u. Hasting Wunstorf Lübeck Schleswig-Land

McIntosh, J.G.L., RAF, Senior NCO, Navigator Dakota Lübeck

McMahan, Richard F., USAF, (M/Sgt.) S/Sgt. C-47 Crew Chief Wiesbaden, später Hangar Shift Chief (C-54) in Faßberg

McKnight, Robert, USAF (Major) 1st/Lt. Pilot C-54 Faßberg

McMurry, Robert J., USAF (Lt.Colonel) 1st/Lt. Pilot C-47 Wiesbaden

Meadows, Charles E., USAF (Lt.) Sgt. C-54 Maintenance & Test Engineer Frankfurt/M.

Melton, Frank A., US Army Sergeant Post Office Frankfurt/Main

Melvin, Alan. F., RAF (Flt. Lt.) Corporal GCA-Controller Berlin-Gatow

Merritt, Ralph L., USAF (Colonel) Lt.Col. Hq.CALTF und Pilot C-54 Wiesbaden

Meyer, George M., US Army, Sgt. Engineer Berlin-Tempelhof und Berlin-Tegel

Michaels, William R., USAF (Senior Master Sergeant) T/Sgt. C-54 Flight Engineer und Maintenance Chief Inspection Dock Wiesbaden und Celle

Miethe, Erich, ex-Luftwaffe Unteroffizier Pilot Ju 52 Stalingrad

Mitchell, Arthur N., RAF (Warrant Officer) Sergeant Flight Engineer Schleswig-Land

Mitchell, D.A., RAF AC I Radar Mechanic Berlin-Frohnau

Mitchell, Gerald E.W., RAF Funker York Wunstorf

Mitchell, John, RAF (Senior Technician) LAC Flugzeug-Mechaniker Wunstorf

Monk, W.G., RAF (Flt.Lt.) Pilot II Pilot York u. Hastings Wunstorf Schleswig-Land

Montcalm, Rosario L.U., Msgr., USAF (Colonel) Major kath. Pastor Celle

Moore, E. Earl, US Navy (Commander) Lt. US Navy Pilot R5D

Morrissey, William E., USAF (Senior Master Sergeant) Sgt. ATC Controller Celle

Morrow, O.P., USAF Sgt. ATC Controller Berlin-?

Moules, P.S., RAF (Squadron Ldr.) Flt. Lt, Navigator York Wunstorf

Moyal, Maurice, USAF (Colonel, US Army) T/Sgt. Cargo Clerk Rhein-Main

Müller, Wilhelm, ex-Luftwaffe Feldwebel Pilot Ju 52 Stalingrad

Munn, Gerald L., USAF 1st/lt. Pilot C-54 Wiesbaden

Myers, Howard S., Jr., USAF 1st/Lt. Pilot C-47 und C-54 Wiesbaden

Nash, Fenton W., USAF (Major) 1st/Lt. Pilot C-54 Wiesbaden und Celle

Nutton, Laurie V., Zivile Charterg. Pilot Faßberg Lübeck Hamburg Schleswig-Land

Ondeck, Stephen, USAF (Navigator) Supply Faßberg

Orr, Kenneth, RAF Senior AC Flugzeug-Mechaniker Bückeburg u. Berlin-Gatow

Osborne, G.V., SAAF (Warrant Officer) Sergeant Funker Dakota Lübeck

Oshinsky, Charles J., USAF, (T/Sgt) S/Sgt C-47 Engine Maintenance Frankfurt/M.

O'Toole, Vincent R., USAF (Major; Chief Pilot bei American Airlines) Pilot C-54 Frankfurt/Main

Ott, Forrest E., USAF (Lt.Colonel) 1st/Lt. Controller Berlin-Tempelhof und -Gatow

Paget, Geoffrey, RAF Pilot York Wunstorf

Pardoe, Homer W., USAF Cpl. (Funker) ATC Controller Celle

Parry, Colin H., RAF (Group Captain) Flt. Lt. Navigator York Wunstorf

Pascall, E.L., RAF Cpl. Mechanic Radar (in a/c) Ground Beacons Faßberg Hamburg

Passanante, John, USAF, Sgt. Air Frame Repair Oberpfaffenhofen

Patterson, Charles L., USAF (Colonel) 1st/Lt. Pilot C-54 Faßberg und Celle

Paul, Ray A.F.C., RAF (Squadron Ldr.) Flt. Lt. Pilot Dakota Wunstorf Faßberg Lübeck

Pauling, William C., USAF (Lt.Colonel) Capt. Pilot C-54 Faßberg

Peat, Jim W., RAF Pilot II Pilot Dakota Lübeck

Peck, Beryl D., USAF, (T/Sgt) Airman First Class Vehicle Maintenance Frankfurt/M.

Perkins, William C., USAF (Lt.Col.) 1st/Lt. Meteorologe Frankfurt/M., Faßberg, Berlin-Tempelhof und Berlin-Tegel

Pine, Robert E., US Navy (Commander) Lt.Cdr. Pilot R5D(C-54) Frankfurt/Main

Pockett, Kenneth, USAF Sgt. ATC Controller Frankfurt/Main u. Berlin-Tempelhof

Pool, Fain H., USAF (Lt.Colonel) Capt. Pilot C-54 Frankfurt/Main

Potter, Francis H., USAF (Colonel) 1st/Lt. Pilot C-54 Wiesbaden und Celle

Powell, Milton W., USAF (Master Sergeant) T/Sgt. C-54 Flight Engineer Wiesbaden

Price, George J., (PAN AM Capt. Ret.) Pilot C-47

Priser, Clovis F., USAF 2nd/Lt. (aber trotzdem 1st/-) Pilot C-54 Frankfurt/Main

Purcell, L., RAF (Warrant Officer) Warrant Officer Funker Hasting Schleswig-Land

Raaz, Quentin W., USAF (Lt.Colonel) 1st/Lt. Pilot C-54 Frankfurt/Main

Rahll, John J., USAF 1st/Lt. Pilot C-54 Frankfurt/Main Wiesbaden Celle

Ralston, Duncan M., SD, SM, FSAIAeE, SAAF (Major General) Lt. Navigator Dakota Lübeck

Ramirez, Vidal B., USAF Cpl. Telephone Maintenance & Repair Celle

Ray, Reginald L.G. AFC (Sqn.Ldr.) Funker Dakota

Reeve, K.E., RAF AC I Triebwerk-Mechaniker Wunstorf

Reif, Joseph R., USAF (Senior Master Sergeant) Sgt. Loadmaster Rhein-Main Faßberg

Reissaus, Mrs. Virginia M., Special Services Berlin-Tempelhof
Renel, David C., RAF AC I Flugzeug-Mechaniker Wunstorf
Reynolds, Peter, (Flt. Lt.) Master Navigator, Navigator Dakota Wunstorf Faßberg Lübeck
Rhoney, Ottis L., USAF (Colonel) 1st/Lt. Meteorologe Frankfurt/M.
Rich, A.P., SAAF (Lt.Col.) Lt. Navigator Dakota Lübeck
Ridge, A.G., A.F.C., RAF (Flt. Lt.) Sergeant Pilot II, Pilot York Wunstorf
Riley, Jim A., RAF (Warrant Officer) Sergeant Navigator Dakota Wunstorf Faßberg Lübeck
Riley, John, Lancashire Aircraft Co., Funker Halton Schleswig-Land
Rippengal, A.V., RAF (Flt. Lt.) Pilot Hastings Schleswig-Land
Robinson, Eric OBE MRAeS, RAF (Squadron Ldr.) Flt. Lt. Pilot York Wunstorf
Robinson, T.A., M.B.E., RAF (Wing Cdr.) Flight Sergeant Navigator Dakota Wunstorf Faßberg Lübeck
Robson, G., RAF (Master Signaller) Master Signaller Funker Dakota Faßberg Lübeck
Roellig, Harold, USAF (Lt.Col.) Capt. Communication Maintenance Berlin-Tempelh.
Rosser, W.H., SAAF Lt. Pilot Dakota Lübeck
Rubidge, Alf, SAAF (Captain) Lt. Pilot und Navigator Dakota Lübeck
Rust, Gerry, RAF LAC Flugzeug-Mechaniker Berlin-Gatow
Sauer, Richard P., USAF (Chief Master Sergeant) Pfc. ATC Controller Berlin-Tempelhof
Sayers, J.E., RAF Sergeant Flight Engineer Sunderland Flugboote
Sayre, harold R., USAF Flugzeugbetankung Faßberg
Scanlon, James C., USAF Pilot C-47 Wiesbaden und C-54 Faßberg, Food Service Supervisor Faßberg
Schellhorn, Harry, USAF, (Chief Master Sergeant) T/Sgt dann Master Sergeant, Aircraft Maintenance Wiesbaden
Schnarr, Arthur W., USAF (Major) 1st/Lt. Pilot C-54 Frankfurt/Main und Celle
Schreffler, Perry A., USAF (Lt.Colonel) 1st/Lt. Pilot/Check-Pilot C-54 Frankfurt/Main Faßberg Celle
Schuffert, John H., Sr., ÑJakeî, USAF Funker (auf General Tunner´s C-54 ´5549´) und Airlift Cartoonist
Schwarz, Helmut, (Brigadegeneral Bundesluftwaffe) 1948/49 ziviler Angestellter in Schleswig-Land
Sears, Joe, USAF, (Master Sergeant) Cpl. C-54 Maintenance Faßberg
Senior, Harlan, RAF LAC Flugzeug-Mechaniker Dishforth/England
Senior, L., RAF Sergeant Navigator Dakota Wunstorf Faßberg Lübeck
Shepherd, J.A., RAF Cpl. Radar Mechaniker Abingdon/England
Sherwin, V., Skyways, Funker Lancastrian Wunstorf
Short, John A.V., RAF (Group Captain) ATC-Controller Wunstorf

Siler, Robert J., US Army Cpl. Aufsicht bei Entladen Berlin-Tempelhof

Sims, Harold H., USAF (Major) Major. Navigator im Stab der CALTF, Wiesbaden

Sinton, Harold D.F.M., A.F.M., (Warrant Officer) F/Sgt Flight Engineer Wunstorf

Skoog, Kenneth, USAF Cpl. Funker (Flüge in Europa u. nach USA) Frankfurt/Main

Smith, Alan D.B., (Squadron Ldr.) Flt. Lt. Flight Engineer Wunstorf

Somers, Frank, RAF (Warrant Officer) Flight Sergeant, Funker Flugboote

Sorensen, Ted W., USAF (Major General) 1st/Lt. Pilot C-54 Frankfurt/Main

Sorenson, John M., USAF (Lt.Colonel) Capt. Pilot Wetterflieger Wiesbaden und Oberpfaffenhofen

Sowersby, Jack N., A.F.M., RAF Warrant Officer Navigator Dakota Wunstorf Faßberg Lübeck

Spatafora, James R., USAF, (Lt.Col.) Cpl. C-54 Hydraulic Specialist Frankfurt/Main

Sprouse, Edwin C., USAF S/Sgt. Funker Frankfurt/Main und Faßberg

Starkey, Robert E., USAF (Lt.Colonel) 1st/Lt. Pilot C-47 und C-54 Frankfurt/Main

St.Clair, K.W. RAF (Master Signaller) Flight Sgt. Funker York Wunstorf

Steele, John P., RAF Triebwerk-Mechaniker Wunstorf

Stensrud, Donald L., USAF (Lt.Colonel) Sgt. ATC Controller Berlin-Tegel

Stillwell, Frank, RAF (Squadron Ldr.) Flying Officer Navigator Dakota Wunstorf Faßberg Lübeck

Stinar, Thomas R., USAF, (Senior Master Sergeant) S/Sgt. Engine und Propeller Specialist Frankfurt/M.

Strub, William C., US Army S/Sgt Militärpolizei Berlin

Stubbings, N., RAF (Flt.Sgt.) LAC Flugzeug-Mechaniker Schleswig-Land

Studak, Joseph, USAF (Lt.Colonel) 1st/Lt. (Navigator) Ramp Controll Officer Wiesbaden und Faßberg

Swann, Ken W., O.B.E., D.F.C., Flight Refueling Ltd., Capt., Pilot Lancastrian Wunstorf

Swanton, Sydney L., RAF ( Flt. Lt.) Flying Officer Funker Hasting Schleswig-Land

Sweet, Leonard W., USAF 1st/Lt. Pilot C-54 Wiesbaden

Talty, Thomas S., USAF (Chief Master Sergeant) Sgt. Administration Rhein-Main

Tannenbaum, L.M., USAF (Colonel) Capt. Pilot C-54 Faßberg

Tegtmeyer, Raye, USAF (Major) 1st/Lt. Administration Frankfurt/Main

Terlinden, Dean W., USAF (Lt.Col. Res.) 1st/Lt. Meteorologe Burtonwood/England

Thomason, Galen, USAF (Chief Master Sergeant) M/Sgt. Intellegence Faßberg

Thompson, Noah C., USAF (Captain; Major USAFR) Pilot C-54 Frankfurt/Main und Faßberg

# BIBLIOGRAPHIE

Thompson, P.H., RAF (Flying Officer) Sergeant Flight Engineer Schleswig-Land

Tilton, David A., USAF (Colonel) 2nd/Lt. Pilot C-54 Faßberg

Tombs, L.H., RAF LAC Flugzeug-Mechaniker Oakington/England

Toogood, W.G., RAF (Squadron Ldr.) Flt.Lt. Flight Engineer Wunstorf

Tosone, Hugh, USAF, Sgt. Engine & Electric Mechanic Frankfurt/M.

Townsend, John E., USAF (T/Sgt.) C-54 Flight & Maintenance Engineer Frankfurt/M.

Tunner-Hamilton, Mrs. Ann, WASP, Witwe von Lt.General William H. Tunner

Vaughn, Chester James, USAF, (Master Sergeant) Sgt. C-54 Ground Crew Chief Faßberg

Van Dervort, Robert, USAF, (Senior Master Sergeant) S/Sgt. Avionics Maintenance & Repair Celle

Vickrey, Mac, USAF (Colonel) 1st/Lt. Pilot C-54 Wiesbaden

Vidow, Alan W., RAF Warrant Officer Flight Engineer Wunstorf

Voigt, William C., USAF (Major) 1st/Lt. Pilot C-54 Frankfurt/Main

Wade, Jack H., RAF (Warrant Officer) Funker York Wunstorf

Walker, John R., RAF LAC Triebwerk-Mechaniker Lübeck

Wallace, R.J.A., RAF ‚Pilot II, Pilot Dakota Lübeck

Walther, Dale, USAF (Colonel) Lt.Col. Chef von Maintenance der 86th Fighter Wing, die als Escorte für die Luftbrücke flog, Fürstenfeldbruck

Ward, D.A., RAF (Squadron Ldr.) Flying Officer Air Movements Officer Gatow

Warren, G., RAF (Flight Lt.) Warrant Officer Flight Engineer Wunstorf

Weaden, Ken, RAF (Flt. Lt.) Navigator Dakota Wunstorf Faßberg Lübeck

Weiss, Gilbert M., USAF (Master Sergeant) Pfc. Administration Wiesbaden

Wenzel, Norman, RAF (Flt. Lt.) Navigator York Wunstorf

Weston, D. Ü, RAF AC I Flight Mechanic Wunstorf Faßberg Lübeck

Weston, J., RAF Warrant Officer Pilot Dakota Lübeck

Wheatman, Ron, RAF (Chief Technician) LAC Supervisor Wunstorf Faßberg Lübeck

Wheeldon, Ron B., SAAF (Major) Lt. Pilot Dakota Lübeck

Whipple, Lewis D., USAF Cpl. Supply Celle

White, J. Norman, RAF LAC Flugzeug-Mechaniker Wunstorf

Wiedle, Eugene W., USAF (Lt.Colonel) 1st/Lt. Pilot C-54 Wiesbaden und Celle

Wientjes, Norbert V., USAF (Master Sergeant) T/Sgt. C-54 Flight Engineer Faßberg

Wilcox, Robert D., USAF (Colonel) 1st/Lt. Pilot C-47 Wiesbaden

Wilkenson, Stan, RAF AC 2 Radio-Mechaniker Berlin-Gatow

Wilkinson, Stanley, Jr., USAF (Colonel) 1st/Lt. Pilot C-54 Wiesbaden und Celle

Willard, Frank H., USAF (Lt.Colonel) Capt. Pilot C-54 Faßberg

Williams, Philip E., USAF (Senior Master Sergeant) T/Sgt. C-54 Flight Engineer Frankfurt/M. und Wiesbaden

Wilson, James P., USAF (Master Sergeant) S/Sgt. C-54 Flight Engineer Frankfurt/M.

Winger, Harry B., USAF (Colonel) Capt. Pilot C-54 Frankfurt/Main

Wroblewski, Joseph, USAF (Lt.Colonel) Capt. Pilot C-54 Wiesbaden Frankfurt/Main Faßberg

Young, Samual, US Army Pfc. Militärpolizei und Aufsicht beim Entladen Berlin-Tempelhof

Young, William F., A.F.C., RAF (Squadron Ldr.) Flt. Lt. Pilot York Wunstorf

Zazzera, John, USAF Sgt. Air Operations Rhein-Main

Zedaker, Cassius C., USAF (Chief Master Sergeant) M/Sgt. C-54 Flight Engineer Wiesbaden und Celle

Zurowski, Walter J., USAF (Lt.Colonel) Capt. Pilot C-54 Celle

4.) als Primärquellen zu betrachten sind:

Tunner, William H.: Over the Hump, (1964) Nachdruck durch Office of Air Force History, United States Air Force, Washington DC 1985

Tunner, William H.: Schriftlich übertragenes Interview mit General Tunner durch Dr. James C. Hasdorff am 5.-6. Oktober 1976; AFHRA Reg.No. Oral History Interview #K239.0512-911

Hallock, Richard R.: Schriftlich übertragenes Interview mit Colonel US Army (Ret.) Richard R. Hallock, während der Luftbrücke persönlicher Assistent von General Lucius D. Clay in Berlin, durch Wolfgang J. Huschke am 24. April 1996 in Washington DC, Bandaufnahme durch Pierre M. Sprey

Smith, Jean Edward (Hrsg.): The Papers of General Lucius D. Clay, Germany 1945-1949, 2 Bände, 1974

5.) Sekundärliteratur:

Alles-Fernandez, Peter (Hrsg.): Flugzeuge von A bis Z, 3 Bände, Koblenz 1987

American Forces in Berlin, Hrsg. Von Robert P. Grathwol u. Donita M. Moorhus,
    1945-1994, Cold War Outpost, Washington DC 1994

Anderhub, Andreas und Jack O. Bennett, Heinz-Gerd Reese: Blockade, Airlift and Airlift Gratitude Foundation, o.J.

Arnold-Forster, Mark: The Siege of Berlin, London 1979

Bachmann, Peter: Flugzeuginstrumente, Typen Technik Funktion, Stuttgart 1992

Barker, Dudley: Berlin Airlift, An Account of the British Contribution, hrsg. von The Air Ministry and the Central Office of Information, London 1949

Bates, Charles C. u. John F. Fuller: America´s Weather Warriors 1814-1985, 1986

Bennett, Lowell: Bastion Berlin, Das Epos eines Freiheitskampfes, Frankfurt/Main 1951

Deutsches Institut für Wirtschaftsforschung (Hrg.): Berlins Wirtschaft in der Blockade, Sonderhefte Neue Folge Heft 3, Berlin 1949

Blockade und Luftbrücke, Legende oder Lehrstück, Die Berlin-Krise von 1948/49 und ihre Folgen, hrg. von der Stiftung Luftbrückendank: Heinz-Gerd Reese, Michael Schröder, Manfred Schwarzkopf, Berlin 2/1988

Boog, Horst und andere Hrsg: Der Angriff auf die Sowjetunion, Band 4 der Reihe: Das Deutsche Reich und der Zweite Weltkrieg, Stuttgart 1983

derselbe: Der Globale Krieg, Band 6 derselben Reihe, Stuttgart 1990

Boyne, Walter J.: Beyond the Wild Blue, A History of the US Air Force 1947-1997, New York 1997

Buffet, Cyril: Mourir pour Berlin, La France et l´Allemagne 1945 -1949, Paris 1991

Campbell, John M. & Donna: Consolidated B-24 Liberator, Vol. 1 aus der Reihe American Bomber Aircraft, 1993

Cescotti, Roderich: Glossary of Aeronautical Definitions – Luftfahrtdefinitionen, Englisch-Deutsch, Deutsch-Englisch, Stuttgart 2/1993

Clay, Lucius D.: Decision in Germany , New york 1950
   deutsch: Entscheidung in Deutschland, Frankfurt/Main o.J.

Cole, Jean Hascall: Woman Pilots of World War II, TB 1995

Collier, Richard: Bridge Across the Sky, The Berlin Blockade and Airlift: 1948-1949, 1978

Das Deutsche Reich und der Zweite Weltkrieg, Bd. 4, Der Angriff auf die Sowjetunion, hrg. vom Militärgeschichtlichen Forschungsamt, Stuttgart 1983

gleiche Reihe, Bd. 6, Der globale Krieg, Stuttgart 1990

Die Berlin-Frage, Politische Dokumentation 1944-1965, hrg. von Wolfgang Heidelmeyer und Günther Hindrichs, TB Frankfurt/Main 1965

Die Franzosen in Berlin, Besatzungsmacht – Schutzmacht – Partner für Europa, Hrsg. vom Bezirksamt Reinickendorf von Berlin, Berlin 1996

Doolittle, James H. „Jimmy": I Could Never Be so Lucky Again, TB 1992

Douglas, Deborah G.: United States Woman in Aviation 1940-1985, Washington DC 1991

Ethell, Jeffrey L. u. Don Downie: Flying the Hump, 1995

ders. u. andere: The Great Book of World War II Airplanes, New York 1996

Fauvet, Jacques: Von de Gaulle bis de Gaulle, Frankreichs Vierte Republik, Tübingen 1959/60

Ferguson, Aldon P.: Royal Air Force Burtonwood, Fifty Years in Photographs, 2/1995

Fisher, Paul: The Berlin Airlift, 1959

Flughandbücher/Flight Manuals:
   B-24D, September 1942 (Reprint)

    C-46 / R5C, Dezember 1944 (Reprint)
    Douglas Dakota IV, 2/1946 (Reprint)
    Ju 52/3m g5e, April 1941 (Reprint)
    Sunderland III, 2/1945 (Reprint)

Ford, Daniel: Flying Tigers, Claire Chennault and the American Volunteer Group, 1991

Gere, Edwin: The Unheralded, Men and Woman of the Berlin Blockade and Airlift, Trafford Publishing 2003

Geschichte einer Transportflieger-Gruppe im II.Weltkrieg, hrsg. Von der Kameradschaft ehemaliger Transportflieger, 1989

Giangreco, D.M.u. Robert E.Griffin: Airbridge to Berlin, The Berlin Crisis of 1948, its Origins and Aftermath, 1988

Glines, Carroll V.: Chennault´s Forgotten Warriors, The Saga of the 308th Bomb Group in China, Atglen, PA 1995

Glines, Carroll V.: The Doolittle Raid, America´s daring first strike against Japan, 1991

Harrington, Daniel F.: „The Air Force Can Deliver Anything!" The History of the Berlin Airlift, USAFE Office of History, Ramstein Mai 1998

Halvorsen, Gail S.: The Berlin Candy Bomber, 1990, deutsche Ausgabe: Kaugummi und Schokolade, Die Erinnerungen des Berliner Candy Bombers, Berlin 2005

Heinkel, Ernst: Stürmisches Leben, 2/1953

Herhudt von Rohden, Hans-Detlef: Die Luftwaffe ringt um Stalingrad, Wiesbaden 1950

Herz, Alexander: Die Geschichte des Fliegerhorstes Schleswig-Land, Jagel $^2$/2000

Holder, Bill und Scott Vadnais: The „C" Planes, U.S. Cargo Aircraft: 1925 – to the present, Atglen 1996

Hump Pilots Association, China-Burma-India:
    Volume 1: Hrsg. James E. Brewer, Harry G. Howton, Janet M. Thies
    Paducah, KY 3/1988
    Volume 2: Hrsg. Harry G. Howton, David J. Orth, Janet M. Thies
    Paducah, KY 2/1996
    Volume 3: Hrsg. John G. Martin, D.V.M., Janet M. Thies
    Paducah, 1992

Ienega, Saburo: The Pacific War, A Critical Perspective on Japan´s Role in World War II, Pantheon Books 1978

Jackson, Robert: Berlin Airlift, 1988

Kehrig, Manfred: Stalingrad, Analyse und Dokumentation einer Schlacht, Stuttgart 1974

Kössler, Karl: Transporter – wer kennt sie schon! Die Kennzeichen der Transportfliegerverbände der Luftwaffe von 1937-1945, Düsseldorf 1976

Kofsky, Frank: Harry S. Truman and the War Scare of 1948, TB New York 1995

Launius, Roger D. und Coy F. Cross II: MAC and the Legacy of the Berlin Airlift, Military Airlift Command, Scott AFB, Illinois, April 1989

Luftbrücke Berlin, Ein dokumentarisches Bildbuch, hrg. vom Magistrat von Groß- Berlin, Berlin 1949

Luftbrücke Berlin, Faßberg, Hrsg. Erinnerungsstätte Luftbrücke u. Technische Schule der Luftwaffe 3 Faßberg, Faßberg 1989

Matz, Onas P.: History of the 2nd Ferrying Group, Seattle 1993

Mensen, Heinrich: Moderne Flugsicherung, Organisation Verfahren Technik, Berlin 2/1993

Merer, J.W.F., C.B.: The Berlin Airlift; Rede vor der Royal Aeronautical Society in London am 13.4.1950, Sonderdruck der Royal Aeronautical Society

Miller, Roger G. : To Save a City, The Berlin Airlift 1948-1949, Texas A&M University 2000

Morzik, Fritz: Die deutschen Transportflieger im Zweiten Weltkrieg, Die Geschichte des „Fußvolkes der Luft", bearbeitet u. hrg. von Gerhard Hümmelchen, Frankfurt/Main 1966

Munson, Kenneth: Die Weltkrieg II-Flugzeuge, Stuttgart 19/1995

Nowarra, Heinz J.: Die Ju 52, Flugzeug und Legende, Stuttgart 3/1991

OMGUS-Handbuch, Die amerikanische Militärregierung in Deutschland, Hrsg. Christoph Weisz, München 1994

Pearcy, Arthur: A Celebration of the DC 3 (C-47), 2/1995

Perkins, Paul und Michelle Crean, Photos von Dan Patterson: The Soldier, Consolidated B-24 Liberator, 2/1994

Pletschacher, Peter: Lufthansa Junkers Ju 52, Die Geschichte der alten „Tante Ju", Planegg 3/1994

Prell, Uwe und Lothar Wilker (Hrsg.): Berlin-Blockade und Luftbrücke 1948/49, Analyse und Dokumentation, Berlin 1987

Przychowski, Hans von: Luftbrücken nach Berlin, Der Alliierte Flugverkehr 1945- 1990, Berlin 1996

Rickman, Sarah Byrn: The Originals, The Women´s Auxiliary Ferrying Squadron of World War II, Washington 2001

Ries, Karl & Dierich, Wolfgang: Fliegerhorste und Einsatzhäfen der Luftwaffe, Stuttgart ²/1996

Roosevelt, Franklin D., His Life and Time, Hrsg. Otis L. Graham, jr., Reprint 1990

Scharr, Adela Riek: Sisters in the Sky, 2 Bände, Band 1:The WAFS, 3/1991 und Band 2: The WASP, 2/1997

Scherff, Klaus: Luftbrücke Berlin, Stuttgart 2/1998

Shlaim, Avi: The United States and the Berlin Blockade, 1948-1949, Berkeley 1983

Smith, H.C. „Skip": The Illustrated Guide to Aerodynamics, TB 2/1992

Smith, Herschel H.: A History of Aircraft Piston Engines, 5/1994

Smith, Jean Edward: Lucius D. Clay, An American Life, New York 1990

Stärk, Hans: Faßberg, Geschichte des Fliegerhorstes und des gemeindefreien Bezirks Faßberg in der Lüneburger Heide, Faßberg 2/1993
Tuchman, Barbara W.: Stilwell and the American Experience in China, 1911-45, New York 1971
deutsch: Sand gegen den Wind, General Stilwell und die amerikanische Politik in China, TB Frankfurt/Main 1988
Williams, Vera S.: WASP´s, Woman Airforce Service Pilots of World War II, 1994
Wölfer, Joachim: Flugzeuge die Geschichte machten – Douglas DC 3, Stuttgart 1992

6.) Artikel in Fachzeitschriften:
Bradgate, Raymond: Berlin Airlift, Sonderdruck der Lancashire Aircraft Corporation
Fricker, John E.: Feeding Berlin By Air, in: The Aeroplane, 19.11.1948, S. 641 ff.
Fisher, Paul: The Berlin Airlift, in: The Bee-Hive, hrg. von United Aircraft Corp., East Hartford, Conecticut, Volume XXIII, No. 4, Herbst 1948
Gann, Harry: The Heritage of Airlift Aircraft, o.O u. D.
Honour to the Air Lift, in: Flight, 15.12.1949, S. 754 f
Jackson, Archie: Berlin Airlift, in:Aircraft Illustrated, September 1995
Launius, Roger D.: Constructive Air Power, The Story of the Berlin Airlift, in: The Torretta Flyer, No.18, Winter 1989-1990, S. 7 ff.
MacGregor, P.L. u. K.N. Hansen: The Berlin Airlift, in: South African Air Force Journal, July 1949
Milton, T.R.: The Berlin Airlift, in: Air Force Magazine, Juni 1978
Operation „Vittles", Sonderdruck der Zeitschrift Aviation Operations, April 1949
Pearcy, Arthur: Berlin Airlift, The 30th Anniversary, in: Aviation News, 1978
Pirus, Douglas I.: Berlin Airlift, in: Journal of American Aviation Historical Society, Herbst 1978
Smith, Dale O.: Curtis LeMay, The Airman who Shook the World, in: Air Force Magazine, Januar 1987
Smith, Richard K.: Marston Mat, in: Air Force Magazine, April 1989
Tunner, William H.: Technology or Manpower, Sonderdruck des Department of the Air Force 1953
Tunner, William H.: Do We Want a Supersonic Transport or an $89 Trip to Europe? In: Air University Review, Vol. XVI No. 3 March-April 1965
Werner, Joseph: Berlin Airlift: Brides & Grooms created, New York 2003

# BIBLIOGRAPHIE

Fragebogen für US Piloten:

(Im Original wurden zwischen den einzelnen Fragen Leerzeilen für Antworten gelassen, die hier aus Platzgründen weggelassen wurden. Der Fragebogen für RAF-Piloten unterschied sich durch das Weglassen der Fragen, die die Hump-Luftbrücke betreffen. Es wurden unterschiedlich aufgebaute und inhaltlich entsprechend geänderte Fragen gerichtet an: Navigatoren, Bordingenieure, Wartungsingenieure, Controller (GCA u. Turm), Wartungsmechaniker, Meteorologen und „other functions".)

Wolfgang Julien HUSCHKE
3, Impasse des Merisiers
34530 Montagnac, France  (Please, return the completed
Tel: 67 24 14 63                        questionaire to this adress
Fax: 67 24 11 96                       Thank you!)

Questionaire for US Pilots, i.e. PiC and Co-Pilot.
(This concerns all questions: Please, apply an extra sheet of paper, if the space left for your answer is not sufficient. Thank you!
Furthermore, this questionnaire together with all materials received from you will be finally passed to the central archive of the City of Berlin.)

1.) What is your year of birth and where were you born and grew up?
2.) When and where did you get your pilot licence? (Cicil or military)
3.) Do you remember and can you name your basic flight instructor(s)?
4.) How many flight hours and how many landings were required until you have got the permission for your first solo flight?
5.) On which type of aircraft did you perform your initial training?
6.) To achieve your pilot licence how many hours have you spent for
   – flight training
   – (if applicable) simulator training (or link trainer)
   – theory (aircraft, engine, weather, navigation etc.)
   – radio communication and Nav/Com?
7.) If applicable, when and where did you get your IFR-rating?
8.) On which type of aircraft did you perform the training for your IFR-rating?
9.) Please, list here the various types of aircraft for which you got the type-rating. If there are too many, just give the most important or extraordinary types of a/c.
10.) Where and when did you enter the USAAF respectively later USAF?
11.) Have you been drafted or have you been a volunteer?
12.) Did you participate in the „Hump"?
13.) If so, during which period of time?
14.) To which unit (squadron, wing, group) have you been assigned to during the Hump?

15.) Where have you been stationed during the Hump?
16.) What was or have been the airfield(s) of departure and the airfield(s) of destination during your missions over the Hump?17.) How many missions have you flown over the Hump?
17.) How many missions have you flown over the Hump?
18.) Under which flight conditions have the missions been performed
- VFR only (which I seriously doubt)
- VFR as long as possible and IFR if necessary
- strictly IFR like during the Berlin Airlift?
19.) Which type(s) of aircraft have you flown during these mission over the Hump?
20.) Have you been involved in any accidents or other serious incidents during these mission over the Hump?
21.) Where and when did you get the order to participate in the Berlin Airlift?
22.) When did you arrive in Germany for the Berlin Airlift?
23.) To which unit (squadron, wing, group) have you been assigned to during the Berlin Airlift?
24.) How long did you stay in Germany for the Berlin Airlift?
25.) From which airfield(s) did you fly your missions to Berlin?
26.) How many missions have you flown to Berlin?
27.) Is there any chance of obtaining copies of the respective pages of your flight logbook(s) covering the missions to Berlin? More important for the archive of the City of Berlin rather than for me!
28.) Have you been involved in any accidents or serious incidents during your missions to Berlin? (Such as uncomfortable „meetings" with Sovjet military aircrafts, paratroops, anti-aircraft fire within the air corridors etc.)
29.) Did overloading of your aircraft occur? If so, how often and what was the heaviest load/overload which you had to handle?
30.) How have been the directives in case of thunderstorms in the air corridors? (Because I assume that there was no chance within the air corridors to ask the ATC: Request clearance to circumnavigate CB!)
31.) Did it happen to you and, if so, how often have you been forced to push the throttles forward and perform a more or less nice „abortion" at Tempelhof, Tegel or Gatow? Why?
32.) Did you have a chance to meet or talk to General W.H.Tunner?
33.) Did you have a chance to meet or talk to Air Commodore J.W.F.Merer of the RAF?
(It is not mandatory to answer the following two questions, however, if you answer these questions, then, please, frank and honest. Thank you!)
34.) If you have met General Tunner, what have you been talking about and what was your personal impression/opinion about him?

35.) If you have met Air Commodore Merer, what have you been talking about and what was your personal impression/opinion about him?
36.) During your stay in Germany for the Berlin Airlift how have you been accommodated?
37.) What kind of facilities/possibilities did you find for your time offs? (Could you, for example, travel and if so, where did you go?)
38.) Not from the very beginning of the airlift but after several weeks, German aircraft engineers and aircraft mechanics started assisting tha US maintenance crews. If you have had personal contacts, please, give some details/names(?).
39.) After the finishing of the airlift, did you visit Germany and particularly Berlin once more? If so, when?
40.) What was your military rank in the Air Force
    – (if applicable) during the Hump?
    – during the Berlin Airlift?
    – Which rank had you attained when you retired from military service?
41.) How many flight hours were registered in your flight logbook
    – (if applicable) at the beginning of the Hump?
    – at the beginning of the Berlin Airlift?
    – now, respectively when you finished active flying?
42.) Assuming that probably all of you have flown the C-47 as well as the C-54, how would you describe the difference in handling of these two a/c under severe cross wind conditions particularly – during taxiing?
    – during take off and landing?
43.) Could you render further informations/materials other than official documents such as photos showing airfields (aerial photos?), aircrafts, weather charts, maps etc., which could be useful for the intended documentation? Please, let me know so that we can talk about it. Photos should be black and white and clear enough with good contrasts for publishing. Thank you!
44.) Have I overlooked important details/questions? If so, what should I have asked furthermore?

Date and your confirming signature:

I wish to express my sincere thanks and I am very grateful for your cooperation!

# Register

**1**
1000-Stundenkontrolle 206

**2**
200-Stunden-Kontrollen 114, 128, 231, 233, 239

**A**
ADF (Automatic Direction Finder) 136
Air Material Command 237
Air Transport Command (ATC) 60, 62, 70, 86, 107
Alexander, Edward H. 62, 68, 75
Altersstruktur der Piloten 251
alte Tante Ju 33
American Airlines 201
American Volunteer Group (AVG) 51, 55
AN/CPS-5 (Army Navy/Concentric Pulse Search) 279
Anflugbefeuerung 154, 159, 174, 182, 189, 191
Anflug unter Radar-Kontrolle 284
Attlee, Clement 197
Ausfall von Triebwerken 253

**B**
Überschalltransporter 302
Baby-Luftbrücke 93
BAFO (British Air Forces of Occupation) 115
Baku 24
Bamboo Tree/Übung 299
Behinderungen in den Korridoren 137
Bennett, Constance 178, 292
Bennett, Donald 260, 263
Bereifungen aller Flugzeugtypen 253
Berlin-Gatow 152
Berlin-Tegel 156
Sendeturm eines sowjetisch kontrollierten Radiosenders 162
Berlin-Tempelhof 141
Anflugbefeuerung 147
Berlin Airlift Historical Foundation 205
Berliner Kontrollzone 135
Bettinger, Sterling P. 116
Biggar, A.J. 98
Bissel, Clayton 50, 56, 59
Black Friday 116
Blocksystem 104
Bombay 62
Bordingenieure/Bordmechaniker 275
Bowen, Temple 78
Brereton, Lewis H. 58
Burma-Road 48, 54, 57, 58
Burtonwood, England 114, 231, 233, 239, 240

**C**
CALTF 120, 128, 183, 189, 231, 232, 234, 235, 236, 238, 239, 241, 242, 277, 289, 290, 294, 305, 306
Candy-Bomber/Halvorsen 268
Cannon, John K. 235, 237, 238, 239, 241, 242, 243, 290
CBI theater (China Burma Indien Bereich) 58
Celle-Wietzenbruch 182
Chennault, Claire Lee 49, 50, 55, 56, 57, 60, 68, 69, 73, 84, 85, 107
Chiang Kai-shek 51, 55, 56, 57, 62, 68
China Air Task Force (CATF) 55
Chinese National Aircraft Corporation (CNAC) 59
chinesische Kommunisten 57
Clay, Lucius D. 89, 90, 92, 93, 96, 106, 108, 162, 225, 294, 297
Coastal Command 99
Combined Airlift Task Force 294
Combined Airlift Task Force (CALTF) 115

363

Commonwealth-
   Crews 186
Commonwealth Squa-
   dron 251
Condon, Tom 256
Controller/Kontroll-
   türme 285
Coulter, Jack 178, 292
Crescent Caravan 77

**D**

DME (=Distance
   Measuring Equip-
   ment = Entfer-
   nungsmeßgerät
   274
Domestic Ferrying
   Division 70
Dominion Squadron
   251
Doolittle, James H.
   „Jimmy" 61, 239
Douglas, Donald W.
   200
Douglas Aircraft
   Company 200

**E**

Enteisung von Flug-
   zeugen 228
Erding Depot 239
Eureka-BABS 283
Eureka - BABS (Beam
   Approach Beacon
   System) 274
Eureka-Beacons 136

**F**

Faßberg 174
Fernandez, Manuel
   „Pete" 109, 112
Ferrying Command
   62, 70, 75, 76
Fiebig, Martin 26, 28,
   38, 176
Fireball Express 76

Fließbandwartung 82,
   109, 232
Fließbandwartung im
   Detail 234
Flugplätze Hump
Bhamo 63
Chabua 63, 80
Chingbwiyiang 63
Dinjan 63
Jorhat 63
Kunming 53, 58, 63, 85
Kurmitola 63
Misamari 63
Mohanbari 63
Moran 63
Myitkyina 63
Rupsi 63
Sookerating 63
Tezgaon 60, 63
Tezpur 63
Tingkawk Sakan 63
Warazup 63
Flugplätze Versorgung
   Stalingrad 36
Basargino 36
Gumrak 36, 45
Morozowskaja 36
Pitomnik 45
Saporoshje 36
Stalino 36
Swerewo 36
Tazinskaja 36, 37
Flugsicherheitspro-
   gramm (Flying Sa-
   fety Program) 79
Flugverfahren im
   Luftraum Berlin
   119
**Flugzeuge:**
   Avro Lancastrian
      Tanker 217
   Avro Tudor 218
   Avro York 98, 104,
      209
   B-24 69
   B-24D 220

B-24 Liberator 56
B-25 68, 83
Bell P-39 Airacobra
   72
Bf (Me) 110 22
Boeing B-17 Flying
   Fortress 30, 50
Boeing P-26 50
Brewster Buffalo
   53
Bristol Freighter
   219
C-109 Tanker 65,
   69
C-124 Globemaster
   II 214, 301
C-46 110
C-46 Commando
   80
C-47 Skytrain 61,
   98, 104, 200, 245,
   301
C-53 Skytrooper
   60
C-54M 206
C-54 Skymaster
   100, 104, 111, 204,
   301
C-74 Globemaster I
   214, 299
C-82 212
C-87 Liberator Ex-
   press 65, 69, 76
C-97 216
Curtiss-Wright C-
   46 Commando 64
Curtiss P-40 Toma-
   hawk 52
Dakota 98, 104,
   200
DC-1 200
DC-2 200
DC-3 200
DC-4 204
Dornier Do 17 32

Douglas C-47 Skytrain 64, 93, 97
Douglas C-54 Skymaster 66, 77, 82, 97, 178
Douglas C-74 Globemaster I 128
Douglas DC-3 32
Douglas DST 201
Fairchild C-82 Packet 161
Focke-Wulf Fw 200 Condor 29
Fokker F.10A 200
Handley Page Halton 217
Handley Page Hastings 210, 250
He 111 27, 29, 32, 60
Heinkel He 177 Greif 30
Ju 290 30
Ju 52/1m 31
Ju 52/3m 29, 31, 200
Ju 86 31
Ju 90 30
L-5 84
Lisumov Li-2 202
Lockheed C-130 Hercules 302
Lockheed C-141 Starlifter 302
Lockheed C-5A Galaxy 302
North American B-25 Mitchell 61
R4D. Siehe C-47 Skytrain
R5D. Siehe C-54
Short Sunderland Flugboote 99
Sunderland Flugboote 214
Vickers Viking 220
Flying Tigers 54
Foreign Ferrying Division 70
Forman, Robert D. „Red" 74, 78, 80, 108, 116
Fortgeschrittenenausbildung/Piloten 247
Frühwarnsystem 53
französische Militärflugzeuge 100
Frohnau-Beacon 106

**G**
Ganeval, Jean 162
Gateway to Europe 165
Gebrüder Wright 141
George, Harold L. 70, 78, 80
German-Civil-Labour-Organisation (GCLO) 179
Gibson, Catherine 73, 109
Goony Bird 203
Great Falls, Montana 249
Ground Controlled Approach (GCA) 279
Grundausbildung/Piloten 245
Guilbert, Edward A. 108
Göring, Hermann 26, 38

**H**
Hagelschlag an C-54 257
Halvorsen, Gail S. 265
Hamburg-Finkenwerder 191
Hamburg-Fuhlsbüttel 189
Hardin, Thomas O. 68
Haun, James R. 270
Heinkel, Ernst 26
Herhudt von Rohden, H.-D. 225
Himalaya-Gebirge 48
Hitler, Adolf 24, 25, 46
Hoag, Earl S. 68
Hogg, Robert 110
Hope, Bob 241
Howley, Frank 88
Hubschrauber (bei S & R) 83
Hump-Luftbrücke 47, 58, 77, 86, 110, 205, 290
Hydrauliksystem der C-54 259
Höhenruder blockiert 264

**I**
India China Division des ATC 65, 77
India China Wing, später India China Division 65
India Meteorological Department 67
Instrument Landing System (ILS) 275

**J**
Jeschonnek, Hans 26

**K**
Kalkutta 63
Kaltstartverfahren 34, 47
Kapazität der Luftbrücke 120
Kaukasus 24, 25
Keller, Alfred 176
Knecht, Gert 273
Kohle für Berlin 179
Kontrollzentren (Air Traffic Control Center) 139

365

Korth, Rolf 148
Kuomintang-Bewegung 57
Kuter, Laurence S. 107, 237

**L**
Lübeck-Blankensee 186
Lacomb, H.P. 161
Länge der Luftkorridore 114
Lee, Walter S 271
LeMay, Curtis 97, 106, 111, 115, 236, 237, 241
Lend-lease-Programm 49
letzte Sitzung des Alliierten Kontrollrates 91
Life Line to Berlin 100
Lindbergh, Charles A. 288
Luftkontrollzentrale (Air Trafic Control Center) 118
Luftkorridore nach Berlin 132
Luftstraßen 139

**M**
Mandschurei 48, 55
Mao Tse-tung 68
Maximalflughöhe in Korridoren 135
McArthur, Bill 273
McMahon, Orval O. 109
Memphis, Tennessee 73
Merer, J.W.F. 98, 115
Milch, Erhard 46
Military Air Transport Service (MATS) 107

Milton, Theodore R. „Ross" 109
MIR/Raumstation 273
mobile Snackbar 114
Morzik, Friedrich-Wilhelm 21, 24, 26, 28, 47
Motor-Vorwärmegeräte 34
MPN-1 (Mobile Pulse Radar Navigation) 284

**N**
„nasse" Tragflächen 206
NDB (Non Directional Beacon) 136
neue Währung in Deutschland 90, 94

**O**
Oberpfaffenhofen 114, 231, 239
Old, William D. 61
Olds, Robert 75
on-the-job-training (Wartung) 224
Onkel Wackelflügel/Halvorsen 267
Operation Little Vittles 271
Operation Vittles 98
Oster-Parade (Easter Parade) 120
Osterparade 1949 289

**P**
Pearl Harbor 48, 76, 137
Personalplanungen der RAF 249
Pieck, Wilhelm 95
Pierced Steel Planking (PSP) 142

Plainfare 98, 197, 297
Porter, John L. „Blackie" 83
Prevost, Jules A. 109
Problem des Seitenwindes 196
Production Line Maintenance - PLM 109
PSP-Bahn 152
PSP-Platten 165, 168, 173, 178, 182, 188

**Q**
qbi-Lage 39

**R**
RAF Meteorological Service in Indien 67
Rangun 52, 53
Rebecca - Eureka 274
Replacement Training Unit (RTU). Siehe Great Falls, Montana
Rhein-Main-Flughafen 165
Richthofen, Wolfram Freiherr von 27
Robertson, Sir Brian 96, 256
Roosevelt, Franklin D. 49, 56, 57
Rosinenbomber 268, 294
Rostow 25
Royal Coastal Command 214

**S**
Sanders, Sir Arthur P.M. 115
Schleswig-Land 191
Schneider, Albert 293

Schokoladenflieger/ Halvorsen 268
Schuffert, John H., Sr. „Jake" 276
Schulflugzeuge 245
Schutzhauben, mobile 33
Schwarzer Freitag. Siehe Black Friday
Search & Rescue 82, 83
Semjonow, W. 95
Shanghai 48
Sims, Harold H. 110, 118
Singapure 54
Smith, Joseph 97, 106
Sokolowskij, W.D. 92
sowjetische Militär-Administration in Deutschland (SMAD) 87, 94

Spirit of Freedom. Siehe Berlin Airlift Historical Foundation
sportliche Rivalität/ Piloten 260
Stalingrad 24
Stephens, Royce C. 262
Stiles, Kenneth 79, 82
Stilwell, Joseph W. 56, 57, 107
Swallwell, Kenneth E. 109
Swersey, John S. 272
Symington, Stuart 239, 240, 299

**T**
Task Force Times 277
TDY = Temporary Duty = vorübergehender Einsatz 104, 241
Thompson, William G. 110, 277
Towne, Raymond 110
Transport Command der RAF 209
Truman, Harry S. 96
Tunner, William H. 70, 72, 74, 75, 76, 77, 80, 81, 83, 85, 107, 110, 111, 113, 114, 115, 116, 117, 119, 197, 223, 225, 232, 233, 236, 237, 239, 240, 241, 242, 252, 271, 272, 289, 291, 294, 297, 299, 301
Tunners Rhythmustrommel 119, 265

**U**
Überladung der Flugzeuge 252
Uncle Wiggle Wing/ Halvorsen 270
Unterschiede bei Triebwerken 199
Unterschiede Spornrad - Bugrad 195
USAFE (United States Airforces in Europe) 115

**V**
Vandenberg, Hoyt S. 107, 111, 236

Vereinbarung betr. Luftkorridore 132
VHF/UKW-Drehfunkfeuer (Very High Frequency Omnidirectional Radio Range - VOR) 137
Vinegar Joe. Siehe Stilwell

**W**
Waite, R.N. 93, 96
Wedemeyer, Albert C. 107
West Point 72, 238
Wetter:
  Berliner Luftbrücke 129
  Hump 66
  Stalingrad 39
  Versorgung Demjansk 20
Wetterflugzeuge 129
Wetterminima 130
White, Robert Bruce 78, 234
Wiesbaden-Erbenheim (Y-80) 97, 168
Wunstorf 171

**Z**
zentrale Wartungskontrolle 227
zivile Chartergesellschaften 99, 103, 171, 189, 193, 250

Senatsverwaltung für Wirtschaft, Technologie und Frauen (Hrsg.)

# 60 Jahre Berliner Luftbrücke
Die letzten nummerierten Original-Lebensmittelkarten und Paketbriefmarken aus der Berliner Blockadebevorratung

Nach jahrelanger strenger Geheimhaltung hat der Berliner Senat seine Tresore geöffnet, in denen Karten für die im Ernstfall notwendige Zuteilung von Versorgungsgütern aufbewahrt wurden. Darunter befanden sich auch Paketmarken für den Versand von Luftbrückenpaketen von und nach Westdeutschland. Diese einzigartigen Originaldokumente der Berliner Nachkriegsgeschichte finden Sie in einer sorgfältig handkonfektionierten Präsentationsmappe. Jede in ihr enthaltene Bezugskarte und jedes Paketmarkenheftchen ist ein Original von hohem Sammlerwert. Wie Geldscheine der Deutschen Bundesbank wurden sie in der Bundesdruckerei gedruckt und tragen eine individuelle Seriennummer.

*2. überarb. Aufl. 2008, unverb. empf. Preis 19,80 Euro, ISBN 978-3-8305-1486-2*

### Begleitbuch von:
Peter Auer

## Die Verhältnisse zwingen zur Bewirtschaftung ...
STRENG GEHEIM: Die zweite Blockade, die es nie gab

Dieses Buch erzählt von Kriegs- und ersten Nachkriegstagen, von den vier Besatzungsmächten, von der Blockade und der Luftbrücke und der einmaligen und unvorstellbar großen Speisekammer, die die (westliche) Stadthälfte Berlins angelegt hatte.

*2. Aufl. 1993, 208 S., kart., 16 Abb., 11,90 Euro, ISBN 978-3-87061-416-4*

## Mappe + Begleitbuch
zusammen zum unverb. empf. Sonderpreis von **27,80 Euro**

*ISBN 978-3-8305-1501-2*

---

**BWV • BERLINER WISSENSCHAFTS-VERLAG**
Axel-Springer-Str. 54 a • 10117 Berlin • Tel. 030 / 841770-0 • Fax 030 / 841770-21
E-Mail: bwv@bwv-verlag.de • Internet: http://www.bwv-verlag.de